HORIZONS

HORIZONS

PATRICK BROCKMAN
GISÈLE GUARISCO

Nelson

Thomas Nelson and Sons Ltd
Nelson House   Mayfield Road
Walton-on-Thames   Surrey
KT12 5PL   UK

51 York Place
Edinburgh
EH1 3JD   UK

Thomas Nelson (Hong Kong) Ltd
Toppan Building 10/F
22A Westlands Road
Quarry Bay   Hong Kong

Distributed in Australia by

Thomas Nelson Australia
480 La Trobe Street
Melbourne   Victoria 3000
and in Sydney, Brisbane, Adelaide and Perth

© Patrick Brockman and Gisèle Guarisco 1987

First published by Thomas Nelson and Sons Ltd 1987

ISBN 0-17-439176-5

NPN 9 8 7 6 5 4

Printed and bound in Great Britain by
M & A Thomson Litho Ltd, East Kilbride, Scotland

TABLE DES MATIERES

Les enfants à la clef

Trois jours que Jean-Jacques, onze ans, est absent, sans explications. Inquiète, l'institutrice de cette école communale du onzième arrondissement à Paris a décidé, cette fois, de se rendre à son domicile, après les cours.

C'est Jean-Jacques qui lui ouvre. Il est seul, en pyjama. Dans un coin de la salle à manger, le poste de télévision ronronne. L'enfant a l'air en bonne santé. Il l'est. Depuis trois jours, simplement, il «sèche□» l'école. Ses parents partent tôt tra-vailler le matin. Ils rentrent tard le soir. Fatigués. Parlent peu. Ils ne se sont aperçus de rien.

Un tiers des enfants où le père et la mère travaillent sont ainsi livrés à eux-mêmes□. Ils ont tous appris à vivre seuls, à se «débrouiller». Les enfants à la clef, les enfants de l'ouverture. Ils arrivent dès l'ouver-ture de l'école, et ils restent le soir jusqu'à six heures, après l'étude.

L'Express

---

sécher □ to play truant from
livrés à eux-mêmes □ left to themselves

Points de départ . . . .

▷ Qui?
▷ Où?
▷ Quoi?
▷ Pourquoi?
▷ Résultat?

Pour continuer . . . .

▷ la situation de Jean-Jacques? sa journée typique? les raisons pour lesquelles il s'absente de l'école?

▷ comment réagit l'institutrice?
▷ la journée typique des parents? Est-ce que cela pose des problèmes pour la vie familiale?

Cherchez les mots . . . .

Trouvez la façon dont sont exprimées les idées suivantes:
▷ to go to his home
▷ in good health
▷ as soon as the school opens

1 Imaginez que vous êtes Jean-Jacques:
Certaines réponses aux questions suivantes se trouvent dans le texte. Pour les autres, imaginez ce que Jean-Jacques pourrait dire.
- Pourquoi passes-tu des journées entières sans aller à l'école?
- Est-ce que cela te pose des problèmes?
- Crois-tu que tu en souffriras plus tard? Qu'est-ce que tu veux faire comme métier?

2 Prenez maintenant le rôle des parents de Jean-Jacques et improvisez des réponses aux questions suivantes. De la même façon que pour le numéro 1, imaginez ce que les parents pourraient répondre.
- Savez-vous comment votre fils se débrouille en classe?
- Croyez-vous que c'est un enfant qui aime l'école?
  Expliquez votre réponse.
- Quelle importance attachez-vous à l'éducation des enfants?
- Accordez-vous beaucoup de liberté à votre fils?
  En a-t-il trop, vu son âge?
- Dans quelle mesure vous sentez-vous responsable de lui?
- Comment envisagez-vous son avenir?

3 Prenez maintenant le rôle de l'institutrice de Jean-Jacques et improvisez:
- Comment se comporte-il en classe?
- Pouvez-vous expliquer pourquoi il est si souvent absent?
- Qu'est-ce que vous avez l'intention de faire pour l'aider?
- S'il continue comme cela, que va-t-il lui arriver?

A vous de jouer!

L'institutrice vient voir Jean-Jacques à la maison. Ses parents sont déjà là. Elle veut savoir pourquoi il est si souvent absent. A vous de jouer la scène! Vous pouvez vous aider des expressions suivantes:

- Bonjour, excusez-moi de vous déranger, j'étais venue voir . . .
- Je me demandais pourquoi . . .
- Il faut que je vous/te dise que . . .

- J'ai horreur de . . .
- Je déteste . . .
- Ça ne me plaît pas.
- Ça ne m'intéresse pas.
- Ça m'ennuie.
- Ce n'est pas la peine d'aller . . .
- C'est pour ça que . . .

- Tu te rends compte (que) . . .
- Tu comprends (que) . . .
- Ecoute, il faut que . . .
- Ça suffit.

Travail écrit

1 Votre institutrice est inquiète à votre sujet et veut savoir pourquoi vous êtes si souvent absent(e). Elle vous demande de lui écrire. Décrivez en quelques lignes comment vous passez vos journées à la maison.

2 Ecrivez une lettre à l'école, de la part des parents de Jean-Jacques, expliquant son absence.
ou:
Ecrivez la réponse de l'institutrice à la lettre des parents.
Vous pouvez travailler par groupes de deux.

3 Les enfants à la clef: pourquoi est-ce un phénomène de la société moderne? Quels problèmes est-ce que cela pose?

C.P.P.N.	Classe préprofessionnelle de niveau
C.P.A.	Classe préparatoire à l'apprentissage
C.A.P.	Certificat d'aptitude professionnelle
C.F.A.	Centre de formation d'apprentis
B.E.P.	Brevet d'études professionnelles
L.E.P.	Lycée d'enseignement professionnel
B.T.	Brevet de technicien
Bac Tech	Baccalauréat de technicien
B.T.S.	Brevet de technicien supérieur
I.U.T.	Institut universitaire de technologie
D.U.T.	Diplôme universitaire de technologie
U.E.R.	Unité d'enseignement et de recherche
P.C.E.M.	Premier cycle des études médicales
D.E.U.G.	Diplôme d'études universitaires générales
D.E.S.S.	Diplôme d'études supérieures spécialisées
D.E.A.	Diplôme d'études approfondies

Système éducatif français

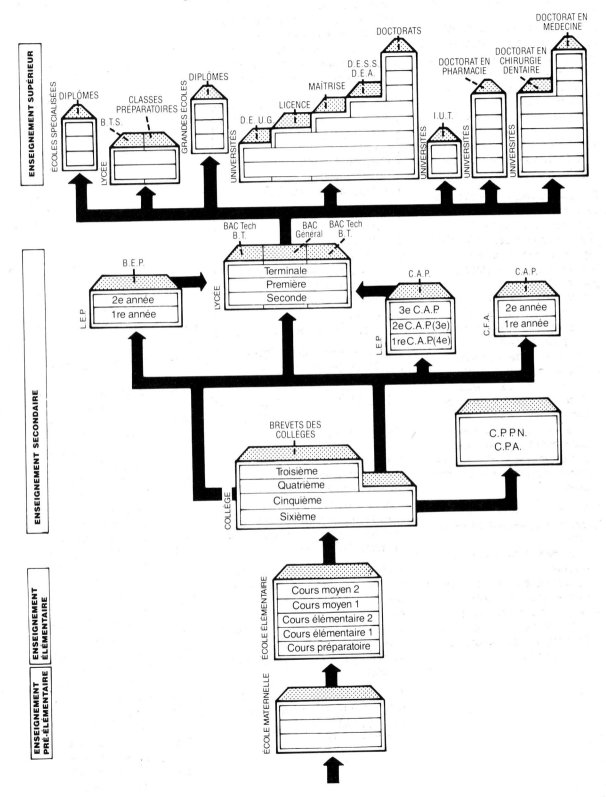

La Colle

Jérôme Tiens salut! Mais . . .
Claudine Ah!
Jérôme On est au même collège.
Claudine Ah ben, oui! Tu t'appelles comment encore?
Jérôme Jérôme.
Claudine Ah ben moi, c'est Claudine.
Jérôme Salut, Claudine.
Claudine Salut.
Jérôme Ah ben, dis donc.
Claudine Tu es en quelle classe?
Jérôme En troisième. Et toi?
Claudine Ah ben, moi aussi. Je redouble□.
Jérôme Ben, dis donc. Qui est-ce qui t'a collée?
Claudine Ah ben, c'est Attila. Et toi?
Jérôme Mais moi aussi.
Claudine Oh! Dis donc!
Jérôme Il est affreux ce pion□. Il est vraiment affreux.
Claudine Ah oui vraiment, hein . . .
Jérôme Figure-toi que, j'ai été collé□ pour réflexion très impertinente.
Claudine Mais qu'est-ce que tu avais dit?
Jérôme Eh ben on devait avoir Mme Budusc, lundi de 10h à 11h.
Claudine Oui.
Jérôme Et puis elle était absente. Alors, avec une dizaine de copains, bon ben, on est allé jouer au foot sur le terrain de handball dans la cour.
Claudine Oui.
Jérôme Bon. Puis alors on jouait – oh à peu près dix minutes quoi, et puis Attila est arrivé. On l'avait pas vu venir.
Claudine Oh! t'as pas eu de pot, hein! Vraiment parce que lui, hein . . .

---

redoubler □ to repeat a year at school
un pion (slang) □ *member of non-teaching staff responsible for discipline among pupils* (non-slang: un surveillant)
coller □ to punish with a detention
un mot □ a letter, message
une interro/une interrogation □ a test
le conseil de discipline □ *disciplinary hearing in cases of extreme misbehaviour*
renvoyer □ (définitivement) to expel, (temporairement) to suspend
fais gaffe! (slang) □ watch out!

Jérôme Ecoute . . .

Claudine Il est pas sympa, hein!

Jérôme Il a commencé son discours, tu le connais: «Oui! Il est interdit d'utiliser le terrain de sport quand vous n'avez pas cours d'éducation physique» . . . Bon, comme j'étais le plus près de lui, il m'a demandé de lui donner le ballon.

Claudine Et alors?

Jérôme Ah ben alors, je le lui ai donné. Puis je lui ai dit «Pourquoi? Vous en faites collection?» Il était fou.

Claudine Ce n'est pas vrai!

Jérôme Il était fou le mec! Alors il m'a pris mon nom, ma classe et cetera et puis il m'a juré que je serais collé pour quatre heures.

Claudine Oh!

Jérôme Puis voilà. J'ai reçu le mot°, jeudi, à la maison, quoi!

Claudine Oh! et tes parents qu'est-ce qu'ils ont dit?

Jérôme Ben, écoute, ça c'est pas trop mal passé parce que mon père, quand il était jeune il avait été collé lui aussi.

Claudine Ah, bon!

Jérôme Et puis c'était la première fois, alors . . . bon, il m'a dit que . . .

Claudine Ah! oui comme c'était la première fois. . .

Jérôme Que ça allait, quoi! Mais enfin il faudrait pas que je recommence, parce que sans ça . . . ça irait mal, tu vois.

Claudine Eh ben! moi, dis donc c'est la troisième fois.

Jérôme Ah, mais alors ça t'arrive souvent, dis donc?

Claudine Oh pff . . . comme ça. . .

Jérôme Qu'est-ce que tu as fait, alors?

Claudine Oh! . . . Ben, moi, il y a trois semaines on avait une interrogation° en allemand, hein. . .

Jérôme Oui, une interro d'allemand?

Claudine Oui, oui.

Jérôme T'es bonne?

Claudine Non. Et je n'avais rien appris alors, euh, j'ai envoyé un mot et j'ai imité la signature de mon père.

Jérôme Mais ils s'en sont aperçus . . . alors?

Claudine Eh oui. Ils s'en sont aperçus et alors ils ont appellé chez moi.

Jérôme Oh!

Claudine Et puis ma mère, elle a dit que j'étais pas malade, bien sûr. Eh ben, voilà!

Jérôme Mais alors quoi . . . t'as été euh . . . tu es passée devant le conseil de discipline° . . . ?

Claudine Non pas encore, mais probablement je vais y passer, là, hein.

Jérôme Alors tu vas être renvoyée°?

Claudine Oh! peut-être, pendant quelques jours. Trois jours peut-être. J'sais pas moi, mais enfin si j'y repasse une deuxième fois alors là . . .

Jérôme Oh là là. Ah ben dis donc. . .

Claudine Définitivement hein!

Jérôme Fais gaffe° quoi,

Claudine Oui.

Jérôme Bon ben alors, on gare nos mobylettes et puis on y va?

Claudine D'accord.

Jérôme Bon, ben, allons-y!

Points de départ . . . .

▷ Qui?
▷ Où?
▷ Quand?
▷ Pourquoi?

Pour continuer . . . .

▷ Que savez-vous d'Attila?
▷ Pourquoi la punition était-elle moins grave pour Jérôme que pour Claudine?
▷ A votre avis, est-ce que la punition était méritée, dans chacun des cas?
▷ Qu'avez-vous appris, en écoutant le dialogue, sur les différentes punitions qui sont à la disposition d'un surveillant dans une école française?

Préparez-vous . . . .

▷ Prenez le rôle de Jérôme: faites la liste des différents sentiments que vous éprouvez depuis la première rencontre avec Attila sur le terrain de hand, jusqu'au moment de la colle (par exemple: la haine, la colère, le regret . . .).

▷ Prenez le rôle de Claudine: vous décidez de mieux vous conduire à l'école, pour ne pas avoir à redoubler une deuxième fois, et pour ne pas être renvoyée du lycée. Faites la liste de vos intentions.

A vous de jouer!

1 En groupe, improvisez les conversations sous-entendues dans chacun des cas suivants:

entre élève et parent
entre élève et surveillant
entre surveillant et parent

2 Prenez le rôle du père de Jérôme ou de la mère de Claudine. A l'écrit, répondez à la lettre que vous avez reçue de l'école.

Et vous?

Racontez un incident qui vous est

arrivé à l'école et qui vous a valu une punition. Ensuite, vous aurez à répondre aux questions et aux réflexions de vos camarades de classe, qui auront sans doute quelque chose à dire sur le sujet.

Travail écrit

Ecrivez l'histoire que vous venez de raconter à vos camarades.

ou:

Pour chaque faute de conduite ci-dessous, dites ce que vous jugez être une punition convenable. Justifiez votre choix de punition.
– un(e) étudiant(e) vole 50 francs à un professeur
– un(e) étudiant(e) oublie régulièrement de faire ses devoirs
– un(e) étudiant(e) en a frappé un(e) autre dans la classe

école
L'école n'est pas seule à instruire les jeunes. Le milieu et l'époque ont sur eux autant et plus d'influence que les éducateurs.

Paul Valéry

Jean-Luc

Jusqu'à ces dernières années on a pu se faire l'idée de l'école mise à part de ses environs, havre de paix capable de former chaque élève selon des principes plutôt permanents. Ce n'est plus le cas aujourd'hui: les établissements scolaires reflètent les conflits et les crises manifestes dans chaque pays occidental. A tel point que c'est souvent les écoles elles-mêmes qu'on accuse de créer un grand nombre des problèmes à cet égard; en particulier les énormes collèges d'enseignement secondaire (les C.e.s.), qu'on tient responsables de la maladie actuelle.

Le malaise de l'éducation publique s'est installé depuis deux ou trois ans, il se nourrit d'incidents accumulés. Au nord et à l'est de Paris, dans les

banlieues de Marseille et de Lyon, la violence n'est plus seulement dans les rues. Les immenses lycées de mille cinq cents élèves ou plus sont des villages, des villes, «des villes sans sécurité», regrette le proviseur◌ d'un lycée parisien.

L'année dernière, en février, six jeunes garçons pénétrèrent dans le lycée Le Corbusier d'Aubervilliers. Ils se jettent dans un couloir, entrent dans une salle de classe au milieu du cours, insultent le professeur, griffonnent◌ des méchancetés au tableau et recommencent dans la salle à côté. Puis ils partent sans être inquiétés.

Terrifiant? Pas tellement, mais c'est assez pour que la magie éduca-

Collège d'enseignement secondaire

tive perde son privilège, et que le sacro-saint climat de l'école soit lézardé en profondeur. Du coup, les parents prennent peur, et veulent sauver les meubles, leurs meubles, à tout prix.

Evelyne est secrétaire dans une grande entreprise. Son Jean-Luc a passé l'année dernière en 4e, à Montreuil, dans un collège public où les aînés attendent les petits à la sortie pour les rançonner. «Donne-moi ton stylo, ton argent de poche, ou on te casse la gueule□. . .» C'est vilain, certes, mais pas forcément incompatible avec une scolarité «normale». Pourtant, Evelyne panique. «Où vais-je mettre Jean-Luc cette année?» Ce lamentable racket montre que l'enseignement public, immense et mélangé dans une société immense et mélangée, n'a pas trouvé son remède particulier.

Les C.e.s., dont le nom seul fait frémir les pères de famille respectables, accueillent par définition tous les enfants du quartier. Même ceux dont l'avenir collectif est déjà programmé en noir, et dont nul succès académique ne garantira l'accès au statut bourgeois. La sagesse□ et l'étude leur sont difficiles. Ils ont décroché avant d'avoir accroché, s'ennuient, se bagarrent. Pas question de les mettre à la porte des «classes-poubelles», comme on dit. La scolarité□ est obligatoire jusqu'à seize ans. Et puis, être renvoyé□ d'une poubelle, c'est absurde, puisqu'il n'y a pas plus bas.

Un comble□: les professeurs de l'enseignement public, eux aussi, sont touchés par la panique, privés comme tous les parents du droit de choisir le collège qu'ils préfèrent. «Regardez l'académie□ de Montpellier: plus de 35% des professeurs du «public» ont inscrit leurs enfants dans les collèges catholiques privés. C'est l'exode.» Si les maîtres eux-mêmes perdent la foi, que dire des autres?

L'Express

Avez-vous compris? . . . .

Read the *Express* article carefully, and then answer in English the following questions:

▷ How, according to the author, were schools looked upon, until recent times?
▷ In what way does the author think that the wider problems of present-day society are reflected in schools?
▷ What particular development in the education system in France does the author feel is the cause of much trouble?
▷ Explain what is meant by "des villes sans sécurité" in this passage.
▷ Summarise the trouble caused by the six youths who broke into the Lycée Le Corbusier.
▷ What destructive effect is felt by such acts of vandalism?
▷ How is Evelyne's son threatened, and what is the resulting dilemma for her?
▷ Explain why 'respectable' parents are uneasy about the C.e.s.
▷ In what way does the present school-leaving age appear to make the problem worse?
▷ How do the teachers themselves reveal their own worries about the situation?

école
Une école où les écoliers feraient la loi serait une triste école.

E. Renan

Autrement dit . . . .

Trouvez dans le texte des mots ou des phrases qui veulent dire:

▷ les écoles
▷ ils entrèrent
▷ ils écrivent
▷ une firme
▷ agresser
▷ ils se battent
▷ renvoyer
▷ les enseignants

Cherchez les mots . . . .

Trouvez dans le texte la façon dont sont exprimées les idées suivantes:

▷ things are different nowadays
▷ to such an extent that
▷ they've fallen by the wayside before starting out
▷ the school-leaving age is sixteen
▷ it's impossible to sink any lower

A votre avis

1 Un collège sans sécurité est un établissement où:
a) la police est absente
b) les élèves peuvent faire ce qu'ils veulent
c) il n'y a pas de lois
d) les responsables n'ont pas assez de pouvoir
e) il y a trop d'élèves qui trouvent que les études n'ont aucun rapport avec la réalité de la vie en dehors de l'école
f) le quartier lui-même est défavorisé
g) il y a trop de monde
Classez a) – g) par ordre d'importance.

2 On n'a pas arrêté les six jeunes garçons. Pourquoi?

3 Que pensez-vous de la réaction d'Evelyne face aux problèmes qui existent au C.e.s. de Montreuil?
Est-ce que sa réaction aidera son fils/ne l'aidera pas?

4 Evelyne ferait mieux de . . .?

UN JEU DE PISTES
LE DRAME DE JEAN-LUC

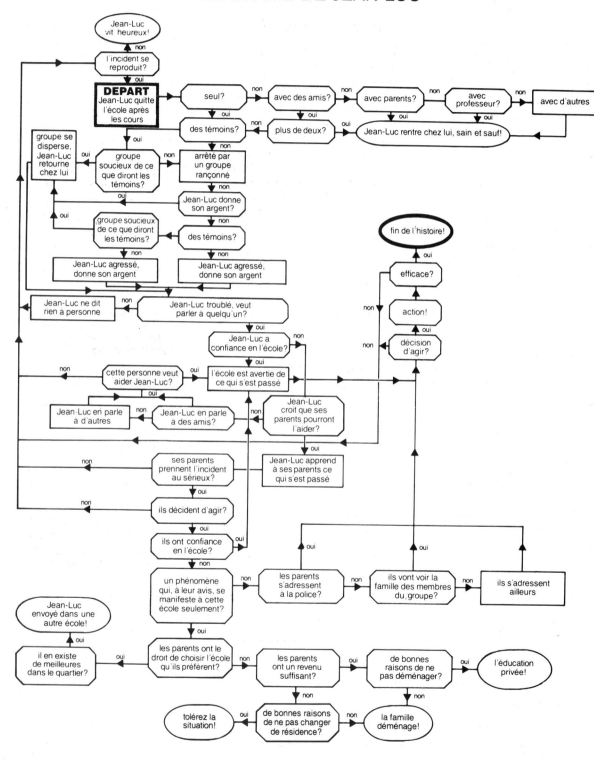

1 Il y a sept issues possibles du drame de Jean-Luc – lesquelles?

2 En quelles circonstances le drame risquerait-il de se répéter?

3 En quelles circonstances les parents de Jean-Luc se décideraient-ils à (i) déménager? (ii) inscrire Jean-Luc dans une école privée? (iii) envoyer leur fils dans une autre école publique?

4 Indiquez les quatre "groupes" qui seraient capables de traiter du problème en question, et précisez la façon dont chaque groupe procèderait.

5 Indiquez les circonstances qui rendraient inefficace chacune des solutions.

6 "Tolérer la situation" – incapables de payer pour une éducation privée, pas désireux de déménager, est-ce là tout ce que pourraient faire les parents de Jean-Luc?

Voici deux lettres écrites par des lecteurs de *L'Express*, en réponse à l'article de la page 6.

Divers points de vue

J'ai été vraiment scandalisée par cet article qui fait des écoles privées des endroits de choix réservés au studieux gratin intellectuel et social. Ici, à Grenoble, les écoles libres sont le refuge des cancres◻, le niveau est plutôt moins bon que celui des lycées, la discipline plus relâchée, l'esprit général souvent déplorable. C'est à qui aura la plus belle moto, les plus belles bottes de cuir. Les enfants à problèmes ne manquent pas. Au lycée où sont mes enfants, en revanche, la directrice est autoritaire mais compréhensive◻, les professeurs parfaits, la discipline bonne, les résultats excellents . . .

Mme A. Camus (Isère)

Concerné par votre article je dois vous dire que j'ai fait, à travers mon enfant, une expérience au C.e.s. de notre commune. Il m'a fallu plus d'une année pour trouver une place dans un collège de l'enseignement privé. J'ai trouvé dans ce collège tout ce qu'il était impossible d'espérer dans les C.e.s. de la région, à savoir:
– discipline minimale
– intérêt et soutien aux enfants
– contacts et dialogues parents–professeurs
Mon enfant avait perdu tout goût du travail◻ et de l'effort, malgré nos multiples efforts de compensation, donc, mauvais résultats, dus à son envie de jouer . . .

M. A. Simon

L'Express

A votre avis?

Lisez les lettres, puis ensuite lisez les opinions et les commentaires ci-dessous: indiquez ensuite qui aurait pu écrire chaque commentaire. Mme Camus? M. Simon? ou peut-être les deux? ou peut-être ni l'un ni l'autre.

	Mme Camus	M. Simon	les deux	ni l'un ni l'autre
a Je pense que les enfants des écoles publiques sont désavantagés.				
b A mon avis, les élèves du privé ne sont que des enfants gâtés qui ne tiennent aucun compte de la vraie raison d'être de l'éducation.				
c Je trouve que l'éducation de l'individu ne commence vraiment que quand il a quitté l'école pour de bon.				
d Moi, j'estime que la discipline joue un rôle très important dans l'éducation des enfants.				
e Depuis qu'il a changé d'école, mon enfant a retrouvé le désir de se consacrer à ses études.				
f Ayant observé l'attitude des enfants 'privilégiés' je n'ai aucun doute sur les avantages.				
g La scolarité jusqu'à seize ans – voilà la cause des problèmes actuels de nos écoles.				

Etes-vous d'accord avec l'une, ou plusieurs, de ces opinions? Lesquelles? Pourquoi?

---

un cancre ◻ a dunce
compréhensif/-ve ◻ understanding

le goût du travail ◻ the will to work

Travail écrit

1 Exprimez avec vos propres mots les opinions exposées dans la lettre de Madame Camus.

2 Le directeur de votre lycée (votre collège) vous a demandé ce que vous pensiez de l'établissement. Exprimez-vous franchement!

Le Baccalauréat

Le Baccalauréat compte 22 *séries*, c'est-à-dire 22 types de baccalauréats. Chaque série comporte des matières différentes, mais toutes les séries comportent obligatoirement une épreuve de français, de philosophie, de mathématiques, d'histoire-géographie et de langue vivante. L'importance de ces matières varie suivant la série.

L'épreuve d'éducation physique est elle aussi obligatoire pour tous.

Séries A: Philosophie-Lettres
Série B: Economique et Social
Série C: Mathématiques et Sciences Physiques
Séries D: Mathématiques – Sciences naturelles – Agronomie
Série E: Mathématiques et Technique
Séries F: Secteur industriel – secteur médico-social
Séries G: Secteur économique et commercial
Séries F: Musique et Danse
Séries H: Secteur informatique

Un monstre fabuleux

Parmi toutes les cérémonies qui font de l'existence des Français une fête continuelle – baptêmes, communions, vendanges, enterrements, mariages, élections présidentielles – il en est une qui mérite d'être présentée à nos admirateurs étrangers, c'est le baccalauréat (en français: bac ou bachot).

Le baccalauréat – du latin *bacca lauri*, baie de laurier□ – est une sorte de monstre napoléonien, moitié Cerbère□, moitié Minotaure□ qui ne possède pas moins de vingt-deux têtes, communément appelées séries et qui dévore chaque année 150 000 lycéens sur les 400 000 qui lui sont offerts en sacrifice.

Cependant, à la différence de ses deux collègues mythologiques qui ont fini par trouver leur maître, le baccalauréat a résisté à toutes les attaques que les Ministres de l'Education Nationale n'ont cessé de livrer contre lui.

Régulièrement menacé de mort□, découpé puis grossièrement reconstitué à plusieurs reprises□, le baccalauréat se présente aujourd'hui comme un solide gaillard□ de soixante-quinze ans.

Chaque année, donc, quelques semaines avant le départ du Tour de France, au cours d'une cérémonie grandiose organisée dans les plus grandes villes du pays, des centaines de milliers de jeunes Français affrontent la bête fabuleuse.

Combat mélancolique au cours duquel se côtoient□ pour la dernière fois les amis de toujours.

Combat décisif et bizarre aussi, puisque ceux qui réussissent sont

condamnés à passer d'autres examens alors que ceux qui échouent sont dispensés de tout autre effort.

Combat magnifique, enfin, car s'il est beau de voir un génie s'emparer d'□un bac «mathématiques et sciences physiques» qui lui permettra de choisir entre les carrières de la science et celles du pouvoir, il est réconfortant aussi de constater qu'il existe encore plus de 70 000 jeunes gens qui s'efforcent de décrocher un bac «philosophie-lettres» qui ne les mènera nulle part.

Examen capital, terminal, estival et national, le baccalauréat n'est pas seulement un passeport pour l'Université. Il représente une garantie de savoir pour la société. Ce qui autorise à tout oublier. Il constitue une preuve de bonne conduite pour la famille. Ce qui rend libre de faire n'importe quoi.

«Passe ton bac d'abord, après on verra . . .»: ainsi se manifeste pour la dernière fois l'autorité des parents. Interdiction en-deçà du bac, autorisation au-delà. . . La liberté au bout du stylo, en quelque sorte.

On comprendra sans peine que cette épreuve suprême bouleverse la vie des familles qui ont la chance d'abriter un candidat au bac.

L'année de l'examen, le jeune dieu bénéficie d'un statut privilégié qui fait pâlir□ de rage ses frères et sœurs. Il est, notamment, dispensé des□ corvées□ de vaisselle ainsi que des sorties du dimanche et il n'est pas obligé de répondre lorsqu'on lui adresse la parole.

Dans le silence d'une chambre inaccessible où le désordre et la poussière sont désormais signes de concentration, nourri exclusivement de lait demi-écremé et de sardines au poivre vert, il bachote□.

Il arrive parfois que le candidat s'effondre à quelques jours de l'épreuve et menace de tout abandonner. La famille intervient alors et promet une récompense. Une dépression ou une crise de nerfs au bon moment peuvent rapporter une moto japonaise, une chaîne haute-fidélité ou un voyage en Grèce.

Un soir, enfin, tout marqué des traces de la lutte et de la superboum qui a suivi, Il fait son entrée, le bac en poche. Le cercle de famille applaudit à grands cris. Et l'enfant disparaît. . .

Philippe Hervieu, *Croquis alphabétiques*, 1986

---

une baie de laurier □ a laurel wreath
Cerbère □ *dog who guarded Hell in Greek mythology. It was tamed by Heracles.*
Minotaure □ *legendary monster from Crete with the body of a man and the head of a bull. Every nine years seven young men and seven young girls were sacrificed to it. The monster was killed by Theseus.*
menacé(e) de mort □ threatened with death
à plusieurs reprises □ on several occasions
un gaillard □ a sprightly old man
se côtoyer □ to rub shoulders
s'emparer de □ to gain possession of
pâlir □ to turn pale
dispensé(e) de □ exempt from
une corvée □ a duty
bachoter □ to cram

éducation
L'éducation nous apprend les règles de la vie. L'expérience nous apprend les exceptions.

M. et A. Guillois

Les filles, meilleures élèves

Le «peuple lycéen» comprend en majorité des lycéennes: en 1984–1985, 55,9% de jeunes filles.

Les jeunes filles sont légèrement plus nombreuses dans les lycées privés que dans les lycées d'État. Au total, elles constituent le gros des élèves des séries A (80% de filles) et G (73%) en classe terminale. En revanche, on ne compte que 36% de filles en C, la «voie royale» de l'enseignement général et 31% en F, séries industrielles du technique.

Au bac général, les lycéennes réussissent mieux que les garçons: leur taux de succès (66,3% en moyenne) est toujours supérieur à celui des garçons (62,8%).

Les filles sont donc largement absentes dans la série noble (C) et dans les séries F, qui mènent d'une part aux écoles d'ingénieurs, d'autre part aux formations de techniciens supérieurs. Cette absence est due à la pesanteur□ des préjugés idéologiques et au manque d'une politique incitative d'orientation□ à l'égard des lycéennes.

Une première décision a été prise pour retenir les filles dans les filières scientifiques et faire en sorte que cesse «la fuite des cerveaux féminins» : le ministère des Droits de la Femme a en effet lancé en septembre 1985 une «bourse de la vocation scientifique et technique des femmes». Chaque année, 50 lycéennes des classes de première E et F doivent être sélectionnées par concours et elles percevront une bourse de 10 000 F pendant 4 ans, dès leur première année d'études supérieures. C'est déjà mieux que pas grand-chose□ et beaucoup plus que rien. Mais cela suffira-t-il à faire naître les petites-filles de Marie Curie?

Jean Michel Croissandeau, *Le Guide du Lycée*, 1986

| **la pesanteur** □ the weight |
| **l'orientation** □ career advising |
| **pas grand-chose** □ not much |

Points de départ . . . .

▷ Recherchez page 10 à quoi correspondent les séries mentionnées dans ce texte.
▷ Quelles sont les matières que les filles étudient en majorité?

Pour continuer . . . .

▷ D'après le texte, pourquoi est-ce que les filles s'intéressent peu aux matières scientifiques et techniques?
▷ Le gouvernement a proposé une solution pour encourager les filles à s'intéresser aux matières scientifiques et techniques. Quelle est cette solution? Qu'en pensez-vous?

Cherchez les mots . . . .

Trouvez la façon dont sont exprimées les idées suivantes.

▷ a schoolgirl
▷ a State school
▷ the upper sixth
▷ the rate of success
▷ an engineering college
▷ scientific pathways
▷ a scholarship
▷ the lower sixth
▷ higher education

SONDAGE

48% des parents sont bien informés

Par rapport aux possibilités de choix d'études et de métier, diriez-vous que vous êtes ou que votre (vos) enfant(s) est (sont) très bien informé(s), assez bien informé(s), assez mal informé(s) ou très mal informé(s)?

	Parents %		Lycéens %
Très bien informé(s)	7	} 48	5
Assez bien informé(s)	41		40
Assez mal informé(s)	29	} 40	41
Très mal informé(s)	11		10
Sans opinion		12	4

62% des lycéens sont inquiets pour l'avenir

En pensant à votre avenir scolaire ou à celui de votre (vos) enfant(s), diriez-vous que vous êtes très inquiet, plutôt inquiet, plutôt confiant ou très confiant?

	Parents %		Lycéens %	
Très inquiet . .	26	} 79	15	} 62
Plutôt inquiet.	53		47	
Plutôt confiant	19	} 20	29	} 35
Très confiant .	1		6	
Sans opinion		1		3

Sondage réalisé auprès des parents par la Sofres sur un échantillon national de 1 000 personnes entre le 8 et le 12 février 1986. Le sondage auprès des lycéens a été réalisé par EPSI, junior entreprise de l'Ecole nationale de la Statistique et de l'Administration économique, sur un échantillon représentatif de 484 élèves de seconde, première et terminale entre le 3 et le 7 février 1986.

Orientation: l'affaire des jeunes

Pour vous, l'orientation scolaire, est-ce l'affaire des parents, des jeunes ou des professeurs?

	Parents %	Lycéens %
Des parents	44	5
Des jeunes	26	82
Des professeurs	23	9
Sans opinion	7	4

Libre choix ou sélection?

L'orientation scolaire, est-ce à vos yeux une loterie, une sélection ou le libre choix de chacun?

	Parents %	Lycéens %
Une loterie	17	13
Une sélection à outrance	31	46
Le libre choix de chacun	45	36
Sans opinion	7	5

35% des parents pour le technique

S'il n'y avait aucun problème de niveau scolaire, souhaiteriez-vous faire ou que votre (vos) enfant(s) fasse(nt) plutôt des études littéraires, des études scientifiques, des études économiques ou des études techniques?

	Parents %	Lycéens %
Des études littéraires	7	20
Des études scientifiques	27	42
Des études économiques	17	22
Des études techniques .	35	12
Sans opinion	14	4

Le Nouvel Observateur

Préparez-vous! ....

▷ Travaillez par groupes de deux. Chaque groupe étudie un des tableaux de résultats. Cherchez quelles sont les conclusions intéressantes que l'on peut tirer de ces résultats.

- la plupart de . . .
- une majorité de . . .
- une minorité (importante) de . . .
- un bon/grand nombre de . . .
- plus de la moitié, du tiers, du quart . . .
- plus/moins { commun, . . . répandu, . . . apprécié, . . . nombreux, . . . souvent, fréquent . . .
- selon/d'après ce sondage . . .
- à ce que disent ceux qui ont participé à ce sondage . . .
- il paraît que . . .
- il apparaît que . . .
- il semble que . . .
- il semblerait que . . .
- on peut conclure que . . .
- on peut en déduire que . . .

connaissances
Ce que j'ai appris, je ne le sais plus. Le peu que je sais encore, je l'ai deviné.

Chamfort

éducation
Le plus simple écolier sait maintenant des vérités pour lesquelles Archimède eût sacrifié sa vie.

E. Renan

▷ Présentez au reste du groupe un des faits qui vous intéresse. Demandez-leur de l'expliquer, de le justifier. Pour poser les questions, aidez-vous des phrases ci-dessous.

- Que pensez-vous du fait que. . . ?
- Comment se fait-il que les Français aient. . . ?
- Comment interprétez-vous le fait que. . . ?
- A quoi attribuez-vous la différence. . . ?
- Est-ce que cela vous surprend?
- En quoi sont-ils différents de . . . ?
- Pensez-vous que les choses vont changer?
- Que pensez-vous de l'évolution de. . . ?
- Pourquoi y a-t-il une différence entre. . . ?

Par exemple:
- Que pensez-vous du fait que 44% des parents pensent que l'orientation est l'affaire des parents?

A vous!

Posez les questions du sondage à d'autres étudiants de français. Notez toutes les réponses, puis disposez-les sous forme de pourcentage, comme dans le sondage que vous venez d'étudier. Vous n'obtiendrez, bien sûr, que les réponses des lycéens.

Comparez vos résultats à ceux du sondage fait en France. Essayez d'expliquer les différences et les ressemblances.

Traduction

Traduisez en français:

1 In the typical English school, it is the teachers who are responsible for the behaviour of the classes they teach. If pupils misbehave, whether in or outside lesson time, a member of staff has the right to punish them, either by detaining them after school, or by giving them a job to do during school time. In France, however, it is the monitor who takes care of discipline. He/she sends for pupils or their parents to discuss what has happened and to impose the appropriate punishment.

2 Evelyne was worried because her youngest son was continually being threatened by older pupils when he came out of school. She had little confidence in the school because they would not throw out children who refused to work and were rude to the teachers. Consequently, when she did go to the headmaster, it was to tell him she was going to put her son's name down for a private school.

3 Taking the "Baccalauréat" is as important a ceremony as a christening, a wedding or a funeral. It is a passport to university and it also gives you the freedom to do what you want. During the time when you prepare for the exam, your family will give you preferential status. When you have passed, you are free to leave or free to take more exams.

4 There are more girls than boys in the French "lycée" system and in the general "bac" examination they are more successful. However, in science and technical subjects girls are outnumbered by boys. This is partly due to the type of careers advice given to girls at school and partly due to historical prejudices. A scheme introduced by the Ministry of Women's Rights, which encourages girls to choose science, is a small sign of improvement.

Dissertation

Jusqu'à quel âge la scolarité devrait-elle être obligatoire?

Définition des idées clefs

● la scolarité?
● obligatoire?

Introduction

En France, scolarité obligatoire jusqu'à 16 ans.
Et dans votre pays?
Certains (qui?) pensent qu'il faudrait revenir à la scolarité obligatoire jusqu'à 14 ans, ou pas obligatoire du tout . . .
A cause des problèmes actuels (quels sont-ils?), d'autres pensent au contraire que 16 ans est le minimum . . .

Arguments pour l'abaissement de l'âge de la scolarité

– Les jeunes qui n'aiment pas l'école: que font-ils?
– Que voudraient-ils faire?
– Qu'en pense leur famille?
– A l'école, qu'est-ce que leurs camarades de classe pensent d'eux? Leurs professeurs?

Arguments pour le maintien de la scolarité à 16 ans minimum

– Qu'est-ce que l'éducation apporte?
– Le droit à l'éducation pour tout le monde, quelle que soit la classe sociale.
– La possibilité de décider le plus tard possible ce que l'on veut faire facilite le choix de carrière.
– Les effets sur l'emploi?

Conclusion

Quel est *votre* avis? Justifiez-le.
Que se passerait-il si la scolarité n'était plus obligatoire, ou si elle ne l'était que jusqu'à 14 ans? Ou si, au contraire, la scolarité devenait obligatoire jusqu'à 18 ans?

MATHS EN COLOMBIE
T'APPRENDS RIEN À L'ECOLE!
TU NE SAIS RIEN DU TOUT!
QU'EST-CE QUE TU VAS FAIRE PLUS TARD ?
JE VOYAGERAI
VOYAGER...
TU NE SAIS MÊME PAS LIRE UNE CARTE!
SAIS-TU SEULEMENT OÙ EST LA COLOMBIE ?
EN AMERIQUE DU SUD, ENTRE LE VÉNEZUELA ET LE PEROU
SANS FRONTIERES
AMERIQUE DU SUD
Perou 4200
Venezuela 3300
Colombie 3750
Bresil 3300
T'AS FAIT DES PROGRÈS EN GEOGRAPHIE ?
PAS DU TOUT, MAIS JE SAIS LIRE LES PUBLICITES
SI LE PEROU VAUT 4200 LE VENEZUELA 3300 LA COLOMBIE À 3750 DOIT NECESSAIREMENT SE TROUVER ENTRE LES DEUX!...
LOGIQUE
ON SAIT PEUT-ÊTRE MOINS DE CHOSES QUE VOUS À VOTRE ÂGE, MAIS EN MATH, VOUS NE NOUS ARRIVEZ PAS À LA CHEVILLE...
REISER

LES INTERVIEWS: INTRODUCTION

DANIEL PAGEON vient de Gréoux-les-Bains, petit village des Alpes dans le sud-est de la France. Il est marié et a trois enfants. Le magnétophone à la main il est allé interviewer des Français et des Belges pour recueillir leurs opinions, leurs réflexions sur leur propre vie et sur la vie en général.

ANNICK BOISGONTIER est né à Angers en 1946. Elle est célibataire et vit dans un HLM. C'est un membre actif de la section locale du parti socialiste. Elle est assistante sociale.

ARTHUR BOISVERT est né en 1943, il est originaire de Bruxelles et habite dans un appartement à une dizaine de kilomètres du centre de la ville. Il travaille pour la CEE.

JEAN BOLACHO est né à St Malo en 1940. Après un séjour à Paris, il a décidé de retourner en Bretagne et s'est installé à Rennes. Il habite avec sa famille dans une villa entourée d'un jardin dans un beau quartier de la ville. Il travaille au bureau de tri des PTT et est aussi délégué syndical. C'est le père de Corinne Bolacho.

CORINNE BOLACHO est née à Paris en 1966. Elle habite à Rennes avec ses parents. Elle va au lycée et prépare son bac.

LILIANE CEYMEULEN-HERBOTS est née à Overijse (à une vingtaine de kilomètres de Bruxelles) en Belgique en 1950. Elle est mariée, elle a deux enfants et travaille dans une agence de voyages à Bruxelles. Elle parle flamand, français et anglais.

M. CHAPELLE est né en 1960 et travaille comme cuisinier à La Taverne de Maître Kanter à Paris.

PAUL et MARIE-THERESE DAUSSE: Paul est né à Nivillac dans le Morbihan en 1933 et Marie Thérèse à Belfort en 1932. Ils vivent dans une villa et ont adopté deux enfants. Ce sont des catholiques pratiquants et des amis de Francis Méhaignerie. Ils enseignent tous les deux dans une école catholique.

YVES DESBOIS est né à St Sanson-sur-Rance en 1943. Comme il est CRS, il a habité dans plusieurs endroits mais il a réussi à se faire affecter à Rennes où sa femme travaille. Ils habitent avec leur fils Stéphane dans un immeuble qui s'appelle «le Californie».

JACKY DESMEULES est né à Rennes en 1959.

JEAN-CHARLES DEVOLUY est né à Rennes en 1965. Il fait ses études au lycée et désire devenir médecin. Sa mère enseigne le français dans le même lycée.

CHRISTINE et GILLES EDAN: Christine est née à Dinan en 1952 et Gilles à Tréguier la même année. Ils sont venus

tous les deux faire leurs études supérieures à l'Université de Rennes où ils se sont rencontrés et se sont mariés. Ils travaillent comme médecins au Centre Hospitalier de Rennes.

MME FAMCHON est née à Nantes en 1950. Elle habite maintenant à Rennes dans un HLM. Elle est mère célibataire.

MME FAUVET est née à Niort en 1920. Elle est venue à Rennes pour être près de sa fille lorsque son mari est mort. Elle est à la retraite et vit dans une petite maison avec un jardin où ses petits enfants, Eric et Yan Fontenelle viennent jouer.

MICHELE FEUILLET travaille comme coiffeuse depuis quelques années. Elle est née à Avignon en 1942.

ERIC FONTENELLE est né à Rennes en 1977. Madame Fauvet est sa grand-mère. Sa mère enseigne la biologie à l'université de Rennes et son père est biologiste. Eric va à l'école primaire à une cinquantaine de mètres de sa maison comme son petit frère Yan. Les deux prénoms sont bretons.

MICHEL GAUTIER est né à Passais-la-Conception dans l'Orne en 1960. Il est venu à Rennes pour poursuivre ses études à l'Université. Il habite dans une très vieille maison au bord d'un canal avec deux autres étudiants, Jacky Desmeules et Nadine Hervé.

NADINE HERVE est née à Pelnée-Fougères en 1960.

PIERRE et YVAN LAUREYS sont tous les deux nés à Overijse en Belgique. Pierre en 1961 et Ivan en 1966. Ils vivent avec leurs parents dans une villa. Ils ont une sœur. Leur père est ingénieur et leur mère reste à la maison.

MURIEL LEBARBIER est née à la Guadeloupe en 1960. Ses parents s'y trouvaient au titre de la coopération. Elle vit maintenant avec eux dans une jolie villa dans un quartier résidentiel de Rennes.

M. et MME MAHE: Monsieur Mahé est né en 1936 et Mme Mahé en 1932, tous les deux en Bretagne. Ils sont venus à Rennes pour y faire leurs études. Ils ont une fille, Sophie, neé en 1967.

FRANCIS MEHAIGNERIE est né à Balazé en 1932. Il est aumônier des étudiants à Rennes.

YVES MOTTET est né à Maure de Bretagne en 1940 et a suivi ses parents lorsqu'ils se sont installés à Rennes pour y tenir un restaurant. Il est maintenant lui-même propriétaire du snack bar «Le Clipper».

MONIQUE PAVY est née à Sainte-Adresse en 1947. Elle est venue à Rennes pour y faire ses études. Elle habite maintenant dans une très grande villa pas très loin du centre ville. Son mari est dentiste, ils ont deux enfants. Elle enseigne l'histoire et la géographie à des adolescents de 17 et 18 ans. Elle est présidente de l'Association des Parents d'élèves.

PATRICK SUERE est né dans les Charentes en 1955. Il a fait l'école hôtelière et a étudié un peu partout en Europe. Il a rencontré sa future femme Rebecca lors d'un séjour en Angleterre. Ils ont deux enfants. Il a décidé de s'installer à Paris où il a été directeur de la Taverne de Maître Kanter pendant quelques années et il a maintenant ouvert un restaurant près des Champs-Elysées.

OLIVIER: rencontré dans la rue à Rennes. Il a seize ans et fait ses études au lycée. Il veut devenir ingénieur.

DENIS a six ans. Il va à l'école primaire à St Malo. Sa sœur Brigitte, qui a cinq ans, y va aussi.

JEAN-LUC: rencontré dans la rue à Rennes. Il a sept ans.

FADELE, BRUNO et MANUELLA: Rencontrés à Paris dans une Maison des Jeunes un après midi. Ils auraient dû être en classe. Ils vivent avec leurs parents à Beauvais, situé à une centaine de kilomètres de Paris.

Les Dausse

Patrick Suere et M. Chapelle

Mme Fauvet

Fadèle, Bruno et Manuella

L'ECOLE, OUI OU NON?

Muriel

un emploi du temps ☐ a time-table **chargé(e)** ☐ full **distractions** ☐ entertainment **rigoler** (fam.) ☐ to laugh **une blague** ☐ a joke **éphémère** ☐ short-lived **se foutre de** (argot) ☐ to make fun of **se dévouer** ☐ to be a martyr **la grosse rigolade** (fam.) ☐ a good laugh **se défouler** ☐ to let off steam **flagrant(e)** ☐ glaring, obvious **aborder** ☐ approach

1 Ecoutez l'entretien avec Muriel en entier, deux fois s'il le faut. Elle mentionne tous les thèmes ci-dessous, mais dans quel ordre? Utilisez les lettres pour noter l'ordre correct.

a   a teacher who speaks incorrect French
b   the kind of teacher she likes
c   how she spends her spare time
d   the subjects she studies
e   the teacher she doesn't like
f   the kind of thing which amuses her
g   the subjects she likes
h   the teacher she is afraid of

2 Ecoutez encore une fois la première partie de l'entretien, et notez les détails suivants:
▷ her two favourite subjects?
▷ how long has she been studying English?
▷ three features of a good teacher?
▷ the subjects taught by her least favourite teacher?
▷ three things she doesn't like about him?

3 Comment est-ce que Muriel exprime les idées suivantes?
▷ I'm very attracted by
▷ we're not very demanding
▷ that really amuses us a lot
▷ in school, we haven't the right
▷ we get our own back
▷ we're afraid to go near him

4 Comme tout le monde, Muriel utilise quand elle parle des mots qui lui donne le temps de réfléchir. Ecoutez, et essayez de repérer par exemple:
▷ quand même . . .
▷ alors . . . alors donc . . .
▷ ben . . .
▷ quoi . . .
▷ ah là là . . .
▷ mais enfin bon . . .
▷ alors là . . .

5 Avec un(e) partenaire, résumez en quelques mots seulement ce que dit Muriel au sujet:

– des matières qu'elle étudie
– du prof qu'elle n'aime pas

6 Et vous? En vous aidant des expressions employées par Muriel, dites à votre professeur:

– les matières que vous n'aimez pas et celles que vous aimez
– ce que vous faites au lycée quand vous n'êtes pas en classe

Jean-Charles

un **métier** □ a professional skill
maîtriser □ to control
un élève sage □ a well-
behaved pupil
le bazar (fam.) □ messing
around
une colle □ a detention
la suppression □ the abolition
c'est rentré dans les mœurs
□ it's become standard
practice
un sondage □ a survey

1 Ecoutez ce que dit Jean-Charles sur ce qu'il apprécie et ce qu'il n'aime pas chez les profs. Utilisez les lettres pour noter ses opinions dans le tableau ci-dessous:

admire	n'apprécie pas

a   un prof qui domine son sujet
b   un prof qui, au tableau, est aussi hésitant qu'un élève
c   les gens de métier
d   les professionnels
e   le bruit
f   le bazar
g   les profs qui n'ont rien besoin de dire pour obtenir le silence
h   les cours lents, ennuyeux
i   les profs qui crient pendant cinq minutes et n'obtiennent rien
j   les colles
k   la discipline
l   la suppression des colles
m   les sanctions
n   un prof qui a une forte personnalité

2 Now summarise Jean-Charles' attitude:
– What does Jean-Charles think about discipline at school?
– What, according to Jean-Charles, were the effects of abolishing detentions?
– Briefly describe what Jean-Charles would consider to be an ideal lesson.

Fadèle, Bruno et Manuella

la soudure □ welding
métallerie/métallurgie □
metallurgy
inscrit □ registered
énerver quelqu'un □ to annoy
someone
renvoyer du cours □ to send
out of a lesson
plein de trucs □ lots of things
doué □ gifted
un stage □ a training course

1 Avant d'écouter l'entretien avec Fadèle, Bruno et Manuella, lisez les questions suivantes. Puis notez les réponses à mesure que vous les entendez.
▷ For how long has Fadèle, the first interviewee, been unemployed?
▷ What are Bruno's qualifications?
▷ What concrete plan does he have?
▷ For how long has Manuella, the third interviewee, been unemployed?
▷ What is her reaction to having left school?
▷ Suggest two reasons why things did not go well for her at school.
▷ Was there any subject she liked?

Eric

1 Qu'est-ce qu'Eric dit de son école? Ecoutez autant de fois qu'il le faut, car vous n'avez sûrement pas l'habitude d'entendre parler les petits enfants. Complétez oralement les phrases suivantes, en vous servant de vos notes:

▷ Eric va à l'école de . . . . . .
▷ Son institutrice s'appelle . . . .
▷ CP veut dire . . . .
▷ Le lundi matin, Eric fait . . . .
▷ Il va en gym le . . . . . . et le . . . .
▷ Quelquefois, le mercredi soir, il fait . . . .
▷ Le jeudi, Eric fait . . . .
▷ Eric fait de la peinture le . . . .
▷ Pendant le week-end, Eric fait . . . . . . à la maison, puis le lundi il doit . . . .
▷ Ce qu'il aime le mieux à l'école, c'est . . . .
▷ Pendant la récréation, il joue à . . . .

Marie-Thérèse

1 Ecoutez ce que dit Marie-Thérèse Dausse au sujet de ceux qui ont des problèmes scolaires.
Notez ce qu'elle dit dans le tableau suivant. (Vous ne pouvez pas remplir toutes les cases.):

	le père	la mère	le fils aîné	le fils cadet	la jeune fille
nom					
âge					
emploi					
attitude envers l'école					
personnalité					

2 Complétez cet extrait de la fin du dialogue avec Marie-Thérèse.
(Vous pourrez peut-être deviner certains des mots qui manquent avant même d'écouter le dialogue!)

C'est le début de . . . . . . ,[1] alors j'essaie de. . .[2] Pour le . . . . . .[3] on les connaît pas encore beaucoup, quoi, hein. . .[4] Alors moi je, je discute pas mal avec mes . . . . . . ;[5] comme je suis . . . . . .[6] de français, c'est plus . . . . . .[7] pour rentrer en relation et. . . je . . . . . .[8] pas mal avec eux, j'essaie à leur . . . . . .[9] de leur expliquer pourquoi ils sont . . . .[10] Désamorcer leur agressivité en leur. . . en essayant de . . . . . .[11] avec eux . . . . . .[12] ils en sont là, pourquoi ils ont échoué, quelles sont leurs . . . . . .[13] de jeunes. Puis je les écoute quoi, hein.

3 What is Marie-Thérèse's view on the following:
– the cause of Carole's problems?
– how a teacher should react when faced with an aggressive and vulgar pupil?

Jean Bolacho

1 Dans son argumentation, Jean Bolacho passe de l'éducation à la politique. Après avoir écouté tout ce qu'il dit, dites si les affirmations suivantes sont vraies ou fausses:

▷ Apprendre à compter, c'est moins important aujourd'hui qu'autrefois.

▷ Aujourd'hui, on se sert beaucoup des machines à calculer en classe.

▷ Les machines à calculer sont chères.

▷ L'histoire et la géographie sont plus importantes aujourd'hui qu'autrefois.

▷ Les enfants d'aujourd'hui savent très bien ce qu'est un Président de la République.

▷ A cause du droit de vote à 18 ans, l'éducation politique à l'école est encore plus importante.

▷ Un beau parleur peut facilement convaincre les enfants d'aujourd'hui de voter pour lui.

2 Ecoutez les mots que Jean Bolacho utilise pour se donner le temps de réfléchir:

▷ c'est-à-dire que . . .

▷ bon . . .

▷ euh . . .

▷ disons . . .

▷ un petit peu . . .

Mme Fauvet

1 Ecoutez la façon dont Madame Fauvet parle de deux méthodes pour apprendre à lire aux enfants:

▷ apprendre des syllabes

▷ apprendre des mots entiers

▷ la méthode globale

▷ assembler les lettres

Deux de ces expressions décrivent la méthode qui était utilisée au temps de Mme Fauvet; les deux autres décrivent la méthode utilisée aujourd'hui. Lesquelles?

2 Madame Fauvet parle de son éducation à elle. Retrouvez l'ordre des événements suivants:

a   chercher un emploi

b   passer le Brevet Elémentaire

c   passer en Première Supérieure

d   quitter l'école primaire

e   passer quatre ans au Cours Complémentaire

f   entrer à l'école technique

g   apprendre la comptabilité

Conclusions

– Comment expliquez-vous les différentes attitudes envers l'école représentées par Manuella, Jean-Charles et Carole?

– Comparez ce que Jean-Charles attend d'un professeur par rapport à Muriel.

– Ecole primaire/école secondaire: laquelle vous a rendu le plus heureux/euse?

La sortie de Stéphane

Pour éviter les drames de famille, quoi de plus simple que le mensonge? Ou disons, pour être plus exact, «le fait de cacher la vérité». Depuis que j'ai découvert cette stratégie, ma vie est beaucoup plus simple et beaucoup plus calme.

Prenons pour exemple le samedi 30 mai. Une grande soirée était prévue à l'Arc-en-ciel, la plus grande disco de Grenoble, la ville voisine. Il fallait y aller en moto avec Caroline, qui était très mal vue° chez nous parce que, paraît-il, elle se laisse griser° par la vitesse. La meilleure solution était donc d'annoncer, tout simplement, que j'allais faire des révisions chez un camarade de classe.

L'esprit libre, j'ai donc dansé toute la nuit avec frénésie. On a eu de la chance, puisque la boîte de nuit avait organisé ce soir-là un concours de rock. C'était donc une soirée doublement réussie°. Je suis rentré ensuite à la maison sans difficulté, sans réveiller personne.

Inutile de décrire la consternation générale qui a frappé la famille le lundi, quand les yeux de mes parents ont été attirés par la page 3 du *Dauphiné Libéré*: on y voyait une photo de Stéphane (eh oui, moi-même!), qui avait brillamment gagné le concours de danse à l'Arc-en-ciel!

mal vu(e) ☐ not liked
se laisser griser par ☐ to be carried away with
une soirée réussie ☐ a successful evening

▷ Quand?
▷ Où?
▷ Qui?
▷ Quoi?
▷ Résultat?

Pour continuer . . . .

▷ Eviter les drames: comment?
▷ Un mensonge: lequel?
▷ L'esprit libre: pourquoi?
▷ Une double réussite, cette soirée?
▷ Le dénouement? Manque de chance?

Préparez-vous! . . . .

L'un(e) d'entre vous imagine qu'il/elle est Stéphane, quelqu'un d'autre imagine qu'il/elle est le père ou la mère de Stéphane. Préparez séparément vos réponses aux questions suivantes.

Le reste du groupe vous posera ces questions, et peut-être d'autres qu'il aura inventées en votre absence.

Stéphane:

▷ Vous sortez souvent le week-end? Où est-ce que vous allez? Avec qui?
▷ Parlez un peu de vos devoirs à faire, de vos révisions. Ça vous intéresse? Vous y passez beaucoup de temps?
▷ Quand vous voulez sortir, vous demandez toujours la permission à vos parents?
▷ Est-ce qu'il y a un genre de sortie qui leur déplaît particulièrement? Quelles sont les raisons qu'ils vous donnent?
▷ Est-ce qu'ils vous ont déjà empêché(e) de sortir le soir?
▷ Ce samedi-là, pourquoi est-ce que vous n'avez pas dit la vérité?
▷ Si vos parents avaient téléphoné chez votre camarade, qu'est-ce qui se serait passé?
▷ Quelles précautions avez-vous prises en rentrant à la maison?
▷ Quelle a été votre réaction en voyant la photo dans *le Dauphiné Libéré*?

Le père ou la mère de Stéphane:

▷ Stéphane est actuellement au lycée. Quels sont vos espoirs et vos ambitions pour lui?
▷ Comment est-ce qu'il passe son temps libre?
▷ Vous le laissez faire tout ce qu'il veut?
▷ Qu'est-ce qui vous donne du souci? Ses activités? Son attitude? Ses amis?
▷ Caroline ne vous plaît pas beaucoup. Pourquoi?
▷ Stéphane a eu d'autres amies? Elles vous plaisaient?
▷ Ce samedi-là, qu'est-ce que Stéphane vous a dit exactement? Cela vous a surpris(e)?
▷ En allant vous coucher, vous vous êtes fait du souci parce qu'il n'était pas encore rentré?
▷ Quelle a été votre réaction en voyant la photo dans *le Dauphiné Libéré*?

A vous de jouer!

Préparez, par groupes de deux ou trois, puis jouez:

1 Le dialogue entre Stéphane et ses parents avant de partir pour Grenoble.

2 Une discussion à propos de Caroline entre Stéphane et ses parents.

3 Le drame du lundi. Imaginez la conversation entre Stéphane et ses parents: les explications, les accusations, les excuses.

4 L'un des deux parents cherche à apaiser tout le monde. Imaginez les solutions qu'il/elle propose et les réactions des autres personnes concernées.

Travail écrit

1 Seul(e) ou avec un(e) partenaire, écrivez l'un des dialogues que vous venez d'improviser.

2 La mère (ou le père) de Stéphane a l'habitude d'écrire tous les mois à un membre de la famille. Cette fois-ci, elle/il raconte les aventures de Stéphane pendant le week-end. Ecrivez la lettre.

3 Stéphane écrit à son frère, qui est à l'université dans une autre ville, pour lui raconter ce qui s'est passé. Ecrivez la lettre.

4 Supposons qu'il reste encore un sentiment de malaise dans la famille. Ecrivez un mot de la part de Stéphane à ses parents pour détendre l'atmosphère.

vieillesse
Les vieillards donnent de bons préceptes, pour se consoler de n'être plus en état de donner de mauvais exemples.

La Rochefoucauld

Le sac à dos

Mme Aubry Ah, te voilà Brigitte! On a déjà commencé à déjeuner. Je m'excuse, on ne t'a pas attendue mais tu es en retard aujourd'hui.

Brigitte Oh oui. Je suis allée me balader un peu. Je m'excuse, hein.

Mme Aubry Qu'est-ce que c'est que cette coiffure!

Brigitte Ça ne te plaît pas?

Mme Aubry Bof. Je ne peux pas dire que je trouve ça merveilleux.

Brigitte Non? Oh, moi j'aime bien.

Mme Aubry Oui. Dis donc, à propos, j'ai rangé ta chambre.

Brigitte Eh ben, merci.

Mme Aubry Oui. La prochaine fois, peut-être que tu peux le faire toi-même.

Brigitte D'accord.

Mme Aubry Hein. Et puis, à propos, j'ai trouvé dans le hall un sac à dos flambant neuf[ ] . . .

Brigitte Ah!

Mme Aubry . . . que je n'avais pas vu. Il est à quelqu'un?

Brigitte Ben, il est à moi. Je l'ai acheté la semaine dernière. Il est beau, hein?

Mme Aubry Tu l'as acheté?

Brigitte Oui.

Mme Aubry Mais avec quoi?

Brigitte avec mon argent. Tu sais bien, je travaille le samedi.

Mme Aubry Ah oui. Mais enfin, d'habitude tu ne dépenses pas ton argent pour des choses aussi prosaïques qu'un sac à dos. Qu'est-ce que tu vas en faire?

Brigitte Eh bien! Je vais en avoir besoin parce que . . . parce que bon ben, pour cet été, hein?

Mme Aubry Comment pour cet été?

Brigitte Mais oui parce que . . .

Mme Aubry Ben, écoute, cet été nous allons chez grand-maman comme d'habitude.

Brigitte Ben non. Pas moi.

Mme Aubry Comment-ça, pas toi?

Brigitte Ben, non parce que je vais aller camper.

Mme Aubry Tu vas camper cet été?

Brigitte Oui, je vais camper avec un ami.

Mme Aubry Avec un ami?

Brigitte Mais oui, avec un ami! Euh . . . en Grèce.

Mme Aubry En Grèce! Enfin Brigitte! Et comment est-ce que tu comptes aller en Grèce?

Brigitte Ben, en stop. Je m'attends pas à ce que tu me donnes de l'argent, alors ça non, mais euh . . . en stop.

Mme Aubry   En auto-stop!

Brigitte   Oui.

Mme Aubry   Mais enfin, tu réalises ce que tu racontes?

Brigitte   Ben enfin, je peux faire ce que je veux, hein? Je suis assez grande.

Mme Aubry   Mais attention. Tu en a parlé à ton père?

Brigitte   Non. J'ai pas besoin de lui en parler. Pourquoi je lui en parlerais?

Mme Aubry   Non parce que j'aime autant te dire que je ne crois pas qu'il va être tout à fait d'accord.

Brigitte   Oh ben ça, tant pis, hein.

Mme Aubry   Comment tant pis? Mais enfin, mais écoute Brigitte. Mais qu'est-ce-que c'est que ces manières? Mais depuis quand est-ce que tu prends des décisions comme ça toute seule sans parler à personne, sans prévenir la famille?

Brigitte   Depuis, depuis maintenant. Euh . . . voilà, je pars avec Jacques. On va camper en Grèce.

Mme Aubry   Et d'abord nous, nous ne connaissons pas Jacques . . .

Brigitte   Oh!

Mme Aubry   Deuxièmement, personne ne t'a donné l'autorisation d'aller en Grèce. Troisièmement, l'auto-stop, tu sais très bien que c'est horriblement dangereux. Jamais ton père ne va être d'accord!

Brigitte   Ecoute, j'ai dix-huit ans, je fais ce que je veux.

---

flambant neuf □ brand new

A votre avis?

1 Qu'est-ce qui permet de supposer, au début de la conversation, que les relations entre Brigitte et sa mère sont assez tendues?

2 Résumez les projets de vacances de Brigitte.

3 Qu'est-ce qui choque le plus sa mère dans les projets de Brigitte?

4 Dans quelle mesure pourrait-on dire que l'attitude de Brigitte est irresponsable? Pourquoi?

5 Comment, à votre avis, aurait-elle pu éviter cette dispute avec sa mère?

A vous de jouer!

1 Déçue, furieuse, Brigitte va voir Jacques. Il la console en lui donnant du courage pour aller affronter son père. Imaginez le dialogue entre les deux.

L'ami de Brigitte peut s'aider des phrases suivantes:

– Calme-toi, ma chérie! Qu'est-ce qui t'arrive?
– Ne t'inquiète pas, ma chérie. Ça va s'arranger!
– C'est normal, tous les parents sont comme ça!
– Les parents disent toujours non au début, mais c'est facile de les faire changer d'avis.
– Ce qu'il faut, c'est les rassurer.
– Il faut qu'ils aient confiance en toi. Et en moi aussi, bien sûr!
– Je suis sûr que ton père sera plus compréhensif. Tu vas voir, ça va bien se passer.
– Tu veux me les présenter? Je leur parlerai, si tu veux.

2 Imaginez la conversation entre Brigitte (qui, cette fois-ci, décide d'être plus conciliante) et son père.

3 Imaginez la première rencontre entre Jacques et les parents de Brigitte.

4 Ecrivez la lettre que Brigitte envoie de Grèce à ses parents pour leur prouver qu'ils avaient eu tort de s'inquiéter.

Et vous?

1 Avez-vous déjà vécu ce genre d'expérience? Racontez (ou inventez) ce qui vous est arrivé.

2 Il est probable que vos parents se plaignent de vous de temps en temps. Qu'est-ce qu'ils disent? Et que leur dites-vous?

En France, à quel âge peut-on:	
voter?	18
se marier?	femmes: 15 hommes: 18
quitter l'école?	16
conduire une mobylette?	14
conduire une moto?	16
conduire une voiture?	18
travailler pendant les vacances?	12
consommer de l'alcool?	18
devenir Président de la République?	23

Etudiante au café

■ Une terrasse de café, Catherine se bronze, visage tendu vers° le pâle soleil du boulevard Saint-Germain. Elle est devenue très belle. A seize ans, elle avait la gaucherie charmante et hésitante des jeunes poulains°. Aujourd'hui, je la retrouve à vingt ans, adoucie, coiffée, portant des robes et non plus des jeans, des chaussures et non plus des sabots, jeune femme brune aux yeux bleus qui parle peu mais sait ce qu'elle veut.

«J'ai beaucoup changé en quatre ans! Par exemple, j'étais fanatique de musique, toutes mes économies passaient à acheter les derniers disques sortis, que j'écoutais des heures entières dans ma chambre. Ça énervait maman! Maintenant ça ne m'intéresse plus. Un peu de disco encore, pour danser avec des copains. Mais je ne sais plus ce qui sort, où en est le hit parade. J'ai trop de soucis, ou plutôt trop d'autres préoccupations. Comme pour les livres: je lis de moins en moins, sauf les journaux, quelques livres politiques obligatoires, mes bouquins de droit. Fini aussi la littérature, les vrais romans. J'ai l'impression que tout, dans ma vie, est "utilitaire". Peut-être suis-je devenue adulte? Eh bien, ce n'est pas très gai . . .»

A vingt ans, presque tous, ils ont, comme Catherine, le sentiment d'avoir sauté le pas°. D'avoir quitté le monde préservé de l'adolescence sans être encore vraiment entrés dans le monde des adultes. D'ailleurs, les adultes veulent-ils d'eux?

«Nous avons l'impression que non. Tout est barré. Mon père me reproche de ne pas avoir de "vocation" ou d'idéal. Lui, quand il était jeune, il savait depuis toujours qu'il serait . . . ce qu'il est devenu. Facile à dire! Moi, j'aurais voulu être médecin. Mais je sais que les études de médecine sont devenues très difficiles. Je vois mes copains: plus du tiers ont dû abandonner en cours de route°. De plus, on nous dit que la profession, dans dix ans, sera complètement encombrée°. . . Alors, à quoi bon se lancer dans des voies sans issue? J'ai fait sciences po, puis le droit – que je déteste. Mais il me semble que c'est encore une des rares voies ouvertes pour pouvoir, au bout, trouver un job. Car, c'est cela, le critère: le job. C'est notre souci, notre obsession, le thème majeur des conversations en fac: où faut-il se diriger pour ne pas rester en rade°? Il s'agit bien de vocation ou d'idéal! Il paraît qu'en 1968 on disait que les facs étaient devenues des parkings. En 1979, elles sont devenues des antichambres de l'Agence pour l'Emploi. . .»

| tendu vers □ turned towards |
| **un poulain** □ a foal |
| **sauter le pas** □ to jump in at the deep end |
| **en cours de route** □ on the way |
| **encombré(e)** □ saturated |
| **rester en rade** □ to be left stranded |

Vrai ou faux? . . . .

Indiquez si, à votre avis, les affirmations suivantes sont vraies ou fausses.

Transformez chaque phrase incorrecte en une affirmation correcte.

▷ Catherine a seize ans.
▷ Catherine possède un jeune cheval.
▷ Pendant l'entretien au café, Catherine était assise face au soleil.
▷ Catherine porte des vêtements plus élégants qu'avant.
▷ Elle s'intéresse plus à la musique qu'il y a quatre ans.
▷ Elle ne sait plus ce qui se passe au hit-parade.
▷ En faculté, elle ne lit que les livres qui l'intéressent.
▷ Elle se sent toujours adolescente.
▷ Elle se sent adulte.
▷ Elle se sent rejetée par les adultes.
▷ Elle a choisi la médecine comme carrière.
▷ Elle a des copains qui étudient la médecine.
▷ Ses copains ont tous abandonné leurs études.
▷ Devenir médecin va devenir de plus en plus difficile, car il y en a trop qui cherchent à ouvrir un cabinet.
▷ Catherine a choisi le droit.
▷ Elle a pris cette décision pour ne pas se lancer dans une voie sans issue.
▷ En faculté, on parle plus des études que de l'avenir professionnel.

Autrement dit . . . .

Trouvez dans le texte des mots ou des phrases qui veulent dire:

▷ j'étais passionnée de . . .
▷ irriter
▷ quelque chose qui occupe l'esprit de quelqu'un au point de l'inquiéter
▷ à l'exception de . . .
▷ indispensable
▷ protégé, mis à l'abri
▷ surchargé, où il y a trop de monde
▷ une impasse
▷ à la fin
▷ un sens, un but dans la vie
▷ une salle d'attente

A votre avis

1 Catherine dit qu'elle a trop de soucis. Lesquels?

2 Comment explique-t-elle le fait qu'elle ne lit plus de romans?

3 Elle ne se sent ni adulte ni enfant. Comprenez-vous ce qu'elle ressent? Comment l'expliquez-vous?

4 Comment explique-t-elle la différence entre les choix qu'elle a faits pour sa carrière et ceux que son père avait faits vingt ans auparavant?

5 Pourquoi a-t-elle choisi les sciences politiques et le droit plutôt que la médecine?

6 Que pensez-vous de sa décision?

enfance
Peine de vingt et un ans de prison à purger.

T. Szasz

jeunesse
La jeunesse sait ce qu'elle ne veut pas avant de savoir ce qu'elle veut.

J. Cocteau

Travail écrit

Catherine:

Faites deux colonnes. Dans celle de gauche, vous inscrirez ce que vous savez sur la personnalité de Catherine quand elle avait seize ans. Dans celle de droite, vous inscrirez ce qu'elle est et ce qu'elle fait maintenant qu'elle a vingt ans. Par exemple:

avant	*maintenant*
Elle passait des heures dans sa chambre à écouter des disques.	La musique ne l'intéresse plus beaucoup.

En vous aidant des deux listes que vous venez d'établir, résumez en cent mots l'évolution de la personnalité de Catherine.

Et vous?

Vous avez changé depuis l'âge de quatorze ans? Cela ne serait pas étonnant! Mais jusqu'à quel point en êtes-vous conscient(e)? Réfléchissez à l'évolution de vos goûts pour la musique, le cinéma, la mode. . . A vos passe-temps, vos week-ends, vos vacances. . . Votre manière de penser, vos ambitions. . . Est-ce que tout cela a changé?

Pour vous aider à vous y retrouver, établissez deux listes, «avant» et «maintenant», comme pour Catherine.

Ensuite, écrivez un autoportrait, en montrant bien les différences entre aujourd'hui et il y a quelques années. Pas plus de cent mots.

Maintenant, échangez le texte que vous venez d'écrire avec celui d'un membre du groupe. Lisez-le au reste du groupe qui devra deviner de qui il s'agit!

C'est en forgeant qu'on devient forgeron. . .

Comment elle a commencé cette soirée d'hier? Voyons. . . Je suis arrivé, bien rasé, parfumé je crois. . . Qu'est-ce que j'avais comme vêtements? Je m'en souviens plus. . . Bref. Il y avait beaucoup de monde et beaucoup de fumée dans la pièce. Et immédiatement j'ai vu cette fille! Superbe! Mon âge à peu près, seize ans. Qu'est-ce qu'elle faisait. . . ? Elle servait à boire? Oui, c'est ça. Et elle m'a donné un verre, à moi, oui à moi, Christophe! Avec un sourire . . . extraordinaire! Ah c'est bien, j'ai pas oublié! Après, on a parlé, elle m'a servi un autre verre . . . puis un autre peut-être? Non? Oh. . . ! Sûrement! Oh là là, qu'est-ce que j'ai mal à la tête ce matin! Bon. . . Mais qu'est-ce qui s'est passé après? Je sais plus moi. . .

▷ Qui?
▷ Où?
▷ Quand?
▷ Et après?

Pour continuer . . . .

▷ Parfumé, rasé: pourquoi?
▷ Beaucoup de monde: pourquoi?
▷ Mal à la tête: pourquoi?

Préparez-vous! . . . .

Le lendemain de la fête, Isabelle, la jeune fille qui servait les boissons, vient voir Christophe (qui a trop bu!). Il ne sait rien de ce qui s'est passé en fin de soirée. Elle se sent responsable.

Divisez le groupe en deux.

Groupe A: Préparez les questions que Christophe va poser sur les événements de la soirée. Par exemple:
– Qu'est-ce qui s'est passé après. . . ?
– Qu'est-ce que j'ai bu?
– Qu'est-ce que j'ai dit?
– Comment ça s'est terminé? etc.

Groupe B: Préparez ce qu'Isabelle, qui a tout vu, va raconter à Christophe.

Quel a été votre rôle dans l'affaire? Qu'est-ce que vous avez entendu? Comment est-ce que Christophe s'est comporté? Est-ce que son état d'ivresse était visible? Comment est-ce que les autres ont réagi? Qu'est-ce qui s'est passé à la fin? Comment est-ce qu'il est rentré chez lui?

A vous de jouer!

Choisissez un représentant dans chaque groupe. Celui du groupe A prendra le rôle de Christophe et posera les questions. Celui du groupe B prendra le rôle d'Isabelle et expliquera tout.

Amusez-vous!

1 Vous avez l'intention d'organiser une fête chez vous et d'y inviter une quarantaine d'amis.

a) En travaillant avec un(e) partenaire, préparez la fête – combien d'amis? qui? quelle musique? quelles boissons? quels meubles? quand commencer? quand finir?
b) Votre professeur jouera le rôle d'un parent. Demandez-lui la permission d'organiser une fête, en expliquant de quoi il s'agit. Lui/elle ne voit que des problèmes; vous insistez – vous ne vous contenterez pas d'un refus.

2 Vos parents vous ont refusé la permission! Vous ne pouvez donc faire votre fête qu'en leur absence.
a) En travaillant avec un partenaire, discutez des moyens de persuader vos parents de partir pour le week-end. Où? Pourquoi? Avec qui?
b) Le rôle du parent sera joué par votre professeur ou bien par un(e) camarade: essayez de le/la convaincre qu'ils doivent absolument partir pour le week-end.

Idées à discuter

Groupe A:
Discutez des raisons pour lesquelles les gens boivent lors d'une fête.
Qu'est-ce que l'alcool apporte à l'individu? A l'ambiance de la soirée?

Groupe B:
Discutez des effets non désirés de l'alcool sur l'ambiance d'une soirée, et sur l'individu.

Dans chaque groupe, quelqu'un prendra des notes.

Ensuite, un membre de chaque groupe résume les idées de son groupe. Le professeur note tout au tableau, puis il dirige la discussion qui suit:

– Etes-vous pour ou contre la consommation d'alcool, parmi les jeunes et peut-être aussi les moins jeunes?
– En France, comme dans d'autres pays, l'alcool est interdit aux moins de dix-huit ans. Qu'en pensez-vous?
– Est-ce une drogue?
– Peut-on comparer l'alcool aux autres drogues? Ses effets, l'accoutumance. . . ?

Travail écrit

Donnez en 150 mots environ votre avis personnel sur l'alcool ou une autre drogue.

SONDAGE

Sondage réalisé auprès d'un échantillon national représentatif, par la méthode des quotas, de 400 personnes âgées de 15 à 20 ans.

Je vais vous citer plusieurs équipements. Pour chacun d'eux, vous indiquerez si vous le possédez *personnellement*.

	Possède personnellement	Possède au foyer	Ne possède pas	Total
Auto	11	71	18	100
Moto	10	8	82	100
Chaîne hi-fi (électrophone)	34	33	33	100
Télévision couleur	2	64	34	100
Magnétophone	53	31	16	100
Magnétoscope	—	9	91	100
Caméra vidéo	—	8	92	100

A ceux qui déclarent ne pas posséder personnellement les équipements suivants

Aimeriez-vous posséder personnellement. . .

	Oui	Non	Total
Une auto	79	21	100
Une moto	49	51	100
Une chaîne hi-fi (électrophone) .	69	31	100
Une télévision couleur	47	53	100
Un magnétophone	52	48	100
Un magnétoscope	54	46	100
Une caméra vidéo	41	59	100

Tous les combien regardez-vous la télévision? Est-ce. . .

Rappel enquête	1966	1986
Tous les jours ou presque	57	42
Deux ou trois fois par semaine . . .	31	26
Environ une fois par semaine . . .	9	15
Moins souvent ou jamais	3	17
Sans opinion	—	—
Total	100	100

Recevez-vous de l'argent de vos parents?

Oui	69
Non	31
Total	100

Dépensez-vous tout votre argent ou en mettez-vous de côté en prévision de dépenses exceptionnelles?

Dépense tout	26
En met de côté	64
Ne peut pas dire	10
Total	100

Préparez vous! . . . .

Travaillez par groupes de deux. Chaque groupe étudie *un* des tableaux de résultats. Cherchez quelles sont les conclusions intéressantes que l'on peut tirer de ces résultats. Les phrases à la page 13 vous aideront.

Présentez au reste du groupe un des éléments qui vous intéresse. Demandez-leur de l'expliquer, de le justifier. Pour poser les questions,

vous pouvez vous reporter aux phrases données page 13.

Par exemple:
– Que pensez-vous du fait que 71% de gens pensent que l'argent est très important?

A vous!

Posez les questions du sondage à autant de personnes que possible; aux autres étudiants de français de votre école ou votre collège, par

exemple. Notez toutes les réponses, puis disposez-les sous forme de pourcentage, comme dans le sondage que vous venez d'étudier.

Comparez vos résultats à ceux du sondage fait en France. Essayez d'expliquer les différences et les ressemblances.

Pour quel type de dépenses. . .

	(1)
Vêtements	25
Pour l'avenir	13
Sorties, bal, cinéma, théâtre .	14
Equipements sportifs	3
Moto et équipements	9
Voiture, cours de code	16
S'installer, appartement	8
Voyages	8
Cadeaux	7
Acheter des petites choses . .	21
Acheter des livres	3
Aider sa famille	1
Acheter appartement, terres .	2
Acheter des valeurs mobilières	1
Autre	1
Sans opinion	3

(1) Total supérieur à 100 en raison des réponses multiples.

Le Nouvel Observateur

Pensez-vous pouvoir discuter avec vos parents de n'importe quel problème qui vous préoccupe?

Oui, avec les deux	48
Oui, avec mon père seulement	5
Oui, avec ma mère seulement	26
Non	19
N'a pas de parents, ne les voit pas	1
Sans opinion	1
Total	100

Je vais vous citer des mots. Pour chacun d'eux, dites s'il représente pour vous quelque chose de très important ou quelque chose de pas très important.

	Très important	Pas très important	Sans opinion	Total
L'argent	71	28	1	100
La famille	93	6	1	100
La politique	17	71	12	100
L'amour	81	15	4	100
Le syndicalisme	16	68	16	100
Le travail	89	11	—	100
La musique	67	32	1	100
La sexualité	57	36	7	100
La patrie	39	51	10	100
La révolution	16	66	18	100
L'armée	29	62	9	100
La religion	33	57	10	100
Le sport	75	24	1	100
Les droits de l'homme	76	21	3	100
Les voyages	80	19	1	100

jeunesse

Il vaut mieux gâcher sa jeunesse que de n'en rien faire du tout.

G. Courteline

La jeunesse heureuse est une invention de vieillards.

P. Guimard

vieillesse

On aimerait vivre sans vieillir et, en fait, on vieillit sans vivre.

A. Mitscherlich

Traduction

Traduisez en français:

1 I have discovered that lying is a good way of avoiding family crises. Telling the truth is certainly not a good strategy. Therefore, when I go out at night, I say that I am going to revise at a schoolfriend's home. If they knew that my girlfriend, Caroline, takes me to a disco on her motorbike at high speed, they would be horrified!

2 When I arrived at the party, it was very crowded and smoky in the room. I was well dressed, well shaved, wearing perfume, hoping that somebody would notice me. I was lucky because immediately someone gave me a drink. She was beautiful! I have not forgotten her amazing smile. But I cannot remember what happened afterwards.

3 I used to spend all my money on records and on novels which I read for hours on end in my bedroom. Now there are too many other things on my mind. I hardly ever go out, and I read less and less, except for books I have to read. I have no idea what I want to do. I would have liked to be a journalist but my friends say that the job will be packed out in ten years' time.

4 More young people have their own tape-recorder than their own stereo, perhaps because it is more compact and cheaper. More of them seem to spend their money on clothes and little things than travelling, or buying books or presents for their friends. Most of them do not invest for the future either.

Dissertation

«Vivre chez ses parents après l'âge de dix-huit ans, c'est se créer des problèmes qu'il vaudrait mieux éviter.»
Discutez

Voir pages 192 et 193

Définition des idées clefs

● des problèmes: rien que des problèmes? N'y a-t-il pas aussi des avantages? Les problèmes ne touchent que les jeunes?

● se créer: cela suppose qu'on est libre d'aller vivre ailleurs, qu'on a toujours le choix. Est-ce vrai, en réalité?

● l'âge de dix-huit ans: âge qui est choisi par hasard? A-t-il une certaine importance? Pourquoi pas vingt ans? Seize ans?

Le nœud du problème – vivre chez ses parents

Problèmes

pour vous:
– on ne peut pas toujours faire ce qu'on veut – amis, sorties, horaire, bruit
– on doit tenir compte de ce que diront, penseront les parents
– on est «surveillé»
– on est obligé de tout justifier
– il n'est pas possible d'affirmer sa personnalité

pour vos parents:
– difficile de mener une vie de couple
– la présence d'un jeune crée des ennuis – bruit, disputes, le va-et-vient
– en train de perdre leur autorité
– confrontés à des valeurs, des comportements qu'ils refusent

Avantages

pour vous:
– commode, pas cher
– pourvu de tout le nécessaire
– protégé de la réalité du monde
– apprendre à mieux connaître ses parents.

pour vos parents:
– rester en contact avec leurs enfants
– les voir évoluer
– obligés de rester jeunes

Conclusions

Est-il possible de généraliser? Est-il possible de dire, sans réserve, que cette affirmation est vraie ou fausse? Tout dépend-il du cas individuel? Dans certaines familles, les conflits sont fréquents et sérieux. Dans d'autres cas, la vie est tranquille, alors pourquoi perturber le calme? Quand on quitte le foyer familial, est-ce parce qu'on a dix-huit ans? Est-ce à cause des conflits, des inconvénients? Est-ce plutôt pour des raisons qui n'ont rien à voir avec la qualité des relations enfants-parents?

33

A NOUS LA LIBERTE!

Jean

la micro-informatique ☐ micro-computers
se mettre dans le coup ☐ to get up to date
une boîte (de nuit) ☐ a night club
par le biais de ☐ through (by means of)
un ancien combattant ☐ ex-serviceman
un machin ☐ a thing

1 Jean Bolacho parle des différences qu'il y a, à son avis, entre son enfance et celle de sa fille. Notez-en les détails dans le tableau suivant:

	autrefois	aujourd'hui
comment s'amuser		
relations internationales		
les cadeaux de Noël		

2 Ecoutez ce que dit Jean Bolacho sur les sorties de sa fille. Comment exprime-t-il les idées suivantes?
▷ I want to go to a night-club
▷ the fatherly eye
▷ I don't see why I should be against it
▷ the time means nothing
▷ that can happen at 5 p.m.
▷ on the other hand

3 Quelles sont, parmi les phrases suivantes, celles qui illustrent le point de vue de Jean?
▷ Les filles de 17 ans devraient rentrer avant deux heures du matin.
▷ Ma fille rentre comme elle peut.
▷ Les parents sont responsables d'une fille de 17 ans.
▷ Qu'elle sorte avec des copains ou des copines, c'est normal.
▷ On va chercher les filles à pied.
▷ Il faut être prêt à rentrer à l'heure prévue.
▷ A deux heures du matin, les jeunes courent plus de risques qu'à cinq heures de l'après-midi.
▷ Je permettrais à ma fille de partir dans la nature avec son copain.

4 En travaillant avec un partenaire, résumez brièvement les règles qu'il impose à sa fille.

5 Décrivez ce qui serait pour vous une attitude plus sévère/une attitude plus libérale.
Discutez.

6 En quoi est-ce que l'attitude de vos parents ressemble à celle de Jean Bolacho?

Corinne

Listen to Corinne Bolacho and answer the following questions:
▷ Which subjects is she unable to discuss with her parents?
▷ What is Corinne's father's argument about her going to the cinema during the holidays?
▷ For which other reason might he prevent her from going out?
▷ How does Corinne react to these rulings? Does she accept her father's argument?

Marie-Thérèse

1 Ecoutez ce que dit Marie-Thérèse Dausse sur son rôle de parent. Quelles sont, parmi les phrases suivantes, celles qui illustrent son point de vue?
▷ On refuse de leur expliquer certaines choses.
▷ On ne leur ment pas.
▷ On leur donne des ordres.
▷ On les laisse complètement libres.
▷ On discute avec eux.
▷ On répond à toutes leurs questions.
▷ On ne leur dit pas toujours la vérité.

2 Marie-Thérèse parle de risques physiques et moraux. Lesquels?

Mme Famchon

Listen to Mme Famchon and answer the following questions giving as many details as possible:
▷ Where Mme Famchon lived up to the age of 12?
▷ Where the family then went to live?
▷ Why Sylvie, her daughter, is more independent than she was herself at the age of 12?
▷ Why Mme Famchon is especially relieved that Sylvie is doing well at school?

Michel et Jacky

Michel and Jacky feel that they get on better with their parents now than when they lived at home. Why? Which of the following reasons do they give?
▷ We see them less often.
▷ They are no longer able to impose their view of education.
▷ They are growing older.
▷ They are becoming more distant.
▷ They are dependent upon us, not us upon them.
▷ They give, we take.
▷ They have grown used to receiving, us to giving.
▷ They are still in charge.
▷ We are in charge.

Corinne

1 Ecoutez Corinne Bolacho et répondez aux questions suivantes:
▷ Que pense Corinne du fait qu'il y a un âge limite pour:
– entrer dans un café
– voter?
▷ A son avis, 18 ans c'est trop jeune pour. . . ?
▷ Elle s'intéresse à la politique? Pourquoi?

2 En travaillant avec un partenaire, répondez aux questions suivantes:
▷ Que pensez-vous de Corinne? De ses opinions? De son attitude?
▷ Comment répondriez-vous aux mêmes questions?

M. Mottet

1 Ecoutez la bande et complétez cet extrait du dialogue avec M. Mottet.
– Bon, ici si vous voulez, c'est un café où on n'a . . . . . . [1] jamais de personnes . . . à moitié ivres, si l'on peut appeler ça . . . Non, ça nous arrive pas.
– Mais est-ce que vous avez eu cette . . . . . . [2] dans le passé?
– Oui, mais, il s'en présente toujours vous . . . . . . [3], bon ben, puisque les portes sont . . . . . . [4], entre qui veut dans un café, mais . . . Jusqu'ici j'ai toujours réussi à être . . . . . . [5] et à réussir à . . . à les . . . enfin . . . mettons, les faire raisonner mais, bien souvent je réussis à les faire . . . . . . [6] gentiment et puis, je leur demande d'aller . . . . . . [7], je les sers pas, je leur dis, bon ben si vous voulez, «je . . . Je ne vous sers . . . . . . [8], je peux vous servir un . . . . . . [9], j'estime que vous avez légèrement, enfin, ... [10] la limite, moi, personnellement je vous sers pas.» Bon ben, quelquefois ils . . . . . . [11], alors on ne fait pas attention à . . . . . . [12], on les laisse un petit peu, et puis ils sont là 10 . . . maximum . . . . . . [13], et puis ils s'en vont . . . . . . [14], ils sentent que . . . on n'accroche pas donc, ça les intéresse pas. Ils s'en vont d'eux-mêmes, je n'ai jamais eu de . . . . . . [15] J'ai tenu – ça va faire ma . . . . . . [16] année, je tiens un restaurant-bar, et aussi snack-bar, je n'ai jamais eu de gros problèmes.
– Maintenant, il y a aussi l'aspect des jeunes qui ont . . . . . . [17] 18 ans, alors comment vous faites pour . . . ?

2 Après avoir écouté le dialogue en entier, essayez de terminer les phrases suivantes comme si vous étiez M. Mottet:
▷ Ici, dans mon café l'après-midi, nous recevons beaucoup de . . . . . . qui sont là parce que . . . .
▷ Quand je vois quelqu'un qui a l'air très jeune, je . . . .
▷ S'il a moins de seize ans, je . . . .
▷ En-dessous de seize ans, on n'a pas le droit de . . . . . . ni de . . . .
▷ Quand je vois des clients qui ont trop bu et qui font trop de bruit, je . . . .

Mme Fauvet

1 Ecoutez Mme Fauvet et répondez aux questions suivantes:

▷ Selon Mme Fauvet, les jeunes d'aujourd'hui ne sont pas polis. Quels sont les exemples qu'elle donne pour le prouver?

▷ Les jeunes ont beaucoup de liberté: quel exemple est-ce qu'elle donne?

2 En travaillant avec un partenaire, essayez de répondre aux arguments de Mme Fauvet et de vous défendre.

MODULE

3

IL FAUT ETRE DEUX . . .

Comment se jeter à l'eau

Je n'étais jamais allé à un concert. Celui-là, où je voulais emmener Juliette, allait faire un trou énorme dans mon budget. Après avoir économisé pendant un mois, j'avais réussi à acheter deux billets.

Juliette n'en savait rien. D'ailleurs, elle me connaissait à peine. Pour elle, je n'étais que le pauvre cycliste qui ralentissait devant le bureau de son père, M. Thibault, et qui la regardait avec insistance.

L'amie de mon frère, qui travaillait chez M. Thibault, lui avait donné mon invitation. Elle avait accepté. Il était convenu que[] je l'attendrais à l'arrêt du bus près de chez elle.

Le trajet en bus me parut interminable. Mes discours sur la musique – sujet que je connaissais mal – et sur ma vie à l'université ne l'intéressaient nullement. Juliette restait sereine, pendant que je transpirais.

En descendant du bus, elle me tendit sa main délicate. Puis elle se mit à marcher vite et à se plaindre des sièges du bus. Elle espérait que ceux de la salle de concert seraient plus confortables.

Elle fut déçue, comme je l'avais craint. Mais je n'étais pas mécontent, car nous étions très à l'étroit[] dans ces vieux fauteils!

Je lui achetai un programme. Elle me le rendit quand il fallut applaudir le chef d'orchestre. Nos doigts se frôlèrent. Elle sourit. Mais les premières notes des *Francs Juges* de Berlioz vinrent troubler ce moment privilégié.

Pendant tout le premier mouvement de la symphonie, je cherchai à tester ses réactions avec mon genou droit qui, de toute façon, était coincé contre le sien. Mais le jeu n'était pas digne d'elle.

Avec l'entracte arriva la faillite.

« Alain, j'adore les chocolats, annonça Juliette.

— Tu en veux?, demandai-je, redoutant le pire[].

— Oui, je veux bien.»

Je partis faire la queue, tout en continuant à l'observer discrètement. . . Et je donnai mes derniers dix francs.

Une symphonie de Brahms fit suite à l'Ouverture de Berlioz. Le moment de passer à l'action[] approchait. En sortant, je passai négligemment[] mon bras autour de sa taille. Elle laissa son épaule blottie contre moi, toujours sans tourner la tête. Il ne serait pas facile de lui annoncer que je ne pouvais pas payer le bus pour rentrer.

il était convenu que □ it was agreed that
à l'étroit □ cramped
redouter le pire □ to fear the worst
passer à l'action □ to act
négligemment □ casually

Dans 24% des cas, la première rencontre a eu lieu au bal

Comment avez-vous connu votre mari (femme), votre compagnon (compagne)?

Sur votre lieu de travail ou d'étude	19
Pendant vos vacances	10
Dans le milieu familial	13
Par une annonce ou une agence matrimoniale	1
Au bal	24
Par arrangement	1
Par hasard	31
Non réponse	1
	100 %

Points de départ ....

▷ Quand?
▷ Où?
▷ Qui?
▷ Quoi?
▷ Résultat?

Pour continuer ....

▷ Le rendez-vous? Organisé comment?
▷ La tension pendant le trajet en bus? Comment l'expliquer?
▷ Ils sont contents des places?
▷ Passer à l'action? C'est-à-dire?
▷ La faillite? Comment en est-il arrivé là?

Préparez-vous! ....

L'un(e) d'entre vous imagine qu'il/elle est Alain, l'autre imagine qu'il/elle est Juliette. Préparez séparément vos réponses aux questions suivantes.

Le reste du groupe vous posera ces questions, et peut-être d'autres qu'ils auront inventées. Comme vous avez ressenti des choses différentes pendant la soirée au concert, vos réponses ne seront pas les mêmes.

Alain:

▷ Parlez un peu de ce que vous faites dans la vie.
▷ Où était Juliette quand vous l'avez vue pour la première fois? Quelles ont été vos impressions à ce moment-là?
▷ Pourquoi avez-vous décidé de l'inviter à un concert?
▷ Pourquoi avez-vous choisi de lui écrire plutôt que de lui parler?
▷ Comment est-ce que vous vous sentiez dans le bus?
▷ Comment est-ce que vous vous sentiez pendant le concert?
▷ Quelle a été votre réaction quand elle vous a demandé des chocolats?
▷ C'était une réussite, cette soirée?
▷ Vous aimeriez la revoir?

Juliette:

▷ Parlez un peu de ce que vous faites.
▷ Comment est-ce que vous avez connu Alain?
▷ Est-ce que vous avez été surprise de recevoir son invitation?
▷ Pourquoi l'avez-vous acceptée?
▷ Comment est-ce que vous vous sentiez dans le bus?
▷ Comment est-ce que vous vous sentiez pendant le concert?
▷ Vous aviez l'impression qu'il voulait vous prendre la main?
▷ Est-ce que vous vous êtes sentie gênée quand vous lui avez demandé des chocolats?
▷ C'était une réussite, cette soirée?
▷ Vous aimeriez le revoir?

Cherchez les mots ....

Que pensez-vous d'Alain et de Juliette? Lesquels de ces adjectifs leur conviendraient le mieux? galant/orgueilleuse/dragueur/capricieuse/maladroit/charmeur/dévoué/sûre d'elle/prétentieuse/complexé/pédante/craintif/froide/réservée/sûr de lui/séductrice/peureuse/courageux/timide/entreprenant/généreux/puérile/vaniteuse

A vous de jouer!

Préparez, par groupes de deux, puis jouez:

1 le dialogue dans le bus
2 le dialogue après le concert, à propos du voyage de retour
3 une conversation le lundi suivant, où Alain ou Juliette raconte à un copain/une copine comment s'est passée la soirée

Travail écrit

1 Ecrivez l'un des dialogues que vous venez d'improviser.

2 Ecrivez la première lettre d'Alain invitant Juliette, à qu'il n'a jamais adressé la parole, à l'accompagner au concert.

3 Juliette écrit à Alain après leur soirée au concert . . . Pour lui dire quoi? A vous de décider!

Et vous?

A la place d'Alain ou de Juliette, est-ce que vous auriez fait la même chose?

Si vous en avez besoin, aidez-vous des quelques phrases suivantes:

– A sa place, je n'aurais pas écrit. J'aurais téléphoné/je serais allé la voir . . .
– Moi, je ne l'aurais pas invitée à un concert . . .
– Moi, je n'aurais pas payé pour elle, il n'y a pas de raison . . .

amour
Amour et amitié, c'est la nuit et le jour.

J. Renard

Le Casanova des Supermarchés

Au téléphone

Le téléphone sonne. Jean se lève, décroche[] tout en couvrant l'émetteur[] avec sa main, il me regarde les yeux pétillants[]: «Ecoute, c'est une femme . . .» Il me passe l'écouteur[]. Il demande sur un ton rigolard[]:

«Bonjour, p'tit chéri, ça va?

— Ça irait mieux si on se voyait plus souvent. Tu veux pas venir me voir?

— Ecoute ma chérie c'est pas possible, j'ai du monde.

— Alors c'est comme ça pour toi. Se voir deux fois par mois. Ça te suffit.

— Ecoute, je peux vraiment pas, tu sais.

(*Elle pleure à moitié*)

— Oui, je sais, c'est toujours comme ça avec toi. Toujours la même histoire.

— Je te rappellerai tout à l'heure si tu veux.

(*Il rigole sans bruit en me regardant*).

— Non, c'est pas la peine. Je vais

Giovanni Giacomo Casanova (1725–1798), aventurier italien

décrocher (le téléphone) ☐ to lift the receiver
un émetteur ☐ a mouthpiece
pétillant ☐ sparkling
un écouteur ☐ *part of telephone enabling a second person to listen to a conversation*
rigolard ☐ joking

c'est moche (fam.) ☐ it's a shame

sortir (*les sanglots redoublent*).

— Bon, eh bien, fais une bonne promenade, p'tit chéri!

— Alors je ne compte pas pour toi?

— Mais si. Allez, grosses bises. Je te rappelle . . .»

Il raccroche et éclate de rire.

A la caisse

«Bonjour! lui lance Jean de loin. Ça va?»

Elle encaisse une facture, puis s'approche.

«Tiens, bonjour! Vous ne travaillez pas aujourd'hui?

— Si, cet après-midi. C'est moche°, hein? J'ai encore trouvé personne avec qui passer l'après-midi . . .

— Vous voulez acheter quelque chose?

— Non, j'étais juste venu vous voir, vous dire un p'tit bonjour.

— C'est gentil.

— Bien sûr, c'est gentil. Vous travaillez toute la semaine?

— Oui, sauf le mardi.

— Ah bon. Vous êtes partie en week-end de ski?

— Oui, le 23, avec ma fille.

— Vous avez fait du ski?

— Vous savez, toute seule, c'est pas marrant.

— Fallait me le dire, je serais parti avec vous!»

Des clients arrivent. Elle rejoint sa caisse. Elle ne paraît pas du tout gênée par les avances de Jean.

«Alors, vous voyez, ma première visite et je viens vous dire bonjour. Vous déjeunez à quelle heure?

— Ça dépend . . .

— Ça dépend? Ben vous n'avez qu'à manger à une heure, avec moi.

— Faut que je voie avec le chef. Je crois que lui va manger à une heure.

— Je repasserai tout à l'heure et vous me direz. Bon courage. A tout de suite!»

Nous sortons. Jean est ravi.

Points de départ . . . .

Au téléphone:
▷ Qui a téléphoné?
▷ Pour quoi faire?
▷ Succès?

A la caisse:
▷ Où?   ▷ Qu'est-ce qu'il
▷ Qui?   propose?
▷ Quand?   ▷ Résultat?

Cherchez les mots . . . .

Trouvez la façon dont sont exprimées les idées suivantes:
▷ I've got company
▷ I'd feel better if we saw each other more often
▷ it's always the same story
▷ I'll ring you back
▷ it's not worth it
▷ I'd only called in to say hello
▷ that's nice of you
▷ it's not much fun
▷ it depends
▷ I must see my boss

Préparez-vous! . . . .

L'un(e) propose un rendez-vous, tandis que l'autre trouve des excuses. Vous allez improviser un dialogue de ce type. Pour vous préparer, mettez-vous en deux groupes:

Groupe 1:
Soyez aussi convaincants que possible en préparant votre invitation. Cherchez la meilleure stratégie. Vous pouvez vous aider des quelques phrases suivantes:

```
– Vous voulez venir . . .?
– Ce soir, il y a . . . Ça vous
  intéresse?
– Je vous emmène . . .
– Je peux vous raccompagner
  chez vous . . .
– Mais si . . . C'est fantastique,
  je vous assure, tout le monde
  le dit . . .
– Vous ne pouvez pas rater
  ça . . .
– C'est la chance de votre
  vie . . .
– C'est l'événement de
  l'année . . .
```

Groupe 2:
Préparez votre refus, vos excuses. Vous pouvez vous aider des quelques phrases suivantes, ainsi que des textes, bien sûr.

```
– Ah non, ce soir je ne peux
  pas . . .
– J'aurais bien aimé mais . . .
– Une autre fois . . .
– C'est gentil mais . . .
– C'est vraiment dommage
  mais . . .
– Je suis très occupé(e) en ce
  moment . . .
– J'ai beaucoup de travail . . .
```

A vous de jouer!

Par groupes de deux, improvisez un dialogue, en essayant de le faire durer aussi longtemps que possible. Les gagnants? Ceux qui ont parlé le plus longtemps!

Rejouez vos dialogues. Cette fois, les gagnants seront ceux qui lui auront donné le ton le plus dramatique, le plus authentique!

Travail écrit

1 Quelle est l'opinion du journaliste sur le Casanova des supermarchés? Est-ce qu'il l'admire? Qu'est-ce qui révèle son point de vue?

2 Et vous, que pensez-vous de ce Casanova? Donnez votre point de vue – franchement – sur cet individu qui passe son temps à draguer.

amour
Celui qui, en amour, oublie un instant seulement qu'il se trouve en face d'un ennemi est condamné.

H. de Balzac

féminisme
Le féminisme, c'est de ne pas compter sur le Prince charmant.

J. Renard

DELICATE ET FLEUR BLEUE
Sophie 20 ans

«J'ai eu ma première histoire d'amour à 13 ans: tumultueuse, orageuse, les flips étaient à la mesure des illusions. Il faut que j'en parle, parce que là, j'ai vraiment connu les valeurs romantiques du XIXᵉ siècle. J'avais 13 ans, lui 21. J'ai subi son point de vue. Moi je voulais vivre, voir, exister, mais je trouvais sa passion belle et touchante, ce qui ne m'empêchait pas d'être chienne à mort. Pendant les trois ans que ça a duré, j'ai essayé beaucoup d'autres garçons. Je voulais tout faire, même voir si on pouvait faire l'amour avec des gens qu'on n'aimait pas du tout. J'en suis sortie déçue, frustrée. Alors, je suis retournée vers lui, et j'ai commencé à l'aimer vraiment. On a eu un accident de moto, et il est mort sous mes yeux. A seize ans, je perdais ce que j'avais tant refusé et que je voulais enfin.

«De seize à dix-neuf ans, j'ai eu des relations cools, avec des garçons dans mon genre, sans illusions. On voulait s'amuser, ne pas trop s'investir.

«En ce moment, je ne vis pas d'amour, mais je le voudrais. J'ai arrêté il y a six mois une liaison qui durait depuis plus d'un an avec un garçon de mon âge. Je n'en pouvais plus. Il faut dire qu'il n'y avait plus aucune imagination dans nos rapports, ni aucun échange. Et je ne faisais plus l'amour avec lui. Il en a eu marre. A la fin, je souhaitais vivre avec un autre, mais l'autre ne voulait pas de moi. Alors, je suis restée comme ça entre deux eaux, ça s'est très mal terminé.

J'aimerais changer, être sûre de moi, ne pas rester muette comme une carpe et me débarrasser de mon trac. Pour moi l'amour, c'est comme dans *Pierrot le Fou*: partir à l'aventure, quitter la réalité; et puis la fantaisie et enfin la mort. En fait, je crois que si je suis seule depuis si longtemps, c'est parce que je suis fatiguée, je ne suis pas partie en vacances depuis deux ans. Avant, j'allais toujours au concert, je sortais beaucoup, je pouvais faire ce que je voulais. Maintenant, ça ne m'amuse plus. J'ai un garçon en vue, on se rencontre, mais il ne se passe rien. J'écoute les chansons de Brigitte Bardot, de Marilyn Monroe, j'adore les filles sexy, le genre 1960. Et puis je lis des pièces: Jorge Luis Borgès. J'ai l'impression d'être mignonne et fine, enfin de voir les choses. Mais j'hésite à agir.

«Je pleure parfois le soir dans mon lit, sur la vie en général: l'impression de ne pas être aimée, d'être sans intérêt.»

---

fleur bleue □ sentimental and romantic
orageux/euse □ stormy
les flips (fam.) □ times of depression
à la mesure de □ in proportion to
une chienne (fam.) □ a real bitch
à mort □ extremely
être entre deux eaux □ to be between two stools
Pierrot le Fou □ *film by Jean-Luc Godard in which the hero and heroine leave everything in order to live a life of adventure*

Résumé . . . .

Complétez oralement les phrases suivantes, qui vous aideront à vous y retrouver dans la vie de Sophie:

▷ A treize ans, Sophie a vécu . . .
▷ Son ami avait . . .
  Il était . . .
▷ Durant cette liaison, Sophie a eu d'autres . . .
▷ Déçue, elle est retournée vers . . .
▷ A seize ans, un événement tragique . . .
▷ De seize à dix-neuf ans, . . .
▷ De dix-neuf à vingt ans, . . .
▷ A vingt ans, quand sa dernière liaison s'est terminée, elle . . .
▷ Maintenant, elle se sent . . .
  Elle voudrait . . .
▷ Elle connaît un garçon mais . . .
▷ Elle a l'impression de . . .

En vous aidant des phrases ci-dessus, résumez oralement la vie de Sophie.

A votre avis?

Répondez aux questions suivantes, soit oralement, soit par écrit.

1 Quel a été le moment décisif dans la vie de Sophie?

2 Quels conseils est-ce que vous lui donneriez pour l'aider dans son état actuel?

Michèle

Images rêvées: Michèle, sur sa Mobylette, le vent relevant haut sa jupe plissée, découvrant ses cuisses . . .

Elle cultivait sa «pureté», notion ambiguë. Il fallut surenchérir°, assurer que les jeux du corps ne m'intérressaient pas, que rien ne valait une amitié sans équivoque. J'obtins cette amitié. Bientôt nous fûmes inséparables. A la Toussaint° nous échangions des photographies. Je fus autorisé à lui tenir la main lorsque je la raccompagnais chez elle, en haut du boulevard Gambetta; puis, à poser mon bras sur son épaule.

Nous nous compromettions avec ivresse. Un soir que nous longions la rive du Lot, du côté du pont Valentré (XIIIᵉ siècle), Michèle posa ses lèvres sur les miennes, furtivement, et murmura, au terme d'une longue hésitation:

—Je crois que je t'aime.

—Moi aussi.

Les mots, souvent, précèdent les sentiments, ou les suscitent. A la loterie° du langage nous venions de tirer l'amour; il fallait le boire. Nous décidâmes de nous marier, en la cathédrale de Cahors. Oncle Alfred serait mon témoin, Renaud celui de Michèle. Nous aurions quatre enfants. Pourquoi quatre? Je ne sais pas, elle avait dit quatre, je n'avais pas contesté le chiffre, bien qu'il m'ait paru élevé.

L'hiver arriva; l'aveu de Michèle ne se traduisit par aucune faveur notable. L'amour que je lui inspirais ne la conduisait pas sur les chemins de l'abandon, où le mien la guettait avec impatience. Dans le bar de la vieille ville où nous nous retrouvions après les cours, son corps se rapprochait du mien, et ses lèvres s'offraient aux miennes. C'était tout; notre amour avait le goût du lait grenadine° et des guides Bordas°. Michèle s'y complaisait. Moi, je désirais — pour le moins — caresser ses genoux lisses.

Elle estimait qu'à impliquer la chair dans notre amour, nous en compremettirions la pureté irrémédiablement. Ce point de vue me parut spécieux. Elle prétendit s'y tenir. Des disputes éclatèrent, dont les platanes du boulevard Gambetta furent les témoins muets.

—Tu ne m'aimes pas, disais-je, non sans astuce. Sinon tu voudrais te donner à moi.

—Je suis à toi.

—En paroles . . .

Ses cils clignaient; une moue attristait son visage. Elle disait «François» comme un enfant dit «J'ai peur». Baisers aux larmes; faux reproches; demi-promesses . . .

Denis Tillinac, *Le bonheur à Souillac*

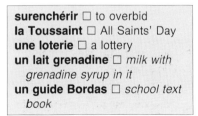

surenchérir □ to overbid
la Toussaint □ All Saints' Day
une loterie □ a lottery
un lait grenadine □ *milk with grenadine syrup in it*
un guide Bordas □ *school text book*

▷ What did François need to do to secure the friendship of Michèle?

▷ What indications are there, in the early stages, of the growing trust between Michèle and François?

▷ How did the couple "cement" their newly-declared love?

▷ Where and when did Michèle and François use to meet?

▷ What did François see as the delights and the frustrations of their meetings?

▷ For Michèle, there were two ingredients in a relationship which were mutually incompatible. Which?

▷ Which of François' comments do you feel upset Michèle the most?

Façon de s'exprimer . . . .

What impression and what effect does the author create by using each of the following expressions?

▷ je fus autorisé

▷ avec ivresse

▷ notre amour avait le goût du lait grenadine

▷ les témoins muets

▷ elle disait «François» comme un enfant dit «J'ai peur»

▷ baisers aux larmes

Pour continuer . . . .

What does the author mean when he says?

▷ les mots, souvent, précèdent les sentiments, ou les suscitent

▷ à la loterie du langage, nous venions de tirer l'amour; il fallait le boire

▷ sur les chemins de l'abandon, où le mien (mon amour) la guettait avec impatience

▷ spécieux

▷ non sans astuce

Travail écrit

Essayez de décrire un épisode de la vie de François et de Michèle, mais à cette différence près: c'est Michèle qui écrit. (Par exemple, leurs balades au bord du Lot, leurs rencontres au bar, leurs disputes . . .)

AMOUR, AMOUR...

ALBI. 5 décembre. La gamine : Monique, dix-sept ans, deux ans de mariage, retourne chez ses parents en emmenant avec elle son fils et le redou-table fusil de chasse conjugal, parfois dirigé contre elle. Elle passe à la gendarmerie, où elle dépose une plainte contre son époux pour coups et blessures. Trois jours plus tard, ce dernier, Gérard, vingt-deux ans, escorté de trois copains, arrive pour la « *faire rentrer au bercail*□ ». Monique l'attend dans l'escalier, le fusil à la main. Cette fois-ci, pas de scène ni de raclée, mais une décharge de plomb.

SAINT-ÉTIENNE. 6 décembre. Georges et Louise : elle tenait mal son ménage, lui reprochait son mari. Elle avait un penchant pour la bouteille□, ont soufflé□ des voisins. Ce jour-là vers midi, Geor-ges, retraité mineur de soixante-huit ans, est allé faire des courses. Il rentre à la maison. « *Le déjeu-ner n'était pas prêt*, a-t-il dit. *Je me suis mis en colère. Ma femme m'a griffé au visage, puis elle est montée au premier étage se réfugier dans la cham-bre.* » Georges prend dans le placard son fusil de chasseur à double canon□ et monte. Ce fut leur der-nière dispute. « *Elle a attrapé les canons. Le coup est parti.* »

Albi

Points de départ . . . .

▷ Qui? Leur âge? Leur mariage?

▷ Quand?

▷ Qu'est-ce qui s'est passé?

Pour continuer . . . .

▷ Monique chez ses parents? Pourquoi?

▷ Monique partie avec son fils? Pourquoi?

▷ Le fusil? Pourquoi en possédaient-ils un?

▷ Monique dans l'escalier? Pourquoi là précisément?

---

rentrer au bercail (fam.) □ to go home
avoir un penchant pour la bouteille □ to be partial to the bottle
souffler □ to whisper
un canon □ a barrel

Saint-Etienne

Points de départ . . . .

▷ Qui? Leur âge? Leur mariage?
▷ Quand?
▷ Qu'est-ce qui s'est passé?

Pour continuer . . . .

▷ Georges et Louise ne
  s'entendaient pas? Pourquoi?
▷ La dernière dispute? Provoquée
  comment?
▷ Résultat fatal? La faute à qui?

Idées à discuter

1 A votre avis, qu'est-ce qui a pu
contribuer aux disputes entre
Gérard et Monique? Suggérez
quelques raisons.

2 Monique a tué son mari à coups
de fusil. Que va-t-elle pouvoir dire
pour justifier son acte?

3 Georges était à la retraite depuis
un certain temps. Est-ce que cela a
pu contribuer aux problèmes entre
lui et sa femme? Comment?

4 Que pourrait dire Georges pour
justifier son acte?

A votre avis?

Lequel des deux meurtriers est le
plus à plaindre? Le plus
condamnable? Présentez vos
conclusions au groupe en justifiant
votre point de vue.

mariage
**Les psychiatres élaborent des
théories compliquées pour expliquer
pourquoi les gens se marient ou
divorcent. Quant à moi, la raison me
semble assez évidente. Par contre, je
voudrais bien qu'on m'explique
pourquoi certains restent mariés.**
T. Szasz

remariage
**Le triomphe de l'espérance sur
l'expérience.**
R. Jaccard

Ce test est extrait d'un magazine féminin, mais ne vous inquiétez pas, les hommes! Amusez-vous quand même! Répondez comme si les questions s'adressaient à vous.

Lisez le questionnaire et choisissez – le plus spontanément possible – la réaction que vous auriez dans chacune des situations (a, b ou c). Puis consultez la page 47 pour savoir comment interpréter vos réponses.

ETES-VOUS LIBERALE, POSSESSIVE OU PATHETIQUEMENT JALOUSE?

Quand vous aimez, c'est pour de bon. Et vous n'admettez que la réciproque. Mais sur quel ton? Etes-vous du genre à lui arracher les yeux si son regard frôle la dame d'en face ou à lui faire confiance en gardant vos pinçons de cœur pour vous? Etes-vous bassement jalouse ou courtoisement vigilante? Bref, gâchez-vous sa vie ou seulement la vôtre?

1 Vous deviez sortir ensemble. Il vous décommande – gentiment mais sans vous donner d'explication:
a. Vous pensez: il est fatigué, il a du travail ou pas envie de sortir, ça arrive
b. Vous décidez de vous venger et de lui faire le même coup la prochaine fois
c. Vous êtes persuadée qu'il sort avec une autre fille mais vous ne posez pas de question

2 Il est en vacances sans vous. Il craque. Il sort avec une inconnue.
a. Vous rompez dans l'heure: pour vous il n'y a pas de «petite» ou de «grande» infidélité. La trahison est la même
b. Vous n'y attachez aucune importance: il avait soif, il a bu. Pas de quoi en faire un drame
c. Vous passez un très mauvais moment mais ce n'est quand même pas ça qui va tout remettre en question

3 Vous n'êtes pas assez naïve pour croire que vous êtes la première dans sa vie. Que savez-vous de son passé?
a. Tout. Vous lui avez fait raconter ses premiers flirts et ses vieux coups, ça vous amuse
b. Le moins possible. Vous préférez ne pas en entendre parler, ni par lui ni par d'autres
c. Le maximum: vous vous renseignez par la bande pour extorquer à ses amis tout ce qu'il aurait pu vous cacher

4 Quand vous pensez à ses ex, d'une manière générale:
a. Vous vous en fichez: après tout c'est vous qui êtes là maintenant
b. Ça vous ravage. Vous êtes jalouse même rétrospectivement
c. Vous essayez de ne pas y penser

5 Avec laquelle de ces opinions seriez-vous le plus d'accord:
a. La jalousie est indissociable de l'amour. Ceux qui prétendent ne pas être jaloux ne sont tout simplement pas amoureux
b. La jalousie est une maladie. Incurable

c. La jalousie est un sentiment mesquin, destructeur, négatif. Quand on aime, on fait confiance

6 A une boum chez des amis, il s'amuse visiblement avec sa voisine, franchement jolie, et rigolote en plus:

a. Vous êtes contente pour lui: le veinard, lui au moins passe une bonne soirée

b. Vous vous approchez mine de rien pour vous mêler à la conversation

c. Sous un prétexte quelconque, vous le forcez à lever le camp le plus tôt possible

7 Vous rencontrez une de ses vieilles amies. Elle est plutôt sympathique:

a. Vous l'évitez poliment

b. Vous haïssez a priori cette espèce de faux jeton

c. Vous allez lui parler: après tout, vous avez plein de choses en commun

8 Il n'y a plus de doute possible: il vous trompe et toujours avec la même fille:

a. Vous mettez sa valise sur le palier et ciao! Le partage, ce n'est pas votre genre

b. Vous lui posez un ultimatum, c'est elle ou vous. Ou il rompt ou il part

c. Vous faites comme si vous ne vous étiez aperçue de rien et redoublez de tendresse. Ça lui passera. . .

9 Il vous a quittée pour une autre. Quelques semaines ou quelques mois. Il revient, penaud; finalement il n'aime que vous:

a. Vous lui ouvrez grand les bras et vos placards et ne faites plus jamais allusion à ce fâcheux intermède

b. Vous reprenez la vie commune mais ce ne sera plus jamais comme avant: il a tout gâché et vous n'arrivez pas à oublier

c. Vous refusez tout net

10 La jalousie mène parfois à de déplorables paroxysmes. Iriez-vous jusqu'à:

a. Ecrire une lettre anonyme

b. Les suivre et leur faire une scène en plein restaurant

c. Faire votre valise du jour au lendemain

d. Engager un détective privé

e. Poser un micro chez lui

f. Prendre un amant pour vous venger

g. Extorquer des renseignements à sa secrétaire

h. Appeler chez lui en pleine nuit

i. Rayer tous ses disques ou érafler la peinture tout autour de sa Golf métallisée

j. Tuer

Comptez vos points selon le barème suivant:

1. **a** 1, **b** 3, **c** 2
2. **a** 3, **b** 1, **c** 2
3. **a** 1, **b** 2, **c** 3
4. **a** 1, **b** 3, **c** 2
5. **a** 3, **b** 1, **c** 2
6. **a** 1, **b** 2, **c** 3
7. **a** 2, **b** 3, **c** 1
8. **a** 3, **b** 2, **c** 1
9. **a** 1, **b** 2, **c** 3
10. Comptez 3 points chaque fois que vous avez répondu oui

RESULTATS

● **De 1 à 15:** Moins jalouse que vous, c'est rare. D'abord parce que ce n'est pas dans votre caractère d'être méfiante, envieuse, possessive. Généreuse, vous détestez les scènes, vous êtes tolérante et respectueuse de la liberté de l'autre. Mais probablement exigez-vous qu'on ait la même attitude à votre égard.
Ou alors, vous êtes un peu naïve, facile à gruger et dans ce cas, les autres profitent de votre crédulité. Ou enfin, autre éventualité, vous êtes si sûre de vous que vous n'imaginez même pas une concurrence possible.

● **De 15 à 35:** La jalousie, vous connaissez, comme (presque) tout le monde. Alors quand il vous vient des doutes ou quand vous devez affronter une situation pas bien plaisante, vous hésitez entre la politique de l'autruche, la ruse, la patience ou la vengeance. Selon les cas. Heureusement, souvent vous prenez le temps de réfléchir avant de réagir passionnément au risque de tout casser.
Bref, vous ne vous sentez pas trop en sécurité mais rassurez-vous: votre comportement n'a rien d'extraordinaire, la plupart des gens obtiennent ce score.

● **De 35 à 57:** Vous souffrez de jalousie comme d'autres d'asthme ou de diabète. Et cela empoisonne non seulement votre vie mais celle de ceux que vous aimez. Mais bien souvent vous vous tracassez préventivement, voyez des rivales partout, soupçonnez l'autre au moindre retard, fouillez dans son passé, dans ses silences ou dans ses explications des raisons de vous faire mal. Honnêtement, vous vous rendez très bêtement malheureuse. Relisez bien chaque question et vos réponses et essayez de les analyser lucidement.

Cosmopolitan

Si vous aviez un vœu à faire, que choisiriez-vous?

	RICHESSE	BEAUTÉ	TALENT	INFLUENCE	AUCUN
Hommes	31%	4%	39%	12%	13%
Femmes	30%	4%	43%	9%	14%

LES POUVOIRS DE SÉDUCTION FÉMININS JUGÉS PAR LES HOMMES

	HOMMES
Intelligence	53%
Charme	47%
Personnalité	47%
Humour	18%
Beauté	31%
Silhouette	28%
Regard	21%
Classe	11%
Sex-appeal	8%
Talent	8%
Célébrité	2%
Succès	3%
Voix	4%
Argent	4%

LES POUVOIRS DE SÉDUCTION MASCULINS JUGÉS PAR LES FEMMES

	FEMMES
Intelligence	63%
Personnalité	60%
Humour	29%
Talent	16%
Classe	17%
Charme	33%
Silhouette	12%
Regard	18%
Argent	8%
Succès	6%
Célébrité	3%
Voix	7%
Beauté	6%
Sex-appeal	2%

F. Magazine

SONDAGE
Le mariage: oui ou non

1 74% des Français estiment que le mariage n'est pas indispensable à la réussite du couple

A votre avis, pour qu'un couple ait les meilleures chances de réussite, est-il préférable que l'homme et la femme soient mariés?

C'est indispensable	24
C'est préférable, mais ce n'est pas indispensable	35 ⎫
Non, ce n'est pas nécessaire	39 ⎬ 74
Sans opinion	2
	100%

2 63% des Français sont favorables à un essai de vie commune avant le mariage . . .

Pour qu'un couple ait les meilleures chances de réussite, pensez-vous qu'il est préférable que l'homme et la femme aient vécu ensemble avant de se marier?

Oui, pendant quelques semaines	4 ⎫
Oui, pendant quelques mois	20 ⎬ 63
Oui, pendant un an ou même plus	33
Oui, jusqu'au premier enfant	6 ⎭
Non	30
Sans opinion	7
	100%

3 . . . mais 31% seulement l'ont fait

Avez-vous vécu avec votre mari (femme) avant de vous marier?

Oui, pendant quelques semaines	5 ⎫
Oui, pendant quelques mois	12 ⎬
Oui, pendant un an ou même plus	13 ⎬ 31
Oui, jusqu'au premier enfant	1 ⎭
Non	63
Non réponse	6
	100%

4 On décide de vivre ensemble parce qu'on est amoureux (64%) . . .

Quelles sont les raisons qui vous ont poussés à vivre à deux?

La peur de la solitude	12
La sécurité matérielle	4
L'amour	64
La vie sexuelle régulière	7
Pour faire comme tout le monde	7
Le désir d'avoir des enfants	46
Aucune de ces raisons	6
Sans opinion	4
	% (1)

(1) Le total des pourcentages est supérieur à 100, les personnes interrogées ayant pu donner plusieurs réponses.

Préparez-vous! . . . .

▷ Travaillez par groupes de deux. Chaque groupe étudie un des tableaux de résultats. Cherchez quelles sont les conclusions intéressantes que l'on peut tirer de ces résultats. Les phrases données page 13 vous aideront.

▷ Présentez au reste du groupe un des faits qui vous intéresse. Demandez-leur de l'expliquer, de le justifier. Pour poser les questions, vous pouvez vous reporter aux phrases données page 13.
Par exemple:
– Que pensez-vous du fait qu'il y ait 63% de gens qui n'ont pas vécu ensemble avant le mariage?

A vous!

Posez les questions du sondage à d'autres étudiants de français. Notez toutes les réponses, puis disposez-les sous forme de pourcentage, comme dans le sondage que vous venez d'étudier.

Comparez vos résultats à ceux du sondage fait en France. Essayez d'expliquer les différences et les ressemblances.

Repas de mariage: le dessert

à droite: pyramide de choux tenus par du caramel
à gauche: fontaine de champagne

Traduction

Traduisez en français:

1 I had saved up for a whole month to be able to afford to take Juliette to the concert. I had written a note inviting her to meet me at the entrance. After an endless wait, I saw that she had not forgotten. I searched in my pocket for the tickets, greeted her with a nervous "hello" and showed her to our places.

2
– Aren't you working this afternoon?
– Yes I am, until five o'clock.
– What time do you have lunch?
– Well, that depends on my boss.
– Ask him if you can leave at one o'clock. I'll come back shortly and you can let me know.

3 Michel Rollat, aged 33, a café proprietor, married for eight years, returned from work to discover that his wife had gone back to her parents, taking with her their two children. Two hours later, armed with a shotgun, Michel arrived to persuade her to come home.

4 More and more young people today believe that it is not essential for a couple to get married. A significant number have decided to live together, thus preserving their independence and emphasising the importance of the relationship rather than material security. They are then well-placed to make a decision on life together.

Dissertation

«**Le mariage est une institution dépassée.**» *Discutez.*

Définition des idées clefs

● mariage: union légitime d'un homme et d'une femme, contractée pour la vie devant la loi.
● institution: ce qui fait partie de l'ensemble des structures sociales établies par la loi ou la coutume.
● dépassé: que l'on a abandonné parce qu'on a trouvé mieux. Démodé.

Le nœud du problème – une institution dépassée?

A-t-on trouvé d'autres institutions/ manières de vivre capables de remplacer le mariage?

Analyse
Quelles sont les fonctions traditionnelles du mariage? Pour le couple? Pour les enfants?
Quels en sont les avantages et les inconvénients?

D'autres possibilités
– le concubinage
– le fait de ne jamais vivre avec quelqu'un
– la vie en communauté
– l'homosexualité
– une femme choisit d'élever un enfant seule
– autres possibilités

En quoi ces différentes possibilités remplissent ou ne remplissent pas les mêmes fonctions que le mariage? Répondent-elles à la même idéologie? Aux mêmes besoins?

Evolution
Y-a-t-il des données qui permettent de dire que le mariage est un phénomène moins répandu qu'autrefois? Moins permanent?
Qu'est-ce qui explique ces changements?
Quelle importance faut-il y attacher?

Avenir
Le mariage va-t-il disparaître?
A votre avis, est-ce que le manque d'intérêt pour le mariage est un phénomène permanent? Ou est-ce simplement une mode?
Que pouvez-vous en conclure?

Conclusion

Quel est votre avis personnel sur le mariage et sur son avenir?

52

IL FAUT ETRE DEUX . . .

Claire

> **démolir** ☐ to destroy
> **un épanouissement** ☐ a blossoming
> **une sexualité débridée** ☐ an unrestrained sexuality
> **friser la névrose** ☐ to verge on the neurotic

Jean

enceinte ☐ pregnant
prescrire la pilule ☐ to prescribe the pill
traîner ☐ to hang around
résolu(e) ☐ resolved
supporter les conséquences ☐ to suffer the consequences
il va de soi que ☐ it goes without saying that
une bagarre ☐ a fight

Ecoutez ce que dit Jean Bolacho sur les relations sexuelles de sa fille. Prenez des notes et essayez d'en faire un résumé en complétant les phrases suivantes:

▷ Je préfère qu'elle aille chez le médecin et qu'on lui prescrive la pilule parce que . . .
▷ Si je lui interdisais d'aller vivre avec un garçon, elle . . .
▷ Divorcer après trois ans de mariage, c'est affreux parce que . . .

Corinne

ça fait tilt ☐ it strikes a chord

1 Notez ce que vous entendez sur l'homme idéal de Corinne Bolacho.
taille:
cheveux:
yeux:
passe-temps:

2 Et pour vous? Est-ce que le physique est ce qu'il y a de plus important?

Muriel

un(e) petit(e) ami(e) ☐ a boy-friend/girl-friend
une sensibilité ☐ sensitivity

1 Notez ce que vous entendez sur le petit ami de Muriel Lebardier.
taille:
cheveux:
yeux:
âge:
son ami depuis:
défaut:

Jean-Luc

> **un rond-point** ☐ a roundabout
> **embêter** ☐ to annoy

sensible □ sensitive
s'attacher □ to become
   attached to
ça m'embête □ it annoys me
avoir le moral à zéro □ to be
   down in the dumps
rebâtir □ to rebuild

Corinne

1 Ecoutez bien Corinne Bolacho puis répondez:

a) Son point faible: elle s'attache facilement à un endroit. Expliquez ce qu'elle veut dire.

b) Son point fort: elle pourrait tout rebâtir ailleurs. Qu'est-ce qu'elle veut dire?

2 Et vous? Donnez un exemple d'un endroit ou d'un individu que vous avez connu pendant les vacances et auquel vous vous êtes attaché.

Corinne (Suite)

mettre sa zone (argot) □
   to disturb
la haine □ hatred
blesser □ to hurt
taper sur quelqu'un □ to hit
   someone
Gémeaux □ Gemini
dépensier/ière □ spendthrift
il y en a marre □ enough is
   enough
une entente parfaite □ a
   perfect friendship
un niveau social □ a social
   level
je me vide un bon coup □ I
   have a good cry
vivre au jour le jour □ to live
   from day to day
faire connaissance □ to get
   to know
au fur et à mesure □ bit by bit
se détacher de quelqu'un □ to
   withdraw from someone

Listen to the continuation of the interview with Corinne, where she talks in detail about her attitude to friends and friendship, and gives a clear example of how she lost her friend. Complete the following summaries in English:

▷ I would be jealous of people on two accounts . . .(i)

(ii)

▷ I would react to them by . . .
▷ I would not react to them by . . .
▷ The main fault of those born under Gemini is their . . .
▷ I had known my best friend for . . .
▷ The friendship lasted for . . .
▷ The differences between us . . .

	me	my friend
social		
character		
temperament		
outlook		

▷ We first became friends because . . .
▷ Every time we meet nowadays, we . . .

Nadine

mettre au courant □ to put in
   the picture
en vouloir à quelqu'un □ to
   hold something against
   someone
pudique □ prudish
une ouverture d'esprit □ a
   broadening of one's mind
ça laisse des traces □ that
   leaves its mark

1 Ecoutez Nadine Hervé. Indiquez si les affirmations suivantes sont vraies ou fausses:

▷ C'est ma mère qui s'est chargée de mon éducation sexuelle.
▷ C'est grâce au médecin que je me suis rendue compte du rôle que ma mère aurait dû jouer.
▷ Mes parents ne montraient pas facilement leurs sentiments.
▷ Le fait d'être agriculteurs a aidé mes parents à s'exprimer.
▷ "Le plaisir de la chair": cette phrase a rendu mon éducation sexuelle plus difficile.
▷ Le mariage est indispensable pour moi.
▷ Je pourrais vivre plus facilement avec un enfant qu'avec un homme.

Marie-Thérèse

effleurer ☐ to touch on
vraisemblablement ☐ in all
likelihood
douloureux/se ☐ painful
bien mené(e) ☐ well
administered
un don ☐ a gift
un viol ☐ a rape
averti(e) ☐ informed
une détresse ☐ distress

1 Ecoutez deux ou trois fois ce que dit Marie-Thérèse Dausse sur l'avortement.
Comment exprime-t-elle les idées suivantes?

▷ she is under age
▷ it will be up to the adults to make a decision
▷ who knows if she will regret it?
▷ it ought not to get as far as abortion

2 Prenez des notes pour résumer les arguments qu'elle donne pour ou contre l'avortement.

POUR   CONTRE

3 What is the significance of the interviewer's last comment?

Jean-Charles

un cabinet médical ☐ a
surgery
empêcher de ☐ to prevent from
un cas de figure ☐ a case of
honour
avoir affaire à ☐ to be faced
with
raté(e) ☐ failed
écœurant(e) ☐ sickening
la suppression de la vie ☐
termination of life

1 Jean-Charles Dévoluy parle de l'avortement avec le point de vue d'un futur médecin.

Enumérez les arguments qu'il donne en faveur de l'avortement, pour la mère et pour l'enfant.

2 Que veut-il dire par les phrases suivantes?

▷ Si vous n'avortez pas, vous mettez deux personnes en situation impossible.
▷ Si vous avortez, vous rendez en quelque sorte la liberté à la jeune fille.
▷ Mais je pense qu'on donne une chance.

Francis

solliciter ☐ to consult
sans appel ☐ irrevocably
cumulé(e) ☐ cumulative
engendré(e) ☐ fathered
conjugal(e) ☐ marital
mettre en péril ☐ to endanger
gérer ☐ to apply, carry out
la norme ☐ the rule
en fonction de ☐ according to

1 Francis Méhaignerie speaks about abortion, explaining the official position of the Catholic Church, and talking honestly about his own views. The interview is long: listen to it all, then replay it as you collect the following information:

a) The position of the Church, in theory.
b) A practical example where Francis would condemn abortion.
c) Practical examples where those concerned are facing serious difficulties. Francis quotes five: how many can you note?

2 Summarize in English the points which Francis Méhaignerie makes.

3 Après avoir écouté Mme Dausse, Jean-Charles et Francis Méhaignerie, quel est votre point de vue sur l'avortement?
Avec un partenaire, travaillez sur le pour et le contre de l'avortement.
Présentez vos conclusions au reste du groupe. Rédigez-les sous forme de dissertation.

Mme Fauvet

Avant d'écouter ce que dit Madame Fauvet sur sa vie après la mort de son mari, essayez de remplir les blancs dans la transcription suivante.

— Comment ça s'est passé après le décès de votre mari?

— Bon ben, après le décès de mon mari, j'ai eu la ......[1] de travailler et puis, ben, on accepte mieux, hein, quand on est ......[2] toute la journée on pense pas . . . on pense pas à sa ......[3]. Puis j'avais un jardin, alors . . . quand je rentrais le ......[4], et puis. . . Les premiers temps, vraiment, vraiment, je pouvais pas ......[5] dans la maison, alors je restais dans le jardin jusqu'à temps que la nuit tombe et je rentrais qu'à la nuit. Puis après ben, ça s'est estompé hein. Ça fait 12 ans, alors. Ça s'est estompé. Enfin, la solitude, faut savoir la ......[6] quoi. Je connais des . . . je connais des gens qui ne ......[7] pas rester seuls hein. J'avais une amie, eh bien, elle a pas pu rester seule, elle voulait pas, même tout à fait au ......[8]. Depuis le ......[9] de son mari elle disait: "Si je trouvais ......[10], je resterais pas seule". Alors que moi, ben non, je préfère . . . j'ai préféré rester seule. Je trouve que quand on peut. . . Il suffit de ......[11] quoi. Faut vraiment chercher de l'......[12] parce que, autrement ben, sûrement qu'on s'......[13]. Si on reste et qu'on sait pas ......[14] faire. On est ......[15] de s'ennuyer.

Francis

Le Père Méhaignerie est pour la cohabitation. Quelles raisons donne-t-il?

4

LE TRAVAIL C'EST LA SANTE!

Interview

Antoine Aron, lycéen de 18 ans, vient de poser sa candidature pour un poste à 'Hebdo', un des petits journaux de sa région. Le rédacteur en chef, Monsieur Saurin, le convoque□ à une interview.

M. Saurin   Entrez.

M. Aron   Bonjour, monsieur.

M. Saurin   Bonjour. Monsieur Aron, n'est-ce pas?

M. Aron   Oui, c'est ça.

M. Saurin   Bon ben, asseyez-vous, hein.

M. Aron   Merci.

M. Saurin   Bon. Vous êtes arrivé en retard ce matin. Là, qu'est-ce qui se passe?

M. Aron   Ah ben. Oui, je m'excuse. Un copain aurait dû m'amener à votre porte-là, puis il pouvait pas, alors euh . . .

M. Saurin   D'accord.

M. Aron   Au dernier moment j'ai dû prendre un bus quoi. Puis alors le bus a eu du retard. Puis alors je m'excuse, quoi.

M. Saurin   Vous habitez loin, alors peut-être, non?

M. Aron   Bof, à 20 km quoi. Mais enfin, si je savais que je devais venir en bus je serais pas en retard, quoi.

M. Saurin   Bon ben, d'accord. Alors je vois là dans votre dossier, que vous êtes . . . vous êtes en terminale□ au lycée Saint-Exupéry.

M. Aron   Oui, oui. Je fais mon bac littéraire quoi.

M. Saurin   Oui. Et les études marchent bien? Vous êtes heureux là en classe? Ça va bien?

M. Aron   Ben, franchement, j'en ai plutôt assez, quoi. J'aurais vraiment envie de travailler, quoi.

M. Saurin   Parce que vous ne considérez pas que les études, c'est du travail?

M. Aron   . . . ben non! C'est, c'est ennuyeux. C'est, c'est. . . Ils nous traîtent vraiment comme des gamins□, quoi! Euh non! Ça ne m'intéresse pas. J'ai envie de travailler quoi.

M. Aron   Ah d'accord, je vois.

M. Saurin   Mais alors, qu'est-ce qui . . . quel genre de travail voulez-vous faire?

M. Aron   Eh ben, le journalisme, quoi. Parce que . . . parce que c'est fabuleux. Parce qu'on voyage. Parce que . . . moi, je ne veux pas travailler dans un bureau voyez. . . Non, ça ne me plaît pas alors . . . journaliste, c'est bien quoi. On va loin, on voit des choses, c'est fabuleux!

M. Saurin   Oui, mais enfin. Vous êtes bien sûr que ça va se passer comme ça au début, enfin? Vous savez, il faut quand même apprendre le métier.

M. Aron   Ah oui, oui, oui. Mais ça, je veux bien, mais enfin une fois que j'apprends le métier, euh oui j'apprends le métier. Puis ça ira bien après quoi, enfin.

M. Saurin   Mais comment est-ce que vous connaissez . . . enfin vous connaissez un petit peu le journalisme? Vous avez. . .

M. Aron   Ah oui. Très, très bien. Parce que j'ai un copain qui a travaillé à *Hebdo* pendant trois ans.

M. Saurin   Oui.

M. Aron   Et, il m'a dit que ça l'a aidé énormément. Il s'est fait des contacts, il a rencontré des gens. Ça a été extra!

M. Saurin   Il s'est fait des contacts? Qu'est-ce que, qu'est-ce que . . .

M. Aron   Ah ben oui, maintenant, maintenant il a ouvert un garage. C'est-à-dire qu'il a rencontré des gens qui avaient de l'influence quoi.

convoquer □ to invite
terminale □ *last year of secondary school*
gamin (fam.) □ a kid
une piste d'envol □ a runway
une semaine de préavis □ a week's notice

M. Saurin Ah je vois. Enfin, pour vous, en quelque sorte, le journalisme, eh ben c'est une piste d'envol° quoi, un tremplin?

M. Aron Euh, ah non! Non, non, non, non, non. Non j'aimerais bien y rester. Non, je voudrais y faire carrière. C'est pas ça mais enfin, quand j'aurai appris tout ce qu'il y a à apprendre, bon ben il est certain que j'irai dans un grand journal. Ça, c'est certain. Je vais pas rester là quoi. Voyez vous, c'est . . .

M. Saurin Ah bon. Vous ne voulez pas rester avec nous? Oui . . .

M. Aron Ben non. C'est. . . Non, mais enfin il faut voir grand quoi. Enfin, j'ai un avenir devant moi quoi.

M. Saurin Ah oui, oui, bien sûr, vous avez un avenir devant vous, oui. Oui, mais enfin pourquoi . . . vous venez nous voir si on n'est pas l'avenir pour vous, vraiment. Si?

M. Aron Ah ben si non, non. Euh. . . Je me suis mal exprimé, excusez-moi.

M. Saurin Ah bon.

M. Aron Non, non. Ce que je veux dire c'est que, comme mon copain travaillait à *Hebdo*. Ça lui a beaucoup plu. Il m'a dit que c'était un très, très bon journal. En fait, j'aimerais . . . j'aimerais y faire ma carrière, quoi. C'est ce que je voulais dire.

M. Saurin Ah bon d'accord. Mais alors, à votre avis quel genre de compétences, quels talents particuliers faut-il avoir pour être un bon journaliste et faire une carrière dans un journal aussi bon que le nôtre.

M. Aron Ah ben ça le . . . le français. Moi, je fais mon bac littéraire. Euh, je suis vraiment bon, quoi. Enfin je ne suis pas mauvais, quoi. Euh puis alors le sport. Bon, il faut être intéressé au sport. Ben, je joue au rugby. Euh musique, pour les rubriques musiques, par exemple, je suis guitariste dans un groupe. Alors donc je . . . tout ça, c'est important. Euh je crois que je me présente pas mal. Euh j'ai une facilité pour parler avec les gens. C'est ce genre de choses euh . . .

M. Saurin Oui c'est une expérience intéressante en effet.

M. Aron Oui.

M. Saurin Vous avez donc des connaissances.

M. Aron Ah, oui, ça oui, oui.

M. Saurin Ça me plaît assez, ça. Mais vraiment le journalisme pur. Est-ce que vous avez déjà écrit dans le journal de votre lycée, par exemple?

M. Aron Ah si, si. J'ai l'expérience du lycée. Ça c'est . . . ça a été énorme.

M. Saurin C'est un journal qui marche bien?

M. Aron Euh bien . . . enfin non, pas vraiment parce qu'il y avait pas assez de . . . de gens qui voulaient écrire pour le journal. Et puis moi, malheureusement, ça m'intéressait beaucoup, remarquez hein? Mais euh, comme c'est moi qui m'occupe de notre groupe. Euh, et puis on répète trois fois par semaine, vous voyez. Donc ben, je pouvais pas vraiment m'en occuper. Mais j'aurais vraiment aimé, voyez-vous.

M. Saurin Alors là, attention! Je vous suis pas tellement bien, parce que vous avez donc votre bac, vous avez vos trois soirées par semaine de répétitions.

M. Aron Oui.

M. Saurin Mais, à quel moment est-ce que vous pensez pouvoir travailler pour nous alors?

M. Aron Ah ben, ça. Ah . . . j'y avais pas pensé. Euh ben, remarquez ce serait pas trop difficile. Je peux toujours trouver quelqu'un d'autre pour me remplacer par exemple, un soir, ou peut-être deux, quoi, enfin, s'il faut vraiment. Non, non je suis prêt à faire des concessions quoi.

M. Saurin Vous vous rendez compte bien sûr que la nature du travail de journaliste c'est qu'on peut vous appeler au dernier moment pour partir faire un reportage sans vous donner une semaine de préavis⁰, ni même peut-être vingt-quatre heures.

M. Aron Euh . . . ah, oui! Oui, oui. Si, si, si, ça . . . mon copain me l'a dit. Oui, oui, oui, oui, oui.

M. Saurin Et comment seriez-vous prêt . . . vous seriez prêt à vous adapter donc à ce genre de situations.

M. Aron Ben oui, oui. Je . . . oui, bien sûr. Oui, oui, bien sûr. Enfin, il faudrait que j'arrange ça . . . je verrai ça avec le groupe quoi.

M. Saurin Vous aimez beaucoup la musique?

M. Aron Euh oui. Oui, oui, j'aime bien. Oui, oui, j'aime bien.

M. Saurin Et vous seriez prêt à sacrifier la musique pour le journalisme. Parce que il me semble qu'il va quand même falloir faire un choix, non?

M. Aron Oui, enfin, je n'y avais pas pensé, remarquez, mais euh, je suis sûr que je ferai le choix quoi. Il y a pas de problème. Non j'aimerais vraiment faire du journalisme.

M. Saurin Bon j'aimerais quand même savoir à quel moment vous pensez être libre et pouvoir donc commencer à travailler pour nous.

M. Aron Eh ben. Dans six semaines. Après . . . après les examens quoi. Voilà, six semaines. Oui je serai prêt.

M. Saurin Bon ben d'accord. Alors, . . . bon ça fait un petit moment qu'on discute ensemble. Vous avez des questions à poser sur le métier de journaliste?

M. Aron Ah oui, oui. Euh beaucoup, en fait. Euh, ça paie combien exactement?

M. Saurin Bon, eh bien, pour un débutant comme vous, disons . . .

Points de départ . . . .

▷ Qui?
▷ Où?
▷ Quand?
▷ Pourquoi?

Pour continuer . . . .

▷ Est-ce qu'Antoine se plaît au lycée?
▷ Indiquez deux raisons pour lesquelles Antoine veut devenir journaliste.
▷ Qu'est-ce qu'il a l'intention de faire si ça marche bien à *Hebdo*?
▷ Selon Antoine quels sont les qualités et les goûts qu'il faut avoir pour être un bon journaliste?
▷ A quoi est-ce qu'il occupe ses loisirs? Lequel de ses passe-temps est le plus important pour lui?

Cherchez les mots . . . .

Trouvez la façon dont sont exprimées les idées suivantes.

▷ in your file
▷ frankly, I've had enough
▷ I'm dying to get a job
▷ in the beginning
▷ he made contacts
▷ in a way
▷ I've a future in front of me
▷ I find it easy to talk to people
▷ I'm the one who looks after the group

Façon de s'exprimer . . . .

In one sense, Antoine Aron and Monsieur Saurin speak a different language from one another. How many colloquialisms can you identify in Antoine's replies? How many can you count in Monsieur Saurin's questions?

Préparez-vous! . . . .

▷ «on ne peut pas compter sur lui», «peu résolu», «peu motivé». Qu'est-ce qui aura permis à Monsieur Saurin de se faire cette opinion d'Antoine?

▷ Qu'est-ce qui a pu faire penser à Monsieur Saurin qu'Antoine considérait le journalisme comme un moyen d'accéder à autre chose? A-t-il raison de penser cela?

▷ A votre avis, est-ce qu'Antoine est ambitieux? Justifiez votre réponse.

▷ Le journal du lycée n'a pas très bien marché. Qu'est-ce que Monsieur Saurin aura pu en déduire?

▷ A votre avis que pense Monsieur Saurin des qualités et des goûts d'Antoine?

Résumé: le pour et le contre
Que pensez-vous de la candidature d'Antoine? Est-ce que ça va marcher pour lui dans le journalisme? Que va faire Monsieur Saurin? Offrir le poste à Antoine ou bien à un autre candidat?

Une discussion a lieu à la fin de l'interview entre Monsieur Saurin et le sous-directeur, qui vient lui aussi d'assister à l'interview.

Travaillez par groupes de deux et essayez tout d'abord de dresser une liste des raisons pour lesquelles il ne serait pas prudent d'embaucher Antoine.

Puis faites une liste des points qui vous paraissent positifs dans la candidature d'Antoine.

A vous de jouer!

1 Le sous-directeur qui, tout à fait par hasard, s'appelle Aron, se range du côté d'Antoine. Cela vous étonne?

Conscient de la subjectivité qui risque de guider la décision, Monsieur Saurin décide de ne s'intéresser qu'aux défauts d'Antoine.

Improvisez la discussion qui s'ensuit, en essayant d'aboutir à une conclusion.

2 Imaginez que vous êtes Antoine et que, le lendemain de cette

interview, vous êtes convoqué au *Courrier du Midi*, un autre journal régional. Vous avez eu le temps de réfléchir sur les erreurs que vous avez faites dans les bureaux de *Hebdo*.

On vous pose le même genre de questions:
sur vos études, vos raisons de vouloir entrer dans le journalisme, vos ambitions, vos compétences, vos goûts . . .

C'est votre professeur ou un camarade qui prendra le rôle de rédacteur en chef du *Courrier du Midi*. Bon courage!

Travail écrit

1 Imaginez que vous êtes Monsieur Saurin. Ecrivez à Antoine pour lui expliquer pourquoi vous avez décidé de ne pas l'embaucher.

2 Imaginez que c'est vous qui postulez le poste de journaliste à *Hebdo*. Ecrivez une lettre, et votre curriculum vitae, indiquant vos goûts et les raisons qui vous poussent à poser votre candidature.

Pour ce faire, vous pouvez vous aider des quelques phrases suivantes:

- J'ai l'honneur de poser ma candidature au poste de journaliste que vous offrez . . .
- Je suis titulaire du Baccalauréat et d'un diplôme de . . .
- Je me permets d'ajouter que je possède une bonne connaissance écrite et orale de l'allemand . . .
- Le monde du journalisme m'est familier parce que . . .
- Je souhaite écrire pour la presse parce que . . .
- Dans l'attente d'une réponse favorable, je vous prie d'agréer, Monsieur/Madame, l'expression de mes sentiments les plus dévoués.

Avez-vous déjà envisagé de trouver du travail en France pendant les grandes vacances? Les annonces qui suivent vous donneront quelques idées. Certaines offrent des emplois qui conviendraient bien à un étudiant étranger. Y a-t-il quelque chose qui vous attire?

MARCHÉ DU TRAVAIL

offres d'emplois

1 • **Rech.** F. de ménage 3h le matin. lundi mercredi vendredi. centre Aix Tél.42.38.44.17.

2 • **Cherche** pour tournage films jeunes 18/26 ans. accent marseillais ou régional. Tél. 42.21.33.79.

3
hôtel ibis
PORTE DE BAGNOLET
Mme Gailleni recherche
RECEPTIONNAIRES
H. ou F. bilingues anglais. Se prés. r. Jean-Jaurès. 93170 BAGNOLET.

4 • **5e** pr. Créperie. J. F. même début. bon sal. place stable, logée nourrie. Tél. pr. R.V. (1) 43.26.08.38 apr. 11h.

5
SERVEUSE
BAR BRASSERIE
Repos samedi 16h à lundi. Se présenter Le Relais, 172, rue de Vaugirard, vendredi de 9h à 12h et lundi.

6 • **Rech.** jeunes vendeurs dynamiques ayant aptitude pr. commerce, bon. prés. voulant faire carrière ds la vente, se prés. à part. mardi 21 à 18h, Magasin Vetir, Plan de campagne.

7 • **Cours** hôtesse de tourisme par correspondance, débouchés. Demandez documentation au CNEF 17, La Canebière 13001 Marseille.

8 • **Bar** américain cherche hôtesse. Téléphonez pour contacts au 90.32.23.60 après 18h.

Avez-vous compris? . . . .

Que veulent dire les abréviations suivantes?

angl.   all.   22a   empl.   respons.   pl.   début.
se prés.   bon. prés.   ttes   à part.   empl.   J.F./J.H.
H. ou. F.   bnes réf.   prof.   ch.   pr.

Préparez-vous! . . . .

Offres d'emplois:

▷ Dans le tableau suivant, vous trouverez une liste des qualités exigées dans les annonces d'offres d'emplois. Quelles qualités correspondent à quelle(s) annonce(s)?
A vous de remplir le tableau!

Qualités requises / annonces n°	1	2	3	4	5	6	7	8	9	10	11	12
homme												
femme												
références exigées												
expérience nécessaire												
anglais nécessaire												
emplois pour lesquels vous pensez être qualifié(e)												

▷ Le tableau suivant vous donne une liste des conditions de travail proposées. Remplissez-le de la même manière.

Conditions de travail / annonces n°	1	2	3	4	5	6	7	8	9	10	11	12
permanent												
temporaire												
plein-temps												
mi-temps												
nourri, logé												
logé												

▷ Lequel de ces emplois vous intéresserait le plus?
Pourquoi?   ▶

● **Vendanges** en Beaujolais 50F./jour, nourri, logé. 10-30 sept. Ecrire Le Château. 69 Morgon.

● **Vendez** des glaces sur la plage. Côte d'Azur. Juil. Août. Sept. Ecrire André. rue du Golfe. 83 Ste Maxime.

● **Grasse** Parfums. gde société ch. Guides de la distillerie. Angl. ou all. courant. Juil. Août. Ecrire avec C.V. & photo Distill. du Midi, rue Pons 16, Grasse.

● **Bretagne** camping ch. serveur/serveuse. angl. courant. 3 mois été, sal. fixe + pourboire. logé. Camping les Sables. 35 Cancale.

demandes d'emplois

● **Serveuse** rest. 30a. bne prés. bnes réf. ch. pl. stab. en mat. Rep. sam. dim. Tél. (1) 42.01.45.04.

● **J.H.** 21 ans ch. place à Paris. stable. Serv. Rest. Journée continue ou Cantine. Tél: (154) 454.60.09.

● **Jeune** étudiant Togolais ch. tr. tout genre. Ecrire Sekle Wouesi, Hôtel, 165, r. de Rome P.

● **J.H.** anglais 22 a. ser., ch. pl. stab. A. Tomann, 216, r. de La Liberté, 94 Villejuif.

● **J.H.** ch. tt. empl. même de nuit. M. Ketta, 1 bis, bd Edgar-Quinet-75014 PARIS.

● **Urgent** étudiante 19 ans bne prés. et bonnes notions angl. all. ch. place mi-temps. Etud. ttes propositions. Tél. (1) 43.66.46.29.

● **Cple.** libre juill/août garderait villa Tél. 91.40.19.74 apr. 19h.

● **H.31** a photo prof. 13 a. exp. cherche emploi juillet ou travail dans la photo. Tél. 91.87.35.06 avant 9h ou après 19h.

● **J.F.** 23 ans. dynam. b présentat. bac. angl. ital. stage inform.□ compt.□ gest.□ ch. emploi respons. Int. bur. cc Pub. Tél.90.56.05.85 – M. Claude.

---

gest. □ gestion
inform. □ informatique
compt. □ comptabilité

Demandes d'emplois:

▷ Le tableau suivant vous donne une liste de ce que les demandeurs d'emplois recherchent et ce qu'ils ont à offrir. Quels critères correspondent à quelle(s) annonce(s)?

critères \ annonces	a	b	c	d	e	f	g	h	i
homme									
femme									
parle anglais									
références									
expérience									
rech. mi-temps									
rech. plein-temps									
rech. temporaire									
rech. permanent									

A vous de jouer!

1 Si l'un de ces emplois vous intéresse et si l'adresse est indiquée vous pouvez écrire pour poser votre candidature. Les phrases à la page 60 vous aideront.

2 Vous pouvez aussi téléphoner.

Voici quelques phrases qui pourraient vous être utiles:

- Bonjour, Monsieur/
  Madame... Je voudrais parler à...
- Je téléphone au sujet de l'annonce que j'ai vue dans le journal...
- Je suis très intéressé(e) par ce poste...
- Oui, je suis libre tout de suite...

Voici quelques phrases pour votre partenaire qui vous répondra:

- Oui... Avez-vous déjà travaillé?
  Avez-vous déjà fait ce genre de travail?
- Quels diplômes avez-vous?
- Est-ce que vous pouvez vous présenter demain?
- Je regrette, Monsieur/Madame... Le poste est déjà pourvu... Mais peut-être...

3 Imaginez que vous êtes en France pour quelques mois. Vous cherchez du travail, car vous avez besoin d'un peu d'argent. Composez trois annonces de demandes d'emplois, en utilisant les abréviations d'usage, et en ayant soin de mettre en valeur vos talents ou vos compétences de manière à obtenir le plus de réponses possibles.

39 ans au fond de la mine

Louis Lengrand, mineur du Nord, a 52 ans. Ce qu'il a à raconter, c'est une vie comme des centaines de milliers d'autres.

Mineurs français, 1940

Mineur à 13 ans

Mon premier jour de mine, je m'en souviens, et j'ai 52 ans.

Dans le temps, les compagnies minières savaient qu'un mineur avait un garçon chez lui et qu'à 13 ans il serait présenté par son père. Le père disait, une semaine avant: «Il y a mon fils, je vais venir l'embaucher.» Mon père était un ouvrier bien noté, de bonne famille, travailleur, donc j'étais inscrit.

Je suis arrivé dans les bureaux, on a marqué: «fils Un tel». J'ai passé une visite médicale, «bon pour aller à la mine». On m'a donné un béret en cuir, un bourgeron□ et voilà.

On ne descend pas le premier jour à la mine. Je suis allé au criblage□, où remontent tous les charbons. Il y avait des cailloux, il fallait les enlever et laisser la houille partir dans les wagons. J'y suis resté trois mois, au criblage. Après, on m'a dit que c'était mon tour de descendre. J'étais fin fier de descendre.

Je suis monté dans la cage, on m'a dit: «Il ne faut pas te mettre trop prêt de la porte, il faut te mettre au milieu, entre les vieux.» Les vieux aimaient bien les gamins – «Ah, c'en est un qui va faire sa carrière!» Alors, j'étais avec les vieux, et je donnais la main – 13 ans!

Quand je suis arrivé en bas, j'étais sourd. Sept cents mètres de descente, ça faisait je crois, douze à quatorze mètres à la seconde. On ne mettait même pas deux minutes à descendre.

J'ai regardé tout partout. On passe par des grandes galeries, puis ensuite des petites, et puis on arrive dans les tailles□ où on abat le charbon. Quand on débute, on vous met avec un vieux, pour remplacer des bois où il y en a de cassés. Plus tard, on va plus loin. Après un moment que j'ai été avec le vieux, le porion□ m'a dit: «Maintenant que tu as l'habitude, tu vas venir avancer des bois pour les mineurs.»

De temps en temps, je prenais la machine et je frappais. Alors, on me disait: «Viens voir, c'est comme ça qu'il faut frapper.» Quand j'avais un moment, je montais dans la taille et on m'expliquait comment perdre la veine. Je n'avais pas peur, j'avais ça dans le sang.

Quand le médecin me dit maintenant: «Il ne faut pas fumer», je me demande pourquoi on ne m'a pas dit de ne pas descendre à la mine à 13 ans, quand on savait ce que j'aurais à 50. On aurait pu me dire, au lieu de

m'embaucher, avec un coup de pied au cul: «Va-t'en, gamin, apprendre un métier.» Mais pas du tout; fils d'un bon mineur, par ici, tout de suite embauché. Et maintenant, on veut m'empêcher de fumer ma cigarette?

J'ai un quart de poumon qui fonctionne à chaque poumon. «Il y en a de la poussière. – C'est pas de la poussière, c'est des cailloux», m'a dit le docteur en me conseillant de ne pas forcer, de faire tout doucement.

Surveillant

J'ai commencé à être surveillant en mars 48. J'attendais le 1er janvier 49 pour être commissionné. Seulement, avant, il y a eu la grève.

J'ai toujours été syndiqué et je le suis toujours, à la C.g.t. J'étais au syndicat des patrons, et quand il y a eu la grève, j'ai travaillé. On était 45 agents de maîtrise, on s'est trouvés 5, 6 pour descendre.

Ah, ça m'a fait quelque chose! J'ai été ouvrier. Mon frère, mon père étaient des ouvriers. Mais je me suis dit: «Tout en ayant l'esprit ouvrier, il faut obéir au patron, ou bien il ne faut pas entrer dans la maîtrise. . .»

Mon père, s'il avait été encore en vie, n'aurait pas accepté que je sois surveillant. Il l'avait toujours dit: «Il ne faut jamais accepter une lampe à huile.» Il disait aussi: «Plutôt travailler que commander.» Lui, non, ne l'aurait pas accepté, la lampe à huile, mais moi je pensais à l'avenir, je voulais une plus belle maison, du meilleur charbon, une retraite d'agent de maîtrise. Mais j'avais le sentiment de trahir. On est enfant d'ouvriers, on a passé dans l'autre camp, le camp des chefs. Et alors, il faut marcher droit pendant quinze ans, pour avoir une bonne retraite, parce que, avant quinze ans, on n'a rien du tout.

Le Nouvel Observateur

---

un bourgeron □ *a worker's shirt made of coarse cloth*
criblage □ *screening*
une taille □ *a tunnel*
un porion □ *a foreman*

Points de départ . . . .

▷ Qui?
▷ Que fait-il?
▷ Depuis quel âge?

Pour continuer . . . .

▷ Pourquoi Louis Lengrand est-il entré à la mine?
▷ Comment s'est passé la visite d'embauche?
▷ Quel a été son premier travail? son deuxième? son troisième?
▷ Pourquoi a-t-il été nommé surveillant avant la date prévue?
▷ Entrer dans la maîtrise: cela lui a posé un problème de conscience. Pourquoi?

Façon de s'exprimer . . . .

Que comprenez-vous par
▷ je donnais la main
▷ j'avais ça dans le sang
▷ l'esprit ouvrier
▷ il faut marcher droit

A votre avis?

Mineur à 13 ans:
1 Pourquoi Louis Lengrand a-t-il été embauché?
Etait-ce inévitable? Relevez dans le texte toutes les expressions qui le prouvent.
2 Que pensez-vous des conditions de travail dans la mine? Relevez toutes les expressions qui donnent des renseignements sur ces conditions. Qu'est-ce que Louis Lengrand en pense? Est-ce qu'il regrette d'avoir été – et d'être encore – mineur?

Surveillant:
Pour quelles raisons est-ce que Louis Lengrand est devenu surveillant? Si son père avait été vivant en 1948, qu'aurait-il dit? Imaginez la discussion entre Louis et son père.

BERTRAND

Bertrand, dix-sept ans. Signalement: élève de terminale C⁰ au lycée Jules-Ferry à Paris. Père ingénieur, mère au foyer. Rêve: travailler à Paris le matin et passer l'après-midi à Tahiti.

■ **LE NOUVEL OBSERVATEUR.** — Qu'est-ce que tu veux faire plus tard?

BERTRAND. — Par attirance personnelle, je pense que j'aurai plutôt un boulot économique avec des relations, style marketing⁰, et des bases scientifiques bien solides. Un boulot qui, tout en me satisfaisant pleinement, me laisse la possibilité de vivre en dehors. Un travail bien fait doit vous permettre d'en sortir totalement, sinon c'est l'abrutissement. Ma vie, je la vois coupée en deux. Il faudra aussi que ce travail me permette de gagner de l'argent.

N. O. — L'argent, c'est si important?

BERTRAND. — C'est l'un des gros problèmes de la jeunesse aujourd'hui. On cherche tous à faire des petits boulots, à garder les mômes, à travailler pendant les vacances. Il faut être objectif, l'argent, c'est un besoin, c'est l'autonomie.

N. O. — L'objectivité, c'est quoi?

BERTRAND. — Etre objectif, c'est voir comment ça se passe autour de soi et repérer la filière⁰. Dire: j'aimerais devenir artiste ou écrivain, c'est pas objectif, c'est aléatoire. Tu risques de crever la faim. Trouver un métier stable et écrire en plus: c'est ça être objectif.

Christine Deymard, *Le Nouvel Observateur*

---

terminale C □ *last year of secondary education, science/ maths section*
style marketing □ *of a marketing type*
repérer la filière □ *to spot the right pathway*

Quels sont les critères qui vont guider Bertrand dans le choix de son travail? Remplissez le tableau ci-dessous, en décidant de l'importance de chaque critère.

	très important	plutôt important	plutôt sans importance	sans importance
la rémunération: un salaire élevé				
l'horaire: la journée la plus courte possible				
les vacances les plus longues possibles				
un travail satisfaisant				
des conditions et un cadre de travail agréables				
les possibilités de promotion				
l'ambiance: de bons rapports avec les autres membres du personnel				
l'indépendance: travailler sans être surveillé				
voyager				
le lieu: travailler près de chez soi par exemple				
travailler pour une entreprise très connue				
un travail stable				
un travail varié et passionnant				
rencontrer beaucoup de gens				
un travail prestigieux				
un travail stimulant intellectuellement				

Façon de s'exprimer . . . .

Qu'est-ce que Bertrand entend par?
▷ un boulot satisfaisant
▷ vivre en dehors
▷ la vie coupée en deux
▷ objectif
▷ l'autonomie
▷ un métier stable

Et vous?

1 Parmi les avantages qu'un travail peut offrir, lequel vous paraît le plus important? Le moins important? Quels seront vos critères de choix? Remplissez le tableau ci-dessus pour vous-même comme vous l'avez fait pour Bertrand.

2 Chacun à votre tour, indiquez à un(e) partenaire l'avis que vous avez exprimé sur chacun des critères. A chaque fois, donnez la raison de votre choix. Par exemple:
– Je crois qu'il est très important d'avoir un bon salaire parce qu'autrement on ne peut pas faire ce que l'on veut pendant ses loisirs . . .

Si votre partenaire est du même avis, passez au critère suivant. Autrement, essayez de le/la convaincre que vous avez raison.

3 Rangez par ordre d'importance pour vous les seize critères du tableau. Comparez la liste que vous obtenez à celle de votre partenaire. Qu'en déduisez-vous?

4 Ecrivez sur un bout de papier un métier qui, à votre avis, vous irait très bien. Echangez votre papier (plié en quatre) avec votre partenaire. Sur un autre papier, écrivez un métier qui, d'après vous, serait idéal pour votre partenaire.

Comparez ce que vous venez d'écrire avec le métier que lui/elle avait choisi. Si les résultats sont différents, justifiez votre choix. Par exemple:
– Je pense que le métier de . . . . . . t'irait comme un gant parce que. . .
– Tu es fait(e) pour être . . . .
– Je suis sûr(e) que tu ne pourrais pas faire ce métier-là parce que. . .

L'embarras du choix

Cette jeunesse a les pieds sur terre, et les métiers dont elle rêve ne sont pas ceux qu'on rencontre dans les romans-photos. Bien sûr, la profession d'hôtesse de l'air continue de rencontrer chez les filles un succès qui excède de loin la place réelle qu'elle occupe sur le marché de l'emploi, mais on se voit plus volontiers ouvrier que chanteur ou chercheur (deux professions qui font le même score). Nos confrères journalistes seront flattés d'apprendre que leur profession obtient le premier prix dans le palmarès des jeunes. Mais nos chers professeurs, qui ont souvent l'impression d'être une élite mal aimée et méprisée, découvriront avec surprise qu'ils arrivent juste après, à égalité avec les ingénieurs, loin devant les médecins, les patrons d'industrie, les banquiers et les cadres de publicité.

Cherchez les mots . . . .

Cherchez dans le texte la façon dont sont exprimées les idées suivantes:

▷ to be down-to-earth
▷ by a long way
▷ the job market
▷ I would rather be a journalist than a doctor
▷ teachers come level with engineers

---

travail
Tout ce qu'on n'a pas envie de faire.
G. Henein

travailler
Il faut travailler, sinon par amour, au moins par désespoir, puisque, tout bien vérifié, travailler est moins ennuyeux que s'amuser.
C. Baudelaire

SONDAGE

Quelle profession?

Si vous aviez totalement le choix, quelle est, parmi celles-ci, la profession que vous souhaiteriez le plus exercer . . .

Agriculteur	4	Cadre dans la publicité	2
Commerçant	5	Employé	4
Artisan	3	Instituteur	4
Patron d'entreprise industrielle.	5	Steward/hôtesse de l'air	7
Médecin	7	Ouvrier	5
Avocat	5	Journaliste	9
Professeur	8	Officier	1
Ingénieur	8	Autre.	9
Directeur commercial	2	Sans opinion	7
Chercheur	3		
Chanteur	3		
Banquier.	1	Total	100

Dans dix ans

Je vais vous demander d'imaginer ce que vous serez dans dix ans. Pour chacune des situations que je vais vous citer, dites si à votre avis elle se sera réalisée ou pas.

	Oui	Non	Ne sait pas	
Vous aurez connu l'expérience du chômage	66	23	11	100
Vous serez marié	69	15	16	100
Vous habiterez en France	73	11	16	100
Vous aurez des enfants.	69	17	14	100
Vous aurez un logement confortable	81	4	15	100
Vous serez fidèle à votre conjoint(e)	76	6	18	100
Vous aurez un métier intéressant	87	3	10	100
Vous travaillerez 35 heures par semaine. .	53	24	23	100

Le Nouvel Observateur

A votre avis?

Quelle profession?

1 D'après vous, pourquoi les jeunes interrogés pour ce sondage ont-ils exprimé leur préférence pour les professions de journaliste, de professeur, d'ingénieur, d'hôtesse de l'air et de médecin? Par contre, à quoi attribuez-vous l'impopularité de la profession de banquier?

2 Parmi les professions citées, quelles sont celles qui vous attirent le plus? Quelles sont celles qui ne vous tentent absolument pas? Pourquoi?

Dans dix ans:

1 Répondez vous-même aux questions posées dans le sondage. Trouvez un(e) partenaire qui n'est pas de votre avis et expliquez-lui votre point de vue. Par exemple, lui ou elle pense qu'il/elle aurait connu l'expérience du chômage, et vous non . . .

LE PALMARES DES PROFESSIONS

Confiance pour les pompiers: 98%, pour les avocats: 35%				
		confiance	pas confiance	sans opinion
Avez-vous plutôt confiance ou plutôt pas confiance dans les professions suivantes?	Les pompiers	98%	1%	1%
	Les médecins	91%	7%	2%
	Les gendarmes	79%	15%	6%
	Les professeurs de l'enseignement secondaire	74%	14%	12%
	Les prêtres	56%	26%	18%
	Les officiers	54%	21%	25%
	Les chefs d'entreprise	51%	29%	20%
	Les avocats et les notaires	35%	45%	20%

Le Nouvel Observateur

1. Les pompiers:
Les soldats du feu bénéficient d'une estime unanime (voir tableau ci-dessus).

2. Les médecins:
L'aura de la médecine est presque sans faille: 91%.

3. Les gendarmes:
Très appréciés dans l'ensemble: 94% des agriculteurs leur font confiance. Vogue presque identique chez les plus de 65 ans (92%). Est-ce l'uniforme qui fait monter le taux de méfiance à 34% chez les moins de 25 ans?

4. Les professeurs du secondaire:
Très bien placés avec 74% de confiance, les profs ont cependant deux mauvais points: l'un chez les agriculteurs (66% de confiance); l'autre chez les sympathisants R.P.R. (21% de méfiance).

5. Les prêtres:
Seule «profession» en régression par rapport à janvier 1981, les prêtres bénéficient d'une confiance croissante avec l'âge: de 44% au-dessous de 24 ans à 69% au-dessus de 65 ans.

6. Les officiers:
La confiance croît avec l'âge, de 34% au-dessous de 25 ans à 70% au-dessus de 65 ans. Mais la méfiance, elle, croît avec le niveau d'instruction: de 14% au niveau primaire à 31% au niveau supérieur. L'antimilitarisme reste pour l'essentiel, un phénomème de jeunes: chez les moins de 25 ans, 46% de méfiance.

7. Les chefs d'entreprise:
On est pour ou contre selon qu'on est pour ou contre l'ordre établi. Leur font confiance: les petits commerçants et artisans (75%) et les retraités (60%). Se méfient: les ouvriers (41%).

8. Les avocats et les notaires:
La seule profession où la méfiance l'emporte sur la confiance.

L'île de Futuna

Nous sommes en 2005. La guerre est sur le point d'éclater entre les Etats-Unis et l'U.R.S.S.

Votre communauté décide de fuir le champ de bataille et d'aller s'établir sur l'île de Futuna – île déserte au milieu de l'Océan Pacifique.

Climat: très chaud, pluvieux.

Végétation: cocotiers, forêts tropicales, plantes rampantes.

Vous disposez d'une montgolfière assez grande pour transporter tous les membres de votre groupe.

Chacun sa profession

Dressez une liste de professions. Vous devez avoir autant de professions que de personnes dans votre groupe.

Discutez des mérites de chaque profession. Quand vous n'êtes pas d'accord sur une profession, organisez un vote pour décider si les avantages sont plus importants que les inconvénients ou vice-versa.

Tirage au sort

Ecrivez chaque profession sur un bout de papier que vous plierez en quatre. Mettez tous les papiers dans un chapeau. Chaque personne tire un papier.

Justifiez-vous!

Passez une vingtaine de minutes à préparer votre défense. Trouver le plus de raisons possibles pour justifier – grâce à votre métier, bien sûr – votre présence dans la montgolfière.

Par-dessus bord?

Tout le monde monte dans la montgolfière, vous partez avec suffisamment de provisions pour un long voyage. Malheureusement, alors que vous approchez de l'Océan Pacifique, la montgolfière devient trop lourde. Vous n'arriverez pas à destination à moins de prendre des mesures draconiennes. Une seule solution pour alléger la montgolfière et éviter qu'elle tombe à la mer: éliminer quelqu'un, le jeter par-dessus bord.

Dans l'intérêt de la race humaine, il faut prendre la décision commune de sacrifier une personne. Puis peut-être une autre, et encore une autre, et ainsi de suite . . . autant de personnes qu'il le faudra pour que la montgolfière puisse atteindre l'île de Futuna.

Qui devra sauter le premier? Le deuxième? etc.

Qui restera?

Défendez-vous. Chacun présente ses raisons de rester à bord. En d'autres termes, chacun vante les mérites de sa profession. Une fois que tout le monde a exposé son cas, le groupe discute, puis vote pour savoir qui a le métier le moins utile pour survivre sur l'île. Celui qui a la malchance d'être élu devra sauter le premier. Qui sera le deuxième? Et le troisième? Et s'il n'en reste qu'un, qui sera-t-il?

FAITS DIVERS

Souvenir

En janvier dernier, André meurt à l'hôpital d'un cancer. Le lendemain de son enterrement, sa femme Jacqueline reçoit une lettre des Bijoux du Souvenir, adressée à son mari. *«Cher Monsieur, nous vous remercions pour votre commande concernant un médaillon du Souvenir or 18 carats: "En souvenir. André."»* Deux options possibles de gravure. A régler: «le solde de la commande», 1 800 francs. André ne pouvait plus écrire depuis longtemps.

Eau

Elle voyage dans le train Paris-Marseille avec son bébé âgé de deux ans. Le bébé a soif, elle achète une bouteille d'eau d'Evian de 50 cl et paie 9,20 francs. Le litre de la même eau coûte 1,50 franc dans les supermarchés.

Loisirs

Ils ont un coup de cœur[] pour une «maison mobile» qu'ils découvrent régulièrement dans les pages de publicité des journaux et du «Nouvel Observateur». En septembre 1981, ils en visitent une sur un parc de loisirs et se décident à l'acheter. D'acompte en avance, ils versent 89 000 francs. Sans rien voir arriver. Ils sont quatre-vingts à n'avoir jamais été livrés.

Anne Fohr, le Nouvel Observateur

---

avoir un coup de cœur □ to fall in love

Résumé . . . .

Souvenir

▷ Selon la lettre des «Bijoux du Souvenir», qu'est-ce qu'André avait fait avant sa mort?
▷ Qu'est-ce que la lettre demande à Jacqueline, sa veuve, de faire?
▷ Comment sait-elle que son mari n'aurait pas pu commander le médaillon avant sa mort?
▷ Comment «Les Bijoux du Souvenir» ont-ils été informés de la mort d'André?

Eau

▷ Comment se fait-il que l'on puisse vendre une bouteille d'eau d'Evian huit fois plus cher que la même bouteille dans un supermarché?

Loisirs

▷ Qu'est-ce que les gens ont voulu acheter?
▷ Comment ont-ils fait pour voir ce qu'ils se proposaient d'acheter?
▷ Finalement, que s'est-il passé?

A votre avis?

1 Lequel de ces faits divers vous semble le plus méprisable? Pourquoi?
2 Quelle explication la S.N.C.F. pourrait-elle fournir au sujet du prix de la bouteille d'eau d'Evian?

Travail écrit

1 Ecrivez la réponse de Jacqueline à la lettre des «Bijoux du Souvenir».

2 Ecrivez une lettre, vous plaignant que la maison mobile, que vous avez commandée et payée, ne vous a pas encore été livrée.

Donnez votre lettre à un(e) partenaire et prenez la sienne. Maintenant, en tant que vendeur, composez une réponse à sa lettre pour expliquer l'erreur, pour justifier le retard ou simplement pour vous excuser.

Traduction

Traduisez en français:

1 I decided to apply for a job as a journalist. I wrote to the editor and was asked to come for an interview. I had to catch the bus and arrived ten minutes late. I was shown into the editor's office and was asked to sit down. I told him that I was dying to leave school and take a job with prospects.

2 English student, 18, fluent French & German, energetic, driving licence, own car, looking for work in summer holiday, starting July 1st. Experience in campsite & restaurant trade.
Tel 01 306 4237

3 My father was a hard-working miner. So, at the age of 13 I had a medical and I was taken on. Three months later, I was down the pit. I looked everywhere, I wasn't scared. I soon became a supervisor, because I thought of the future and my retirement pension. But I had the feeling I was betraying my father and my brother, I had joined the other side.

4 I have no idea what I shall be doing in ten years' time. If I had a completely free choice, I would not be working 35 hours a week, or living in England. The job I dream about would give me the opportunity to travel and a salary big enough to afford a comfortable house without my husband having to go out to work.

Dissertation

Quelle importance faut-il accorder au temps libre dans son choix de carrière?

Définition des idées clefs

● le temps libre:
les heures où l'on est libéré de toutes les exigences de son travail, où l'on est libre de vivre comme on l'entend.
● un choix de carrière:
malgré le déséquilibre actuel entre l'offre et la demande en ce qui concerne l'emploi, on est libre, jusqu'à un certain point, de choisir sa carrière en fonction de ses propres aptitudes, ses propres compétences, ses diplômes, son expérience: et ses priorités.

Analyse

Le temps libre
Est-il nécessaire?
Quelle est sa fonction?
– délassement
– divertissement
– développement de la personnalité en dehors du domaine professionnel.

A l'heure actuelle, à quoi consacrez-vous votre temps libre? Quels sont vos loisirs, qu'est-ce qui vous intéresse en dehors des heures de cours? Pensez-vous que votre mode de vie changera quand vous exercerez le métier «de votre choix»?

L'idée d'un changement vous est-elle agréable? supportable? insupportable?

Un choix de carrière
Mis à part le temps libre, quels sont les autres critères que vous allez prendre en considération?
– la rémunération?
– l'indépendance?
– les débouchés?
– la stabilité?
– autres . . .

Quels sont pour vous les critères les plus importants?

Conclusion

Faites le bilan de vos attirances personnelles, de l'importance que vous accordez aux loisirs et décidez si le temps libre sera une considération de première importance dans le choix de votre carrière. Quelle carrière?

ultérieur(e) □ subsequent
l'inverse □ the opposite
un(e) usager/gère □ a user
Maths Sup/Maths Elem □
  Supplementary Maths/
  Elementary Maths – *2 years
  post-'Baccalauréat' studies to
  prepare for entry into a
  scientific 'grande école'*
un seuil □ a threshold
aussi volontiers que □ as
  willingly as
une tondeuse □ a lawnmower
clopiner □ to hobble
un chef de service □ a
  departmental head
plâtrer □ to put in plaster
traîner □ to drag on
intervenir (médicalement) □ to
  operate
un cordonnier □ a cobbler

une religieuse □ a nun
aller en pension □ to go to
  boarding school
un séminaire □ a seminary
se dérouler □ to happen
quasi □ almost

une prière □ a prayer
un accueil □ a reception
une aumônerie □ a
  chaplaincy
une paroisse □ a parish
faire équipe □ to team up
la formation permanente □
  adult education
les laïques □ the laity
un cours □ a lesson
un créneau horaire □ a gap
  in a timetable
un baptême □ a baptism
la sixième □ *the first year of
  secondary school*
la prépa □ *preparatory year
  for 'une grande école'*

Christine et Gilles

Listen to the whole interview with Christine and Gilles Edan. Then, as you play it again, answer the questions below.

▷ Christine and Gilles explain why they became doctors. What were their different reasons?
  Gilles . . .
  Christine . . .
▷ Christine talks about her high pain threshold. Which point is she illustrating?
▷ Gilles quotes a lawnmower accident.
  What were the consequences?
  Why, eventually, did he seek advice?
  Which point is he making?
▷ "Les cordonniers sont toujours les plus mal chaussés". What does Gilles mean?

Francis

Listen to Francis Méhaignerie talking about his career.

▷ Why did Francis become a priest?
▷ At what age did he "make up his mind"?
▷ Name three steps which preceded his ordination.

Francis (Suite)

1 Read the events listed below, then listen to the account of Francis Méhaignerie's daily routine. Use the letters to place the events in the right order.

a   mass
b   classes to give
c   eating with visitors and with other priests
d   welcoming visitors
e   meeting groups of young people
f   a silent prayer
g   parish visits
h   people call after work for preparation to marriage, christening and the Sacraments.

2 What do the following phrases mean?

▷ beaucoup de passage
▷ la table est ouverte
▷ sortir de notre cadre paroissial
▷ la cadence accélérée

Jean

les PTT □ Post Office
embaucher □ to employ
un intérimaire □ *someone employed on a temporary basis*
une société d'édition □ a publishing firm
subvenir à ses besoins □ to cover one's needs
un portefeuille □ a wallet
un concours □ a competitive examination
un chef de brigade □ a group leader
une glissière □ a chute
hélicoïdal(e) □ helicoid
en travers □ across
un(e) responsable du service □ a person in charge
un(e) supérieur(e) hiérarchique □ a senior in rank
un braquage □ a blockage
syndiqué(e) □ member of a union
un démarrage □ a start

1 Ecoutez ce que dit Jean Bolacho sur son entrée aux PTT. Puis classez par ordre les événements suivants en vous servant des lettres.

a   petit job en société d'édition
b   passe des concours aux PTT
c   service militaire
d   devenu chef de brigade
e   arrive à l'âge de 19 ans
f   rentré comme auxiliaire aux PTT
g   BEPC de dessinateur industriel
h   conseil de ses deux sœurs

2 Read the following questions before listening to the last part of the dialogue in which Jean explains why he became a trade union member.

▷ How did the bags come down from the fifth floor?
▷ What had to be done in order to get the bags down?
▷ What happened if a bag came down sideways?
▷ What action was necessary to solve the problem?
▷ What did Jean Bolacho refuse to do when confronted with such a situation?
▷ Why did he refuse?
▷ What decision did he make?

Patrick

une moyenne journalière □ a daily average
des pointes □ peak times
aux alentours de □ in the region of
une formation d'école hôtelière □ a training in catering
à force de □ by dint of
gravir les échelons □ to climb the rungs
requis □ required

1 Après avoir écouté Patrick Suere, remplissez les rubriques suivantes:
Nombre de Repas
moyenne par jour:
samedi:
dimanche:
La Taverne
sections:

2 Classez par ordre les différentes étapes de la formation de Patrick Suere:

a   la région parisienne
b   le Novotel
c   le B.T.H.
d   les promotions internes – gravir les échelons
e   les grandes brasseries
f   l'école hôtelière de Toulouse

3 Lesquelles de ces qualités est-ce que Patrick Suere juge essentielles pour arriver à la tête d'un grand établissement?

a   la chance
b   le talent
c   le travail
d   la persévérance
e   le calme
f   l'ambition
g   l'appétit
h   le courage
i   la force physique
j   l'intelligence
k   l'argent
l   la ténacité

Patrick (Suite)

From Patrick Suere's comments about employees, what is he looking for, and what does he wish to avoid?

	previous experience	attitude to work, ambitions	character, personality
yes			
no			

un critère □ a criterion
prendre à l'essai □ to take on trial
arriver avec les petits souliers dans les chaussures □ to start without any experience
c'est au pied du mur qu'on voit le maçon □ you need to give people a chance to prove themselves
précédemment □ previously
la restauration □ catering
histoire de □ just to
les belles paroles □ fine words
un débutant □ a beginner

un gars □ a bloke
sous mon aisselle □ under my wing
un commis de cuisine □ kitchen assistant
un(e) plongeur/euse □ someone who washes up
un étager □ someone who looks after one floor
un(e) caissier/ière □ a cashier
un navire □ a ship
ramer □ to row
en vouloir □ to want something badly

M. Chapelle

un fourneau □ a stove
s'accommoder □ to get used to
s'attendre à □ to expect
se débrouiller □ to get by

1 La formation de M. Chapelle:
▷ Où est-il né?
▷ A quel lycée a-t-il fait ses études?
▷ Qu'a-t-il fait tout de suite après ses examens?
▷ Pourquoi est-il venu à Paris?
▷ Pourquoi a-t-il choisi la restauration?
▷ Depuis combien de temps travaille-t-il à la Taverne de Maître Kanter?
▷ Pourquoi est-il venu y travailler?

2 Les postes dans la restauration:

De quoi s'occupe:
▷ le chef de partie fourneau?
▷ le chef de partie garde-manger?
▷ le chef de partie communard?

Classez par ordre d'importance les postes suivants:
▷ premier commis
▷ cuisinier commis
▷ chef de cuisine
▷ chef de partie
▷ commis

3 Conditions de travail:

▷ Heures de travail par jour?
▷ Jours de congé?

4 L'avenir:

▷ son âge?
▷ Que veut-il devenir? Quand?
▷ Pourquoi pas tout de suite?

---

une exploitation ☐ a concern
la rentabilité ☐ profitability
un revenu ☐ income
un exploitant ☐ a farmer/
  smallholder
la conjoncture ☐
  circumstances

Mme Famchon

Mme Famchon rencontre beaucoup d'agriculteurs en tant qu'assistante sociale à Rennes. Ecoutez comment elle explique le chômage dans les exploitations agricoles. Essayez de résumer son explication oralement, afin de la présenter au groupe entier.

---

le prêt-à-porter ☐ ready to
  wear
un(e) apprenti(e) ☐ an
  apprentice
un apprentissage ☐ an
  apprenticeship
draconien(ne) ☐ very severe
le vestiaire ☐ belongings
l'obéissance ☐ obedience
une mise à l'épreuve ☐ a test
le vécu ☐ what has happened
le devenir ☐ what is to happen
en fonction de ☐ according to
gaspillé(e) ☐ wasted
se cantonner ☐ to confine
  oneself
recruter ☐ to recruit
**la hiérarchisation patron/
  salariés** ☐ boss/employees
  hierarchy
dépassé(e) ☐ old-fashioned
une barque ☐ a boat

Mme Feuillet

Read the following questions before listening to Mme Feuillet's description of her career. Listen once only – see how much of it you can recall.

▷ How old was she when she started working in a hairdresser's?
▷ How did the job help her to grow up?
▷ How long was her apprenticeship?
▷ How long was her trial period?
▷ Which two qualities attract customers to a particular hairdresser?
▷ How old was she when she opened her own salon?
▷ Give two of her reasons for making this decision.
▷ Give three qualities which she will be seeking in an employee.

Raymond Ustal

Raymond Ustal avait obtenu, comme beaucoup d'employés de l'imprimerie Crété, où il travaillait, un logement à la cité du square des Peupliers, à Corbeil. C'était un ensemble d'HLM comprenant sept blocs où vivaient une cinquantaine de familles. Mais le malheur voulut que l'appartement où s'installèrent Raymond Ustal, sa femme et leurs deux filles, fût situé au rez-de-chaussée. La porte d'entrée donnait sur un grand hall et les fenêtres sur la cour, c'est-à-dire, qu'elles s'ouvraient directement sur les lieux où venaient jouer les enfants (on en comptait trois en moyenne par famille) des locataires.

Les jours de pluie, les enfants se réfugiaient dans le hall et, rapidement, leurs cris, leurs jeux de ballon devenaient insupportables aux habitants du rez-de-chaussée, qui n'étaient protégés du vacarme que par la minceur de leurs murs. 'C'était infernal, ont dit certains d'entre eux, mardi, à la barre des témoins°, on passait son temps à faire la chasse aux enfants.' Car ceux-ci avaient trouvé un nouveau jeu dans le bruit qu'ils créaient, et ils venaient s'ébattre plus souvent dans ces lieux de résonance que dans la cour. Le gérant° avait bien posé un placard pour interdire aux enfants de jouer à ces endroits. Mais l'effet fut nul et les locataires du rez-de-chaussée, et parmi eux Raymond Ustal, n'hésitaient pas à faire eux-mêmes la police.

'Nous avons tenu deux ans, a déclaré Mme Ustal, mais nous n'en pouvions plus. Nous cherchions un autre logement au moment où les faits se sont produits.'

Le 5 mai, c'était un dimanche. Durant la semaine, l'accusé avait travaillé plus que d'habitude: dix heures par jour, car il s'agissait d'installer le plus rapidement possible une nouvelle machine dans son entreprise. Comme tous les autres jours, les enfants jouaient dehors. Il les voyait passer devant ses fenêtres, il entendait le ballon heurtant sa porte.

Mais, ce 5 mai, Raymond Ustal était particulièrement excédé°. Il sortit et n'hésita pas à administrer un coup de pied à une fillette, Gina Gode, âgée de douze ans, qui, lui sembla-t-il, jouait à dessein° devant sa porte comme pour le narguer°.

Le président–Après les faits, on a constaté 1,2 gramme d'alcool dans votre sang. Votre irritabilité n'était-elle pas accentuée par la boisson?

— Je ne crois pas, dira l'accusé. Je ne bois pas plus qu'un autre.

Toujours est-il que l'enfant se plaignit à ses parents, demeurant au deuxième étage. Du balcon, le couple Gode invectiva le couple Ustal. Les propos° manquèrent, on l'imagine, de courtoisie. Et Raymond Ustal, hors de lui°, eut alors la phrase qui est à l'origine de bien des drames: 'Descends si tu es un homme, dit-il à M. Gode. On va s'expliquer.'

Tandis que M. Gode descend, Ustal cherche une arme dans son appartement. 'Passe-moi mon flingue°, dit-il à sa femme, je vais le flinguer.' Sa femme l'empêche d'entrer dans la pièce où se trouve un fusil de chasse. Il passe par la cuisine, prend un couteau et se retrouve, l'arme à la main, devant sa porte, face à M. Gode, qui, aussitôt, le gifle violemment. Ustal réplique par un coup à la poitrine. Surpris eux-mêmes, les deux hommes restent interdits. 'Vous saignez' dit Ustal à son adversaire en lui montrant sa poitrine. M. Gode semble remarquer seulement alors qu'il est blessé. Il recule. Il veut s'en aller. Mais déjà il chancelle. Autour de son corps les locataires se pressent. Ustal de sa main essaie d'arrêter l'hémorragie. 'Je ne suis pas un assassin' ne cesse-t-il de répéter.

'Sans la gifle, dira-t-il mardi, rien ne se serait passé.'

— Surtout sans le couteau, lui rétorqua le président.

— Vous savez, expliquera l'accusé, ce couteau, je ne me rappelle pas l'avoir

la barre des témoins □ the witness box
un(e) gérant(e) □ a manager
excédé(e) □ exasperated
à dessein □ deliberately
narguer □ to poke fun at
un propos □ words
hors de lui □ beside himself
un flingue (argot) □ a gun
la Cour d'Assises □ Crown Court

pris, je ne me rappelle pas non plus comment j'ai frappé M. Gode. Je ne voulais ni le tuer ni le blesser. Ça s'est passé en un instant.

A la cour d'assises[1] des Yvelines, le président Perrot demanda à l'accusé Raymond Ustal:

— Si les faits qui vous sont reprochés étaient arrivés à quelqu'un d'autre, qu'auriez-vous pensé?

L'accusé, après avoir réfléchi un instant, a répondu:

— C'était un concours de circonstances malheureuses.

Selon le journaliste du Monde, auteur de l'article, l'affaire est assez bien résumée dans la formule de l'accusé.

Le Monde

Jeu d'enfant dans un grand ensemble

Points de départ . . . .

▷ Qui?
▷ Où?
▷ Quand?
▷ Qu'est-ce qui s'est passé?
▷ Conséquences?

Pour continuer . . . .

▷ Les enfants:
  A quoi jouaient-ils?
  Où?
  Pourquoi là, surtout?
▷ Les locataires:
  Ils essayaient de régler le problème du bruit eux-mêmes. Comment?
▷ Raymond Ustal:
  Il faisait des heures supplémentaires. Pourquoi?
  Quel effet est-ce que cela avait sur lui?
▷ Le meurtre:
  Prémédité?
  Quels sont les indices?
  Le rôle de Madame Ustal?

Préparez-vous! . . . .

Divisez le groupe en deux. En vue du procès qui va avoir lieu, un groupe prépare la défense de Raymond Ustal, et l'autre groupe prépare l'interrogatoire.

La défense:

Pensez à des arguments tels que:
▷ les conditions de vie dans la cité:
  les enfants qui n'ont pas d'endroit pour jouer
  les locataires du rez-de-chaussée qui sont "victimes" des jeux de ballon des enfants
  les murs trop minces . . .
▷ l'état d'esprit de Raymond Ustal le 5 mai:
  la fatigue
  l'exaspération
  la provocation . . .

L'interrogatoire:

Votre but est d'essayer de trouver qui est le coupable. Identifiez les faits:
▷ Qui a commencé?
▷ Que faisait la petite fille?

▷ La discussion entre les deux couples?

▷ Les armes? Qui était armé? Avait-il pris délibérément une arme avant de rencontrer son voisin?

▷ Circonstances atténuantes?

A vous de jouer!

Essayez de reconstituer ce qui s'est passé à la Cour d'Assises des Yvelines.

Dans le premier groupe, l'un ou l'une d'entre vous prendra le rôle de Raymond Ustal, les autres le défendront.

Le deuxième groupe leur pose des questions et essayent d'établir qui est le coupable.

Travail écrit

1 Pourquoi les enfants jouaient-ils devant la porte des Ustal?
Qu'est-ce que les architectes ont oublié de faire quand ils ont construit la cité? Qu'est-ce qu'ils auraient dû inclure dans leurs plans?
A votre avis, quelle est la part de responsabilité des architectes dans l'affaire Ustal?
Est-ce que ce sont eux les coupables?

2 Ecrivez une lettre au maire de Corbeil pour vous plaindre et pour lui suggérer quelques possibilités d'amélioration.

3 Décrivez ce qui vous irrite le plus là où vous vivez:

la circulation?
les voisins?
le bruit?
l'architecture?
les enfants? les adultes?
les magasins?

On n'est vraiment bien que chez soi . . .

Garçons dans un grand ensemble

Bidonville près de Paris

Préparez-vous! . . . .

Quelles sont vos réactions devant cette photo et celle de la page 78?

▷ Parlez un peu de ce que vous y voyez.

▷ D'après les photos, ces habitants mènent quelle sorte de vie?

A vous!

1 Travaillez par groupes de deux pour vous mettre d'accord sur ce qui constitue le problème le plus grave de telles habitations.

2 Que feriez-vous pour améliorer les conditions de vie des gens qui y habitent? (Soyez lucides au niveau des dépenses.)

argent
Il faut prendre l'argent là où il est: chez les pauvres.

A. Allais

La banlieue

Un banlieusard, qu'est-ce que c'est? Quelqu'un qui n'habite pas la commune — centre d'une agglomération? Quelqu'un qui met beaucoup de temps pour aller de son domicile à son travail?

Un sociologue propose cette définition: la banlieue est une commune qui n'a pas de fonction propre, qui s'est collée contre une ville dotée d'une° fonction politique, administrative, commerciale. Une vraie ville est un endroit où l'on est venu s'agglutiner autour d'une vie. Génération spontanée, naturelle. Une banlieue, c'est un endroit où la vie — magasins, services publics, cinémas — s'est installée après que des gens y sont venus habiter. Vie fabriquée, artificielle, ville dépendante, satellite.

Nous sommes au lendemain de la guerre: 450 000 logements ont été détruits, les campagnes se vident, la croissance démographique bat son plein.° Pendant vingt ans, il faudra construire et reconstruire à tout-va. Vite et pas cher. C'est l'époque des «grands ensembles» coupés de rues rectilignes. Pour laisser passer le soleil, explique Le Corbusier.° Mais aussi pour laisser passer plus facilement grues, camions et bulldozers. Vite et pas cher.

Dans une note de réflexion, un haut fonctionnaire écrit: «Qu'il y ait des riches et des pauvres dans une société; cela ne relève pas de° l'urbanisme. Mais lorsque tous les riches se retrouvent dans certains quartiers et les pauvres dans certains autres, le problème prend une dimension urbaine.» La ségrégation sociale appelle l'affrontement.° Dans les anciennes villes, les populations se mélangeaient, les classes sociales cohabitaient.

Les habitants des grands ensembles subissent leur exil comme une injustice. «Nous n'avons pas choisi d'être ici, nous avons été chassés de Paris», dit Fausto Ruiz, président de l'Amicale des locataires de Bois-Labbé. «Nous dormions à quatre dans une loge de concierge du XVIIe arrondissement. On nous a proposé un H.l.m. de quatre pièces. Au diable. Mais, nous a-t-on dit, c'était cela ou rien», raconte Josyane Carpentier, dont le mari, électricien, part à 6 heures et revient à 20 h 30.

Métro-boulot-dodo:° le slogan de Mai 68 est né. Les grands ensembles ont été conçus pour y loger, pas pour y travailler.

Ce qui manque, c'est la vie: 17% seulement des banlieusards de la région parisienne et 14% des ban-

---

doté(e) de ☐ supplied with
bat son plein ☐ to be at its height
Le Corbusier ☐ *French architect (1887–1965) who designed several housing estates*
cela ne relève pas de . . . ☐ it does not come under
un affrontement ☐ confrontation
métro-boulot-dodo ☐ underground-work-sleep: *expression describing the routine of everyday life in large cities*
dans le vent ☐ trendy
filer sur ☐ to zoom to

Résumé . . . .

La banlieue/la ville:
▷ Cherchez les différences entre les deux:
   comment elles se forment,
   comment elles se développent.
▷ Laquelle dépend de l'autre?

La guerre:
▷ Quel effet est-ce qu'elle a eu sur le logement?
▷ Quel a été le mouvement de la population après la guerre?
▷ Que font les architectes pour répondre aux besoins de la population?

Les habitants:
▷ Pourquoi les Carpentier ont-ils quitté le centre de Paris pour se retrouver en banlieue?
▷ Quel effet est-ce que cela a eu sur les conditions de travail de M. Carpentier?
▷ Quels sont les gens qui trouvent la vie en banlieue acceptable?

Cherchez les mots . . . .

Cherchez la façon dont sont exprimées les idées suivantes:
▷ a built-up area
▷ accommodation

lieusards des grandes villes de France sont satisfaits des spectacles présentés dans leur quartier. La banlieue n'est pas faite pour des gens dans le vent.° Qui a intérêt à y vivre? D'abord, les enfants, puis les personnes âgées et les femmes au foyer. Bref, ceux qui n'ont pas d'ouverture vers l'extérieur. Ceux qui vivent le monde à travers la télévision.

Que faire? D'abord, probablement, changer de point de vue. Faire le contraire de ce qu'on a fait. Plutôt que de tenter l'impossible — rapprocher la banlieue de la ville à grand renfort de métros ultra-rapides et d'autoroutes à cinq voies — créer à l'endroit où ils vivent les activités dont ont besoin les hommes et les femmes. Effacer les raisons qu'ils ont, toujours, d'aller au centre, pour travailler, s'amuser, se cultiver. Faire de chaque banlieue un petit centre. «Nous aurons réussi, dit Jean-Marc Ayrault, maire de Saint-Herblain, quand nos concitoyens, lorsqu'ils auront un moment de loisir, préféreront rester dans la commune plutôt que de filer sur° Nantes.»

Le Nouvel Observateur

En haut: Paris, centre
En bas: Marne-la-vallée, ville nouvelle (Paris)

▷ a large housing development
▷ a district, a neighbourhood
▷ entertainment
▷ the people who live in our town
▷ to bring something closer to something else

A votre avis

1 Pourquoi a-t-on construit des HLM?

2 Qu'est-ce qui manque en banlieue?

3 Quelles sont les solutions pour améliorer la vie en banlieue?

Et vous?

Il y a tout ce dont vous avez besoin à 15 minutes de chez vous? Equipements sportifs? Magasins? Spectacles? Espaces verts? Equipements de santé? Clubs de jeunes? Ecoles? . . .

Expliquez aux autres membres de votre groupe ce que vous aimez dans votre quartier; et ce qui ne va pas du tout.

Puis faites-en le résumé par écrit.

campagne
Ne pas oublier que les villes sont dans la campagne.

G. Nouveau

les villes
J'ai des souvenirs de ville comme on a des souvenirs d'amour.

V. Larbaud

PETITES ANNONCES

VENTES

PARIS

6e. Montparnasse. Studio 18 m2 environ tout confort, état neuf. Coin cuisine équipée, salle d'eau, wc, chauffage individuel. Au 4e sans ascenseur. Calme, soleil. 165.000F.

4e. Marais. Près place des Vosges 33 m2 en duplex au 5e et dernier étage, poutres d'origine, caractère, parfait état, tout confort, chauffage individuel. Faibles charges 330.000F.

Vds 4 pces Gare de l'Est 80m2 tt confort. calme. ch.cent. 3ème ét. asc. Prix 460 000F.

Vds Vincennes appt neuf 110m2 4 chs. SDB luxe. balcon. petit immeuble. asc. jard. comm. moquettes. Prix 820 000F

PROVINCE

AIX-EN-PROVENCE/EST   (13) Maison récente 100 m2 habitables. Grand séjour avec mezzanine, poutres apparentes, cheminée, 3 chambres, cuisine équipée, 2 WC, salle de bains, cellier, garage. Jardin arboré, belle vue. 690.000F 39.55.82.47

A 10 KM DE TROUVILLE (14) Belle chaumière sur 2 étages, 5 pièces, salle de bains, chauffage central gaz. Terrain 2 500 m2 et dépendance.

Courchevel vds studio 28m2 tt confort. chauffage cent. petit balcon. prox. pistes. Prix 390.000F.

10KM CARCASSONNE (11) Villa F3, neuve dans un petit village. Séjour avec cheminée, 2 chambres,cuisine, bains, garage, jardin clôturé 460 m2, tennis à proximité 350.000F

LOCATIONS

PARIS

19e. Buttes-Chaumont. Dans un meublé entièrement rénové, chambres avec téléphone direct. 1 ou 2 personnes à la semaine ou au mois. Salle de bains et WC sur palier. Au rez-de-chaussée, cuisine équipée, machine à laver, sèche-linge, T.V., mini-bar. A la semaine 1 personne 530F, 2 personnes 630/680 F.

9e. Montmartre. Studio 16 m2, confort, chauffage central, demi meublé, bon état. Près du métro. 950F charges comprises. Libre de suite.

10ème 3 pces SDB. WC, ch. cent. 2ème ét. 1600F/mois

16ème appt luxe. 2 gdes chs. 2 SDB. 2 WC. calme. vue. 4500F/mois

BANLIEUE

Fontenay-sous-bois 5 pces 110m2 balcon. cave. tél. moquettes. parfait état. commerces, école, piscine, crèche, patinoire au pied de la résidence. 3400F/mois charges comprises

PROVINCE

Chamonix 2 pces. tt confort. ch. cent. prox. pistes, commerces. 500F/ semaine

BRETAGNE Dinard villa à louer. 3 pces. vue mer. prox. centre. 3200F/ mois été

CÔTE D'AZUR appt à louer. 2 pces. 38m2. vue plage. terrasse. calme. 3600F/mois été.

Avez-vous compris? . . . .

▷ Que signifient les abréviations suivantes?

Vds/vd appt m2 pces chs SDB WC tt confort prox gd/gde ch.cent. asc jard. comm

▷ Qu'est-ce que?
- une cuisine équipée
- une cave
- une salle d'eau
- les WC sur le palier
- les charges/charges comprises

Amusez-vous!

1 Mettez dans un chapeau 16 bouts de papier portant chacun un numéro correspondant à une des annonces.

Jouez par deux. Celui ou celle qui tire un numéro a le droit de poser *trois* questions, pas plus, pour trouver de quelle propriété il s'agit.

2 Tout le monde dans le groupe suggère des noms de métiers. On en fait la liste au tableau.

De la même façon, faites une liste de passe-temps, loisirs, etc.

De même, faites une liste de «situations familiales», par exemple: marié, 2 enfants/seul avec sa mère âgée/étudiante vivant avec deux camarades/couple d'étudiants, etc.

Ecrivez tous ces mots sur des bouts de papier, que vous mettrez dans trois chapeaux différents: un chapeau pour les métiers, un chapeau pour les loisirs, un chapeau pour les situations familiales.

Tirez un papier dans chaque chapeau. Vous obtenez ainsi un personnage imaginaire. Trouvez lui la maison ou l'appartement qui lui convient le mieux parmi les annonces que vous avez ici.

On peut continuer le jeu jusqu'à ce qu'il n'y ait plus de papiers.

Seconde Classe

Dans le métro les gens sont tristes
derrière leurs lunettes
ceux qui ont des barbes mâchent le poil
ceux qui ont des journaux les dévorent
mais les vieilles femmes ont encore plus de peine
qui ne peuvent mâcher° les barbes et
qui ne savent pas lire.

André Frédérique

mâcher □ to chew

* * * * * *

Les Vieux

Les vieux ne parlent plus ou alors seulement parfois du bout des yeux
Même riches ils sont pauvres, ils n'ont plus d'illusions et n'ont qu'un cœur pour deux
Chez eux, ça sent le thym, le propre°, la lavande et le verbe d'antan°
Que l'on vive à Paris on vit tous en province quand on vit trop longtemps
Est-ce d'avoir trop ri que leur voix se lézarde quand ils parlent d'hier
Et d'avoir trop pleuré que des larmes encore leur perlent aux paupières
Et s'ils tremblent un peu est-ce de voir vieillir la pendule d'argent
Qui ronronne au salon, qui dit oui qui dit non, qui dit: je vous attends

Les vieux ne rêvent plus, leurs livres s'ensommeillent, leurs pianos sont fermés
Le petit chat est mort, le muscat° du dimanche ne les fait plus chanter
Les vieux ne bougent plus leurs gestes ont trop de rides leur monde est trop petit
Du lit à la fenêtre, puis du lit au fauteil et puis du lit au lit
Et s'ils sortent encore bras dessus bras dessous tout habillés de raide
C'est pour suivre au soleil l'enterrement d'un plus vieux, l'enterrement d'une plus laide
Et le temps d'un sanglot, oublier toute une heure la pendule d'argent
Qui ronronne au salon, qui dit oui qui dit non, et puis qui les attend
Les vieux ne meurent pas, ils s'endorment un jour et dorment trop longtemps
Ils se tiennent la main, ils ont peur de se perdent et se perdent pourtant
Et l'autre reste là, le meilleur ou le pire, le doux ou le sévère
Cela n'importe pas, celui des deux qui reste se retrouve en enfer
Vous le verrez peut-être, vous la verrez parfois en pluie et en chagrin
Traverser le présent en s'excusant déjà de n'être pas plus loin
Et fuir devant vous une dernière fois la pendule d'argent
Qui ronronne au salon, qui dit oui qui dit non, qui leur dit: je t'attends
Qui ronronne au salon, qui dit oui qui dit non et puis qui nous attend

Jacques Brel, © *Editions musicales Pouchenel, Bruxelles, 1963*

le propre □ cleanliness
d'antan □ of yesteryear
le muscat □ muscatel wine

Marthe

"Je n'attends que la mort" dit Marthe. Un lit étroit, une armoire, une étagère où le regard contemple le patrimoine° de toute une vie: quelques bibelots, une petite poupée, une photo dans un cadre. Le regard balaie cette salle commune de l'hospice général de Lille, qui, en voie de complète rénovation, comporte encore de longs et sinistres corridors sales et humides, où marchent des pensionnaires en robe de chambre. Des couloirs de la mort.

Elle avait soixante-treize ans, Marthe, lorsque, à la disparition de son mari, son fils unique, qui avait à l'époque quarante-cinq ans, l'a placée là. "Tu seras mieux ici, maman, maintenant que tu es toute seule. On s'occupera de toi. Tu sais bien que nous à Paris, ce n'est pas possible". Voilà quinze ans qu'elle n'a pas revu son fils. "Je ne lui écris pas, dit-elle, ça me ferait trop de peine de ne pas recevoir de réponse." Voilà quinze ans qu'elle vit dans la promiscuité de cette salle commune de quarante lits.

Marthe est valide et lucide. Quand elle parle de sa vie à l'hospice, elle dit: "Je lis un peu, je regarde un peu la télévision", elle répète surtout "j'attends la mort". La vieille dame aurait dû pouvoir finir ses jours chez elle, dans son décor familier. L'hospitalisation, le placement dans un établissement quelconque, quand on est vieux, sans ressources et sans défense est la solution de facilité° pour la famille, le médecin, les services sociaux. Très peu de gens sont invalides au point de ne pouvoir rester chez eux. On met la charrue avant les bœufs, en développant l'hébergement° collectif avant le maintien à domicile.

un patrimoine □ heritage	
une solution de facilité □ the easy way out	
l'hébergement □ accommodation	

Points de départ . . . .

▷ L'âge de Marthe?
▷ Son domicile? Depuis quand?
▷ Celles qui habitent au même endroit?
▷ Sa famille?
▷ Ses passe-temps?
▷ Son état d'esprit?

Façon de s'exprimer . . . .

Expliquez:

▷ les vieux sans défense
▷ les vieux sans ressources
▷ son décor familier
▷ on met la charrue avant les bœufs

Préparez-vous! . . . .

L'hospitalisation ou le maintien à domicile?
Trois points de vue différents:
▷ le fils, inquiet à cause de la solitude de sa mère, désirant la mettre à l'hospice pour pouvoir mener une vie de famille sans histoires.
▷ la personne âgée, obligée de quitter le domicile qu'elle connaît depuis son enfance, de se séparer de ses amis pour trouver l'anonymat – mais aussi la sécurité – de l'hospice.
▷ les services sociaux, chargés des soins aux personnes âgées.

Qu'en pensez-vous? Par groupes de deux, faites l'analyse de la question en examinant chaque point de vue.

A vous de jouer!

1 Improvisez un dialogue entre le fils, désirant hospitaliser sa mère, et un représentant des services sociaux qui veut la maintenir à domicile.

2 Que feriez-vous si vous vous trouviez face à cette situation? Donnez vos raisons.

Travail écrit

1 Quels sont, d'après vous, les changements les plus grands auxquels un(e) retraité(e) doit faire face après avoir quitté son travail pour la dernière fois?

2 Quels autres changements viennent s'ajouter au fil des années?

3 Comment imaginez-vous leurs journées? Comment font-ils pour ne pas s'ennuyer? Comment font-ils pour se nourrir, rester au chaud. . . ?

l'homme
L'homme est une bête féroce par elle-même apprivoisée.
P. Reverdy

le monde
Le monde est ma prison si je suis loin de ce que j'aime.
P. Reverdy

Le jeu du cycle

Le Tiers-Monde doit faire face à d'énormes problèmes:
– la surpopulation
– la pauvreté et la faim
– la répression militaire

Comment résoudre ces problèmes? Par où commencer? Il est impossible d'en trouver l'origine, puisqu'ils ont tous diverses causes qui n'ont ni début ni fin. C'est un cercle vicieux.

Regardez les trois cycles pages 86 et 87. Essayez dans chaque cas de réorganiser l'ordre des phrases pour reconstruire un cycle, un cercle vicieux qui résume le problème.

Cependant, «Réactions en chaîne», page 88 représente le cas d'un village en Inde qui prouve qu'une contribution, en apparence minime, peut avoir un effet considérable sur la vie de la communauté. Cette fois, il y a un début et une fin . . . donc il y a une solution. Organisez les phrases de manière logique.

Le cycle de la population

ⓐ Les morts prématurées réduisent le nombre de personnes dans une famille qui peuvent travailler la terre, s'occuper des parents âgés, trouver du travail.

ⓑ De grandes familles et des récoltes médiocres signifie qu'il n'y a pas assez de nourriture pour vivre, que l'on est mal nourri.

ⓒ Les familles ont besoin de beaucoup d'enfants pour qu'ils s'occupent de leurs parents quand ils seront vieux, pour qu'ils travaillent la terre et qu'ils travaillent dans une ville, si c'est possible.

ⓓ Le manque de nourriture conduit à la malnutrition, à la maladie, à la mort prématurée.

Le cycle de la pauvreté

(a) Il y a peu d'emplois en ville: ceux qui vont vers les villes dans l'espoir de trouver du travail sont déçus.

(b) Les familles ne peuvent pas augmenter leurs revenus avec l'argent gagné par leurs enfants en ville. Ce sont leurs enfants les plus doués qui sont partis, ceux qui auraient pu être les plus utiles à la maison.

(c) Les familles n'ont pas les moyens d'acheter de l'engrais°, de meilleures semences ou du matériel pour l'irrigation, de manière à améliorer l'efficacité de leur production alimentaire. Elles ne peuvent pas se permettre de prendre de risques avec des idées nouvelles et dangereuses.

(d) Il ne reste presque pas ou pas du tout d'argent pour acheter d'autres produits, de nouveaux vêtements, des outils, des appareils électriques.

(e) Il n'y a pas de demande d'articles de luxe, il n'y a pas de capital pour investir et construire des usines.

(f) Les familles n'arrivent pas à produire suffisamment de nourriture pour la vendre et faire du bénéfice.

un engrais □ a fertilizer

Le cycle de l'armement

(a) Il faut faire des emprunts internationaux.

(b) La puissante élite gouvernante réprime la majorité pauvre.

(c) Le gouvernement a besoin de trouver de l'argent pour rembourser ses emprunts.

(d) La pauvreté a conduit à l'opposition politique et à l'agitation sociale.

(e) Les devises° manquent pour payer de nouvelles armes et entretenir l'équipement militaire.

(f) Le gouvernement décide d'augmenter les exportations, y compris l'agriculture commerciale, pour faire rentrer des devises.

(g) Le gouvernement achète des armes aux pays industrialisés pour pouvoir contrôler le pays.

(h) On produit moins de nourriture pour la consommation locale: la pauvreté et la faim s'étendent.

une devise □ a currency

(voir aussi «La chasse aux armes», page 89.)

Réactions en chaîne

ⓐ Le taux de mortalité baisse.

ⓑ Un puits, qui fournit de l'eau pure à un village en Inde, est construit par Oxfam.

ⓒ Le niveau de vie continue d'augmenter.

ⓓ La santé s'améliore.

ⓔ Le niveau de vie augmente, ainsi que la valeur nutritive de la nourriture.

ⓕ Moins d'enfants meurent, donc le taux de natalité n'a plus besoin d'être aussi élevé pour qu'une famille puisse subvenir à ses besoins.

ⓖ Les récoltes augmentent en qualité et en quantité.

Oxfam, 1986

La chasse aux armes

Les pays qui, anciennement colonisés, sont devenus indépendants, ont souvent besoin d'une force militaire pour cimenter leur nation.

Aujourd'hui, sur 135 pays en voie de développement[□], 48 sont dirigés par des militaires. Dans presque tous les autres, l'armée occupe des positions politiques clés.

Les pays du Tiers-Monde ont donc besoin d'armes, mais ils n'en fabriquent pas. Ils n'ont pas non plus de techniciens qualifiés pour les utiliser et les entretenir. Qui leur vend les armes et les techniques? Les grandes puissances[□], à l'Est et à l'Ouest.

Les grandes puissances ont ainsi une influence réelle sur les pays du Tiers-Monde. L'Est et l'Ouest cherchent chacun à avoir plus d'influence que l'autre. Plus ils fournissent d'armes à un pays, plus leur influence augmente. La fourniture d'armes modernes est devenue l'un des principaux instruments de la politique internationale. Il n'est pas étonnant que plusieurs pays du Tiers-Monde aient essayé de fabriquer eux-mêmes leurs propres armes.

pays en voie de développement □ a developing country
les grandes puissances □ the major powers

Inde

Une rue en Inde

Traduction

Traduisez en français:

1 Last year we moved from a flat near the town centre to a new housing development in the suburbs. We were given very little choice, it was that or nothing. Luckily my wife and I both work, although the journey is now two hours longer per day. The area is not designed for enjoying yourself. There is little to do, unless you enjoy shopping or watching television.

2 Use abbreviations to place the following advert: Wanted for October and November next year a two-bedroom furnished flat near the beach. A bathroom and central heating essential. Telephone: 91–74–58–22

3 Old people prefer to finish their days in a place which is familiar to them, instead of being put in a hospital full of strangers. Very few old people are unable to look after themselves, unless they are invalids. Even in a hospital which has been completely redecorated, nothing can replace the comfort and security of what is familiar.

4 Shortage of food in the Third World leads to premature deaths, and to a shortage of people to work on the land. Since fertilizers and good-quality seed are expensive, and irrigation is uncommon, crops are poor. There is rarely enough food to sell or make a profit.

Dissertation

«Il est aberrant de dépenser le moindre sou pour l'exploration de l'espace alors qu'il y a des milliers de gens sur terre qui meurent de faim.»

Discutez cette affirmation.

Analyse

● Dans quels buts cherche-t-on à explorer l'espace?
– atteindre une supériorité stratégique
– le défi de l'inconnu, faire ce que l'homme n'a jamais fait
– découvrir l'univers
– coloniser une autre planète, cultiver un autre jardin
– capter l'énergie solaire pour l'envoyer sur terre
– la communication, l'informatique
– autres choses?

● Quels sont les pays qui participent à la conquête de l'espace?
– Quel budget est-ce qu'ils y consacrent?
– Comment justifient-ils cette dépense?
– D'où viennent les fonds?

● Ceux qui meurent de faim . . .
– Dans quels pays?
– Nombreux?
– Qu'est-ce qui explique la famine?
– Sont-ils capables de résoudre leurs problèmes eux-mêmes?

Argumentation

– Est-il possible d'avoir de l'influence sur les facteurs qui gouvernent la famine dans le Tiers-Monde? Quelles mesures faudrait-il prendre pour améliorer les conditions de vie? S'agit-il d'une contribution financière?
– L'exploration de l'espace est-elle valable? Lesquels de ses buts/résultats vous paraissent justifier l'investissement?

Votre clef

Comment peser la valeur des aspects positifs de l'exploration de l'espace contre celle de la réduction de la famine dans le Tiers-Monde?
Y a-t-il un principe basé sur ce dilemme? Lequel?
Le bien-être de l'humanité? Sur le plan national ou universel?

Conclusion

A-t-on le droit de fermer les yeux à des problèmes d'ordre universel pour favoriser la poursuite d'objectifs égoïstes et nationalistes?
Est-ce que la survie de la race humaine tout entière dans des conditions de vie tolérables vaut plus, ou moins, que la découverte de l'espace?
S'agit-il de choisir entre les deux, comme le suggère l'affirmation, ou bien de réduire l'un pour augmenter l'autre? Qu'en pensez-vous?

C'EST ÇA NOTRE JARDIN

Annick

une tour □ a tower block
se paupériser □ to become poor
vétuste □ ancient
un centre commercial □ a shopping centre
la couture □ sewing
une cotisation □ a subscription, contribution

1 Complétez les phrases suivantes en écoutant l'interview d'Annick Boisgontier:

▷ Les H.L.M. à Rennes sont des tours de . . . . . . étages construites pour loger un . . . . . . nombre de gens.

▷ C'est là que se retrouvent un nombre toujours croissant de . . . . . . et d'. . . . . ., parce que ce sont les loyers les moins chers.

▷ J'ai quitté mon logement précédent parce qu'il n'y avait pas . . . . . . ni . . . . . . ni . . . .

▷ Tout près de l'H.L.M. il y a . . . . . . centres commerciaux. Le plus proche est à . . . . . . minutes d'ici.

▷ Il y a un centre social pour . . . . Elles apprennent . . . . . . et . . . .

▷ Moi je n'y vais pas parce que . . . .

Nadine

l'apéro □ aperitif
un assureur □ an insurance agent
untel □ so-and-so
affectif/ve □ emotional
un lavoir □ a wash house
une armoire □ a cupboard
une balade □ a walk, outing
atroce □ dreadful

2 Faites le portrait de la vieille dame à qui Nadine Hervé va rendre visite.

▷ Quel âge a-t-elle?

▷ Où vont-elles ensemble toutes les semaines? Pour quoi faire?

▷ De quoi parle la vieille dame?

▷ Pourquoi Nadine va-t-elle la voir?

▷ Que savez-vous de sa famille?

▷ Qu'est-ce qui montre qu'elle est assez pauvre?

▷ Comment passe-t-elle son temps?

Mme Fauvet

se rapprocher □ to get nearer
se brancher sur (fam.) = **s'orienter sur** □ to launch oneself on
décevoir □ to disappoint

1 Complete the following sentences:

▷ Madame Fauvet moved house from . . . . . . to . . . . . ., towns which are . . . . . .kms apart.

▷ She used to make the journey . . . . . . once every . . . . . ., in order to . . . .

▷ Two factors which make the journey more difficult for her were . . . .

▷ The main reason for her moving house was . . . .

▷ At first, she was resigned to live in . . . .

▷ Her one slight complaint about where she lives now is . . . .

▷ In her view, the decision to move house was . . . .

Mme Famchon

1 Madame Famchon talks about her experience with old people. Collect information under the following headings:

Number of old people:

Living at home:
visitors, helpers?

What they like and dislike:

Why stay at home instead of moving to a hospital?

2 Which phrases does she use to express the following ideas?
▷ from one year to the next
▷ to keep them at home
▷ to look after the house
▷ now and then
▷ they cannot tolerate noise

3 Résumez en français, à l'écrit ou à l'oral:
– ce dont les personnes âgées ont besoin comme soins à domicile
– ce qui, de leur point de vue, rend la vie à la maison préférable à l'hospitalisation

M. et Mme Mahé

1 Monsieur and Madame Mahé have their own views on how to help the Third World. Which of the following statements are applicable to their views?

Monsieur Mahé
▷ The world's rich countries could and should do much more to help – principally by giving money.
▷ Poverty in the Third World will persist until their feudal structures of government are destroyed.
▷ It is up to the West to destroy feudalism in the Third World.
▷ Disparity between social classes is more marked in the Third World than in the Western World.
▷ Socialism cannot help overcome their disparity.

Madame Mahé
▷ The West should change the way of life of pour countries.
▷ Poor countries should be taught to make better use of what they have.
▷ Their rate of progress should be speeded up.
▷ It is wrong that they should be producing cereals for exports.

Muriel

1 Résumez en quelques phrases ce que Muriel Lebardier reproche aux grands pays.

Un Clochard

1 Avant d'écouter le clochard, essayez de remplir les blancs dans l'extrait suivant. Puis vérifiez en écoutant.
– Comment est-ce que vous envisageriez, euh, la solution à ce problème de la faim dans le monde?

— Je dois dire qu'il y a trop de ......[1] dans les pays ......[2]. Si tout ce qui était, tout ce qui est gaspillé à l'heure ......[3] dans tous les pays riches – dans la France en ......[4], l'Amérique, enfin tous les pays quoi – et bien on pourrait faire des ......[5] incroyables et faire participer sans faire, exactement, des ......[6] à Pierre, Paul, Jacques, enfin à tous les hommes quels qu'ils soient, on pourrait aider les gens ......[7]. Regardez le gaspillage! Moi je vois le lundi, hein, quand je regarde les ......[8] quelquefois, eh bien c'est incroyable le nombre de pains, de ......[9], parce que le pain est du samedi. Et le Français devient tellement exigeant que le pain du samedi n'est pas bon pour le ......[10]. Alors on ......[11] le pain à la poubelle. Puis après, comme je vous le disais en ......[12], le pain est cher. Alors nous, nous le payons pas.

Gilles et Christine

Read the questions below, then listen to the interview with Gilles and Christine Edan and answer them.

▷ Instead of doing their military service in Africa, what could they have done?
▷ Which two specific problems did Christine meet in Africa?
▷ Medicine could not solve the problem: what is the solution, according to Christine?
▷ Name two sources of protein.
▷ How many people can be fed by one hectare of soya?
▷ If the same hectare is used to fatten beef which will then be eaten, how many people can it feed?
▷ How much animal protein is produced in the world each year? How much vegetable protein?
▷ Many cereal crops in the Third World are not used to feed their own population: what happens to them?
▷ Poor countries also look to animals as a source of protein. What is the reason given for this?

soigner □ to look after
la Côte d'Ivoire □ the Ivory Coast
un pédiatre □ a paediatrician
la misère □ poverty
un hectare □ 2.471 acres
un cinquième □ a fifth
un glucide □ a glucide
un lipide □ a lipid
les graisses □ fats
un apport protéique □ a source of protein
une aberration écologique □ an ecological aberration

6

ENFANTS DE LA PATRIE

---

une maison mitoyenne □ a semi-detached house
empiéter □ to encroach on
un(e) gosse (fam.) □ a kid
piétiner □ to trample on
laisser traîner □ to leave lying around
un bleu □ a bruise

Chacun est maître chez soi

Ça fait cinq ans qu'on habite ici et on n'a que des problèmes avec les voisins d'à côté. On habite une maison mitoyenne[□] et, par moments, c'est infernal.

Ce cher voisin était censé construire un mur pour remplacer le vieux grillage entre nos deux jardins. Eh bien, non seulement le mur est laid mais il s'est arrangé pour qu'il empiète[□] d'un mètre sur mon terrain. Ce qui fait que mon jardin est plus petit et le sien est plus grand. C'est simple, non?

En plus, ce mur, il l'a construit en briques. Et je suis prêt à parier que ces briques, il les a volées sur un chantier près de chez nous. L'autre soir, je l'ai vu arriver vers minuit avec sa voiture. Et qu'est-ce qu'il a sorti du coffre? Des briques!

J'ai vraiment beaucoup de doutes sur ce voisin. Quand il n'est pas occupé à faire quelque mauvaise action, il est caché derrière ses rideaux à nous espionner. Il faut toujours qu'il voie tout ce qui se passe. Sauf, bien sûr, quand il s'agit de surveiller ses enfants qui jouent dans mon jardin. Alors là, il n'y a plus personne! Ses gosses[□] sont tout le temps dans mon jardin. Ils piétinent[□] les fleurs, ils laissent traîner[□] des papiers de bonbons, des bouteilles. . . Ils sont bizarres ces enfants, en plus. Ils sont couverts de bleus[□] sur les bras, et on a toujours l'impression qu'ils ont peur de quelque chose. Je suis presque sûr que leur père les bat. On entend souvent des cris le soir.

De toute façon, ça ne m'étonnerait pas qu'il soit violent avec les idées politiques qu'il a. Du temps où on se parlait encore – parce que maintenant il refuse de m'adresser la parole – il m'avait raconté des tas de choses sur son parti.

Enfin, son parti politique, tant pis, c'est pas le plus important! Mais les enfants, le bruit, le vol. . . Ah non, ça peut plus durer! Il faut absolument qu'on s'explique. Je vais frapper à sa porte. . .

Points de départ . . . .

▷ Qui?
▷ Quoi?
▷ Quels griefs contre son voisin? Faites-en une liste.

Préparez-vous! . . . .

A vous d'entamer le dialogue et d'imaginer toute la conversation entre ces deux hommes!

Pour ce faire, divisez le groupe en deux.

Le premier groupe prépare la stratégie du voisin qui devra se défendre contre toutes les accusations qu'il va entendre.

Quelques expressions qui pourraient vous être utiles:

- je vous assure que je n'ai rien fait . . .
- vous ne savez pas ce que vous dites
- vous racontez n'importe quoi
- dépasser les bornes/les limites
- poursuivre quelqu'un en justice
- poursuivre quelqu'un en diffamation
- s'arranger à l'amiable (entre vous)
- ça ne se passera pas comme ça!
- c'est inadmissible!
- je n'ai pas d'ordres à recevoir de vous!
- si vous continuez, ça va mal se terminer!

Vous n'êtes pas prêt à céder, même si vous êtes obligé de vous battre . . .

Dans l'autre groupe, vous imaginez comment vous allez aborder votre voisin. Quelle stratégie allez-vous employer? Vous êtes tout à fait prêt à négocier, à vous réconcilier avec lui . . .

Quelques expressions qui pourraient vous être utiles:

- je suis désolé de vous déranger mais . . .
- ça ne peut plus durer/ça ne peut pas continuer comme ça . . .
- dépasser les bornes/les limites
- prévenir la police
- porter plainte
- s'arranger à l'amiable (entre vous)
- je ne vous en veux pas . . .
- ne vous énervez pas comme ça!
- calmez-vous!

N'oubliez pas: chaque groupe devra prendra en considération tous les griefs mentionnés dans le texte.

A vous de jouer!

1 Par groupes de deux, improvisez le dialogue entre les deux voisins.

2 Tous les griefs mentionnés dans le texte pourraient avoir un parallèle au niveau international.

Etudiez la liste de situations données ci-dessous. Pour chaque situation, trouvez à quel grief elle pourrait correspondre dans la querelle entre voisins.

- La politique intérieure d'un pays étranger est radicalement différente de celle de votre pays.
- Dans la nuit, un pays envahit un territoire qui vous appartient.
- Un pays utilise la torture pour éliminer l'opposition politique.
- Dans votre capitale, le personnel d'une ambassade se livre à l'espionnage, la propagande et le terrorisme.
- Un pays a envahi le territoire d'un autre Etat, sans provocation.
- Un pays expulse le personnel de votre ambassade et retire ses propres diplomates de votre capitale, supprimant ainsi toutes relations diplomatiques.

Vous conseillez votre pays sur chacune de ces situations:

Quelles sont, d'après vous, les situations qui sont regrettables, mais pas suffisamment sérieuses pour que vous passiez à l'action?

Dans quelles situations conseilleriez-vous des solutions pacifiques (sanctions économiques, actions diplomatiques)?

Quelles situations jugez-vous suffisamment graves pour justifier une menace militaire? ou même une intervention militaire immédiate?

Après avoir discuté de chacune des situations avec un partenaire, soyez

prêts à faire part à l'ensemble du groupe de votre conseil dans chaque cas, et à le justifier.

Quelques mots et expressions qui pourraient vous être utiles:

- il s'agit d'un cas très grave
- cela menace notre pays/la paix/les relations internationales/les droits de l'homme
- ce qu'ils font dans leur pays, ce n'est pas notre problème/ cela n'a rien à voir avec nous
- il faut passer à l'action
- il n'y a plus qu'une chose à faire
- nous devrions négocier
- il faudrait que nous mettions fin à nos relations commerciales avec eux/que nous cessions de leur vendre nos produits alimentaires
- nous devons défendre notre territoire
- nous devons attaquer/nous battre/intervenir/leur demander de retirer leurs troupes immédiatement.

A votre avis?

Et si tous ces conflits restaient sans solution?
Et si l'on devait en arriver à une guerre nucléaire?
Serait-il possible de survivre à une guerre nucléaire?

Il faut espérer que l'on n'aura jamais l'occasion de tester la réponse à cette question. Pourtant, un nombre toujours croissant d'experts et de scientifiques estime que la Troisième Guerre Mondiale sera la dernière.

Etant donné qu'une guerre nucléaire représente pour nous tous la mort, comment réagir?

1 Vous avez fait construire votre propre abri anti-atomique, suffisamment grand pour vous et votre famille, mais pour personne d'autre. L'imminence d'une attaque nucléaire a été transmise à la radio

. . . Il ne vous reste que cinq minutes . . . Une fois réfugiés dans votre abri, vous entendez crier à la porte . . . C'est la famille voisine. Que faire? Les laisser entrer? Les envoyer ailleurs? Les tuer? (Vous n'avez pas oublié de prendre votre arme à feu bien sûr!)

Par groupes de deux, discutez de ce scénario afin de présenter vos réactions à l'ensemble du groupe, tout en justifiant votre point de vue.

2 Il ne vous reste que cinq minutes: lesquelles de vos possessions personnelles voudriez-vous sauver à tout prix? Comment souhaiteriez-vous passer ces dernières cinq minutes?

Traitez ces deux questions de la même manière que précédemment.

▶

---

terne □ lifeless
dépourvu(e) de □ deprived of
reculé(e) □ remote
s'épanouir □ to blossom
maintes fois □ time and time again
se vautrer □ to wallow
être porté(e) sur □ to be keen on
au demeurant □ on the whole
la prestance □ imposing bearing
noir(e) comme l'ébène □ black as ebony
volage □ fickle
entreprenant(e) □ forward
fort(e) en gueule □ loud-mouthed
têtu(e) □ stubborn
borné(e) □ narrow-minded
jouer aux fléchettes □ to play darts
une caravane hippomobile □ a horse-drawn caravan
trapu(e) □ thickset

Ils ne vivent pas comme nous

L'EUROPE, c'est bien joli, mais vivre ensemble dans un même grand pays uni, cela suppose que l'on s'aime. Comme en France, par exemple. Et pour s'aimer, il faut se connaître. Or, les Européens ne se connaissent pas. Les Français se connaissent. Et s'aiment. Nous avons donc décidé d'aider les Européens à s'entreconnaître.

L'ANGLAIS: Grand, mince et blond, l'Anglais peut être fort sympathique. Un auteur du dix-neuvième siècle affirme avoir rencontré, en 1897, un Anglais charmant en Suisse. L'Anglais a les dents grandes et proéminentes, le teint clair, le cheveu mince et terne°, aplati sur un crâne pointu, les yeux d'un bleu délavé et presque toujours fuyants. Lorsque ce n'est pas le cas, ces mêmes yeux sont pleins d'un regard arrogant. L'Anglais est dépourvu° de tout sens artistique. Hypocrite, vaniteux, de caractère dominateur, il n'hésite pas à réduire à sa merci les peuplades reculées° pour peu qu'elles puissent servir ses desseins impérialistes. Il vit dans des villes enfumées, trouve son milieu naturel dans le brouillard

et ne s'épanouit° que sous la pluie. Depuis quelques années, les Anglaises vieillissantes vont se faire rougir sur le littoral bétonneux de l'Espagne ensoleillée.

L'ALLEMAND: Souvent fort, mince et blond, l'Allemand est parfois fort sympathique. Il est en tout cas un exemple pour l'Europe par son attachement maintes fois° prouvé à l'idée de l'unité européenne. Propre et discipliné, l'Allemand aime la musique et la poésie, c'est un tendre romantique. Son allure martiale, sa nuque épaisse et rasée, sa poitrine gonflée d'arrogance, son regard glacé et cruel sont le signe d'un caractère dominateur et volontiers impitoyable. Gros mangeur et fort

buveur, l'Allemand se vautre[1] volontiers dans de véritables orgies de chou aigre garni de saucisses et arrosé de bière, preuve de la grossièreté de sa nature profonde. L'Allemand est porté sur[2] les voyages. On le rencontre dans l'Europe entière. Lorsqu'il ne reconnaît pas le terrain, il rend visite à un site jadis occupé par son père. Il est bon de se méfier de l'Allemand.

LE BELGE: Le trait dominant du caractère belge est la sympathie. Grand, blond, assez fort, le Belge est un véritable ami de la France. Sa neutralité est un exemple pour l'Europe, avec les membres de laquelle il entretient les meilleurs rapports. Ce qui ne cesse d'ailleurs pas d'être surprenant puisqu'à l'intérieur même du territoire national, les pires combats opposent les Belges entre eux. Au demeurant[3], cela est peu surprenant. Le Belge est en effet

querelleur, sale, gourmand, porté sur la boisson, vantard et cupide. Il parle mal la langue européenne et manifeste son peu de souci de la prospérité de l'Europe en se déplaçant dans des voitures américaines, qu'il acquiert à bas prix à la suite d'on ne sait quelles tractations passées avec la haute finance impérialiste d'outre-Atlantique.

L'ITALIEN: Extrêmement sympathique, l'Italien est volubile et séducteur. Charmant compagnon, délicieux camarade, il constitue par sa prestance[4], par l'élégance de sa silhouette mince et par la noblesse de son visage sombre et encadré de cheveux noirs comme l'ébène[5] un des plus beaux spécimens de l'Homo Europeannus. L'Italien est volage[6], souvent même versatile. Il se tourne volontiers vers le plus fort dont il épouse les idées. C'est un lâche, bavard et vaniteux. Il bénéficie d'une

réputation fort méritée d'honnêteté élastique. Il fait bon ne pas laisser traîner ses valises dans les gares italiennes. Les hôtels italiens sont sales, les conducteurs imprudents, les hommes fâcheusement entreprenants[7], les femmes sont belles à l'âge jeune, mais vieillissent très mal.

L'IRLANDAIS: Grand, mince et roux, l'Irlandais est tout à fait sympathique. Mauvaise tête mais bon cœur, il ne renie jamais ses amis et ne supporte pas que l'on attente à sa liberté. De caractère droit, il est parfois un peu fort en gueule[8] et abuse volontiers de la boisson nationale: le whisky. Paresseux, vantard, têtu[9], voire borné[10], violent sans indulgence, intolérant dans sa religion comme dans sa vie quotidienne, l'Irlandais occupe ses loisirs à mépriser les étrangers. Il joue aux fléchettes[11], conduit des caravanes

hippomobiles° sur les routes défoncées de sa misérable patrie et pose des bombes. Il émigre souvent aux Etats-Unis.

LE FRANÇAIS: Grand, mince, blond et sympathique en général, le Français peut aussi être petit, brun, trapu° et sympathique. Ses traits de caractère sont la gentillesse, la loyauté, la droiture, la générosité et la tolérance. Les Françaises sont fort belles et les Français savent parler aux femmes. Le Français est expert en cuisine et en vin. Il est amoureux sans excès des plaisirs de la vie. Il est l'inventeur de la démocratie et de la liberté. C'est un sceptique jamais blasé, qui sait s'émerveiller en gardant la lucidité qui a permis à son peuple de donner ses plus grands génies à l'humanité. Terre d'accueil et de liberté, la France est toute désignée pour être le cœur et le moteur de l'Europe de demain.

Des portraits pas tout à fait objectifs, et qui révèlent certains préjugés ou partis pris. Et pourtant . . .

Points de départ . . . .

▷ Qui a les cheveux noirs?
       la nuque épaisse?
       les cheveux roux?
       le crâne pointu?
▷ Qui est cruel?
       vantard?
       intolérant?
       malhonnête?
       têtu?
▷ Qui est gourmand?
       arrogant?
       querelleur?
       buveur?
       vaniteux?
▷ Qui est loyal?
       généreux?
       tolérant?
       lucide?
▷ Quelle nationalité est traitée différemment des autres? Pourquoi?

A votre avis?

1 *Les sentiments:*

Des pays suivants: l'Allemagne, la France, la Belgique, l'Italie, les Etats-Unis, la Russie, le Japon, le Canada (ajoutez-en d'autres si vous voulez),
quel est celui pour lequel vous éprouvez le plus de sympathie?
quel est celui qui vous agace le plus?
quel est celui que vous admirez le plus?
quel est celui dont vous vous méfiez le plus?
quel est celui que vous comprenez le mieux?

Si vous aviez un fils ou une fille, et qu'il/elle désire se marier avec quelqu'un d'un de ces pays, lequel préféreriez-vous qu'il/elle épouse?

2 *La politique:*

Quel est celui qui vous paraît être l'allié le plus sûr et le plus fidèle de votre pays?

Quel est celui pour lequel il vous faudrait vous battre s'il était attaqué?

Lequel représente l'ennemi le plus redoutable de votre pays?

Dans chaque cas, justifiez votre choix.

3 *Qui choisiriez-vous?*
pour faire votre cuisine?
pour créer vos vêtements?
pour concevoir le plan d'un avion?
pour fabriquer une voiture?
comme voisin (dans votre pays)?
comme allié dans une guerre?
comme mari ou femme?
pour fabriquer votre chaîne hi-fi, votre poste de télévision?
comme négociant en vin?

4 *Quel pays choisiriez-vous?*
comme seule source de votre musique?
comme seule source de votre littérature?
comme pays de vacances?
si vous aviez envie d'émigrer?

Réponse des jeunes Français:

Si vous deviez habiter ailleurs qu'en France, préféreriez-vous que ce soit . . .	
En Allemagne	12
En Italie	21
En Suède	10
Aux Etats-Unis	36
En U.R.S.S.	—
En Chine	1
Aucun de ces pays	16
Sans opinion	4
Total	100

Le service militaire existe encore en France. Ses origines remontent à 1793, juste après la Révolution.

Tous les jeunes hommes de plus de 18 ans sont appelés pour accomplir un service militaire de douze mois.

Chaque année, 67% des jeunes accomplissent leur service militaire. (En 1986, 280 000 jeunes sur 420 000). Ils sont répartis dans les services suivants:

armée de terre: 74,6%
marine: 6,4%
air: 14,9%
gendarmerie: 2%
autres: 2,1%
Objecteurs de conscience: 770

Forces militaires de la France:
Total: 471 350
Terre: 304 500
Marine: 67 700
Air: 99 150

NB: Le service militaire n'existe plus en Grande-Bretagne depuis 1960.

Le service militaire

«Une perte de temps», *«un an d'ennui»*, entend-on le plus souvent à propos du service national. L'année obligatoire de service est souvent une rupture dans le temps de l'étude ou de la formation professionnelle, et un retard pour l'intégration sociale, à une époque où la lutte pour le premier emploi est difficile. Pourtant, dans l'immédiat◻, la durée du service militaire ne semble pas devoir changer. Mais autant que possible, il est préférable d'essayer d'obtenir une affectation◻ dans sa profession ou dans une spécialité qui permet d'accroître◻ ses compétences. On peut aussi envisager de poursuivre ses études tout en étant soldat ou de demander une forme de service moins militaire.

Pour ne pas perdre son temps à l'armée, le jeune appelé doit chercher à ne pas subir un service inadapté à son projet personnel et à influer sur le cours des événements.

● *Exercer son métier*

Pour une classe d'appelés, 22% soit 88 000 hommes accomplissent leur service militaire dans leur branche professionnelle. Ils ont ainsi la possibilité d'améliorer leur qualification. Vous pouvez demander un emploi correspondant à votre profession, avec toutes les chances de l'obtenir, si vous appartenez aux spécialités suivantes, dont la qualification correspond aux besoins des armées: comptable, employé de bureau, dactylo, mécanicien, cuisinier, boucher, pâtissier, serveur, infirmier, musicien, dessinateur . . .

Linguistes
Les titulaires d'une licence de langue étrangère ou d'un diplôme d'interprétariat ou de traduction peuvent accomplir leur service comme traducteur, interprète ou professeur.

● *Négocier son affectation*

Si vous êtes marié, ou si vous avez fait une déclaration de concubinage, vous bénéficiez en priorité d'une affectation rapprochée (dans un rayon de 60 km autour de votre domicile). Dans la plupart des cas, les soldats affectés dans leur ville d'origine, en particulier à Paris et en région parisienne, sont autorisés à dormir chez eux.

● *Poursuivre des études*

Etudier pendant la durée du service, c'est d'abord lutter contre un environnement difficile. Dans les unités opérationnelles (paras, artillerie, infanterie . . .), l'instruction militaire laisse peu de temps libre. Celui qui reste est surtout utilisé pour jouer au tarot", dormir ou ne rien faire. Dans les autres unités, il faut s'arracher à l'ennui et à l'inertie dominante pour travailler.

● *Objecteurs de conscience*

Le statut d'objecteur de conscience est attribué aux jeunes qui, *«en raison de leurs convictions religieuses ou philosophiques se déclarent opposés en toutes circonstances à l'usage des armes».* Si vous obtenez le statut d'objecteur de conscience, vous devez satisfaire aux obligations d'un service de forme civile pendant deux ans. Vous recevrez une affectation dans un organisme public (Office national des forêts, fouilles archéologiques ou bureaux d'aide sociale . . .), ou privé, à caractère social: Secours catholique, Terre des Hommes", Armée du Salut". . .

Avez-vous compris? . . . .

▷ How long does military service last in France?
▷ Name two ways in which it is inconvenient.
▷ How can these inconveniences be overcome?
▷ What other benefit can come from completing national service in a particular profession?
▷ Does the article suggest that it is difficult to obtain such a posting?
▷ What concession is made to married conscripts?
▷ What advantage is it to married conscripts who are posted in their home town?
▷ Why is continuing with studies particularly difficult in operational units?
▷ What are the three usual pastimes of a conscript?
▷ For which reasons can conscientious objectors be excused from military service?
▷ Do the alternatives which they are offered have anything in common?
▷ How long do they last?

Cherchez les mots . . . .

Trouvez la façon dont sont exprimées les idées suivantes:
▷ professional training
▷ the length, duration
▷ carry on with studies
▷ a conscript
▷ a degree
▷ to do military service
▷ in most cases
▷ status

A votre avis?

1 Pourquoi est-ce que le service militaire est une perte de temps?

2 Refuser d'obéir à l'appel aux armes, se déclarer objecteur de conscience: le feriez-vous? Pourquoi? Trouvez des raisons pour ou contre.

3 Essayez de faire deux listes: l'une pour, l'autre contre le service militaire.

4 On pourrait imaginer un service national qui ne serait pas nécessairement militaire. Quels services, à votre avis, est-ce qu'un citoyen pourrait rendre à l'Etat?

5 Service militaire? Service national? Quel est *votre* avis sur la question?

Le Dormeur du Val

Rimbaud a 14 ans quand il écrit Le Dormeur du Val, *poème dans lequel il exprime sa révolte contre l'absurdité de la guerre.*
Rimbaud n'a pas 20 ans quand il arrête d'écrire, mais il a le temps d'évoquer par sa poésie sa soif de bonheur et de liberté, et tous ses cris de révolte.

C'est un trou de verdure où chante une rivière
Accrochant follement aux herbes des haillons°
D'argent; où le soleil, de la montagne fière,
Luit°: c'est un petit val qui mousse° de rayons.

Un soldat jeune, bouche ouverte, tête nue,
Et la nuque° baignant dans le frais cresson° bleu,
Dort; il est étendu dans l'herbe, sous la nue°,
Pâle dans son lit vert où la lumière pleut.

Les pieds dans les glaïeuls°, il dort. Souriant comme
Sourirait un enfant malade, il fait un somme:
Nature, berce-le chaudement: il a froid.

Les parfums ne font pas frissonner° sa narine°;
Il dort dans le soleil, la main sur sa poitrine
Tranquille. Il a deux trous rouges au côté droit.

Rimbaud, *1870*

un haillon □ rag	
luire □ to glow	
mousser □ to froth	
la nuque □ the nape	
le cresson □ watercress	
sous la nue □ under the sky	
les glaïeuls □ gladioli	
frissonner □ to quiver	
une narine □ a nostril	

✳ ✳ ✳ ✳ ✳ ✳

Le Déserteur

Monsieur le Président, je vous fais une lettre
Que vous lirez peut-être si vous avez le temps.
Je viens de recevoir mes papiers militaires
Pour partir à la guerre avant mercredi soir.

Monsieur le Président, je ne veux pas la faire,
Je ne suis pas sur terre pour tuer les pauvres gens.
C'est pas pour vous fâcher°, il faut que je vous dise,
ma décision est prise, je m'en vais déserter.

Depuis que je suis né, j'ai vu mourir mon père,
J'ai vu partir mes frères et pleurer mes enfants.
Ma mère a tant souffert qu'elle est dedans sa tombe,
Et se moque des bombes et se moque des vers°.

Quand j'étais prisonnier, on m'a *volé* ma femme,
On m'a volé mon âme et tout mon cher passé.
Demain, de bon matin°, je fermerai la porte
Au nez des années mortes, j'irai sur les chemins.

Je mendierai ma vie sur les routes de France
De Bretagne en Provence, et je dirai aux gens:
– Refusez d'obéir, refusez de la faire,
N'allez pas à la guerre, refusez de partir!

S'il faut donner son sang, allez donnez le vôtre!
Vous êtes bon apôtre°, Monsieur le Président.
Si vous me poursuivez, prévenez vos gendarmes
Que je n'aurai pas d'armes, et qu'ils pourront tirer.

Boris Vian

fâcher □ to make someone angry	
les vers □ worms, verse	
de bon matin □ early in the morning	
un apôtre □ an apostle	

Les centurions du Président

La Force d'Action Rapide: quelque 15 000 professionnels entraînés à défendre les «intérêts vitaux» du pays, surtout en Afrique. Hier en Mauritanie, au Tchad, au Zaïre. Et demain?

Qui sont ces jeunes entre 18 et 19 ans, qui vont risquer leur peau en Afrique, à l'heure où des millions de leurs contemporains ne rêvent que d'une vie tranquille?

Le goût de l'«aventure», du sport, et des voyages qu'ils ne pourraient faire, la camaraderie, la perspective d'apprendre quelque chose — réponses les plus souvent citées —

jouent sans doute autant que la crise économique. Le chômage favorise le recrutement. Les volontaires viennent le plus souvent de milieux pauvres, et de régions où la situation de l'emploi est critique. A Castres, 50% des engagés sont des cas sociaux: orphelins, parents divorcés, familles nombreuses. «La moitié d'entre eux, raconte un officier, n'ont

jamais connu de Noël.» Le colonel Jacques Vidal résume les autres traits: «Manque de qualification professionnelle, disponibilité[1], fragilité physique initiale, immaturité.» Résultat: après cinq mois d'instruction, deux sur cinq sont éliminés et renvoyés dans leurs foyers.

L'Express

---

la disponibilité ☐ availability

Résumé . . . .

D'après l'auteur,

▷ qu'est-ce que les jeunes espèrent trouver dans la Force d'intervention extérieure?

▷ quelles sont les circonstances sociales qui les poussent à s'engager?

▷ quelles sont les raisons pour lesquelles certains jeunes sont éliminés?

A votre avis?

1 Le chômage, la pauvreté, les cas sociaux: essayez d'expliquer comment chacun de ces phénomènes favorise le recrutement.

2 «Renvoyés dans leurs foyers» pour raisons de fragilité physique, d'immaturité: essayez d'expliquer pourquoi ces deux facteurs risquent d'éliminer certains jeunes.

Bombardement

La ville était à la fois morte et agitée. Tous les bateaux, sauf ceux qui avaient été touchés par les bombes avaient quitté le port dans la nuit. Près des ruines il y avait des conciliabules à la Préfecture°, des allées et venues de notables. Je retournai à mon hôtel pour changer de chemise. Mais il avait fini par tomber tout à fait.

Le soir, il y eut un nouveau bombardement qui atteignit des régions lointaines. La nuit fut illuminée par l'incendie des entrepôts° de coton et de rhum. Je téléphonai quelques détails au journal. Mes yeux me brûlaient, la peau du visage aussi et la gorge. Des hommes avec des pelles tapaient sur des étincelles avec des gestes lents. D'énormes flammes montaient jusqu'au ciel. Des grues chauffées à blanc s'abattaient sur des toits. Les pompiers n'avaient pas d'eau. Je dormis dans une maison abandonnée à deux cents mètres du feu. Je couchai sur un matelas après avoir enlevé les draps sales. Le vent d'est m'apportait de temps en temps des rumeurs° qui embrasaient soudain l'image d'une petit fille écrasée sous une poutre° calcinée°.

Le lendemain, une fumée noire obscurcissait la ville. A midi juste, un seul avion, insolent, vint mettre le feu aux réservoirs de pétrole. Jusqu'à la nuit, la ville fut plongée dans la pénombre°.

Aibert Palle, *L'expérience*

Dunkerque, 1940

---

la Préfecture ☐ police headquarters
un entrepôt ☐ a warehouse
une rumeur ☐ a rumbling
embraser ☐ to set alight
une poutre ☐ a beam
calciné(e) ☐ burnt to a cinder
la pénombre ☐ half-light

Points de départ . . . .

Remplissez le tableau ci-dessous en inscrivant les noms, adjectifs et verbes du texte qui évoquent les thèmes mentionnés dans chacune des colonnes:

	la ville, ses installations	incendie, bombardement	les gens
noms	les entrepôts de coton		
adjectifs			
verbes			

Résumé . . . .

▷ Qu'est-ce que l'auteur faisait comme travail?
  Pourquoi était-il dans la ville?
▷ Où demeurait-il lors de son arrivée?
  Qu'est-ce qui l'a obligé à s'organiser autrement?
  Où a-t-il passé la nuit du deuxième bombardement?
▷ Quel est le quartier de la ville qui a été touché par le tout premier bombardement?
  Et par le deuxième?
  Qu'est-ce qui explique l'incendie dans ce quartier?
  Qu'est-ce qui suggère que ce quartier était près du port?
  Qu'est-ce qui montre l'intensité de l'incendie?
  Que faisait-on pour l'éteindre?
▷ Qu'est-ce qui explique les draps sales, la fumée noire, la pénombre?
▷ Pourquoi, d'après vous, voulait-on détruire le port, les entrepôts et les réservoirs d'essence?

Idées à discuter

1 Quels seraient les effets d'un bombardement sur une ville? sur les habitants? sur l'électricité, l'eau, la nourriture . . . ? sur l'industrie et le commerce?

2 Après avoir discuté de ces effets avec le groupe entier, cherchez des moyens d'améliorer la situation laissée par ce bombardement. Ecrivez-les au tableau.

Travail écrit

Vous êtes journaliste dans une ville qui a subi un bombardement aérien pendant la nuit. Ecrivez un reportage sur ce que vous avez vu, entendu, ressenti, et sur les gens les plus touchés par la catastrophe.

Saint-George

A Saint-George, on allait en famille regarder les belles explosions atomiques. C'était beaucoup plus spectaculaire que les feux d'artifice de la fête nationale.

Il fallait se lever en pleine nuit, parce qu'elles avaient toujours lieu à l'aube. Vers cinq heures, on s'entassait dans les voitures, les auto-stoppeurs se postaient à la sortie de la ville, les bus de ramassage scolaire emmenaient des classes entières avec leurs professeurs. A quelques dizaines de kilomètres de Saint-George, on s'arrêtait sur les falaises qui dominent l'immense plateau du Nevada, on sortait les thermos de café et les sandwiches, et on attendait. Vers 6 h 30, on avait droit au□ grand spectacle. Derrière les montagnes, une boule de feu d'un orange éblouissant□ fonçait vers□ le ciel, gonflait, se transformait en un gigantesque champignon rose, mousseux, cotonneux, obèse, agité de pulsations et de tourbillons. Et tout de suite après, le son — un formidable grondement qui faisait trembler le sol sous les pieds. Les enfants criaient de plaisir, les parents écarquillaient les yeux□.

Personne n'était vraiment inquiet: les explosions partaient d'un lac asséché distant de deux cents kilomètres et les envoyés du gouvernement avaient juré qu'à cette distance les radiations ne présentaient aucun danger. D'ailleurs, beaucoup plus près, à deux kilomètres du lac, trois mille soldats manœuvraient dans des tranchées□ — il fallait habituer l'armée américaine à combattre au milieu des bombes atomiques.

Les Mormons de Saint-George commencèrent à s'inquiéter en 1953, après la mort mystérieuse de 4 300 porcs et moutons qui avaient brouté l'herbe contaminée par les retombées□ de poussières. Ce jour-là, la bombe était particulièrement puissante: 32 kilotonnes, deux fois la puissance d'Hiroshima. Et les habitants de Saint-George avaient reçu la consigne de rester, dans leurs maisons entre 9 heures et midi, pendant le passage du nuage radio-actif.

La fréquence de certaines maladies devint alarmante. Les enfants moururent de leucémie, les adultes de cancers de la thyroïde, de la peau ou du pelvis. On ne comptait plus les fausses couches□ et les opérations de tumeurs pré-cancéreuses chez les adolescents. Enfin, à partir de 1958, des malformations congénitales commencèrent à apparaître.

Actuel

avoir droit à □ to get	**une tranchée** □ a trench
éblouissant(e) □ dazzling	**une retombée** □ fallout
foncer vers/sur □ to charge towards	**la leucémie** □ leukaemia
écarquiller les yeux □ to stare wide-eyed	**une fausse couche** □ a miscarriage

Points de départ . . . .

▷ Où?
▷ Qui?
▷ Quand?
▷ Les événements?
▷ Les conséquences?

Pour continuer . . . .

▷ Trouvez dans le texte des mots qui évoquent les thèmes mentionnés dans le tableau:

THEMES	NOMS	ADJECTIFS	VERBES
le spectacle l'étonnement la joie		spectaculaire	
la montée de l'inquiétude			commencèrent à s'inquiéter
le danger	maladies		

(handwritten annotations in table and margin: plaisir, étonnant(s), étonné, joyeux, s'étonner, jouir, se réjour, écarquiller les yeux, inquiet, inquiétant, inquiétude, inquiète, dangereux, alarmant, courir le danger, mourir)

▷ Pourquoi est-ce que les habitants de Saint-George ne s'inquiétaient pas au début?
▷ Est-ce que le fait qu'ils ne s'inquiétaient pas vous paraît surprenant?

Travail écrit

Résumez ce texte en 150 mots maximum.

---

gouvernement
Dans un pays bien gouverné, les sujets sont comme des poissons dans un grand filet: ils se croient libres et pourtant ils sont pris.

Montesquieu

Hitler
Effrayant paradoxe: pour notre hygiène personnelle et collective – nous avons aujourd'hui autant besoin d'Hitler que ce dernier avait besoin des Juifs.

R. Jaccard

révolution
Dans les révolutions, il y a deux sortes de gens: ceux qui les font, et ceux qui en profitent.

Napoléon 1er.

torture
Nul ne sera soumis à la torture, ni à des traitements cruels, inhumains ou dégradants.

Déclaration universelle des droits de l'Homme. 1948 (art. 5)

Traduction

Traduisez en français:

1 The use of torture to suppress political opposition in a country threatens human rights. However, even though such a situation is unacceptable, it is not easy to know how to react: should one ignore it? cease trading and use other economic sanctions? How many countries would advise military intervention?

2 Recognising and exaggerating the dominant characteristics of other nationalities is good fun. It is less amusing to hear about one's own faults.

3 Refusing to be called up is not the only way of avoiding time in the army. It is possible to continue with your job, in some cases choose where you are sent, or carry on with your studies. Many youngsters, however, join the army because of a lack of qualifications and the desire to avoid unemployment. They are attracted by the prospect of learning something, of travelling, and of forgetting the background they come from.

4 In Saint-George after the second world war, atomic explosions were like firework displays. The dazzling ball of fire, and the enormous pink mushroom cloud attracted thousands of spectators, reassured by the government that radioactivity was not dangerous at a range of 200km.

Dissertation

A votre avis, dans quelles circonstances est-il possible, que ce soit au niveau national ou mondial, de justifier l'usage des armes?

Définition des idées clefs

- l'usage des armes: pas seulement l'existence d'une force armée, mais la mise en action de cette force.
- justifier: démontrer que quelque chose est légitime, conforme à la justice.
- la justice: institution qui reconnaît et respecte les droits et les mérites de chacun. Au sens absolu-principe moral.

Analyse

L'usage des armes implique non seulement la volonté de s'en servir pour tuer, mais aussi de risquer sa propre vie. Existe-t-il des problèmes suffisamment importants, qui portent atteinte aux droits et aux mérites d'un peuple, et qu'il est impossible de résoudre sans avoir recours aux armes?

- Se défendre contre l'invasion par l'ennemi? Exemples.
- Faire valoir ses droits dans un pays qui vous prive de la voie démocratique? Guerre civile, terrorisme. Exemples.
- Imposer sa volonté dans le but de renverser le gouvernement de votre pays? Exemples. (cf *Les Mains Sales* de Sartre; *Les Justes* de Camus).
- Intervenir pour rétablir les droits des habitants d'un territoire indépendant? Exemples.

A votre avis, dans lesquelles de ces circonstances l'usage des armes est-il légitime?

Que peut-on en conclure quant à la deuxième guerre mondiale?
le rôle des Américains dans la guerre du Vietnam?
l'invasion de l'Afghanistan par l'armée soviétique?

Les conflits militaires depuis 1945 ont déjà fait 10 millions de morts, en comptant les guerres classiques, les guérillas et les guerres séparatistes.

Qui a raison en Israël? Est-ce qu'il est toujours possible d'identifier l'agresseur?

Comprendre pourquoi un peuple se bat/Justifier l'usage des armes. Y a-t-il une différence entre les deux?

Conclusion

Quelle importance faut-il attacher au principe moral de refuser de tuer? D'ailleurs, étant donné la polarisation progressive des pays de l'ouest et de l'est et les effroyables conséquences d'une guerre nucléaire, est-il possible de penser qu'un conflit militaire mondial puisse éventuellement se justifier?

Quel est votre point de vue? Vous battriez-vous pour votre patrie? Seriez-vous prêt(e) à tuer? Dans quelles circonstances?

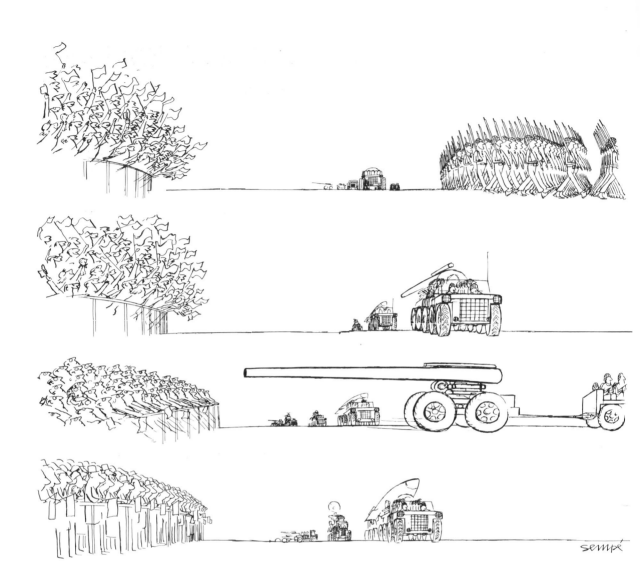

ENFANTS DE LA PATRIE

Marie-Thérèse

douloureux/se ☐ distressing	
réquisitionné(e) ☐ conscripted	
soulager ☐ to console	
meurtrier/ière ☐ bloody	
pilonner ☐ to shell	
envahir ☐ to invade	
s'évader ☐ to escape	
surveillé(e) ☐ watched	
les vignes ☐ vines	
un étang ☐ a pond	
englober ☐ to include	
dissocier ☐ to dissociate	

1 Lisez les phrases suivantes puis écoutez Marie-Thérèse Dausse. Classez par ordre chronologique les événements qu'elle a connus pendant la deuxième guerre mondiale.

a père fait prisonnier
b invasion de Rennes
c famille descendue en zone libre
d la famille est surveillée par la Gestapo
e maman a reçu une lettre de mon père
f maison détruite
g déclaration de guerre
h père réquisitionné
i déménagé à Rennes
j maison réquisitionnée par les parachutistes allemands
k père s'est évadé
l bombardement du train de munitions
m famille dispersée
n remontée sur Brest

2 Répondez aux questions suivantes:

▷ Comment le père de Marie-Thérèse s'est-il évadé?
▷ Pourquoi parlait-il si bien l'allemand?
▷ Pourquoi les Allemands ont-ils surveillé la maison de la famille?
▷ Pourquoi la famille est-elle partie à Nîmes?
▷ Pourquoi ont-ils décidé de retourner à Brest?
▷ Expliquez pourquoi la famille a quitté la maison quand les parachutistes sont arrivés.
▷ Quelle est l'attitude de Marie-Thérèse envers les Allemands?

Jean

bête ☐ stupid	**une consigne** ☐ orders	**un coup de poignard** ☐ a stab
un carrefour ☐ a crossroads	**barouder** (argot) ☐ to fight	**le service de renseignements**
le ravitaillement ☐ provisions	**la rancune** ☐ rancour	☐ information service
se réfugier ☐ to take refuge	**l'O.A.S.** (Organisation de	**draguer** ☐ to pick up
dans les terres ☐ inland	l'Armée Secrète) ☐	**la 2 CV** ☐ 2 CV – *type of*
un folklore ☐ folklore	*organization which made*	*Citroën car*
un otage ☐ a hostage	*numerous assassination*	**tranché(e)** ☐ cut
fusiller ☐ to shoot	*attempts during the Algerian War*	**faire une fleur** (fam.) ☐ to do
fougueux/euse ☐ fiery	**les pieds noirs** ☐ Algerian-born	someone a favour
en fin de compte ☐ really,	Frenchmen	**passer un sale quart d'heure**
when it comes down to it	**balancer** (fam.) **des cailloux** ☐	☐ to have a bad time
un adversaire ☐ an enemy	to throw stones	

1 Jean Bolacho talks about the Algerian war.

▷ How many dead? Injured?
▷ Was Algeria's cause a reasonable one, according to Jean?
▷ Why does he refer to it as "une guerre bête"?

2 Jean Bolacho's experience in 1940:

▷ Who was he with when he found himself in the middle of a crossroads?
▷ What were the mothers' pleas on meeting German soldiers?
▷ What were the children told to do?
▷ How many casualties were there?

3 Jean Bolacho's experience in Algeria:

▷ How keen was he to go?
▷ How much rifle training was he given?
▷ With which branch of the service did he work in Algeria?
▷ How did he obtain information from the prisoners?
▷ He narrates the death of a friend: how did he die?
▷ Where had they been planning to go that night?

4 Avec un(e) partenaire, essayez de résumer l'attitude de Jean Bolacho vis-à-vis de la torture. Comment essaie-t-il de la justifier?

Comprenez-vous sa réaction?
Est-ce que vous auriez fait la même chose?

Yves

les secours □ aid	
le pillage □ looting	
un entraînement □ training	
un abri □ a shelter	
une voie d'aération □ ventilation channel	
s'allonger □ to lie down	
l'approvisionnement □ supplies	
prévu □ set aside	
recharger les stocks □ to replenish stocks	
la survie □ survival	
à grande échelle □ on a large scale	
dans un rayon de □ in a radius of	
la course aux armements □ the arms race	

1 Yves Desbois parle du conflit nucléaire.

▷ Notez trois éléments concernant son rôle en cas de conflit nucléaire.
▷ Y a-t-il des abris anti-nucléaires à Rennes?
▷ Est-ce que ce sont des abris spécialement construits?
▷ Nommez deux choses qu'on trouverait dans ces abris.
▷ Pendant combien de temps pourrait-on survivre dans ces abris?
▷ Selon Yves Desbois, pourra-t-on survivre à une attaque nucléaire?
▷ «Ceux qui sont dans le rayon»: que veut-il dire?

2 Yves est assez optimiste. Et vous?

Monsieur Mahé

la force de frappe □ strike force	
la force de dissuasion □ deterrent power	

1 Ecoutez ce que dit Monsieur Mahé et essayez de résumer son point de vue

Gilles et Christine

se dérouler □ to unfold	**définitif/ve** □ definitive
la honte □ shame	**faire en sorte que** □ to see to
l'humanité □ humanity	it that
la démence □ madness	**se reproduire** □ to happen
suicidaire □ suicidal	again
naïf/ve □ naïve	**dément(e)** □ insane
au fur et à mesure que □ as	**se taper dessus** □ to hit each other
soon as	**des retombées** □ fallout
l'emporter sur □ to get the	**compte tenu de** □ given
upper hand	**gravissime** □ extremely serious

Gilles and Christine Edan have very strong views on the nuclear arms race.

▷ Note down different expressions Gilles uses to condemn the arms race.
▷ According to him, what is the logical consequence of manufacturing bombs?
▷ As man progresses, his capacity for good and for evil progresses at the same rate:
– Name two good qualities which are increasing
– Name one evil which is progressing at the same speed
▷ In which way is war today different from previous wars?

Corinne et Muriel

d'actualité □ topical	**se faire la bise** □ to kiss
des diapositives □ slides	**sympathique** □ friendly
une bande □ a tape	**accueillir** □ to welcome
passer des cassettes □ to play	**n'importe quel coin** □ no
cassettes	matter where
décontract (fam.)/**décontracté**	
□ relaxed	

Ecoutez ce que pensent Corinne et Muriel des différentes nationalités, et notez les points importants:

ANGLAIS	ALLEMANDS	ESPAGNOLS

Arthur

de peur que □ for fear of
vieillir □ to grow old
la D.D.R. = la R.D.A. □ East Germany
le journal télévisé □ television news
en fonction de □ according to
capter □ to pick up
subvenir aux besoins de □ to meet the needs of

Arthur Boisvert parle du Mur de Berlin et de l'Union Soviétique. Après avoir écouté l'interview, complétez les phrases suivantes:

▷ L'Allemagne de l'est a fait construire le Mur de Berlin pour empêcher . . .
▷ Parmi les gens qui ont quitté l'Allemagne de l'est, il y avait beaucoup de . . .
▷ La R.D.A. est commandée par . . .
▷ Les médias en Union Soviétique sont contrôlés par . . .
▷ La liberté de presse en France nous permet de . . .
▷ Malgré l'importance de l'Union Soviétique, le problème le plus important pour leur peuple c'est . . .
▷ C'est un pays qui investit beaucoup dans . . .

Pierre

> **des bêtises** ☐ stupidities
> **une lame de rasoir** ☐ a razor blade

Which two illustrations does Pierre Laureys provide to support his view that Russia's economy is ineffective?

Olivier

> **une blague** ☐ a joke
> **les Flamands** ☐ Flemish people
> **un cercueil** ☐ a coffin
> **une poignée** ☐ a handle
> **une poubelle** ☐ a dustbin
> **les Wallons/la Wallonie** ☐ Walloons
> **une bagnole** (fam.) ☐ a car
> **rigoler** ☐ to laugh

Essayez de raconter en anglais les blagues à ceux ou celles qui n'ont pas tout compris.

7

CRIME ET CHATIMENT

Voleur de disques à quatorze ans

Je rentrais à pied du lycée. Il faisait trop beau pour rentrer tout de suite. Reims ne possède pas de parcs où il ferait bon flâner, alors mes pas m'ont naturellement conduit vers la rue de Vesles, la principale artère commerçante de la ville. Je suis entré dans le Monoprix et, pour ne pas rompre avec l'habitude°, je me suis dirigé vers le rayon des disques.

C'est vrai, je n'avais pas d'argent sur moi. Personne ne me regardait. Je n'ai pas résisté. J'ai ouvert mon sac; même si ma main tremblait un peu, je n'ai eu aucune peine à y glisser les deux 45 tours sortis dernièrement. Je suis resté encore un moment à observer les différentes nouveautés, puis je suis parti. J'allais atteindre la sortie du magasin quand j'ai été abordé par un homme d'une quarantaine d'années, les cheveux grisonnants°, vêtu d'un costume beige. J'avais compris avant même qu'il ne me parle. Flagrant délit° de vol à l'étalage°! Et l'accusé, c'était moi, François. Je ne garde qu'un souvenir confus des minutes qui ont suivi. L'homme m'a entraîné dans un petit bureau sans fenêtre. Il y avait là deux ou trois autres personnes. J'ai vidé mon sac . . . on m'a fouillé, questionné . . .

Maman est arrivée au bout de trois quarts d'heure. L'homme lui avait expliqué la situation au téléphone. Elle était affolée, au bord des larmes. Elle ne comprenait pas.

Le retour à la maison s'est fait sans qu'un mot, sans qu'un regard ne soient échangés dans la voiture. Et puis, quand nous nous sommes retrouvés dans la cuisine, un torrent de paroles s'est déversé sur moi. Qui étais-je donc? Qui était ce fils pour qui on avait fait tant d'efforts afin de lui donner une bonne éducation, et qui récompensait ses parents d'une manière aussi ingrate? Voleur de disques à quatorze ans! Quel avenir tourmenté allais-je donc réserver à mes parents?

Si le directeur du Monoprix n'avait pas été aussi bienveillant°, j'aurais pu être ramené à la maison par la police, avoir mon nom dans les journaux! Et tous mes amis seraient au courant°! Et comment mes grands-parents supporteraient-ils cette nouvelle?

La réaction de mon père ne fut guère différente. Il a fini par dire que c'était comme si quelqu'un était mort, et qu'il n'avait plus confiance en moi.

On m'a confisqué tous mes disques, supprimé ma radio et mon argent de poche, interdit de regarder la télévision. Je n'avais plus le droit d'aller chez des copains, encore moins d'en recevoir à la maison. J'ai dû aller me confesser° à l'église, ce qui ne m'était pas arrivé depuis deux ans.

Et je suis là, maintenant, assis sur la banquette arrière de la Citroën, parti pour dix jours de vacances dans le midi avec mes parents et mon frère – le seul qui me parle encore.

---

rompre avec l'habitude □ to break a habit

grisonnant(e) □ greying

être pris en flagrant délit □ to be caught red-handed

le vol à l'étalage □ shop lifting

bienveillant(e) □ kind

être au courant □ to know about

aller se confesser □ to go to confession

Points de départ . . . .

▷ Qui?
▷ Où?
▷ Quoi?
▷ Comment?
▷ Résultat?

Pour continuer . . . .

▷ Pourquoi François était-il à Monoprix?

▷ Racontez brièvement comment s'est passé son délit.
▷ Pourquoi n'a-t-il pas réussi?
▷ Est-ce que quelqu'un a appelé la police. Pourquoi, à votre avis?
▷ Résumez tout ce que les parents de François ont pu ressentir.
▷ Résumez les conséquences de ce délit pour François.

Façon de s'exprimer . . . .

Que comprenez-vous par?

▷ je n'ai pas résisté

▷ au bord des larmes

▷ c'était comme si quelqu'un était mort

Préparez-vous! . . . .

Pour répondre aux questions suivantes, imaginez ce que François a pu penser. Toutes les réponses ne sont pas dans le texte.

▷ Pourquoi est-ce que vous n'êtes pas rentré tout de suite chez vous ce jour-là?

▷ Qu'est-ce qui vous a décidé à aller à Monoprix?

▷ Aviez-vous l'intention à ce moment-là de voler des disques?

▷ Expliquez ce qui vous a décidé à voler les deux disques en question. Donnez autant de raisons possibles qui pourraient expliquer votre geste.

▷ Pourquoi est-ce que vous n'êtes pas parti tout de suite?

▷ Pourquoi n'avez-vous rien dit à votre mère dans la voiture?

▷ Comment vous sentiez-vous en écoutant votre mère dans la cuisine?

▷ Lesquelles des paroles de vos parents vous ont le plus touché?

▷ Lequel de vos parents était le plus blessé, le plus fâché?

▷ Laquelle des punitions vous a le plus embêté?

▷ A votre avis, combien de temps est-ce que cela va durer?

▷ Qu'est-ce que vous avez dit à votre frère en rentrant à la maison?

▷ Comment a-t-il réagi?

Imaginez maintenant que *vous êtes l'homme au costume beige.*
Essayez de répondre aux questions suivantes:

▷ Quand avez-vous repéré le jeune homme pour la première fois?

▷ Que faisait-il?

▷ D'après vous, est-ce que c'était la première fois qu'il venait au Monoprix?

▷ Pourquoi avez-vous attendu qu'il arrive à la sortie pour l'aborder?

▷ Qu'est-ce que vous lui avez dit?

▷ Une fois dans votre bureau, quelles questions lui avez-vous posées? Enumérez-les.

▷ Qu'est-ce que vous avez dit à sa mère au téléphone?

▷ Est-ce que votre magasin a l'intention de poursuivre ce jeune homme en justice? Voulez-vous expliquer votre décision?

Enfin, *prenez le rôle de la mère de François*:

▷ Quelle a été votre réaction quand vous avez reçu le coup de téléphone de Monoprix?

▷ Pourquoi est-ce que vous n'avez rien dit à votre fils dans la voiture?

▷ A en juger par votre torrent de paroles dans la cuisine, vous étiez vraiment bouleversée. Essayez d'expliquer pourquoi vous avez mentionné:
  – l'éducation de François
  – les journaux
  – les voisins
  – ses parents.

▷ Essayez de justifier les punitions que vous et votre mari avez décidé d'infliger à François. Pourquoi avez-vous choisi celles-ci? Quel était votre but?

▷ François pourrait bien se remettre à voler. Comment voyez-vous son avenir? Avec optimisme ou avec pessimisme?

A vous de jouer!

Par groupes de deux, en vous aidant des questions ci-dessus, préparez puis improvisez les dialogues suivants:

1 L'interrogatoire dans le bureau du gérant du Monoprix.

2 Deux journées de vacances ont

convaincu François qu'il vaudrait mieux qu'il essaie de s'expliquer avec ses parents. Il en parle à son frère, qui est dans une position difficile mais qui lui promet de le soutenir. A tous les deux, ils cherchent une stratégie. Comment aborder la question? Que dire?

Et vous?

Vous est-il déjà arrivé de vous trouver dans une situation semblable à celle de François; ou bien d'être le témoin d'un tel incident? Racontez.

Travail écrit

1 François se décide à écrire une lettre d'excuses au gérant du Monoprix. Rédigez-la.

2 Pourquoi entend-on parler aussi souvent de vol à l'étalage? Pourquoi est-ce un phénomène si courant? Essayez de dresser une liste de raisons.

ordre public
Les gendarmes ont grand tort de malmener les criminels. Sans eux, ils n'existeraient pas.

A. Allais

Le sang-froid

Le voleur de briquet

Richard a choisi une heure creuse[] pour pénétrer dans le bureau de tabac. Il est très élégant et sobre, très bonne famille.

«Pourrais-je voir les briquets Dupont, s'il vous plaît?»

On lui sort la plaquette[]: des briquets en argent ou en or, de cinq cents à mille cinq cents francs. «C'est pour un cadeau, mais à ce prix-là, il faut que je réfléchisse un peu. En attendant, pourrais-je avoir un paquet de Marlboro? Pendant que la serveuse se retourne, Richard fait tomber un des briquets sur sa chaussure, pour amortir le choc. Puis d'une poussée – comme au hockey – il l'envoie en glissade dans les pieds de son compagnon qui est accoudé au bar, le plus près possible. Celui-ci réceptionne: leur coup est au point. Puis il fait semblant de[] faire tomber ses cigarettes et ramasse le tout: paquet et briquet. Sa consommation était payée d'avance, il peut partir tranquillement, c'est terminé pour lui.

Pour Richard, les ennuis commencent: la vendeuse s'aperçoit qu'il manque un briquet, pâlit, hésite et finit par appeler le patron. Richard attend tranquillement: il n'a rien sur lui. Au début, le patron s'énerve, mais Richard reste calme et propose qu'on le fouille. Evidemment, on ne trouve rien, et le patron finit par douter. Il demande à la vendeuse:

«Vous êtes sûre que le briquet y était?»

Richard sent qu'il reprend l'avantage:

«Si je l'avais volé, vous l'auriez trouvé, un Dupont c'est lourd et ça se voit. Et puis rien ne m'empêchait de partir, je ne serais pas resté là bêtement à attendre qu'on m'attrape.»

On finit par le laisser partir tranquille.

La jeune fille est sûre d'avoir raison. Mais que faire? Elle se défend car elle a de fortes chances de perdre sa place ou de payer le briquet.

Actuel

---

une heure creuse □ a slack time
une plaquette □ a tray
faire semblant de □ to pretend

▷ Quelle heure Richard a-t-il choisie pour venir au bureau de tabac?
Quel style de vêtements?
Pourquoi?

▷ Par qui Richard est-il servi?

▷ Que dit-il:
pour que les briquets restent sur le comptoir?
pour détourner l'attention de la serveuse?

▷ Que fait-il pour que personne n'entende le briquet tomber?

▷ Comment le fait-il passer à son complice?

▷ Quelle précaution est-ce que son complice avait prise pour pouvoir partir rapidement?

▷ Comment Richard prouve-t-il son innocence?

▷ Qui risque d'être tenu responsable?

Cherchez les mots . . . . »

Trouvez la façon dont sont exprimées les idées suivantes:

▷ in the meantime
▷ to cushion the shock
▷ leaning against the bar
▷ he picks up the lot
▷ trouble starts
▷ to search someone
▷ it hits the eye

Travail écrit

Racontez l'histoire, mais en vous plaçant du point de vue de la vendeuse (ce qu'elle a vu, ce qu'elle a fait etc.)

crime

Selon la morale dominante, qui respecte le pouvoir autant qu'elle méprise l'individu, on peut commettre des crimes pour obéir à l'Etat, mais aucun pour le plaisir.

F. Bott

J'AI PEUR DE REVOLER

Houari, vingt et un ans, vient de sortir de Fleury-Mérogis où il a passé deux ans pour vol. Il raconte . . .

«A l'époque□, je n'avais pas le droit de rentrer chez mois après 21 heures. Un soir, je suis rentré à 21 h 5. Mon père n'a jamais voulu m'ouvrir. Alors je suis allé "casser" des voitures, voler des autoradios quoi. C'est à ce moment-là que j'ai vraiment commencé. Je dormais dans les voitures et le soir on faisait les fonds de caisse□ des bistrots. Quand le tiroir-caisse était vide, on se vengeait sur les bouteilles. Avec la vente des autoradios et ça, on arrivait à se faire un salaire pour deux, environ 5 000 francs.

«C'est une poste, encore une, qui m'a perdu. J'y étais allé avec un copain pour téléphoner et c'est là qu'on a vu la sacoche derrière le comptoir. Tout de suite on a pensé:

"Ça y est, la fortune dans un petit sac!" Mon copain a sauté derrière le comptoir et a commencé à courir, moi sur ses talons□. Un homme a voulu nous arrêter, je lui ai mis un coup de poing. C'est à ce moment-là que sont arrivés les deux flics. J'ai eu trente mois fermes. J'ai compris tout de suite que j'aurais plus que trois mois quand le juge a dit: "Je suis sûr que ce n'est pas la première fois." En fait, on est arrêté pour un crime mais on est condamné pour dix.

«Aujourd'hui, finies les bêtises. Ce dont j'ai envie maintenant? Ben... me lever à 10 heures, arriver au bureau avec mon attaché-case... [Il rit.] Non, je plaisante. En fait j'aimerais être artisan à mon compte. Menuisier, ça me plairait bien. En tout cas, j'ai plus peur des flics. Mais j'ai peur, peur de revoler.»

Propos recueillis par
CAROLE BARJON

Le Nouvel Observateur

à l'époque □ at the time
un fond de caisse □ the money left in the till
sur ses talons □ close behind

Points de départ . . . .

▷ Qui?
▷ Quoi?
▷ Pourquoi?
▷ Ensuite?
▷ Résultats?
▷ Et l'avenir?

Pour continuer . . . .

Les expressions qui suivent sont extraites d'un article de journal racontant l'histoire de Houari (à la troisième personne).
Etudiez-les bien et trouvez à quelles parties du récit de Houari elles correspondent. Par exemple: «un bureau de poste» correspond

au deuxième paragraphe du récit de Houari.

▷ un bureau de poste
▷ un montant de 5 mille francs
▷ il a été agressé par
▷ il a débuté dans le crime
▷ il dormait dans les véhicules qu'il volait
▷ les voyous se sont emparés de la sacoche dans l'intention de . . .
▷ les services de sûreté ont appréhendé les deux malfaiteurs/sont venus sur les lieux
▷ ils voulaient passer un coup de téléphone

▷ ils ont vandalisé le stock du malheureux propriétaire
▷ ils ont vidé les caisses
▷ ils ont été condamnés à une peine de 30 mois
▷ on a tenu compte d'un certain nombre d'autres délits
▷ la revente de leur butin

Travail écrit

Vous êtes journaliste. Aidez-vous des phrases et expressions ci-dessus pour rédiger un article sur le vol qui a conduit à l'arrestation, puis à l'emprisonnement de Houari.

N'oubliez pas que, pour le rédacteur en chef de votre journal, le délit est indéfendable. Le rôle de la police est de protéger les citoyens et les lecteurs du journal n'apprécient pas l'insécurité.

En patrouille

Trois pères de famille dans une 4L° plus toute neuve. Banal. Sous le tableau de bord°, un poste de radio ondes courtes° de première qualité. Moins banal. Une matraque sur les genoux, un imperméable anonyme passé sur l'uniforme, un képi caché sous le siège. Leur mission: traquer le petit monte-en-l'air° et le grand casseur°, contrôler les prostituées, surveiller les bars, calmer les ivrognes. Chaque matin apporte sa moisson° de petits délinquants: voleurs de voiture ou agresseurs de passants isolés. Les familles de délinquants sont connues: le grand-père était cambrioleur, le père purge une peine° de prison à Loos pour vols répétés . . . et les enfants aussi deviennent des familiers du commissariat.

Des jeunes ont été surpris en train de rançonner, en plein centre de la ville, un Lillois° à la sortie d'un cinéma. "On les arrête, commente le brigadier Cardon, et dès qu'ils sont en liberté, ils recommencent."

Vers 22 heures, ramassage des prostituées: une foule jacassante° envahit le commissariat principal. "Ce soir, vous nous gardez, chéris? interroge l'une d'elles. Comme il est mignon! s'exclame une autre.

La nuit continue. Elle recommencera demain. Sans surprises: les gangsters, les déracinés, les prostituées, bref, les habitués, la routine. Ce qui inquiète plus le commissaire Lega, ce sont les jeunes. Il ne les comprend pas, et n'admet pas facilement qu'ils sont aussi des victimes.

---

une 4L ☐ Renault 4
un tableau de bord ☐ dashboard
ondes courtes ☐ short wave
un monte-en-l'air ☐ cat burglar
un casseur ☐ a burglar
une moisson ☐ (fig) a wealth
purger une peine ☐ to serve a sentence
un(e) Lillois(e) ☐ person from Lille
jacassant(e) ☐ chatty

Résumé . . . .

▷ Qui étaient les trois hommes?
▷ Pourquoi cherchaient-ils à cacher leur uniforme et leur matraque?
▷ Pourquoi ont-ils plus de travail le soir que la journée?
▷ Pourquoi s'intéressent-ils aux ivrognes?
▷ Expliquez avec vos propres mots ce qui est arrivé au Lillois; et ce qui s'est passé un peu plus tard.
▷ Pourquoi est-ce que le brigadier Cardon ne veut pas surestimer l'influence de la police ou de la loi dans de tels cas?

Cherchez les mots . . . .

Trouvez la façon dont sont exprimées les idées suivantes:
▷ hidden under the seat
▷ a drunkard
▷ a passer-by
▷ to complete one's sentence
▷ a police station
▷ uprooted

Façon de s'exprimer . . . .

Que comprenez-vous par?
▷ des familiers du commissariat
▷ un imperméable anonyme
▷ les déracinés

A votre avis?

1 Comment expliquer la probabilité que le fils d'un voleur deviendra voleur lui-même?

2 Les jeunes sont moins agresseurs que victimes. Etes-vous d'accord avec cette affirmation? Comment la justifier?

Travail écrit

Le brigadier Cardon tient un journal. La nuit finie, il note dans son journal la «moisson» des douzes heures précédentes.

Ecrivez sous forme de notes, ses activités (à la première personne), avec son commentaire. Pourquoi a-t-il fait ceci ou cela? A-t-il fait correctement? Quelles étaient ses raisons?

Hold-up à Rennes

Ce texte raconte un hold-up dans une banque de Rennes. Mais les phrases ont été mélangées. Retrouvez l'ordre logique et vous obtiendrez le récit du hold-up au Crédit Agricole.

1 A ce moment précis, le 17 du commissariat° central reçoit un appel anonyme: «Hold-up au Crédit Agricole boulevard de la Liberté. Les clés sont dessus. Allez les délivrer. Salut!» . . .

2 Il est 13h.40. L'agence n'ouvre au public qu'à 14h. Les deux collègues du directeur étaient venus un peu en avance pour des questions d'ordre administratif.

3 Deux hommes, le visage masqué par une cagoule° noire, un revolver à la main, émergent du fond du couloir sombre et braquent deux autres hommes.

4 Le plus petit des deux gangsters, celui qui semble être le chef, s'énerve. Il braque son arme et hausse le ton: «Pas question, vous entrez. Si on vous laisse dans la banque, vous allez donner l'alarme.»

5 Les malfaiteurs, qui avaient eu le temps d'enlever leur cagoule, avaient quitté les lieux depuis près d'un quart d'heure.

6 Les inconnus leur donnent l'ordre d'ouvrir le coffre. Impossible: il ne peut l'être qu'en présence de l'ensemble du personnel en possession des autres clefs.

7 Le temps leur semble long dans leur prison. Pour avoir un peu plus d'air, ils soulèvent le faux plafond, mais un vrai plafond leur barre tout espoir d'évasion par le haut.

8 Les services de la sûreté, dirigés par le commissaire Mario et une équipe de la police judiciaire, ont aussitôt ouvert une enquête.

9 Trois employés grimpent sur le coffre et touchent le plafond de la tête. Les deux autres se serrent pendant que la porte claque.
La clé tourne de l'extérieur. «Ne vous inquiétez pas, restez calmes, on prévient les flics dans dix minutes.»

10 «Impossible de rentrer là-dedans», tentent de résister les cinq otages. «Nous allons manquer d'air.»

11 Le coffre est alors ouvert, toujours sous la menace des armes.
Les 50 000 Francs qu'il contient passent immédiatement dans le sac de sport que tient l'un des malfaiteurs.

12 C'est l'attente jusqu'à 13h.55. Le premier employé arrive. On lui ouvre. Il est accueilli par les gangsters cachés derrière la porte. Même chose pour le second.

13 «Mettez-vous là-dedans. Restez calme.» Les revolvers indiquent la salle des coffres. Ou plutôt le réduit d'un mètre sur un mètre qui en tient lieu°.

Ouest-France

---

le 17 du commissariat □ extension number 17 at the police station	
une cagoule □ a hood	
qui en tient lieu □ which serves as such	

Faits divers

AUTORADIO

■ **Assises des Bouches-du-Rhône. 26 janvier :** On juge Bruno J., vingt-trois ans. Il a, de plusieurs coups de carabine tirés d'une fenêtre, tué un Algérien de vingt ans qui venait de voler dans sa voiture son autoradio, et a blessé grièvement le complice de ce dernier. L'accusé se refuse à faire une relation entre ce drame et l'accident de la route où, trois mois plus tôt, sa mère et son frère ont été grièvement blessés par une voiture conduite par un Nord-Africain. « *Est-il normal que l'on tue pour 420 francs ?* », demande l'avocat de la partie civile. L'avocat général réclame « *une punition réelle mais légère* ». Un an de prison avec sursis.

GITAN

■ **Assises du Gers. 27 janvier :** On juge Louis H., vingt ans, dit « Ouistiti ». Il a, de deux décharges de fusil, tué un jeune homme qui chassait des grives non loin du campement gitan où il vivait. Ce « marginal parmi les marginaux », parlant avec difficulté le français, déclare qu'« *il ne sait pas comment est fait un fusil* », et que ses premiers aveux lui « *ont été arrachés sous la menace et les coups* ». L'avocat général relève que l'accusé n'a « *à aucun moment manifesté le moindre remords* ». Réclusion à perpétuité.

PETIT BILLET

■ **Assises de l'Essonne. 24 mars.** Un surveillant de prison à Fleury-Mérogis, Régis D., vingt-six ans, lunettes et bonnet noir, le canon de son 22 long rifle dépassant de son sac, s'est présenté dans deux pharmacies. Il a tendu, sans dire un mot, un petit billet : « *J'ai une arme. Donnez-moi l'argent.* » Une récolte de 1 350 francs. Ce fils de gardien de prison, très bien noté à l'école, est condamné à cinq ans de prison, dont deux avec sursis.

ANNE FOHR

Le Nouvel Observateur

Autoradio
une carabine □ a rifle
avec sursis □ suspended (sentence)

Gitan
une décharge de fusil □ a volley of rifle shots
un aveu □ a confession
relever □ to note
la réclusion à perpétuité □ life sentence

Petit billet
un 22 long rifle □ *a type of rifle*
bien noté(e) □ with a good record

Résumé . . . .

Bouches-du-Rhône:
▷ Sur qui est-ce que Bruno a tiré depuis sa fenêtre? Combien de fois? Quel a été le résultat?
▷ Quelle était la valeur de ce qui a été volé?

Gers:
▷ Qui est Louis?
▷ Sur qui a-t-il tiré? Où? Combien de fois? Quel a été le résultat?

Essonne:
▷ Qui est Régis?
▷ Pourquoi s'est-il présenté dans les pharmacies en question?
▷ Comment a-t-il fait pour faire comprendre son intention?
▷ A quoi a-t-il été condamné pour ces vols?

A vous de jouer!

Par groupes de deux, préparez les cas suivants, puis présentez-les au groupe entier:

La défense:
Placez-vous du côté de la défense, cherchez les circonstances atténuantes:
Bruno: Qu'est-ce qu'on aurait pu dire pour expliquer/justifier son acte?
Louis: Comment aurait-on pu le défendre?
Régis: Comment pourrait-on plaider pour lui?

L'accusation du Ministère Public:
Résumez pour chacun des cas ce qu'on aurait pu dire pour souligner la culpabilité absolue de l'accusé.

A votre avis?

1 Lequel de ces gestes est, selon vous, le moins défendable? Le plus facile à comprendre?

2 D'après vous, lequel des accusés est le plus dangereux, celui dont il faut protéger la société à tout prix?

3 Que pensez-vous des peines qui ont été infligées à chacun d'entre eux? Légitimes? Sévères? Légères?

Travail écrit

Donnez votre avis sur celui des cas qui vous paraît le plus discutable, celui où votre jugement aurait été totalement différent de celui du tribunal en question.

tuer

On tue un homme, on est un assassin; on tue des milliers d'hommes, on est un conquérant; on les tue tous, on est un dieu.

J. Rostand

meurtre

Il y a toujours des raisons au meurtre d'un homme. Il est, au contraire, impossible de justifier qu'il vive.

A. Capus

prison

L'homme le plus inquiet d'une prison est le directeur.

B. Shaw

Prise de position

Etudiez les affirmations suivantes. Pour chaque cas, donnez votre réaction personnelle. Ensuite, par groupes de deux ou trois, comparez vos réponses. L'un d'entre vous lira son avis au groupe entier, tout en sachant qu'à chaque fois on peut lui demander de justifier ou d'expliquer ce qu'il dit.

	entièrement d'accord	absolument faux	il y a le pour et le contre
1 Œil pour œil, dent pour dent. La loi du talion: la solution parfaite			
2 La peine capitale n'est jamais justifiable.			
3 Les séjours en prison devraient être aussi désagréables que possible.			
4 Les prisons existent avant tout pour protéger la société.			
5 La tâche principale des maisons de correction est de réformer les délinquants.			
6 Tuer un agent de police est plus grave et plus immoral que de tuer un employé de banque.			
7 Le meurtre d'un conjoint infidèle mérite la même punition que tout autre meurtre.			
8 La vie d'un animal vaut celle d'un être humain.			
9 Il est souhaitable que la police soit armée.			
10 Le nombre de crimes augmente de plus en plus vite: infliger des peines de plus en plus sévères est la seule solution.			

Jeu de la Montgolfière

Quatre criminels s'évadent en montgolfière. Mais ils sont trop lourds. Petit à petit, la montgolfière redescend. Lequel d'entre eux devra sauter le premier? C'est à vous de le décider.

Pour ce faire, quatre étudiants vont chacun prendre le rôle de l'un des personnages décrits ci-dessous. Chacun à leur tour, ils vont plaider pour défendre leur propre cas en tenant compte de leur délit et de leur situation familiale. Pendant qu'ils préparent leur défense, les autres membres du groupe étudieront en détail le portrait de ces quatre personnages, pour pouvoir déjà se faire une opinion avant de devoir rendre leur verdict.

Martine 28 ans, célibataire, chômeuse. Accent étranger. A participé à un détournement d'avion pour que des prisonniers de son pays soient libérés.

Arthur Une cinquantaine d'années, marié, père de trois enfants, concierge. Spécialisé dans le hold-up à main armée, mais n'a jamais tué.

Caroline 29 ans, célibataire, mère d'un garçon de 7 ans, dessinatrice, issue d'une famille riche. Ne peut s'empêcher de voler dans les magasins.

Pierre 35 ans, veuf, père de 2 enfants, directeur de banque. Peureux, il a toujours une arme sur lui. Un soir, est arrêté dans le métro pour fraude. Se dispute avec le contrôleur, s'énerve, le met par terre d'un coup de poing et menace de le tuer.

Pour vous aider à bien connaître ces quatre personnages, remplissez le tableau ci-dessous en mettant une croix dans les cases corespondant à la description de chaque personnage.

	Martine	Arthur	Caroline	Pierre
parent				
parent seul(e)				
célibataire				
homme				
femme				
chômeur/-euse				
plutôt pauvre				
plutôt aisé(e)				
cleptomane				
violent(e)				
menaçant(e)				
engagé(e) politiquement				
premier délit				
délits répétés				
armé(e)				
non armé(e)				

La légitime défense

Devant la montée de la violence, les citoyens s'interrogent: où commence et où s'arrête la légitime défense?

COMME dans les grandes villes américaines la peur s'installe en France: partout dans les bals, dans les banlieues désertes, les voyous font la loi. La police est limitée par ses moyens, la justice par les lois. Les citoyens honnêtes se demandent s'ils n'ont pas le droit de répondre à la violence par la violence.

ATTAQUE DANS LA RUE

Vous avez naturellement le droit de vous défendre et théoriquement de tuer ou de blesser votre assaillant. Mais pour que vous ayez ce droit, le danger doit être **immédiat**. Il ne suffit pas qu'on veuille vous mettre à mal. Il faut qu'on soit sur le point de le faire. Si vous apprenez qu'un traquenard° est préparé contre vous, vous devez aviser la police et non pas vous précipiter au-devant de vos adversaires armé jusqu'aux dents. Dans ce cas, aucun tribunal n'admettra que vous avez agi en état de légitime défense.

Le danger doit être **réel**. Dans une rue sombre, à deux heures du matin, une silhouette équivoque se dresse devant vous . . . Vous êtes suivi par un individu dont les manières vous semblent inquiétantes. Ni la loi ni la morale ne vous autorisent à l'assommer° sous prétexte de prévenir une éventuelle menace.

La légitime défense n'est retenue° que lorsque le péril peut être **raisonnablement redouté, objectivement vraisemblable**. Si vous commettez une erreur d'appréciation et tuez un innocent promeneur, vous devrez en rendre compte à la justice.

Votre riposte sera **proportionnée** à l'attaque. Lorsque l'on agite sous votre nez un poignard ou un revolver, personne ne vous blâmera de mettre votre adversaire hors de combat.

Il en va tout autrement si vous blessez (ou pire encore si vous tuez) quelqu'un qui ne mettait pas votre vie en péril. Aucun tribunal n'admet qu'on réponde par un coup de revolver à un coup de poing, ou que l'on tue ou blesse un vagabond qui n'avait aucune intention homicide.

La riposte doit être **immédiate**. Une fois le danger écarté, vous devez vous calmer. La légitime défense ne peut être confondue avec la vengeance. En faisant subir des violences à une personne hors d'état de nuire°, vous devenez à votre tour son agresseur et risquez des sanctions plus ou moins sévères.

ON VEUT VOUS VOLER

Pour le code français, la défense des biens est presque aussi sacrée que celle des individus.

Une bande de voyous se précipite sur vous pour vous arracher votre sacoche; un gangster vous braque lorsque vous sortez de votre banque: vous avez bien évidemment le droit de résister à ces agressions par tous les moyens en votre pouvoir.

Il en va tout autrement lorsque le vol ou la tentative de vol° est commis sans violence. Un pickpocket s'empare de votre porte-monnaie dans le métro. Votre voiture disparaît sous vos yeux. Essayez d'appréhender le malfaiteur. Attirez l'attention des passants. Faites appel à la police. Si vous tirez votre revolver et essayez d'abattre votre voleur, alors que vous n'êtes pas menacé par lui, vous vous retrouvez devant le tribunal.

Jean Suyeux, *Paris Match*

louche/équivoque

un traquenard □ a trap
assommer □ to knock out
retenu(e) □ accepted
hors d'état de nuire □
   incapable of inflicting harm
une tentative de vol □ an
   attempted theft

▷ Tirer un coup de fusil sur
   quelqu'un qui «casse» votre
   voiture et s'en va avec votre
   autoradio, c'est un cas de
   légitime défense des biens.

Autrement dit . . . .

Trouvez dans le texte les mots ou
les expressions qui veulent dire:

▷ les voyous règnent
   les voyous font la loi

▷ un agresseur *assaillant*
▷ avertir *aviser*
▷ obscur *sombre*
▷ suspect, inquiétant *équivoque*
▷ immobiliser quelqu'un *assommer*
▷ menaçait de vous tuer *mettait votre vie en péril*
▷ la propriété *les biens*
▷ la loi vous permet de *vous avez le droit de*
▷ tuer *abattre*

Vrai ou faux? . . . .

Indiquez si les affirmations
suivantes sont vraies ou fausses:

▷ Si quelqu'un vous saisit d'une
   main et vous menace d'un
   revolver de l'autre, vous avez le
   droit de le tuer.

▷ Vous êtes certain qu'une bande
   de jeunes armés vous attendent
   chez vous. Vous avez le droit de
   vous battre contre eux, et, s'il le
   faut, d'en tuer autant que
   possible.

▷ Il est deux heures du matin,
   vous rentrez chez vous et un
   individu se met à vous suivre.
   Vous avez le droit de l'arrêter en
   lui cassant une bouteille sur la
   tête.

▷ Un inconnu vous demande
   l'heure. Après lui avoir répondu,
   vous vous retournez pour partir
   lorsqu'il vous attrape le bras,
   sans rien dire. Il vous regarde
   d'une manière inquiétante, voire
   menaçante. Vous avez le droit
   de lui donner un coup de poing.

▷ Dans le cas cité ci-dessus, vous
   sortez votre revolver et vous lui
   tirez dessus. Il s'agit d'un cas de
   légitime défense.

▷ Un individu vous poursuit avec
   l'intention de vous mettre à mal.
   Vous réussissez à vous en tirer.
   Le lendemain, vous le revoyez
   et vous vous précipitez sur lui.
   Vous ne risquez rien du côté de
   la loi.

▷ Une bande de voyous vous
   menace avec un poignard pour
   vous prendre votre portefeuille.
   Vous n'avez aucun droit de leur
   faire mal.

Les armes à feu

Dans le village américain de Kennesaw, Géorgie, le conseil municipal a décidé, en mars 1982, que chaque famille devrait obligatoirement disposer d'une arme à feu. Depuis que le 25 automatique ou le Smith & Wesson sont entre toutes les mains, la criminalité aurait régressé° de façon spectaculaire. Selon le shérif, la détention d'armes° serait plus efficace contre la criminalité que la peine de mort, rétablie en Géorgie. En revanche, à Morton Grave, dans la banlieue de Chicago, où la municipalité a interdit toute détention d'armes à feu on n'aurait pas constaté une baisse réelle de la violence. Dans les villes où les armes sont strictement contrôlées, à New York, à Boston et à Washington, le boulevard du crime ne cesse de s'allonger.

Mariella Righini

«*Que sont les vingt morts par an de la 22 long rifle*, dit le directeur de Gastinne Rennette, une des plus anciennes armureries, *ou même les deux cents des armes à feu contre les treize mille de la route! La montagne fait quatre fois plus de victimes que la 22 long rifle. Faut-il raser les montagnes?*»

«*N'importe quel couteau de cuisine tue autant qu'une carabine*, affirme un vendeur d'armes. *Pour quelqu'un qui a des instincts meurtriers, tout est bon. Un lance-pierres ou une arbalète°, ça tue à vingt mètres.*»

Le Nouvel Observateur

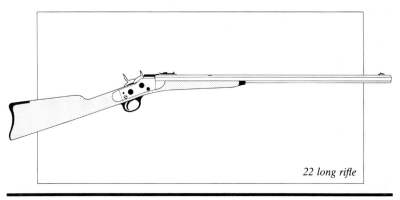

22 long rifle

régresser □ to diminish
la détention d'armes □ possession of arms
une arbalète □ a crossbow

123

POURRIEZ-VOUS TUER?

■ Nous sommes tous des assassins. On l'a dit et répété, le cinéma l'a clamé. Des assassins en puissance . . . Qui, tout gosse, ne s'est joué d'un insecte, fasciné par la fragilité d'une aile, d'une patte? Voyez le succès du roman et des films noirs.

Entre mort rêvée et mort voulue le fossé est incertain. Question de circonstances.

Ce jeu-test n'a pas la prétention de lever le voile sur l'insondable mystère. Il entend plus modestement établir si vous pourriez réellement tuer (jamais, probablement, certainement . . .); comment et pourquoi (par colère ou par passion, par devoir ou par fanatisme, par faiblesse ou par perversité. . .).

Mais, n'oubliez pas, les mots, parfois, sont plus meurtriers que l'arme à feu; le mépris, que le poison; l'indifférence, que la bombe.

Décidément nous sommes tous des assassins.

Répondez à toutes les questions sans exception et ne retenez qu'une seule des six solutions proposées.

Si aucune des solutions ne vous convient, retenez la moins mauvaise.

Si plusieurs solutions vous conviennent, ne retenez que celle qui a votre préférence.

1 Au stand de tir, vous choisissez votre cible:
a) un haricot
b) une noix
c) une banane
d) une pomme
e) une tomate
f) une citrouille□

2 Vous n'accepterez jamais:
a) de dîner à l'Elysée□
b) d'être juré d'assise
c) de passer à la télé
d) de changer de nationalité
e) de vous présenter aux élections
f) de subir une opération esthétique

3 Au saut du lit:
a) vous allumez une cigarette
b) vous vous lavez
c) vous chantez
d) vous respirez profondément
e) vous vous grattez
f) vous prenez un café

4 Vous vous tirez une balle dans la tête:
a) dans une chambre d'hôtel
b) en rase campagne
c) dans la rue
d) dans un cimetière
e) au bistrot
f) chez un ami

5 Pour calmer les Dieux, qui sacrifier?
a) le grand prêtre
b) le doyen□ de la famille
c) l'idiot du village
d) une vierge
e) un nouveau-né
f) un chat

6 La pire des inventions:
a) l'électrochoc
b) la psychanalyse
c) la poudre□
d) la retraite
e) la guillotine
f) le patriotisme

7 Un slogan pour «bomber» sur les murs de la ville:
a) prenez la vie
b) ne travaillez plus
c) soyez cruels
d) volez votre bonheur
e) n'avouez jamais
f) créez

8 Une prison, c'est surtout:
a) l'oubli□
b) des grilles
c) le silence
d) l'humidité
e) la solitude
f) la promiscuité

9 Il vous menace d'un revolver. Vous lui dites:
a) Fais pas le con!□
b) Il n'est pas chargé, au moins!
c) Qu'est-ce que j'ai fait?
d) Pitié, j'ai quatre enfants!
e) Vous ne me faites pas peur!
f) Chiche!

10 Un sujet de dissertation:
a) La morale freine l'histoire
b) Il faut du courage pour mentir
c) Le hasard n'est pas une nécessité
d) A chaque mort, une vie nouvelle
e) On est toujours le fou de quelqu'un
f) Il ne faut jamais rien regretter

11 Le pire des crimes:
a) le viol
b) l'infanticide
c) le parricide
d) le génocide
e) la torture
f) le terrorisme

12 Votre voisine a empoisonné son mari:
a) vous la dénoncez
b) vous faites comme si rien ne s'était passé
c) vous cessez de lui parler
d) vous lui faites comprendre que vous savez
e) vous la fréquentez davantage
f) vous la faites chanter□

13 Coupable, vous choisissez votre peine:
a) exécution
b) amputation d'une main
c) cinq ans d'hôpital psychiatrique
d) dix ans de prison
e) vingt ans de Légion étrangère
f) exil à vie

14 Froid comme
a) une source
b) la mort
c) une lame
d) un serpent
e) une statue
f) la peur

15 Sur votre lit de mort, vos dernières paroles:
a) Merci pour tout
b) Quelle heure est-il?
c) A demain!
d) Faut pas pleurer
e) Excusez-moi
f) Ouf!

16 Vous en êtes certain:
a) Dieu n'existe pas
b) On n'a qu'une vie
c) Il n'y a pas de certitudes
d) On a toujours tort
e) L'homme va à sa perte
f) Le temps efface tout

17 Il vous arrive d'être ivre de:
a) rage
b) amour
c) vitesse
d) musique
e) plaisir
f) grand air°

18 Vos amis vous reprochent d'être:
a) lâche
b) prétentieux
c) égoïste
d) autoritaire
e) calculateur
f) violent

19 Vous pensez que vous êtes surtout:
a) lâche
b) prétentieux
c) égoïste
d) autoritaire
e) calculateur
f) violent

20 Vos amis vous félicitent d'être
a) énergique
b) modeste
c) généreux
d) franc
e) serviable
f) courageux

21 Vous pensez que vous êtes surtout:
a) énergique
b) modeste
c) généreux
d) franc
e) serviable
f) courageux

Le Nouvel Observateur

SOLUTION

A chacune des 21 questions correspond un petit tableau de symboles (voir page 126). A chacune de vos réponses (a, b, c, d, e ou f) correspond un certain nombre de carrés blancs (□) et de signes noirs (■, ● ou ▲), parfois rien du tout.

VOTRE PULSION MEURTRIÈRE

Elle est donnée par le nombre de carrés blancs (□) qu'obtiennent vos réponses.
Moins de 10 □: vous êtes, théoriquement incapable de tuer quiconque et quelles que soient les circonstances. **De 10 à 14 □**: vous ne pourriez pas tuer, sauf . . . **De 15 à 20 □**: vous pourriez peut-être tuer. **De 21 à 28 □**: vous pourriez probablement tuer. **Plus de 28 □**: danger, vous êtes de ceux qui passent aisément de la pulsion à l'acte.

VOTRE PROFIL MEURTRIER

Il est déterminé par le nombre de vos □ et celui de vos signes noirs (■, ● ou ▲).
■ = violence, colère, surexcitation
● = passion, amour, désarroi
▲ = raison, devoir, intérêt
Faites le compte de chacun de vos signes noirs et classez-les par ordre décroissant, vous obtenez ainsi une formule de trois signes (■ ● ▲ ou ■ ▲ ● ou ● ■ ▲ etc.).
Pour connaître votre profil meurtrier reportez-vous, dans le grand tableau (page 127), à l'intersection de la colonne **Pulsion** et de la rangée **Formule**.
Exemple: vous avez obtenu 21 □; 6 ■ 10 ● et 4 ▲; votre formule est ● ■ ▲ vous pourriez probablement tuer . . . par amour.

Tournez s'il vous plaît

---

une citrouille □ a pumpkin	**l'oubli** □ forgetfulness, oblivion
l'Elysée □ residence of the French President	**Fais pas le con!** (fam) □ Don't be stupid!
un doyen □ most senior member	**faire chanter** □ to blackmail
la poudre □ gunpowder	**une source** □ a spring
	le grand air □ fresh air

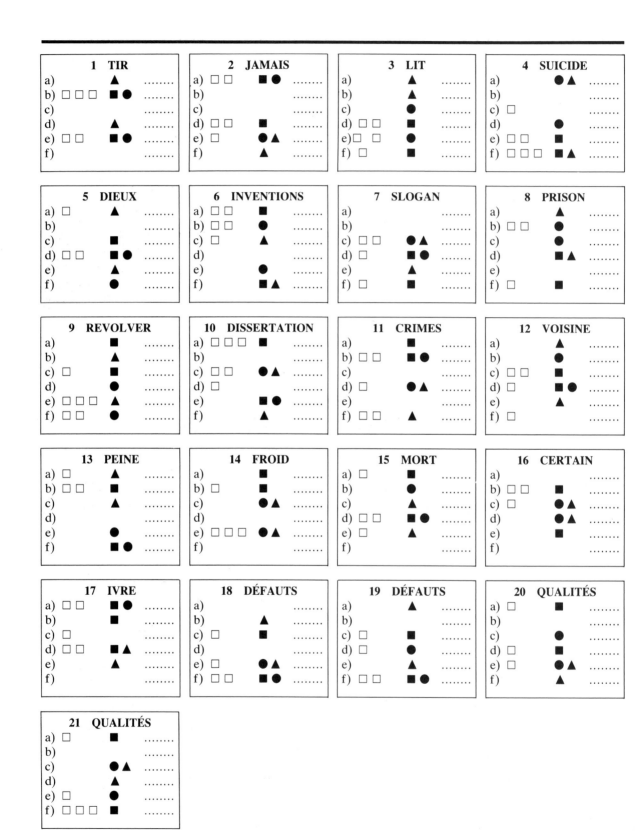

Charlotte Corday

Saint-Just

Landru

VOTRE PROFIL MEURTRIER

PULSION	Moins de 10 ☐	De 10 à 14 ☐	De 15 à 20 ☐	De 21 à 28 ☐	Plus de 28 ☐
FORMULE	VOUS NE POURRIEZ PAS TUER	VOUS NE POURRIEZ PAS TUER, SAUF . . .	VOUS POURRIEZ PEUT-ÊTRE TUER . . .	VOUS POURRIEZ PROBABLEMENT TUER . . .	VOUS POURRIEZ CERTAINEMENT TUER . . .
■●▲ Colère Passion	Jamais	. . . par erreur	. . . par hasard	. . . par jalousie	. . . par fureur, comme Caïn
■▲● Colère Raison	Jamais	. . . par accident	. . . par pitié	. . . par conviction	. . . par fanatisme comme Charlotte Corday
●■▲ Passion Colère	Jamais	. . . par peur	. . . par chagrin	. . . par amour	. . . par passion, comme Othello
●▲■ Passion Raison	Jamais	. . . par faiblesse	. . . par sacrifice	. . . par vengeance	. . . par mysticisme, comme Saint-Just
▲■● Raison Colère	Jamais	. . . par bêtise	. . . par indifférence	. . . par plaisir	. . . par perversité comme Néron
▲●■ Raison Passion	Jamais	. . . par force	. . . par devoir	. . . par intérêt	. . . par vice, comme Landru

Traduction

Traduisez en français:

1 The man who approached was in his fifties, and had obviously been watching me for some time. He took my arm just as I got to the way out, and I knew what he was going to say before he spoke. He took me to an office where the manager sat staring at me from behind an enormous desk.

2 The two employees were ordered to open the safe, and while one of the bandits trained a gun on them, the other, obviously nervous, attempted to hurry them along. "Don't bother with the change, just hurry up!" he shouted.

3 If you are about to be attacked in the street you obviously have the right to defend yourself. In theory you have the right to kill the attacker. However, the danger must be immediate. If you attack someone because you *suspect* that they are going to attack you, then you will be in the wrong.

4 "Are you going to make them stay there all night?"
– If necessary, replied the supervisor.
– And supposing they catch cold?
– Too bad. Money has been stolen. What do you expect me to do – take no notice?

Dissertation

Etant donné l'augmentation annuelle du taux de criminalité, ne vaudrait-il pas mieux rétablir la peine capitale pour tous les cas d'homicide volontaire?

Définition des idées clefs

- la peine capitale: mise à mort d'un condamné. Sanction prévue par la loi. Abolie en France en octobre 1981.
- homicide volontaire: action de tuer, délibérément, un être humain. Différent de «homicide involontaire»: tuer sans le vouloir.

Le nœud du problème

Il y a plusieurs façons d'infliger la peine capitale (guillotine, chaise électrique, pendaison, piqûre etc.). Est-ce que certaines sont plus humaines que d'autres?

Les condamnés sont-ils tous coupables sans exception?
Que faire en cas d'erreur judiciaire?

Est-il toujours possible de dire si un homicide est volontaire ou involontaire?

Analyse

C'est incontestable, si l'on en juge par les statistiques: il n'y a pas un pays au monde où le taux de criminalité soit en baisse.
A quels facteurs est-ce que ceci est dû?
Croissance démographique? Crise économique?
Chômage? Déclin de la société industrialisée?
Ou s'agit-il plutôt d'un mépris de la loi?
D'une force de police insuffisante?
D'un code pénal insuffisamment sévère?
Comment peut-on répondre à cette augmentation? Par le rétablissement de la peine de mort?

Buts de la peine capitale

- décourager le crime
- la vengeance de la société, la loi du talion
- punir les coupables
- protéger la communauté

Parmi ces buts/rôles, lequel vous paraît le plus important?
Pensez-vous que le retour à la peine de mort entraînerait une diminution du nombre de meurtres? Sinon, est-il justifiable?

Est-il défendable sur le plan moral?
Qu'est-ce qui permet à l'Etat de tuer quelqu'un au nom de la justice?
Est-ce que le caractère inaliénable et sacré de la vie humaine interdit d'envisager les arguments en faveur de la peine capitale?

Si ce n'est pas le cas, faut-il préciser les cas dans lesquels la peine de mort pourrait être envisagée?

Quelle considération faut-il accorder à l'incertitude d'un jugement et au caractère définitif de cette peine?

Conclusion

La conclusion dépend en grande partie de vos réponses personnelles aux questions posées dans la section «analyse». Il s'agit d'en retracer les grandes lignes afin de résumer votre point de vue.

I N T E R V I E W S

CRIME ET CHATIMENT

cambriolé(e) □ burgled
une bande □ a gang
parvenir à □ to succeed in
G-B □ *name of a chain of supermarkets*
à un moment donné □ at a given moment
un pistolet □ a pistol
le fric (argot) □ money

un délit

Arthur

1 Ecoutez ce que dit Arthur Boisvert sur la criminalité en Belgique. Notez-en les détails ci-dessous:

▷ hold-ups: 1980? 1983?
▷ vols de voitures: combien?
▷ marques de voitures volées?
▷ la bande qui court actuellement: où?
▷ ce qu'ils attaquent?
▷ ce qu'ils volent?
▷ ils choisissent des communes où . . . ?
▷ nombre de chômeurs en Belgique?

2 Il parle ensuite des chômeurs:

▷ Le chômeur interviewé à la télévision admet avoir commis quel délit?
▷ Comment justifie-t-il ce qu'il a fait?
▷ Selon Arthur Boisvert, que faudrait-il faire pour éviter des délits encore plus graves?

3 Et vous?

a) Quel rapport voyez-vous entre la criminalité et le chômage?
b) Existe-t-il des circonstances où il est possible de justifier le vol? Lesquelles?
Présentez vos arguments à votre groupe.

Denis

une distraction □ entertainment
se débrouiller □ to manage
des jumeaux □ twins
se venger □ to take revenge
un dur □ a tough guy

Il faut apprendre à se défendre, surtout lorsqu'on a six ans!
Ecoutez la manière dont il se débrouille!
Que comprenez-vous?

Liliane

déplaire □ to displease
le mazout □ oil
rapporter (de l'argent) □ to bring in money

Listen to Liliane's account of crime in the Brussels area:

▷ What happened to her brother? Where?
▷ What were criminals using the oil tanker for?
▷ What use were criminals making of removal lorries?

le tir — shooting   *tirer sur*

Yves

une mitraillete □ a submachine gun
menacé(e) □ threatened
le tir □ shooting
le port d'armes à feu □ the carrying of arms
dissuasif/ve □ dissuasive
un truand □ a villain
un avocat □ a lawyer
encourir □ to bring upon oneself
un témoin □ a witness

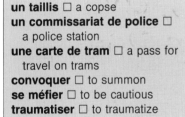

truandoher
gentleman rogue

1 Yves Desbois donne son opinion sur le port d'armes à feu par la police française. Indiquez si les affirmations suivantes sont vraies ou fausses:

▷ L'entraînement au tir fait partie de mon travail.
▷ Le sport n'en fait pas partie.
▷ Je suis CRS depuis l'âge de 19 ans.
▷ Dans mon travail, je n'ai jamais tiré sur personne.
▷ Le port d'armes à feu ne sert à rien.
▷ Une police armée dissuade les criminels.

2 Daniel Pageon compare la France à l'Angleterre. Quelles conclusions cherche-t-il à tirer?

3 Yves Desbois compare la criminalité d'il y a quelques années à celle d'aujourd'hui.

▷ «Les truands d'honneur»: pourquoi les appelle-t-il ainsi?   *hommes d'affaires*
▷ Comment les truands d'honneur échappaient-ils à la justice?
▷ Quelle différence d'âge y a-t-il entre les criminels d'hier et ceux d'aujourd'hui?   *ils ne veulent pas être privé*
▷ Comment ceux-ci espèrent-ils échapper à la justice?   *de liberté*

4 Et vous? Pensez-vous qu'une police armée ferait baisser le taux de criminalité?
Discutez-en avec un partenaire et présentez vos conclusions au reste du groupe.

Arthur

un taillis □ a copse
un commissariat de police □ a police station
une carte de tram □ a pass for travel on trams
convoquer □ to summon
se méfier □ to be cautious
traumatiser □ to traumatize

1 Arthur Boisvert describes two events in his own life which he feels explain his mistrust of police.

The first incident:
▷ How old was he?
▷ Who was he with?
▷ Where?
▷ What happened?
▷ What enquiries did the police carry out?
▷ Where was Arthur interviewed?
▷ Which questions was he asked?
▷ What was his reaction?

The second incident:
▷ How old was Arthur?
▷ What had he found, and what did it contain?
▷ How much time elapsed before he returned to the police station?
▷ What was the implication behind the police officer's question?
▷ How did Arthur defend himself?

2 Conclusion: "Il faut toujours se méfier".

a) A votre avis, a-t-il raison de tirer cette conclusion à la suite de ses expériences?
b) Si vous étiez policier, que lui diriez-vous pour vous défendre et pour expliquer ce qui a traumatisé le jeune Arthur?

131

Jean

1 Jean Bolacho est pour la peine de mort. Essayez de résumer ses arguments dans le tableau ci-dessous:

Peine de prison à perpétuité	Peine de mort
Inconvénients pour la société:	Avantages pour la société:
Exemple concret:	Exemple concret:

2 Expliquez avec d'autres mots:

▷ des dangers publics

▷ les éliminer de la société

▷ des enfants sans défense

▷ prêtes à vous accueillir

Corinne

1 Après avoir écouté l'avis de Corinne Bolacho sur la peine de mort, comparez-le à celui de son père.

En quoi est-ce que leurs opinions se ressemblent?
Est-elle aussi convaincue que son père de la validité de la peine de mort?
A-t-elle des doutes, quelque réticence?
Comment justifie-t-elle son point de vue?
Notez certaines des expressions qu'elle utilise pour qualifier les coupables.

2 Notez les mots et les expressions qu'elle utilise pour se donner le temps de réfléchir. (ex: ben, hein . . .)

3 Conclusions
a Résumez ce qu'elle pense.
b Pensez-vous que vous pourriez facilement la convaincre que la peine de mort n'est pas une bonne chose? Comment?

Gilles

1 Gilles donne son avis sur la peine de mort.
a Gilles parle-t-il en tant que citoyen ou en tant que médecin?
b Pourquoi s'oppose-t-il à la peine de mort?
c Quelle est, selon lui, la responsabilité principale du système judiciaire envers la société?

2 Résumez en quelques mots l'opinion de Gilles Edan.

M. et Mme Mahé

1 Monsieur et Madame Mahé n'ont pas le même point de vue sur la peine de mort:

▷ Madame Mahé est . . . . . . la peine de mort parce qu'elle pense que

. . . .

▷ Monsieur Mahé est . . . . . . la peine de mort. Il pense que, depuis l'abolition, le nombre de meurtres en France . . . . Il en conclut que la peine de mort n'a aucune valeur . . . .

Francis

1

▷ Selon Francis Méhaignerie, toute société qui cherche à maintenir l'ordre par la violence n'est pas . . .

▷ Que comprenez-vous par «Nous sommes tous des monstres»?

2 Summarise Francis's argument briefly in English.

CONCLUSION

Vous avez écouté plusieurs avis sur la peine de mort. Certains évoquent des raisons pratiques, d'autres humanitaires, d'autres philosophiques. Quel est votre avis sur la question? Travaillez avec un(e) partenaire pour développer votre point de vue, en empruntant, si vous le voulez, les arguments ou les mots des gens que vous avez entendus.

Voilà pourquoi on vient en France

«M. C.   Au pays, j'ai d'abord été cultivateur, tisserand◻, berger et manœuvre dans des entreprises françaises au Sénégal◻. C'était avant l'indépendance. A cette époque-là, je gagnais le minimum vital. Depuis l'indépendance, nous avons fait beaucoup plus d'efforts sur le plan agricole, mais nous nous apercevons que, plus nous produisons, plus nous nous appauvrissons◻. De plus, les impôts augmentent lourdement, d'autant que◻, comme tu le sais, les impôts sont calculés par habitant et tête de bétail◻, non sur le revenu. Si tu ne paies pas tes impôts, c'est la prison, sans chercher à savoir si tu as des revenus ou pas. C'est pour cela que l'on vient en France, pour gagner un peu d'argent et l'envoyer à la famille.

S. N.   Si tu pouvais vraiment gagner ta vie au Sénégal avec ta terre, viendrais-tu en France?

M. C.   Ah! non, je ne serais pas venu et je ne pense pas être le seul à penser la même chose. La majorité des Africains seront, je pense, certainement d'accord avec moi.»

Sally N'Dongo, *Voyage Forcé*»

un tisserand ◻ a weaver
le Sénégal ◻ former French colony, gained independence 1958
s'appauvrir ◻ to become poorer
d'autant que ◻ especially since
le bétail ◻ cattle

Points de départ . . . .

▷ Qui?
▷ Où?
▷ Quand?
▷ Pourquoi venir en France?

Pour continuer . . . .

▷ D'après Monsieur C., qu'est-ce qui a changé au Sénégal, pour le meilleur et pour le pire?
▷ Que se passe-t-il si on a de faibles revenus? Pourquoi?
▷ Qu'aurait fait Monsieur C., s'il n'avait pas eu de problèmes d'argent?

Résumé . . . .

Sous forme de liste, énumérez les avantages et les inconvénients de la décision qu'a prise Monsieur C. de venir en France, pour lui et pour sa famille.

A vous de jouer!

Prenez maintenant le rôle de Monsieur C. en répondant aux questions suivantes:

1 Vous avez eu plusieurs emplois au Sénégal: pouvez-vous expliquer de quoi il s'agissait à chaque fois?

2 Parmi ces emplois, lequel vous a le plus plu?
Lequel avez-vous trouvé le plus difficile?

3 Malgré tous vos efforts, vous êtes resté plutôt pauvre: comment expliquez-vous cela?

4 Qu'est-ce que vous espériez en venant en France?

5 Pourquoi avez-vous décidé de laisser votre famille au Sénégal? Pourquoi ne pas les avoir amenés en France?

6 Vous avez dit que vous auriez préféré rester au Sénégal, et ne pas être venu en France. Pouvez-vous expliquer votre attitude?

7 A quel moment allez-vous vous décider de rentrer au Sénégal? Comment gagnerez-vous votre vie là-bas?

Le long voyage

«**M. C.**   (. . .) Quand je me suis marié, j'ai voulu partir en France. Je me suis présenté à la police de Dakar pour obtenir une attestation de sortie◌ pour aller à Bamako, au Mali. De Bamako je suis allé en Haute-Volta où il a fallu que je présente mon passeport, ce que j'ai fait pour avoir un visa. De Haute-Volta je suis allé au Niger, à Niamey. Là aussi, j'ai eu un visa pour Alger, j'ai payé 3 000 F. C.F.A.◌ (60 F) pour obtenir un visa, parce que là, ce n'est pas gratuit. Je me suis retrouvé en Tunisie, mais là, c'est comme au Sénégal, on ne demande rien. J'y suis resté deux semaines pour partir ensuite en Libye, en taxi.

S. N.   Par taxi?

M. C.   Eh oui, par taxi. J'ai demandé s'il y avait un bateau qui partait pour l'Italie. Et là, en Libye, j'ai rencontré d'autres Africains dans mon cas. Il y avait un bateau qui faisait escale à◌ Malte. Mais nous ne sommes pas descendus. En arrivant en Italie, les Italiens nous ont fait comprendre que les Français n'avaient plus besoin de Noirs et qu'en conséquence ils ne nous accordaient pas le droit de séjour◌. Ils nous demandaient de retourner en Tunisie. Avant, nous avons fait huit jours de prison dans le bateau. Nous n'avons même pas mis le pied sur le sol italien. De retour en Libye, les Libyens ont accordé un visa et il n'était que de vingt-quatre heures seulement. Après cela, c'était la prison. Le visa a coûté 3 500 F C.F.A. (70 F).

S. N.   Est-ce que vous aviez de l'argent?

M. C.   Non, mais à nous tous, on s'est débrouillés, en empruntant à ceux qui en avaient un peu. Nous avons pris le visa de vingt-quatre heures afin de retourner en Tunisie. Arrivés en Tunisie, j'ai écrit aux camarades en France pour qu'ils m'envoient de l'argent. Quand je l'ai reçu, nous avons pris l'avion pour la Yougoslavie, à Belgrade. Là encore, nous avons demandé un visa pour la Suisse, c'était 3 500 F C.F.A. On a pris le train. Mais ce qu'on ne savait pas, c'est que le train passait par l'Italie. A la frontière italienne, ils ont voulu nous refouler◌, mais en regardant nos passeports, ils ont vu un visa pour la Suisse et ils ont fini par nous laisser faire. En Suisse, encore beaucoup de difficultés. Nous ne savions pas que la douane française se trouvait à Genève. Après de très nombreuses discussions, j'ai pu passer, tout seul, et cela grâce à de vieux bulletins de paie◌ et à mon numéro de Sécurité sociale.

S. N.   Combien cela a-t-il coûté?

M. C.   650 000 F C.F.A. (13 000 F) et quatre mois de voyage. Avec ce que je gagne ici par mois, c'est-à-dire 1 100 F, j'en ai pour un bon moment à le rembourser. D'autant plus que j'ai deux femmes, trois enfants, ma mère et sa sœur. Je suis seul à les nourrir. Cela est très dur et demande beaucoup de privations.

Sally N'Dongo, *Voyage forcé*

---

une attestation de sortie □ an exit visa
Francs C.F.A. (Francs de la Communauté Française d'Afrique) □ *currency of the French community in Africa*
faire escale à □ to call at
le droit de séjour □ residence permit
refouler □ to turn back
un bulletin de paie □ a pay advice slip

Résumé cartographique . . . .

Consultez la carte ci-dessous.

En vous servant de la carte, et des renseignements donnés dans le texte, tracez l'itinéraire du voyage de Monsieur C., depuis le Sénégal jusqu'à la France. Utilisez un signe de votre choix pour désigner le pays où il a dû obtenir un visa.

A votre avis?

1 Le voyage de Monsieur C., est bien long. Qu'est-ce que cela prouve sur sa détermination d'arriver en France et sur ses espérances?

2 Imaginez ce qu'il a pu ressentir à chaque frontière?

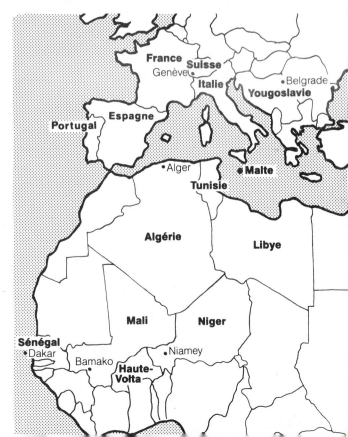

Eboué Joseph, l'éboueur

«Il s'appelle Eboué Joseph. Il est Sénégalais . . . Six ans d'école primaire à Dakar avec les «masœur[]», trois ans d'orphelinat, deux ans d'un vague apprentissage, quelques années encore sur le port, comme débardeur[], puis le mariage, les enfants, la misère et, un jour, l'envie de prendre le bateau blanc qui part pour la France.

Travailleur immigré comme tant d'autres, Eboué Joseph est devenu, par la force des choses, «agent du service de nettoiement de la Ville de Paris». (. . .)

L'éboueur Eboué Joseph éclate d'un grand rire tonique[] et raconte son métier: les aubes froides de la capitale, les tombereaux[] gris de poussière qui commencent leur tournée à 6 heures du matin.

Un travail d'équipe avec deux autres immigrés, le chauffeur – d'une compagnie privée – et le second «chargeur» pour plusieurs centaines de poubelles de 10 à 30 kilos à collecter dans une matinée. Chaque jour un voyage avec le camion-benne[], debout sur le marche-pied[] – «le reste du temps on court derrière» – équivaut à 9 ou 10 kilomètres de parcours (. . .).

Comme la plupart des éboueurs (plus de 80% sont des immigrés et trois sur quatre sont d'origine africaine ou antillaise[]), il lui faut se contenter d'une gratification mensuelle à peine supérieure au SMIC[]: de 1 500 F à 1 600 F.

«Le pire, explique encore Eboué Joseph, c'est le balayage[]. A 9 heures, la collecte des poubelles est terminée. On rentre se changer, on boit un café chaud, puis on repart balayer les rues jusqu'à midi, midi un quart. Après le casse-croûte[], on repart à 13 h 30 pour un nouveau balayage de rue ou de marché. La journée se termine vers 17 heures et c'est ainsi pendant trois jours. Puis, les trois autres jours de 6 heures à 12 heures 15. Après quoi viennent deux jours de repos. Mais le dimanche les éboueurs travaillent jusqu'à midi.»

Le Monde

---

une "masœur" (ma sœur)[] a nun
un débardeur [] a docker
tonique [] resounding
un tombereau [] a tipcart
un camion-benne [] a dump truck
un marche-pied [] a running board
antillais(e) [] West Indian
SMIC (salaire minimum interprofessionnel de croissance) [] *national minimum wage in France*
le balayage [] sweeping
un casse-croûte [] a snack

Résumé . . . .

▷ Pendant combien d'années est-ce qu'Eboué a été à l'école au Sénégal?
▷ Quelle formation professionnelle a-t-il reçue?
▷ Qu'est-ce qui a exacerbé son état financier?
▷ Dans son travail d'éboueur, combien y a-t-il de gens dans son équipe?
▷ Lequel d'entre eux n'est pas employé par la Municipalité?
▷ Que fait Eboué entre 6 heures et 9 heures du matin?
▷ Qu'est-ce qu'il fait comme travail l'après-midi?
▷ Pourquoi se change-t-il après 9 heures du matin?
▷ Combien d'heures fait-il par semaine?

Cherchez les mots . . . .

Trouvez dans le texte la façon dont sont exprimées les idées suivantes:
▷ incertain
▷ parce qu'il n'avait pas le choix
▷ dans l'affaire
▷ éboueur
▷ un salaire
▷ on s'en va de nouveau

A votre avis?

1 Quels sont les aspects du travail d'éboueur qui vous paraissent absolument intolérables?

2 Pourquoi Eboué a-t-il choisi le travail d'éboueur?

3 Comment se fait-il qu'un grand nombre d'éboueurs à Paris soient des immigrés? (Les statistiques de la page 272 pourraient vous être utiles.)

Manœuvres □, O.S.1, O.S.2 □ . . .

«Un ouvrier tunisien déclare: «Quand il faut désigner un responsable d'équipe, c'est le Français qu'on prendra, sinon un Espagnol, et s'il n'y a pas d'Espagnol, un Italien et, s'il n'y a pas d'Italien, c'est un Portugais, etc.» Il semble bien qu'au niveau de□ la promotion, comme aux autres, une sorte de discrimination différentielle□ s'établisse, qui crée une hiérarchie entre les colonies d'immigrés selon leur nationalité et leur race. On arrive parfois à une situation de fait où les Noirs sont manœuvres, les Algériens et Portugais OS 1, les Espagnols OS 2, tandis que les Français occupent les postes qualifiés, et cela dans une même usine! Le passage d'une strate□ à l'autre devient quasi impossible.»

Bernard Granotier, *Les travailleurs immigrés en France*

---

un manœuvre □ a manual worker
O.S. 1, O.S. 2 (ouvrier spécialisé 1, ouvrier spécialisé 2) □ specialised worker 1/2: *terms used to classify lower grade jobs within the 'professional hierarchy'*
au niveau de □ as regards
différentiel(le) □ differential
une strate □ a level
quasi □ almost

Résumé . . . .

Nationalité? Race? Langue? Apparence physique? Niveau d'éducation? Diplômes? Compétence? Personnalité?

Sur quoi juge-t-on les ouvriers, quand il est question de promotion? Quel est le critère de sélection, d'après cet ouvrier tunisien?

D'après le texte, comment fonctionne la discrimination dans les usines? Sur quoi est-elle basée?

A votre avis?

1 Pourquoi un employeur français préférera-t-il un Espagnol à un Tunisien?

2 D'après vous, est-ce que ces raisons sont valables?

La grande illusion

«Le paysan venu en France à la recherche d'un travail veut «faire de l'argent» très vite et espère acheter à son retour une terre (sécurité dans la propriété) ou un petit commerce. «L'idée de faire fortune» – si courante□ pour les Européens qui se précipitaient vers le Nouveau Monde au XIXe siècle – prend la forme d'une vision idyllique de la France, et de Paris en particulier. On peut dire que chaque émigrant ajoute, au strict projet économique, tous ses rêves, alimentés par□ les récits de ses compatriotes rentrés au pays. Ceux-ci ne veulent pas admettre que leur voyage a pu être un échec et ils minimisent les mauvaises expériences pour célébrer «la vie moderne», «la grande ville», la facilité de trouver un bon travail, etc. La constatation de la revue «Hommes et Migrations» a une portée générale: «De l'enquête sociologique il ressort que□ l'image que se font les Portugais de la France, avant d'avoir pris la décision de quitter leur pays, est assez merveilleuse. Pour certains, la France est «la meilleure nation du monde», le seul pays où «l'on vit bien», «le plus développé, un pays grand et riche, où tout est facile. Comme le terrain est riche et qu'on y fabrique beaucoup plus qu'au Portugal, il y a du travail pour tout le monde et on y gagne, beaucoup d'argent.» Aussi «il est bon d'y vivre: on y mange bien et il reste de l'argent. Le change□ y est avantageux et on peut faire des économies.»

Bernard Granotier, *Les travailleurs immigrés en France*

---

courant(e) □ widespread
alimenté(e) par □ sustained by
il ressort que □ it comes to light that
le change □ the exchange rate

Avez-vous compris? . . . .

▷ D'après l'enquête, quel est le but des paysans émigrant en France? Dans quelle région de France veulent-ils aller en particulier?
▷ Qu'est-ce qu'ils espèrent pouvoir faire en rentrant chez eux?
▷ «Les Européens qui se précipitaient vers le Nouveau Monde»: à quoi cette phrase fait-elle référence?
▷ De quoi parlent les émigrés quand ils sont de retour dans leur pays natal?

Vous pouvez trouver les pays mentionnés dans ces textes sur la carte, page 135.

▷ Faites une liste des qualités de la France aux yeux des Portugais qui n'ont pas encore quitté leur pays.

Résumé . . . .

En vous rapportant à ce texte et aux trois précédents, faites une liste des sentiments et des expériences vécus par ceux qui quittent leur pays pour aller travailler en France.
Classez-les dans trois colonnes:

venir en France	être en France	rentrer au pays

---

troc
Lorsque les Blancs sont venus en Afrique, nous avions les terres et ils avaient la Bible. Ils nous ont appris à prier les yeux fermés: lorsque nous les avons ouverts, les Blancs avaient la terre et nous la Bible.

J. Kenyatta

Les matins qui chantent . . .

4 heures du matin, dans un foyer d'immigrés,□ rue de l'Yser, à Saint-Denis. La lumière s'allume. Les premiers levés partent pour le travail. Dans son lit de fer, Mahmadou se réveille trempé: l'eau issue de la fonte de la neige□ a filtré à travers la toiture et a mouillé la paillasse.

Pataugeant dans la boue, les hommes sortent pour aller se laver. Les lavabos sont situés à 50 mètres du baraquement□; ils ne sont pas chauffés, les carreaux sont brisés, la pression est nulle, les douches ne fonctionnent pas.

5 heures. De nouveau la chambrée somnole, mais pas pour longtemps: la lumière se rallume. Les résidents font les 3 × 8 dans les usines de la région parisienne, mais il y en a qui partent toutes les vingt minutes, selon les horaires des trains et des bus. Nouveaux bruits de portes. Rapport d'un architecte: *«Les baraques en tôle□, posées à même le sol, sont de vrais tambours métalliques. Chaque bruit d'impact – par exemple le claquement de la porte – se propage aussi bien le long des murs que sur toute la toiture.»*

A 6 heures, nouveaux départs. *«Celui qui s'en va le dernier*, explique un ouvrier algérien, *c'est lui le plus fatigué, parce qu'il n'a pas dormi correctement depuis 4 heures du matin.»*

Les baraquements sont installés sur un petit terrain en forme de quadrilatère coincé entre des voies ferrées, une route à grande circulation et la Seine. A gauche, à 10 mètres de l'entrée, la décharge des éboueurs municipaux. A droite, la station d'épuration□ des eaux usées. Au-dessus, dans l'air souvent irrespirable il y a, sous d'énormes pylônes, les fils électriques d'une ligne à haute tension. Le tout ressemble à un camp de concentration.

C'est là que résident, si l'on ose dire, près de deux cents travailleurs étrangers: une centaine d'Algériens, une cinquantaine de Marocains, quarante Maliens et cinq Tunisiens. A seize par dortoir de 42 mètres carrés – sur des lits superposés.

L'été, on étouffe sous les toits brûlants. L'hiver, il gèle parfois, la nuit, dans les chambres les plus éloignées de la chaufferie.

Pour quinze dortoirs, il y a dix W.-C., dont deux fonctionnent convenablement. Sur la dizaine de douches, deux ou trois seulement sont en service, mais l'eau y est froide ou brûlante. Dans les lavoirs, pour simplifier les choses, l'eau chaude n'existe pas: on trempe son linge à l'eau froide. *«Je me lève à 4 heures*, explique un résident. *Pour se laver, il faut faire la file□, parfois quinze minutes. La même chose pour se faire du café. Le soir, quand on rentre fatigué d'une longue journée, il faut de nouveau faire la queue pour préparer les repas.»*

J. B.
Le Monde

---

un foyer d'immigrés □ a hostel for immigrants (see page 274)
la fonte de la neige □ melting of snow
un baraquement □ a group of huts
la tôle □ sheet iron
l'épuration □ purification
faire la file □ to queue

Préparez-vous! . . . .

Divisez la classe en trois groupes.

Le premier groupe doit faire une liste des défauts des dortoirs.

Le deuxième groupe fait une liste des défauts des installations sanitaires.

Le troisième groupe fait une liste des défauts de l'atmosphère du foyer en général.

A vous de jouer!

Chaque groupe discute pour arriver à classer les défauts par ordre d'importance, de manière à les présenter ensuite à l'administration du foyer.

Travail écrit

De la part de votre groupe, écrivez une lettre à l'administration pour vous plaindre des défauts les plus pénibles de ce foyer.

Nombre et répartition

Combien d'étrangers résident en France? 3 680 100 selon le recensement général de 1982, mais 4 470 495 au 31 décembre 1983, selon le ministère de l'intérieur. Si le premier chiffre peut pécher par défaut, le deuxième est surestimé car il recense les titres de séjour en cours de validité sans tenir compte de tous les décès, naturalisations et retours au pays.

Ces 4 470 495 personnes se répartissaient, en tout cas, de la manière suivante: 1 057 402 enfants de moins de seize ans; 2 067 136 étrangers relevant du régime général; 645 003 ressortissants algériens; 445 987 ressortissants d'Etats membres de la CEE; 129 001 ressortissants d'Etats africains du Sahara du Sud auparavant sous administration française et 125 966 réfugiés et apatrides.

En dix ans, l'évolution a été la suivante:

	1973	1983
Total	3 966 251	4 470 495
Principales nationalités:		
Algériens	645 694	777 037
Belges	63 832	63 477
Espagnols	570 395	380 282
Italiens	572 803	426 325
Marocains	259 680	519 871
Portugais	312 007	859 554
Polonais	91 059	62 165
Tunisiens	148 805	214 957
Turcs	45 383	144 531
Yougoslaves	79 345	66 916

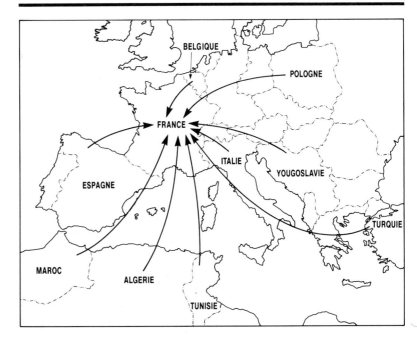

Fameck, ville tranquille . . .

Lorrains° aux yeux bleus, Cap-Verdiens° aux cheveux crépus, Méditerranéens noirauds du Portugal, d'Espagne, d'Italie ou du Maghreb, Polonais, Russes, Yougoslaves solidement charpentés°, sans oublier *le Britannique, le Grec, le Hongrois et le Brésilien:* Fameck, commune de Moselle à vingt-cinq kilomètres de Metz, est l'une des villes les plus cosmopolites de France. *«Vingt-trois nationalités différentes, 3 436 immigrés sur dix-sept mille habitants, soit près d'un quart d'étrangers . . . et une vie sans histoires».* Voilà comment Roger Claude, maire sans étiquette depuis 1969, résume sa ville.

Par quel miracle un village lorrain, qui ne comptait en 1959 que cinq mille âmes, paysans travaillant aux champs et fréquentant l'église, se serait-il transformé, pour les besoins des maîtres de forges°, en une immense cité-dortoir sans connaître ni tensions ni violences?

Pourtant, Français de souche°, naturalisés (ils sont légion°, d'origine italienne surtout) et immigrés vous confirmeront que le méchant racisme n'a pas cours° à Fameck. Les ratonades, par exemple: personne n'a jamais eu à s'en plaindre. Les brimades, les vexations? *«Jamais, dans aucun café, on ne m'a refusé un verre à cause de la couleur de ma peau»,* affirme ce Cap-Verdien. Et les enfants, à l'école? *«Pour nous, enseignants, nous ne faisons aucune différence entre les élèves. Comment d'ailleurs en serait-il autrement alors que certaines classes comportent plus d'étrangers que de Français?»,* dit Guy Bergé, instituteur et conseiller municipal. Peut-être les immigrés se heurtent-ils alors à un mauvais accueil à la poste, à la mairie ou chez les commerçants? Le directeur d'Ifaprix, l'une des grandes surfaces de la Z.U.P., s'indigne: *«Les immigrés ont généralement des familles nombreuses. Pour moi, ce sont d'excellents clients. C'est eux qui me font vivre. Et nous les soignons bien.»* Bananes vertes pour les Cap-Verdiens qui en sont friands°, couscous° pour les Maghrébins et personnel étranger pour effacer les barrières de la langue.

Même l'emploi semble échapper à la règle. Sur 501 demandeurs officiellement déclarés, 25% sont des immigrés, chiffre qui reflète exactement l'éventail° de la population locale. Les licenciements n'ont pas plus affecté les étrangers, notamment les Maghrébins, que les Français. *«C'est simple*, explique Mohamed, un O.S. de vingt-deux ans, *le patron voit son intérêt. Pour lui, un Arabe qui bosse bien, c'est aussi bon qu'un Français qui bosse bien.»* A cette entente apparemment sans faille, il faut bien chercher une explication. *«A Fameck, il n'y a plus guère de paysans: tous les hommes travaillent ensemble dans la sidérurgie. Cela crée une sorte de fraternité. Les dix-sept mille personnes qui vivent ici sont toutes logées à la même enseigne°. En dehors de quelques exceptions, il n'y a pas de très riches et de très pauvres.»* Telle est l'analyse du maire.

*Elisabeth Schemla,
Le Nouvel Observateur*

« Moi j'étais avec mon cousin . . . »

Moi j'étais avec mon cousin, on est sorti d'ici du Foyer. . .L'année dernier, c'était l'année dernier*. . .On était là-bas à la place*, je l'accompagnais, pour aller chez lui. C'était samedi, à 10 heures et demie à peu près, de la nuit*. Nous sommes partis jusque là-bas, on attendait l'autobus. . .Là on a pris un banc. On était assis*. A l'époque-là c'est l'été*. Et quand après, en discutant comme ça, y a une voiture – y avait une voiture qui arrivait juste en face nous.* Il s'arrêtait, il regardait, comme ça*. . .Y avait cinq personnes dedans. Après ils sont descendus tous les cinq – tous les quatre, pardon, il restait que le chauffeur – avec des barres de fer□ comme ça. Des barres de fer. . . Ils arrivaient juste en face de nous! Ah ils commencent! . . . Quand ils commençaient comme ça pour frapper, hop! moi je me suis sauvé, ils m'ont pas attrapé. . .Et le cousin il a reçu déjà trois ou quatre coups sur la tête, après il est sauvé aussi*. . .Nous sommes sauvés tous les deux*. Après nous sommes rentrés dans une maison, il nous a suivis en voiture. . .Alors le mec□ de la maison, le gars□ il dit: «Non non non y a personne, y a personne! Faut pas rentrer ici, y a personne! . . .» Alors ils ont demandé après nous et il voulait pas dire que nous sommes chez lui*. Ah ils sont partis! . . .Ben on est dormi là tous les deux*. On était obligé. . .Par terre et tout. – Oui, ça est arrivé à moi-même*.

1. Témoignage d'un travailleur algérien qui habite dans un foyer à Vitry-sur-Seine. Reportage Dominique Wahiche, 1975.
* Ses paroles sont reproduites sans aucune correction.

une barre de fer □ *an iron bar*	
un mec, un gars □ *a bloke*	

Résumé . . . .

Complétez chacune des rubriques suivantes à partir des renseignements donnés dans le texte:

▷ le pays d'origine des habitants de Fameck
▷ la nature et la raison du développement de la ville
▷ les différentes opinions sur cette ville
▷ l'industrie, l'emploi, le chômage à Fameck
▷ les raisons de «l'entente»

Cherchez les mots . . . .

Trouvez la façon dont sont exprimées les idées suivantes:

▷ in other words
▷ going to church
▷ they are numerous
▷ an unfriendly welcome
▷ foreign staff
▷ apart from

A votre avis?

Pourquoi Fameck a-t-elle réussi à être une ville sans racisme? Le texte ne donne pas de raisons. Pouvez-vous en suggérer quelques-unes?

Résumé . . . .

▷ Où est-ce que le jeune homme et son cousin ont passé la soirée?
▷ Où se sont-ils assis?
▷ Qui ont-ils vu arriver?
▷ Qu'est-ce qui indiquait l'intention des occupants de la voiture?
▷ Est-ce que leurs victimes ont été atteintes toutes les deux?
▷ Chez qui se sont-ils réfugiés?
▷ Qu'est-ce que l'homme a dit lorsque les agresseurs sont arrivés?
▷ Quel a été le résultat?
▷ Pourquoi ont-ils dormi dans cette maison?

A votre avis?

1 Est-ce que les deux jeunes Algériens et leurs agresseurs se connaissaient déjà?

2 Qu'est-ce que les deux cousins avaient fait pour attirer l'attention des occupants de la voiture?

3 Comment, alors, pourrait-on expliquer le fait qu'ils se sont arrêtés?

4 Que pourrait-on conclure sur la façon dont ils avaient passé la soirée jusqu'alors? Est-ce qu'ils allaient quelque part? Ou bien est-ce qu'ils se baladaient simplement en voiture? Quelle importance doit-on attacher aux barres de fer?

A vous!

Du point de vue des agresseurs:

Prenez le rôle de l'un des agresseurs. N'hésitez pas à mentir!

Vous cherchez à vous innocenter. Que pourriez-vous dire pour justifier: ce que vous faisiez cette nuit-là, où vous vous étiez rencontrés, où vous alliez?

La présence de barres de fer dans votre voiture. Etaient-elles réelles ou inventées par les deux Algériens?

Le fait que vous vous soyez arrêtés. Vous avait-on provoqués? Connaissiez-vous vos victimes? Est-ce que vous aviez quelque chose à leur reprocher?

Maintenant, racontez l'incident en entier, *de votre propre point de vue.*

Travail écrit

Pour le journal pour lequel vous travaillez, vous devez écrire un article sur l'incident dont il est question dans ce texte.

Choisissez la couleur politique de votre journal. Par exemple, c'est un journal d'extrême-droite, raciste. Ou bien, c'est un journal socialiste, qui n'a rien contre la présence d'étrangers en France. . .

Vous devez donc écrire un article qui reflètera l'opinion de votre journal. A vous d'accuser les Algériens, ou les occupants de la voiture, ou la société. . . Tout en racontant la même histoire bien sûr!

Quand vous aurez terminé, comparez votre article avec celui d'un collègue qui a choisi une perspective tout à fait différente.

Témoignages

Dominique Donnet, 30 ans, fonctionnaire

Un dimanche après-midi dans le métro, il y avait pas mal de monde. Une vieille femme avec son cabas est montée et s'est mise à parler toute seule. A un moment deux Antillais sont descendus et elle a continué son monologue sur le thème: «Ces sales étrangers qui volent le pain des Français.»

— Tu es intervenue?

— Oh, il s'est passé un truc marrant. J'étais avec un copain brésilien. On s'est regardés et puis il s'est approché d'elle en disant très haut: «Je suis Brésilien, vous avez quelque chose contre les Brésiliens?» Et moi, même jeu: «Je suis Juive, vous avez quelque chose contre les Juives?» Tout le monde dans le wagon écoutait sans rien dire. Et puis un jeune mec est entré dans notre jeu en disant: «Je suis Grec, vous avez quelque chose contre les Grecs?» La vieille s'est tue, et tous les trois on a éclaté de rire. On avait réussi sans agressivité à retourner le ridicule contre l'autre.

Martine Nicolaus, 25 ans, assistante de réalisation

Hier matin, dans le bus. Des contrôleurs vérifiaient les titres de transport. Sans même me demander mon ticket, ils se sont acharnés sur[□] mes voisines, trois petites nanas[□] d'environ seize ans, genre gitanes, mais vêtues de façon très correcte. Comme elles n'avaient pas de tickets, ils leur ont mis une amende. Les filles n'avaient pas d'argent et parlaient très mal le français; alors ils leur ont demandé leurs papiers. Elles n'en avaient pas sur elles. Alors un des contrôleurs est allé demander au chauffeur de s'arrêter dès qu'il verrait un flic; l'autre contrôleur bloquait le passage aux filles qui avaient l'air terrorisées. Et personne ne protestait.

— Toi non plus?

— Non. J'étais révoltée par l'attitude des contrôleurs, jamais ils n'auraient agi ainsi avec des Françaises. Mais je n'ai rien osé dire, j'ai bien pensé payer leur amende, ça ne m'aurait pas ruinée, et puis j'ai compris que c'était inutile, les contrôleurs voulaient visiblement les coincer[□]. J'ai eu la même attitude lâche[□] que les quarante autres passagers.

— Ça s'est terminé comment?

— Je ne sais pas, je suis descendue avant la fin.

Martine Nicolaus
s'acharner sur □ to harass
une nana (fam.) □ a girl
coincer □ to corner
lâche □ cowardly

Alain Superbie
régisseur □ assistant film director
se saoûler □ to get drunk
se cogner (fam.) □ to have a punch up
la gueule (fam.) □ the face

Alain Superbie, 37 ans, régisseur□

Il y a quelques mois. J'étais à Schefferville, dans le nord du Canada, près du cercle polaire, bloqué dix mois sur douze par la neige. On n'y accède qu'en avion ou en canoë et les mineurs blancs qui y vivent se saoûlent□ pour se distraire; alors ça provoque des bagarres avec les Indiens, qui vivent dans une réserve voisine. Un soir, j'étais dans un bar et un mineur sort se cogner□ avec un Indien à cause d'un rien. Trois minutes après, l'Indien rentre la gueule□ en sang, un autre Indien sort pour le venger et rentre dans le même état. Cinq Indiens sont ainsi sortis, puis, rentrés. Ça me paraissait d'autant plus bizarre que le mineur qu'ils provoquaient n'avaient rien d'un superman. Alors je sors voir et je m'aperçois que les Indiens faisaient semblant de se battre, qu'ils laissaient le mec leur écraser la gueule. J'ai fini par trouver un mineur qui m'a expliqué: «Si un Indien se défend et gagne contre un Blanc, il est mort, on retrouvera son cadavre quelques jours après.»

— Qu'est-ce que tu as dit?

— Rien. J'étais révolté par ce racisme, bien sûr, mais il n'y avait rien à dire ou à faire. C'est inconcevable; une sorte de règle du jeu, acceptée avec fatalisme même par ceux qui refusent le jeu.

Actuel

Résumé ....

Dominique Donnet:

▷ Que voulait dire la vieille dame par «voler le pain des Français»? Que reprochait-elle aux «sales étrangers»?

▷ A qui s'adressait-elle?

▷ A quel moment précis s'est-elle mise à parler? Pourquoi?

▷ Pourquoi a-t-elle fini par se taire?

Martine Nicolaus:

▷ Qui étaient les passagers sans ticket?

▷ Quelle a été la réaction des deux contrôleurs?

▷ Quelle difficulté est-ce que cela a créé pour les passagers?

▷ Qu'est-ce que les contrôleurs ont fait pour rendre l'affaire encore plus grave?

▷ «Ils voulaient les coincer»: qu'est-ce que l'auteur veut dire par là?

▷ Qu'est-ce que les autres passagers auraient pu faire pour intervenir?

▷ Pourquoi l'auteur parle-t-elle d'une «attitude lâche»?

Alain Superbie:

▷ Qu'est-ce qui rend la vie difficile pour tous ceux qui travaillent dans les mines de Schefferville?

▷ Que fait-on pour se distraire à Schefferville?

▷ Où habitent les Indiens?

▷ Qu'est-ce qui a provoqué la bagarre?

▷ Un mineur a réussi à battre cinq Indiens, l'un après l'autre. Comment cela se fait-il?

A votre avis?

1 Qu'est-ce qui explique l'attitude de la vieille dame?

2 Qu'est-ce qui explique l'attitude plutôt sévère des contrôleurs? A votre avis, pourquoi est-ce que les gens réagissent de cette façon?

3 Pourquoi est-ce qu'en général, les gens n'interviennent pas dans de telles situations?

4 Lequel de ces incidents trouvez-vous le plus choquant, le plus inacceptable et, par contre, le plus facile à comprendre?

Travail écrit

De la part de Martine, rédigez une lettre aux responsables de la compagnie de bus pour exprimer votre réaction face à ce que vous avez vu.

injustice
J'aime mieux une injustice qu'un désordre.

W. Goethe

Le milieu scolaire

«Les enfants d'immigrés peuvent en principe bénéficier de la scolarisation comme les jeunes Français. Or le milieu scolaire est sans doute le seul qui permette de nouer des relations profondes entre un milieu étranger et la société française. En particulier, il est bien connu que, par l'intermédiaire des enfants bilingues, l'isolement des parents peut être rompu. Dans certaines écoles de la banlieue parisienne — à Nanterre□ en particulier — on compte jusqu'à 60% ou 70% de petits Nord-Africains ou Portugais dans les écoles primaires. Malheureusement, si on compte quelques cas spectaculaires de réussites scolaires et même universitaires dans des familles de travailleurs immigrés unies et jouissant d'une certaine aisance matérielle, il n'en va pas de même pour la masse. Connaissant mal le français, qu'ils ne parlent d'ailleurs pas chez eux, dépourvus du minimum de commodités matérielles pour étudier leurs leçons et faire leurs devoirs, les enfants passent couramment deux ou trois ans dans la même classe, se découragent, découragent leurs professeurs, compromettent le niveau de leurs condisciples□. . . et se retrouvent à quatorze ans, incapables de suivre un enseignement professionnel. Selon certaines enquêtes, il y aurait de 18 à 20% d'enfants immigrés non alphabétisés□ à Nanterre.

Adolescents, les enfants d'immigrés éprouvent d'autant plus de difficultés à s'assimiler au milieu français qu'ils restent culturellement et professionnellement en marge. Déchirés entre leur milieu familial, qui ne les satisfait plus, et la société française, qui les rejette, mais cependant les attire, ils sont guettés par le chômage et la délinquance.»

Bernard Granotier, *Les travailleurs immigrés en France*

Nanterre ☐ Paris suburb, essentially working class
un(e) condisciple ☐ a schoolmate
non alphabétisé(e) ☐ illiterate
guetté(e) par ☐ threatened by

Vrai ou Faux? . . . .

Indiquez si, à votre avis, les affirmations suivantes sont vraies ou fausses:

▷ Tous les enfants d'immigrés bénéficient, au même titre que les jeunes Français, de la scolarisation.
▷ L'école permet aux immigrés de s'intégrer dans la société française.
▷ Le milieu scolaire peut avoir de l'influence sur l'isolement des parents immigrés.
▷ La plupart des enfants d'immigrés ne parlent que le français.
▷ La plupart des immigrés dans la banlieue parisienne habitent à Nanterre.
▷ Chez les immigrés, le succès scolaire est souvent lié à leur statut économique.
▷ Les immigrés qui réussissent à l'école ne sont qu'une minorité.
▷ La grande majorité des enfants d'immigrés ne font jamais leurs devoirs.
▷ Beaucoup d'enfants d'immigrés n'ont pas la possibilité matérielle de faire leurs devoirs.
▷ Passer deux ans dans la même classe, ce n'est pas très courant à Nanterre.
▷ C'est à cause de la langue que le plupart des enfants d'immigrés ont du retard dans leurs études.
▷ Les problèmes des enfants d'immigrés diminuent après l'âge scolaire.
▷ A ce moment-là, trouver un emploi rend l'intégration plus facile.
▷ Les adolescents ne sont heureux qu'avec leur famille.

Cherchez les mots . . . .

Trouvez dans le texte des mots ou des phrases qui veulent dire:

▷ théoriquement
▷ qui parle deux langues
▷ succès
▷ bénéficiant de
▷ la majorité, la plupart
▷ souvent
▷ collègues de classe
▷ diminuent
▷ menacés par

Résumé . . . .

Résumez l'essentiel de ce texte sous forme de deux colonnes:

ce qui devrait se passer	ce qui se passe en réalité

A votre avis?

Comment peut-on résoudre le problème des différences entre les enfants français et les enfants d'immigrés?
Faut-il enseigner toutes les autres langues parlées en France?
Faut-il avoir plus de professeurs issus de minorités?
Quelles sont vos idées?

Traduction

Traduisez en français:

1 At that time, I hardly earned enough money as a labourer to live on. Getting married made things more difficult still. The only thing I could do was to emigrate to France.

2 As an industrialised country, France attracts French-speaking immigrants from developing countries who have come looking for work and expecting to make their fortune. By saving their earnings, they hope to be able to buy a small business or some land when they get back.

3 It is not surprising that the few examples of immigrant children who have succeeded in their school career come from families who are quite well off. The majority, however, held back by their poor grasp of French and lacking encouragement at home, meet nothing but failure.

4 There are some who believe that sending immigrants back to their country of origin would solve many of France's present problems and reduce unemployment. It would be wrong, however, to assume that such a policy would end up improving the standard of living, would be easy to put into practice, or would liberate jobs which French workers would wish to apply for.

Dissertation

Quels conseils donneriez-vous à un francophone d'un pays en voie de développement qui a l'intention d'émigrer en France?

Définition des idées clefs

- en voie de développement: qu'est-ce cela suggère sur la situation économique, les chances de trouver un travail, et par conséquent le niveau de vie du pays en question? (voir aussi 'C'est ça, notre jardin')
- émigrer: seul ou en famille? légalement ou clandestinement? définitivement ou pour une période donnée?

Analyse

Quelles circonstances difficiles peuvent provoquer la décision de quitter son pays natal?
Circonstances économiques, politiques, sociales, personnelles? Rêves difficiles à réaliser?

Comment espère-t-on que la vie d'immigré en France pourra apporter une solution aux problèmes?

Quelles sont les difficultés qui guettent l'immigré en France?
Le logement, le travail, le coût de la vie et la possibilité d'économiser, les problèmes d'ordre culturel, personnel, les effets du racisme.

Conclusion

Comment faire peser sur la balance les espoirs de l'immigration contre les réalités de la vie d'immigré et les souffrances endurées par tout individu qui quitte son pays natal?

Est-il possible d'aboutir à une conclusion d'ordre général sans connaître les circonstances particulières? Ne s'agit-il pas simplement de donner à l'immigré potentiel des renseignements concrets sur la réalité de la vie d'un immigré en France, pour lui permettre d'arriver lui-même à sa propre conclusion?

A moins que vous n'ayez une opinion ferme et définitive sur la question?

BLEU, BLANC, JAUNE

Corinne

avoir la vie rose □ to have an easy life
interpeller □ to shout at
un salaud (argot) □ a swine
irrespectueux/se □ disrespectful
d'un drôle d'air □ with a funny look
aborder quelqu'un □ to approach someone
bousculer □ to jostle
martiniquais(e) □ from Martinique

1 Corinne Bolacho speaks at length about immigrants, about other races, their work, and her own experiences. As you will hear, her views are not all based on personal experience.

Listen carefully to the whole interview. Then replay it, and collect information on the following points:

▷ Number of immigrants in Rennes
▷ Corinne's definition of an immigrant
▷ The people she specifically excludes from that definition
▷ The incident which she describes
▷ Negative feelings she expresses about immigrants
▷ Sympathetic feelings she expresses
▷ Her view of immigration in general

Monique

le métissage □ interbreeding
gênant(e) □ embarrassing

1 Listen carefully to Monique Pavy's comments:

▷ What, according to Monique, may happen eventually to the white race?
▷ She sees immigration as a social problem, not as a racial one. How does she explain this view?
▷ Where do her sympathies lie?
▷ Some immigrants are accepted. Which?
▷ Outline the anecdote she uses to illustrate her view.

2 Résumez en français la théorie de Monique Pavy.

Jean

dans le bâtiment □ in the building trade
mettre à la porte □ to dismiss
du jour au lendemain □ without any notice
un chantier □ a building site
en souffrance □ held up

Ecoutez l'avis de Jean Bolacho:

▷ Il donne deux raisons pour ne pas «mettre les immigrés à la porte»: lesquelles?
▷ Qu'est-ce qu'il reproche à l'éducation française?
▷ Dans quel genre de métiers est-ce que l'on trouve des travailleurs de toutes nationalités sauf française?
▷ Qu'est-ce qu'il pense de ces métiers?
▷ Qu'est-ce que les Français en général pensent de ces métiers? Pourquoi?

Paul

1 Ecoutez l'interview avec Paul Dausse et essayez de remplir les blancs dans l'extrait suivant:

– Alors justement vous avez, vous avez été, vous avez ......[1] à la guerre d'Algérie. ......[2] quelle est votre attitude maintenant ......[3] des immigrés en France, dont ......[4], ...[5], un grand nombre sont algériens ......[6]?
– ......[7] je ne suis pas confronté directement à eux ......[8], hein. Mais je pense que les ... pratiquement si vous voulez, il y a quand même ......[9] à faire, les deux partis doivent ......[10] les uns vers ......[11]

quoi. Je pense que si j'allais dans un autre ......[12], et bien je ferais un effort pour m'y ......[13] quoi. Je ne critique pas ceux qui ......[14] en France, mais la seule façon pour eux de ......[15], de, de s'intéger, c'est malheureusement d'......[16] un peu leur civilisation. Moi je crois que c'est ça. Parce qu'ils sont ......[17] minoritaires dans quelque chose de très bien établi, euh, hein. Alors je suis prêt à les ......[18], mais il faut tout de même qu'ils ne ......[19] pas d'ennuis dans la société où ils arrivent, euh, malgré les ......[20] qu'ils rendent, ça c'est vrai. Ils ont peut-être plus de ......[21] à faire eux que nous qui les recevons, je crois. Enfin je crois.

2 Including the words you have inserted, list any words or expressions which in your view are time-fillers, or repetitions, in the question or in the answer. Now rewrite the interview without this language.

Francis

un denier ☐ money collected for the church
un(e) paroissien(ne) ☐ a parishioner
un budget à boucler ☐ a balanced budget
un foyer d'accueil ☐ a hostel

Which of the following statements are correct?
a He offers purely spiritual help to immigrants.
b The immigrants he meets are mostly in Rennes to study.
c Foreign students in France are usually well off.
d The help he offers immigrants is often financial.
e He also offers help to political refugees.
f The political refugees in Rennes are usually from Eastern Europe.

Arthur

communal(e) ☐ of the council
une cote-part ☐ a share

Arthur Boisvert décrit la commune où il habite près de Bruxelles, et une autre commune tout près de la sienne.
Notez les différences entre les deux communes dans le tableau ci-dessous:

	Odergeren	Scarbeck
langue		
âge des bâtiments		
espaces verts		
qualité des appartements		
étrangers		

2 Ecoutez de nouveau l'explication qu'il donne concernant les locataires à Scarbeck. Classez par ordre logique les affirmations suivantes:
a Les immigrés habitent à dix ou vingt dans une maison, ils acceptent des appartements relativement mal aménagés et ils payent le loyer qu'on leur demande.
b Les propriétaires ne peuvent plus louer leurs appartements aux Belges.
c Les Belges à Scarbeck ne se sentent plus chez eux.
d Les Belges ne veulent pas payer un loyer élevé pour habiter dans une très vieille commune.
e Le nombre d'immigrés dans la commune s'élève à 75%.
f Une vieille commune n'est pas très attirante pour les Belges.
g Les propriétaires n'ont aucune raison de faire des transformations dans leurs appartements.

3 Résumez les propos d'Arthur Boisvert en utilisant vos propres expressions.

Une soirée libre

Quelle est votre façon préférée d'occuper une soirée libre?

	Rappel résultats Sondage I.F.O.P. en 1961	(1)
Cinéma	15	25
Concert, rock	2	4
Théâtre, autres spectacles	2	
Lecture	5	22
Sorties avec des amis, sorties en groupe	36	21
Ecouter de la musique chez soi	7	—
Regarder la télévision	7	6
Faire de la musique	2	—
Danser	10	13
Se promener, se balader	2	6
Sport	3	6
Sorties avec une personne du sexe opposé	4	5
Bricolage, couture, travaux divers	1	4
Soirée en famille	1	3
Repos, ne rien faire	1	3
Autre chose	1	4
Sans opinion	1	—
(1) Total supérieur à 100% en raison des réponses multiples.	100	

Préparez-vous . . . .

La première colonne exprime les résultats d'un sondage effectué auprès de jeunes de 15/20 ans en 1982, la deuxième colonne exprime les résultats du même sondage effectué en 1961.

Comparez les résultats des deux sondages:

Quels sont les passe-temps qui sont indéniablement toujours les plus appréciés?

Quels sont ceux pour lesquels les changements sont les plus marqués?

A vous!

1 Posez les questions du sondage à d'autres étudiants en français. Notez toutes les réponses, puis inscrivez-les comme dans le sondage que vous venez d'étudier. N'oubliez pas d'indiquer le nombre de personnes interrogées.

2 Comparez vos résultats à ceux du sondage fait en France. Essayer d'expliquer les différences et les similitudes.

A votre avis?

1 En travaillant seul(e), indiquez vos préférences personnelles parmi les activités mentionnées dans le sondage, en donnant 10 points à celle que vous préférez; et aux autres, autant de points qu'elles le méritent.
Par exemple: si vous adorez ne rien faire, donnez 10 points à cette activité; et si vous n'aimez rien d'autre, donnez 0 à toutes les autres activités.

2 Maintenant, comparez vos résultats avec ceux d'un(e) partenaire. Pour chaque différence fondamentale dans vos réponses, expliquez-lui la raison de votre choix.
Par exemple: J'ai donné 10 points à la lecture, parce que je passe la plupart de mon temps à lire . . .

3 Faites part de vos résultats aux autres membres du groupe. Dessinez un tableau illustré pour y faire figurer tous les résultats de votre sondage; en les comparant, s vous le voulez, à ceux que vous venez d'étudier.

A vous de jouer!

Imaginez que vous êtes en France. Un(e) partenaire jouera le rôle de votre interlocuteur. Préparez votre ligne d'attaque – et de défense – et allez-y!

1 Vous êtes chez votre correspondant(e) en France. Vous avez envie de sortir avec quelques-uns de ses amis qui vont danser, d'autant plus qu'il y a quelqu'un qui vous plaît particulièrement parmi eux. Seulement, votre correspondant(e) n'aime pas les boîtes de nuit et, ce soir-là, il/elle a beaucoup de devoirs à faire. Vous ne voulez surtout pas l'offenser. A vous de commencer!

2 C'est tout le contraire! Il est sept heures et demie. Un ami de votre correspondant(e) téléphone pour vous inviter à passer la soirée chez lui. Vous ne l'aimez pas beaucoup, vous préféreriez rester à la maison. Débrouillez-vous, toujours sans offenser votre correspondant(e)!

3 La conversation précédente se prolonge. . . Il est huit heures, il vous attend pour dîner! comment terminez-vous la conversation?

4 Votre correspondant(e) est chez vous en Grande-Bretagne. Vous l'invitez à quelque chose de totalement inconnu pour un(e) Français(e); par exemple: une soirée pour fêter Guy Fawkes, ou un match de cricket, ou une soirée à la maison pour regarder votre émission préférée à la télévision. Essayez de le/la persuader de faire ce que vous avez envie de faire:
- sortir (choisissez où vous voulez aller)
- rester à la maison (dites pourquoi).

CINEMA

Question : quelle est la capitale de la cinéphilie ? Réponse (évidente) : Paris. Avec 499 salles de cinéma, et des centaines de films à l'affiche chaque semaine, la Ville-Lumière bat de très loin toutes les grandes cités du monde entier. Chaque Parisien dépense en moyenne 371 F par an pour l'amour des étoiles et toiles. La moyenne pour toute la France est de 69 F. Des chiffres éloquents.

PARIS MAGAZINE NOVEMBRE 85

Allez, Noah!

– Pour venir jouer au tennis en France, j'ai quitté mes parents et le Cameroun. J'avais douze ans. Mon père m'a laissé faire et m'a même encouragé. J'ai dû me débrouiller tout seul. Contrairement à la plupart des adolescents de mon âge, je ne travaillais pas pour montrer un carnet de notes◻ à mes parents, mais pour moi, pour mon avenir. J'en ai été conscient très tôt et je pense que cela m'a mûri.

– Retournez-vous quelquefois au Cameroun ?

– Oui, pour les vacances. Je me sens toujours Camerounais. J'ai, là-bas, ma famille et mes amis. Lorsque je suis parmi eux, c'est la fête... et je me sens encore plus Camerounais !

– Le fait d'être Noir vous a-t-il posé des problèmes ?

– Non. Jamais, absolument jamais. Je suis catégorique à ce propos.

– Jouez-vous par plaisir ?

– Presque toujours. Il m'arrive de mal jouer et d'avoir, comme tout le monde, également des problèmes personnels. Ces moments sont éprouvants. Face au public et à la presse, certains joueurs sont blindés.◻ Ce n'est pas mon cas. Je suis très sensible à la réaction du public. Surtout en France et pendant un match.

– Quels sont les instants vraiment hauts du tennis ?

– Il n'y a qu'un seul instant vraiment bon dans le tennis : celui de la victoire. Celui où le joueur conquiert cette balle de match et jette sa raquette en l'air en sautant de joie.

– Cela ne dure pas longtemps.

– Non. Mais c'est tellement intense ! Tellement exceptionnel. J'ai beaucoup d'admiration, beaucoup de sympathie pour Borg. Cependant, ce que je n'aimais pas chez Björn à ses débuts c'est qu'il n'extériorisait pas sa joie. C'était presque de

l'égoïsme. La joie, il faut la communiquer au public. Lancer sa raquette est un geste qui va dans ce sens. D'autres joueurs conservent leur raquette entre les mains à cet instant, par pur souci de professionnalisme.

– C'est-à-dire ?

– Pour qu'à la télévision et aussi dans les journaux le public lise la marque de leur matériel ! Même en cet instant béni de la victoire, ils restent des professionnels.

– Vous aussi, vous êtes un homme-sandwich.

– Oui. Et c'est normal. Cela fait partie de mon métier. J'ai des contrats importants avec des marques de vêtements, de chaussures, de raquettes, de jeux électroniques... Toutefois, je refuse certaines propositions. J'entends rester un professionnel, mais ne pas être le prisonnier d'un système où tous mes gestes publics seraient conditionnés par la clause d'un contrat.

– La carrière d'un joueur de

tennis est courte et ces contrats signifient une sécurité financière pour l'avenir.

– Cela m'est égal. Certains joueurs s'accommodent très bien de ces exigences. Moi pas. J'y perdrais ma liberté.

– Combien gagnez-vous par an ?

– Je n'en sais rien. Je ne dis pas ça par forfanterie, mais vraiment je n'en sais rien. Je constate simplement que j'ai un train de vie très élevé et que je satisfais ma passion des grosses voitures. J'ai acheté une superbe maison dans la région parisienne. Malheureusement, je n'y passe que quelques semaines par an. J'ai donné de l'argent à mon père pour monter un club sportif au Cameroun. Toujours parce que ça me fait plaisir... Jamais il ne me viendrait à l'idée d'acheter des appartements pour effectuer un placement. Je me dis que j'ai encore quelques années devant moi pour m'occuper de mon avenir financier. Pour vous donner un chiffre approximatif je dois gagner 400 000 dollars par an (2 800 000 F).

– Et votre avenir de joueur de tennis, où le placez-vous ?

– Mon ambition est d'arriver dans les cinq premiers joueurs mondiaux : je suis persuadé que j'y parviendrai. En tout cas, je m'y emploie. Lorsque je me présente sur un court, je sais qu'il n'y a pas un seul joueur qui ne soit à ma portée... Oui, j'y arriverai parce que je suis bien dans ma peau, bien dans ma tête et bien sur un court. Parce que j'ai moins peur de la contre-performance. Et parce que j'ai appris à perdre. ■

un carnet de notes □ a school report
blindé(e) □ armoured
effectuer un placement □ to make an investment

Résumé . . . .

Lisez le texte en entier avant de répondre aux questions suivantes:

▷ Où est né Yannick Noah?

▷ Quel âge avait-il quand il est arrivé en France?

▷ Qu'est-ce que ses parents ont fait à ce moment-là? Et depuis?

▷ Que fait-il pour augmenter ses revenus?

▷ Qu'est-ce que vous apprenez sur son attitude envers le public? Qu'est-ce qu'il reproche à Björn Borg à ce sujet?

▷ Qu'est-ce qu'il recherche dans le tennis? A l'heure actuelle? Pour l'avenir?

▷ Comment pourriez-vous résumer son attitude envers l'argent qu'il gagne?

▷ Est-ce qu'il est pour ou contre son rôle d'homme-sandwich?

Cherchez les mots . . . .

Trouvez la façon dont sont exprimées les idées suivantes:

▷ match point
▷ it's part of my job
▷ a high standard of living
▷ to set up a sports club
▷ I'll do it, I'll get there
▷ a bad performance

Façon de s'exprimer . . . .

Expliquez ce que Noah veut dire par:

▷ je travaillais pour moi, pour mon avenir
▷ je suis sensible à la réaction du public
▷ pas un seul joueur qui ne soit à ma portée

A votre avis?

Avec un partenaire, discutez de ce qui représente pour vous les avantages et les inconvénients de la vie d'un sportif professionnel.

Gardez ceci à l'esprit:

– pour chaque champion il y a mille perdants
– jouer pour s'amuser ou pour gagner sa vie?
– vie privée/vie publique?
– la retraite à quel âge? Et après?
– tant de gloire en si peu de temps?
– ce qu'il faut sacrifier
– le risque d'être l'éternel second, ou troisième . . .
– comment s'assurer que le risque vaut la peine?

Maintenant, rédigez vos conclusions sous forme de conseils offerts à un garçon ou une fille qui songe à une carrière sportive.

Ce n'est qu'un jeu?

Le crime de Schumacher

La Coupe du Monde de Football 1982 restera essentiellement marquée par le grave incident entre le goal allemand et le joueur français Battiston. Un acte d'antijeu caractérisé qu'on ne finira jamais de dénoncer. Je joue au football depuis mon enfance et je serais capable de tuer un type qui se comporterait de la sorte. Le plus grave dans l'affaire : le comportement de l'arbitre, qui aurait dû donner un avertissement et qui, au lieu de cela, plaisantait avec Schumacher. Dans l'attitude du public français, on a pu voir des relents °d'antigermanisme. C'est peut-être vrai. Pour ma part, je me refuse à considérer l'incident autrement que sous son aspect purement sportif. Ce qui n'est pas le minimiser : les peuples s'expriment pleinement dans leur football, art populaire par excellence.   P. R.

Philippe Robrieux, *Le Nouvel Observateur*

Il est entré en jeu depuis sept minutes. En quelques balles, Patrick Battiston a pris la mesure du match. Exemplaire par son efficacité défensive devant Paul Breitner, l'éternel stratège de l'Equipe d'Allemagne, il montre sa détermination par ses plongées en attaque. Et puis, l'accident. Sur une subtile ouverture de Michel Platini, Battiston voit s'ouvrir le but. Point capital pour la France qui va prendre l'avantage. Mais Schumacher, avec une froide préméditation, joue l'homme plutôt que le ballon. Le gardien de but percute de toute sa masse l'attaquant bleu, le frappe durement au visage et l'étend inanimé sur le terrain. C'est le scandale, les Français sont ulcérés. Le public prend fait et cause contre Schumacher qui déjà avait agressé Platini, Six et Rocheteau quelques minutes plus tôt. Un seul homme garde un sang-froid parfait, trop parfait: l'arbitre, M. Corver, un Hollandais. Lui ne trouve rien à redire. L'amertume se glisse chez les Bleus.

Paris Match

Schumacher

Battiston

La lettre ouverte de Platini

« Chers compatriotes,

« C'est fini. La page est tournée, mais quelle page ! La France, quatrième sur vingt-quatre, est sortie du Mundial sur un nuage, même si, dans la nuit de Séville, ce fut un nuage noir.

« J'en suis encore tout retourné. Je n'arrive pas à digérer ce coup du sort. Les images défilent, se superposent et se bousculent dans ma tête. Je revois le stade, les drapeaux, la foule et les buts. Je revis l'ambiance électrique et féroce de ce grand soir. J'ai les six buts (trois et trois) gravés dans ma mémoire. Et les penalties, en prolongation du suspense, qui passent et repassent dans un dénouement tragique.

« Quand la France, battue d'un cheveu, entre dans sa nuit, je me retrouve tout seul, assis, désespéré, au milieu du terrain. J'entrevois le ballet euphorique des Allemands. Je suis dans le noir. Rummenigge se détache du groupe et vient à ma rencontre. Il enlève son maillot, me le tend avec une poignée de main ferme et franche. J'aime beaucoup Rummenigge. Je suis incapable de lui en vouloir,□ à lui, même si, à ce moment-là, je me sens chavirer□ entre la colère et le chagrin.

« Nous avons fait notre devoir, c'est sûr, et les Allemands ne nous ont rien appris. Au fond, je suis bien content qu'ils aient pris la leçon en finale. J'étais dans les tribunes du stade Santiago Bernabeu à Madrid, dimanche, mais je sais que ma place, notre place, était en contre-bas, sur le terrain.

« Comme tous les Français, j'avais fait un transfert d'affection. J'étais pour l'Italie. A cent pour cent. On dira : c'est normal, Platini est de souche italienne ; ou encore : Platini ménage son arrivée à la Juventus de Turin. Je réponds : voyez l'explosion de joie des Parisiens après la victoire. Ils sont descendus par milliers sur les Champs-Elysées, scandant□ avec une ferveur candide et sympa : « I-TA-LIA ! I-TA-LIA ! I-TA-LIA ! »

« Dans quinze jours, je serai en Italie, mais je ne vous oublierai pas. J'ai insisté pour introduire une clause spéciale dans mon contrat à la Juventus de Turin. Elle prévoit que je serai à la libre disposition de l'Equipe de France. C'est la moindre des choses, et je vous dois bien cela ! « Pour conclure, je me contenterai de vous servir une expression aussi banale que galvaudée□ : c'est juré, j'essaierai de faire mieux la prochaine fois... Fidèlement ». ■

Paris Match 1982

Points de départ . . . .

Read the three sections carefully. Choose, by ticking the appropriate box, the descriptions which could be applied to the six people listed. In some cases, the description may be applicable to more than one of them; or to none at all.

	SCHUMACHER	BATTISTON	PLATINI	CORVER	RUMMENIGGE	ROBRIEUX	NONE OF THESE
coldly calculating							
depressed							
aloof							
satisfied							
unsportsmanlike							
innocent victim							
supportive							
vengeful							
skilful							
sickened							
uncaring							
conciliatory							
ashamed							

Cherchez les mots ....

Trouvez, dans les trois extraits, la façon dont sont exprimées les idées suivantes:

▷ a man who behaved in that way
▷ a stroke of fate
▷ beaten by a hair's breadth
▷ a hundred per cent
▷ that's the last I can do
▷ he comes to meet me

Autrement dit ....

Expliquez en français les expressions suivantes:

▷ un acte d'anti-jeu
▷ la page est tournée
▷ les Allemands ne nous ont rien appris
▷ j'avais fait un transfert d'affection

Pour continuer ....

Nul besoin de réfléchir pour savoir de quelle nationalité sont les auteurs des deux premiers extraits ni leur point de vue au sujet de ce qu'ils appellent «le crime de Schumacher».

Relevez dans ces deux textes les «qualités» dont on parle de:

▷ Schumacher
▷ Battiston
▷ Monsieur Corver
▷ Rummenigge

Résumé ....

▷ Comment est-ce que Robrieux, l'auteur du premier extrait, aurait pu répondre au «crime de Schumacher»?
▷ Que pense-t-il du sentiment d'antigermanisme qu'il croit distinguer à la suite de cet incident?
▷ Après le «coupable», qui est-ce que Robrieux accuse? Pourquoi?

La lettre ouverte de Platini:

▷ Pour quelles raisons a Platini écrit cette lettre? Pour:
– consoler les lecteurs français?
– accuser les Allemands?
– présenter les faits du match?

– donner une analyse des sentiments d'un joueur qui a participé au match?
– souligner les mérites de l'équipe de France?
– parler de l'avenir?
– vanter les mérites de Platini?
– d'autres possibilités?
▷ Quoi qu'il en soit, ce n'est guère une lettre neutre. On y trouve des impressions et des sentiments plutôt que des faits. Relevez tous les *faits* que Platini mentionne, et écrivez-les en quelques phrases.

Briegel ☐ *a member of the German 1986 World Cup squad*
la turista ☐ 'holiday tummy'
un accroc ☐ a hitch
coulé(e) en rade ☐ stranded
la supercherie ☐ trickery
un(e) postulant(e) ☐ an applicant

LA DÉFAITE DES FOOTBALLEURS FRANÇAIS

Les dieux sont fatigués

Comme à Séville, en 1982, l'équipe de France de football – mal remise des efforts déployés face au Brésil – a été battue le 25 juin, en demi-finale de la Coupe du monde par la RFA qui disputera la finale contre l'Argentine le 29 juin.

Pauvre France, pauvres de nous. Enfer et damnation ! Venir de si loin et s'échouer là, à deux pas du port, sur un vieux rocher franc, aussi épais que le torse du grenadier Briegel°est large. Braver tout, la turista,°les scorpions, l'altitude, l'ennui, le soleil, la séparation. Echapper à tous, les Russes, les Italiens, les Brésiliens, les cartons rouges, jaunes, filer son aventure sans un accroc,° sans un blessé grave, sans une défaite. Voguer sur un petit nuage rose au ciel de Guadalajara, recevoir des télégrammes du président, du premier ministre.

Tout cela pour quoi ? Pour finir coulé en rade° de Guadalajara, par le mieux identifié de nos contempteurs, le plus rituel de nos persécuteurs. Guadalajara, Séville et puis quoi encore ! On en rit comme cela, parce qu'il faut bien

A votre avis?

1 Ce n'est qu'un jeu? Est-ce que l'on joue pour le plaisir de jouer ou le plaisir de gagner?

en rire et parce que, après tout, l'habitude nous vient. On en rit, comme d'une journée calamiteuse qui nous valut dans un match calamiteux une élimination calamiteuse par une équipe à peine moins calamiteuse. On en rit comme d'une supercherie.□

Après le match, Franz Beckenbauer, modeste et joliment hypocrite, fit savoir qu'il était désolé pour l'équipe de France. Il ne l'était pas un seul instant. Est-on jamais désolé de la victoire et d'une qualification pour la finale, la deuxième consécutive ? Franz Beckenbauer est un vilain diplomate. Mais ce qu'il n'a pas dit et ce que cinquante-mille spectateurs et quelques centaines de millions de téléspectateurs auraient pu dire à sa place, c'est que cette demi-finale fut navrante, ratée, insipide, ennuyeuse. En un mot indigne de deux équipes postulant□ au succès suprême.

Pierre Georges, *Le Monde*

Occasions manquées et illusions perdues: Maxime Bossis et Michel Platini ont laissé passé leur dernière chance de disputer une finale de Coupe du monde

2 Faites du sport, pas la guerre! Quelles différences y-a-t-il entre les deux?

3 Est-ce que le sport au niveau international donne lieu à trop de patriotisme?

Les adolescents et le sport

Il est facile de saisir pourquoi les adolescents se plaisent, dans leur ensemble, à la pratique du sport: il leur offre un passe-temps qui peut se prolonger et dont les règles dispensent d'invention personnelle; il permet une évasion facile à cause de l'effort et de l'attention qu'il réclame et qui sont incompatibles avec d'autres préoccupations; il réalise le rêve diffus de la force physique et de l'épanouissement□ corporel, source d'admiration de la part d'autrui et donc de fierté personnelle; plus encore il offre une activité qui exprime la force et manifeste la jeunesse; n'est-ce pas, en définitive, le seul domaine où s'établisse, sans contestation possible, sa supériorité sur l'adulte et spécialement la génération des parents? Ainsi sera-t-il d'autant plus apprécié qu'il offrira plus de succès et contribuera à cette valorisation de soi que les adolescents désirent vivement. C'est une activité qu'ils peuvent mener entre eux; elle émane de□ la liberté des participants qui n'appartiennent à une équipe ou ne s'entraînent à un sport que parce qu'ils le veulent; enfin, elle permet tant aux acteurs qu'aux spectateurs d'y investir toute une agressivité freinée par les diverses contraintes familiales, scolaires ou sociales.

Il n'est pas difficile non plus de comprendre pourquoi beaucoup d'adultes encouragent assez volontiers la pratique sportive. Ils préfèrent que les adolescents occupent ainsi leur temps plutôt que de s'abandonner à l'oisiveté et à ses périls.

Guy Avanzini, *Le temps de l'adolescence*

l'épanouissement □ fulfilment	
émaner de □ to come from	

Texte à trous . . . .

Lisez le texte, et remplissez les blancs dans les phrases suivantes à l'aide des mots donnés ci-dessous:

▷ Ceux qui pratiquent un sport n'ont aucun besoin d'en inventer les _____.
▷ Le sport permet aux participants de _____ d'autres préoccupations.
▷ Ceux qui font du sport sont _____ de l'admiration qu'ils reçoivent d'autrui.
▷ C'est dans le domaine du sport que s'établit _____ la supériorité de l'adolescent sur la _____ de ses parents.
▷ Le _____ est inhérent à l'appréciation du sport par l'adolescent.
▷ Participer à un sport est un acte purement _____.
▷ Tant chez les spectateurs que chez les participants, le sport _____ l'expression d'une _____ par ailleurs freinée.
▷ Aux yeux de beaucoup d'adultes, la _____ sportive chez les adolescents est _____ à l'oisiveté.

préférable succès pratique permet génération agressivité sans contestation fiers s'évader règles volontaire

Cherchez les mots . . . .

Trouvez dans le texte la façon dont sont exprimées les idées suivantes:

▷ youngsters enjoy themselves
▷ admiration of others
▷ the concentration it demands
▷ for sure
▷ it demonstrates youthfulness
▷ which they can organise amongst themselves
▷ willingly
▷ rather than

Expliquez en français les expressions suivantes:

▷ une évasion facile
▷ une activité qui manifeste la jeunesse
▷ une agressivité par diverses contraintes
▷ l'oisiveté et ses périls

Travail écrit

Résumez ce qui, pour l'auteur, constitue les avantages et les bienfaits du sport.

Etes-vous d'accord avec lui? Donnez vos raisons.

Et vous?

1 Décrivez à un partenaire le sport, parmi tous ceux que vous avez pratiqués, qui vous a le plus apporté – aussi bien sur le plan physique qu'intellectuel, esthétique, moral. . . Expliquez pourquoi. Décrivez aussi celui que vous avez le moins aimé. Dans chaque cas, analysez votre réaction.

2 Y a-t-il des activités sportives auxquelles vous aimeriez participer? Lesquelles? Pourquoi?

rire
Il faut rire avant d'être heureux, de peur de mourir sans avoir ri.
La Bruyère

une combine □ a fiddle

Le sport

Je suis contre. Je suis contre parce qu'il y a un ministre des sports et qu'il n'y a pas un ministre du bonheur (on n'a pas fini de m'entendre parler du bonheur, qui est le seul but raisonnable de l'existence). Quant au sport, qui a besoin d'un ministre (pour un tas de raisons, d'ailleurs, qui n'ont rien à voir avec le sport), voilà ce qui se passe: quarante mille personnes s'assoient sur les gradins d'un stade et vingt-deux types tapent du pied dans un ballon.

Ajoutons suivant les régions un demi-million de gens qui jouent au concours de pronostics et vous avez ce qu'on appelle le sport. C'est un spectacle, un jeu, une combine°; on dit aussi une profession: il y a les professionnels et les amateurs. Professionnels et amateurs ne sont jamais que vingt-deux ou vingt-six au maximum; les sportifs qui sont assis sur les gradins, avec des saucissons, des canettes de bière, des banderoles, et des porte-voix sont quarante, cinquante ou cent mille; on rêve de stades d'un million de places dans des pays où il manque cent mille lits dans les hôpitaux, et vous pouvez parier à coup sûr que le stade finira par être construit et que les malades continueront à ne pas être soignés comme il faut par manque de place. Le sport est sacré; or c'est la plus belle escroquerie des temps modernes. Il n'est pas vrai que ce soit la santé, il n'est pas vrai que ce soit la beauté, il n'est pas vrai que ce soit la vertu, il n'est pas vrai que ce soit l'équilibre, il n'est pas vrai que ce soit le signe de la civilisation, de la race forte ou de quoi que ce soit d'honorable et de logique.

Jean Giono, *Les Terrasses de l'île d'Elbe*

Points de départ . . . .

▷ De quel sport parle l'auteur?
▷ Que veut-il dire par «concours de pronostics»?
▷ Pourquoi est-il furieux contre le sport?

Résumé . . . .

Résumez tous les reproches que l'auteur fait au sport.

A votre avis?

1 Que pensez-vous de son opinion sur l'importance qui est accordée au sport?

2 Est-ce que le sport peut avoir le même intérêt pour les sportifs et pour les spectateurs?
Pourquoi participer à un sport?
Pourquoi s'intéresser à un sport (pratiqué par quelqu'un d'autre)?

Travail écrit

«Le sport je suis pour»/«Le sport, je suis contre»

Choisissez le titre qui correspond le mieux à ce que vous pensez et développez votre opinion. Vous pouvez aussi vous reporter au texte précédent.

Une folle aventure
Marie-José raconte

Marie-José Valençot a escaladé le Dhaulagiri avec son fiancé Sylvain Saudan, dont l'intention était de descendre la montagne à ski:

Le 12 mai, Sylvain, Jean-Pierre Ollagnier, Jean-Louis Sabarly, Eric Poumailloux, le sherpa Pemba et moi sommes arrivés à 23 h au dernier camp avant l'ascension. Nous étions à 400 mètres du sommet. Ma tente était collée à celle d'Ollagnier et du sherpa ; celle de Sabarly et de Poumailloux était à 1,50 m.
Le lendemain dimanche 13 mai, le temps n'était pas idéal pour tenter l'ascension. Et Sylvain, superstitieux, n'aime pas le 13. C'est le 14 qu'on passerait à l'assaut final. J'étais heureuse, la victoire de Sylvain était proche. A 20 h, nous étions tous endormis. Vers minuit, j'ai entendu Jean-Pierre crier : «Venez vite», puis un choc sourd sur notre tente. Je me suis extirpée de mon sac de couchage, un couteau à la main. J'ai déchiré la tente pour en sortir avec Sylvain. J'ai fait de même pour celle du sherpa et de Jean-Pierre, également ensevelis sous la neige de l'avalanche. Tout cela s'est déroulé en moins de 10 secondes. Il faisait noir, je ne voyais presque rien. Je me tourne ensuite vers la tente de Sabarly et de Poumailloux qui était à 1,50 m de la nôtre. Il n'y avait plus rien. L'avalanche était passée les emportant vers la mort dans une chute de 2 000 mètres. Un vent de plus de 250 km/heure balayait tout.
Nos tentes ont été également emportées. J'avais eu le réflexe, dans l'obscurité, de mettre dans mon sac de couchage tout ce qui me tombait sous la main. Nous nous sommes précipités à l'abri contre un énorme rocher, à 6 mètres de là.
Les avalanches passaient au-dessus de nos têtes. C'est un miracle si nous nous en sommes sortis. Mais je n'avais pas peur.

Sylvain Saudan en train de s'entraîner pour la folle et héroïque tentative

Une dizaine de mètres de neige était tombée. C'est à 6 h du matin que nous nous déplaçons pour nous mettre sous un autre rocher. Une nouvelle avalanche menace. Sylvain a de la peine à convaincre Pemba, notre sherpa, de se dépêcher. Il est occupé à chercher dans la neige un marteau américain qu'il avait trouvé la veille avant l'accident. Les sherpas font en quelque sorte les poubelles des montagnes. Pour eux, l'essentiel est de ramener du matériel qu'ils pourront revendre à Khatmandou. Sylvain lui crie : « Dépêche-toi, tu vois bien que moi je laisse mes skis et tout. Ta vie est plus importante que ce marteau. » Pemba crie : « Je viens ! » Trop tard. Le vent souffle à plus de 250 km. Une avalanche l'emporte et il tombe d'au moins 2 000 mètres. Nous ne sommes plus que 3 sur cette pente de 40 degrés ; en-dessous le vide.

Sylvain n'a plus qu'une chaussure

Nous passons encore 24 heures contre un autre rocher. Nous mangeons des petits morceaux de fromage. Nous n'avons pas faim. Je sens mes mains, mes pieds gelés, mais je n'ai pas tout de suite mal ; je les remue cependant difficilement. Sylvain et Jean-Pierre tentent d'ouvrir une voie pour redescendre mais à peine ont-ils parcouru une dizaine de mètres, qu'une avalanche les frôle. Là, j'ai vraiment eu peur. J'ai bien cru que tout était fini. Par miracle, ils sont arrivés à se dégager. Nous avançions, avec de la neige jusqu'au cou. Nous n'étions pas encordés car si l'un de nous tombait il entraînerait forcément les autres. Jean-Pierre avait perdu son sac de montagne et Sylvain n'avait plus que sa chaussure gauche. Mon journal et mon appareil-photos ont disparu dans la neige. Nous avons pu rejoindre le camp situé à 6 600 mètres, après plusieurs heures de marche.

Points de départ . . . .

Lisez l'article en entier et remplissez le tableau suivant:

▷ les membres de l'équipage:	
▷ ce qui est arrivé à chaque membre de l'équipage:	
▷ ce qui s'est passé: le 12 mai la nuit du 13 mai à 6 heures le 14 mai 24 heures plus tard	

Cherchez les mots . . . .

Relevez tout le vocabulaire qui traite des thèmes suivants:

	noms	verbes	adjectifs
le matériel et les techniques des alpinistes	crampons		encordés
la montagne et les conditions climatiques		balayait	

Résumé . . . .

▷ Une fois arrivés au dernier camp, combien de tentes ont-ils plantées?
▷ Qu'est-ce qui les a convaincus de tenter l'ascension le 14 mai au lieu du 13?
▷ Au moment de l'avalanche, qu'est-ce que Marie-José a fait pour sortir de sa tente? Pourquoi s'y est-elle pris de cette façon-là?
▷ Qu'est-ce qui est arrivé aux tentes?

▷ Pourquoi est-ce que les survivants ont cherché un rocher?
▷ Qu'est-ce qui a conduit le sherpa à la mort?
▷ Quel a été l'effet de la deuxième avalanche?

Façon de s'exprimer . . . .

Expliquez en français ce que veulent dire les expressions suivantes:
▷ les poubelles de la montagne
▷ ouvrir une voie
▷ pas encordés
▷ je vaincrai
▷ le rapatriement

A votre avis?

1 L'alpinisme n'est pas le seul sport où l'on risque la mort. Enumérez-en d'autres en expliquant les dangers que vous y voyez. Puis classez-les par ordre, en commençant par le plus dangereux.

2 On a le droit de se détendre comme on le veut, de participer à n'importe quelle activité sportive, quelles qu'en soient les conséquences.
Etes-vous pour ou contre cette affirmation? Discutez, et présentez vos arguments au reste de la classe.

3 De plus en plus, les femmes participent à des activités sportives traditionnellement réservées aux hommes, comme en témoigne cet article. Pourquoi?

camping"*Les Chênes Verts*

R.C. 64 A13 332

24370 CALVIAC-CARLUX — Tél. (15-53) 59.21.0⁻

Monsieur BROCKMAN Patrick
16 High Street
Buckden - Huntingdon
Cambridgeshire PE 18 9 XA
ANGLETERRE

CALVIAC, le 8 Juin 198?

Monsieur,

En réponse à votre demande du 22 Mai, vous trouverez
ci-joint notre dépliant accompagné des tarifs 1984.

La période à partir du 20 août est la plus favorable et
vous seriez susceptible d'avoir un camp plus agréable **et**
avec un choix de beaux emplacements.

Pour réserver, il vous suffira de téléphoner 8 jours
avant votre arrivée et de confirmer celle-ci la veille
de votre départ.

Nous vous prions d'agréer, Monsieur, l'assurance de nos
sincères salutations.

J. RICARD

CAMPING - CARAVANING

LES CHÊNES VERTS

24370 CALVIAC
TÉL. : (16) 53.59.21.07

les chênes verts

CALVIAC

SARLAT   N 704   SOUILLAC

DORDOGNE

LA ROCHELLE

COGNAC

PERIGUEUX

SARLAT

BORDEAUX

BERGERAC

CAHORS

AGEN

TOULOUSE

DORDOGNE

La Dordogne

Au centre de sites exceptionnels, du plus haut pittoresque, favorisant promenades et excursions, le Périgord dispense généreusement ses attraits, au long de la vallée où scintille "le plus français des fleuves", la Dordogne, tantôt au pied de hautes falaises ocres, tantôt enserrée de verdure et semée de châteaux.

Le débit régulier de ses eaux favorise la découverte, en canoë, de ses rives propices au picnic et à la pêche.

Le charme des vieilles cités vous accueille : Sarlat aux rues bordées de vieux hôtels qui témoignent du Moyen-Age et de la Renaissance ; Domme, ancienne bastide dont portes et remparts moyennageux, vieilles tuiles aux chaudes couleurs le disputent aux terrasses fleuries de ce merveilleux belvédère, Rocamadour sur son rocher. La Dordogne vous offre encore les sites préhistoriques sur la Vézère : les Eyzies, Moustiers, Lascaux, et une inoubliable gastronomie dont la réputation mondiale en a fait le "paradis des gourmets".

La Roque Gageac — Photo Ph. Roy - Explorer

Château de la Treyne — Photo P. Tétrel - Explorer

une bastide □ a walled town
un belvédère □ a high spot commanding a beautiful view
un chêne □ an oak tree
un emplacement □ a site
l'approvisionnement □ buying provisions

Autrement dit . . . .

Trouvez dans la brochure des mots ou des phrases que l'on pourrait remplacer par les expressions suivantes:

▷ brille
▷ ses charmes
▷ entourée de
▷ cuisine
▷ ceux qui apprécient la bonne cuisine
▷ à l'ombre
▷ restauré
▷ obtenir
▷ pour votre agrément

les chênes verts

L'agrément du site

A huit kilomètres de Sarlat, en retrait de la route N704A, on accède par un chemin au cadre agréable spacieux des "Chênes Verts".

Huit hectares dont trois hectares ombragés de beaux chênes verts, entourent les bâtiments d'une ancienne ferme, complètement réhabilités dans leur caractère traditionnel, afin d'offrir les meilleures facilités.

Une piscine attend les baigneurs et les sportifs, et à deux kilomètres et demi coule la Dordogne avec toute possibilité d'accès au bord de l'eau pour les amateurs de pêche en rivière.

Confort et facilités

Du 15 Avril au 30 Septembre, 80 emplacements spacieux et délimités vous assurent des vacances calmes et libres.

Tous les sanitaires, en cabines individuelles carrelées distribuent l'eau chaude en permanence (sans supplément). De nombreux postes d'eau sont répartis dans le camp qui dispose d'un éclairage complet le soir, et de branchements électriques 220 Volts.

Approvisionnement, Restaurant

Afin que votre séjour soit débarrassé des soucis de l'approvisionnement, vous pourrez vous procurer sur place les fruits, les légumes, la crèmerie, la viande, le pain et les vins, ou bien, à votre retour de promenade, si vous le désirez, le Chef vous recevra à la terrasse du Petit Restaurant, à déjeuner et à dîner, ou bien encore, si vous préférez prendre vos repas à la tente vous trouverez un service de plats préparés à emporter.

Services spéciaux

Jusqu'à 10 h fonctionne un service de distribution de glace, et pour votre commodité, un service de machine à laver le linge et de table de repassage sont à votre disposition.

Le Petit Restaurant et sa terrasse, et les bâtiments administratifs.
Photo René

Divertissements et Sports

La piscine, avec pataugeoire pour les jeunes, est réservée à la clientèle des Chênes Verts (ouvert de 9 h à 20 h).

Et puis, baby-foot, volley-ball, ping-pong, et pour la plus grande joie de vos enfants des agrès, toboggan, trampoline, bacs à sable, etc.

Enfin, pour votre agrément, une salle de télévision, avec projection de films.

La piscine
Photo René

Peter Stevens,
5, Hamilton Rd.,
Dudley,
West Midlands
le 3 mai, 1987

Camping des Rosiers,
chemin du lac
83150 Le Lavandou

Monsieur,

Ayant vu une brochure de votre camping dans une agence de voyages en Grande-Bretagne, j'aimerais y faire un séjour cet été, du 4 au 16 août.

Je vous serais reconnaissant de bien vouloir m'envoyer les tarifs à la journée pour une tente quatre places et une voiture, ou une tente six places sans voiture. Je vous prie de m'indiquer aussi s'il est encore possible de réserver et de choisir son emplacement.

Avec mes remerciements anticipés, je vous prie d'agréer, Monsieur, l'expression de mes sentiments dévoués.

Peter Stevens

3,Laburnum Grove
Milton Keynes
Buckinghamshire
Grande Bretagne

Camping Beau Soleil   5.9.87
Rue du Port
35100 Cancale
France

Monsieur,
Venant de passer trois semaines dans votre camping, nous
tenons à vous signaler que nous ne sommes pas du tout
satisfaits de l'accueil que nous y avons reçu, et surtout
de la qualité de l'aménagement. Nous avons payé, avant
notre arrivée, le tarif d'un camping quatre étoiles, nous
conformant à votre brochure qui nous promettait:
  • de l'eau chaude à toute heure;
  • une douche pour cinq campeurs maximum;
  • des magasins de toute sorte sur le terrain de
camping.
Or, nous avons passé trois semaines à faire une demi-
heure de queue chaque fois que nous voulions prendre une
douche... froide, bien entendu. Le seul et unique
magasin, quand il était ouvert, ne vendait à peu près que
des boîtes de conserve, du riz et des pâtes.
  Nous ne dirons rien sur la propreté du terrain de
camping, ni sur le calme garanti après 10 heures.
  Ceci, vous en conviendrez, ne ressemble en rien aux
services que devrait offrir un camping quatre étoiles.
  A défaut d'un dédommagement, nous espérons au moins
une réponse de votre part.
  Veuillez agréer, Monsieur, nos salutations
distinguées.

R V Titchmarsh

Mr and Mrs R.V. Titchmarsh

Résumé . . . .

Mr et Mrs Titchmarsh ne sont pas satisfaits du tout. Qu'est-ce qu'ils reprochent au Camping Beau Soleil, en ce qui concerne:

▷ l'eau chaude?
▷ les douches?
▷ le nombre de magasins?
▷ l'approvisionnement?
▷ le terrain?
▷ la tranquilité?

Cherchez les mots . . . .

Trouvez, dans les lettres que vous venez d'étudier (pages 164 et 165), la façon dont sont exprimées les idées suivantes:

▷ we must inform you that . . .
▷ I would be grateful . . .
▷ the way we were received
▷ at any hour
▷ would you please tell me if . . .
▷ you must agree . . .
▷ short of a refund

Travail écrit

1 Répondez à la lettre de Mr et Mrs Titchmarsh comme si vous étiez le gérant du Camping – soit en vous excusant, soit en essayant de justifier vos tarifs et la qualité de votre terrain de camping.

2 Etudiez la réponse de M. Ricard, gérant du camping «Les Chênes Verts» (page 161).
Quelles étaient les questions posées par la lettre de départ?
Prenez comme modèle la lettre de Peter Stevens (page 164), et essayez de reconstruire la lettre écrite par M. Brockman, le 22 mai.

A vous de jouer!

Préparez et jouez les dialogues suivants avec un partenaire:

1 Ayant réservé, vous arrivez à votre terrain de camping assez tard dans la journée. Après un voyage fatigant, vous trouvez votre emplacement déjà occupé. Que dites-vous au gérant?

2 On vous installe tout près du bloc sanitaire. L'emplacement ne vous plaît pas. Expliquez-vous au bureau d'accueil.

3 Après plusieurs nuits sans sommeil à cause de discussions, de disputes ou de musique provenant de la tente voisine, vous vous décidez à aller vous expliquer avec les occupants.

4 La brochure vous promettait toutes sortes d'attractions: piscine, boîte de nuit, ping-pong. . . Pourquoi est-ce que tout est fermé cette année? Vous allez vous plaindre au gérant.

5 La brochure vous promettait calme et tranquillité. Pourtant, l'autoroute est juste derrière la haie, c'est-à-dire que jour et nuit vous entendez passer les voitures. Ceci était soigneusement caché sur la photo et sur la carte, bien sûr. Muni de votre brochure mensongère, vous allez trouver le gérant.

● Le Français adepte de camping□ est un animal digne qu'on lui consacre une étude sociologique. Il passe onze mois de l'année à vivre à peu près agréablement. C'est-à-dire qu'il travaille, ce qui est en général distrayant. Il habite un logement doté de divers conforts dans une ville où se trouvent toutes sortes de commodités. Le seul jour un peu ennuyeux est le dimanche, pendant lequel on ne sait pas quoi faire et où les commerçants sont fermés. Bref, n'importe quel Français du XIXe ou du XVIIIe siècle, voyant un Français d'aujourd'hui, avec son eau courante chaude et froide, son chauffage central, son téléphone, son ascenseur, etc., se pâmerait d'envie□.

Il aurait tort. Pendant ses onze mois de vie confortable, le Français campeur songe avec tendresse au douzième, dit «mois de vacances», qui comporte trente et un dimanches d'affilée (brrr. . .), et au cours duquel tout ce qui simplifie ou agrémente son existence d'ordinaire lui sera supprimé.

Après un voyage éreintant et interminable (parce qu'on est pris dans la grande migration des vacances), on

---

adepte de camping □ who goes camping
se pâmer d'envie □ to be very envious
l'apéro □ aperitif
une corvée □ a chore
la corvée d'eau □ water duty
Alphonse Allais □ *French humorist (1855–1905)*

LA FRANCE QUI CAMPE

Nos reporters l'ont rencontrée, et partagé ses plaisirs et ses peines, dans les joyeux camps de concentration qui poussent au bord de la mer pendant l'août des vacances

arrive à un endroit qui n'était pas laid avant l'invention de l'automobile, ni même il y a vingt ans, mais qui l'est devenu, parce que c'est un camping municipal ou privé, et qu'il a été transformé en quelque chose qui ressemble à un champ de foire comme il s'en trouvait autrefois dans nos provinces, où l'herbe est rase et piétinée, quand il y a de l'herbe.

Se dressent là trois cents ou quatre cents tentes, et, quelquefois, plus de mille, avec des gens qui se connaissent, qui regardent la télévision, qui écoutent la radio, qui s'empruntent des ouvre-boîtes et des tire-bouchons, qui s'engueulent, qui — hélas — jouent de la guitare, qui s'invitent à prendre l'apéro□. C'est la ville, sauf qu'on y est entassé, qu'on y vit les uns sur les autres et que tout le monde finit par se connaître jusque dans les détails les plus secrets, ceux qui font l'intimité d'un couple. C'est certainement en juillet et août l'un des phénomènes les plus bouleversants de la Côte d'Azur: tous les deux ou trois kilomètres, entre Fréjus et Sainte-Maxime, s'érigent des villages de toile que rien ne distingue les uns des autres, et où les

humains retrouvent le goût de la vie primitive: celle où les commodités sont toujours au-dehors, où la corvée d'eau□ est l'un des rites principaux de la journée, avec la surveillance du réchaud à gaz.

Le spectacle des terrains de camping enterre définitivement la légende selon laquelle le Français est individualiste.

C'est, au contraire, la créature la plus

grégaire du monde. Pour être au coude à coude avec ses semblables, sentir leur sueur, entendre leurs bavardages, faire les mêmes choses qu'eux, le Français surmonte des épreuves qu'il condamne pendant les autres onze mois de l'année. Alphonse Allais□ s'étonnait qu'on ne bâtit pas de villes à la campagne. C'est fait. ■

Paris Match

Vrai ou Faux?

Lisez attentivement le texte et décidez si les affirmations suivantes sont vraies ou fausses:

▷ Les Français ne savent pas quoi faire pendant onze mois de l'année.

▷ Ils apprécient beaucoup le repos du dimanche.

▷ Le Français d'aujourd'hui dispose de plus de confort

matériel que ses ancêtres.

▷ Les Français campeurs ont toujours hâte de partir en vacances.

▷ C'est l'arrivée de l'automobile qui a rendu les villes de province encore plus accessibles et encore plus laides.

▷ En camping, le Français mène une vie plus privée qu'en ville.

▷ En camping, le Français poursuit

à peu près les mêmes activités qu'en ville.

▷ Entre Fréjus et Sainte-Maxime, on trouve des terrains de camping tous les trois kilomètres.

▷ Les Français donnent la preuve de leur individualisme légendaire en faisant du camping.

▷ Les terrains de camping ressemblent à des villes à la campagne.

Cherchez les mots . . . .

Trouvez dans le texte la façon dont
sont exprimées les idées suivantes:
▷ endowed with various comforts
▷ any Frenchman
▷ hot running water
▷ thirty Sundays on the trot
▷ the grass is trampled down
▷ people who shout at each other
▷ facilities are in the open air
▷ once and for all
▷ elbow to elbow

A vous de jouer!

L'auteur de cet article trouve
étonnant que l'on puisse préférer le
camping à la vie en ville!

Par groupes de deux:

1 Trouvez les différences qu'il peut
y avoir entre camper et vivre chez
soi. Enumérez-en autant que
possible.

2 Enumérez ce qui constitue pour
l'auteur les principaux
inconvénients des vacances
passées dans un camping de la
Côte d'Azur.

3 Essayez de trouver un contre-
argument à chacun de ces
inconvénients exposés. Cherchez
ce qui peut inspirer aux Français
autant d'enthousiasme.

4 Quel est votre point de vue
personnel? Qu'est-ce qui vous
déplaît, qu'est-ce qui vous attire,
qu'est-ce que vous trouvez
tolérable dans le camping?

Vacances sportives au Canada

Club Méditerranée

Vous arrivez au Club ... vous y arrivez par l'un des avions spéciaux, par le train, ou par vos propres moyens, si vous préférez, quand cela est possible.

Aussitôt, le chef du village et son équipe vous accueillent ... Ils vous donnent toutes les informations nécessaires à votre installation au village, comme ils vous donneront, tout au long de votre séjour, celles nécessaires à vos distractions.

La nature aussi vous accueille avec le sourire. Selon le village que vous avez choisi, c'est une pinède° odorante, une crique charmante, un petit port naturel, une plage immense ... le calme, la beauté, l'espace ... votre rêve se réalise!

Et vous apercevez, niché° dans la verdure ou perché sur une colline, votre bungalow°; ou bien cachée sous les arbres, votre case°. L'un ou l'autre si parfaitement intégré à cette nature qui l'entoure qu'il semble lui appartenir, depuis toujours.

Trident (revue du Club Méditerranée)

le Club Méditerranée: organisme qui offre des séjours (à la mer ou à la montagne) pas trop cher dans les endroits bien équipés avec piscine, toutes activités sportives, boîtes de nuit. . . Idéal pour y faire des rencontres!

---

une pinède □ a pine forest, wood
niché(e) □ well hidden
un bungalow □ a chalet
une case □ a very small dwelling

Résumé . . . .

Trouvez, pour chacun des quatre paragraphes de cet article publicitaire, un mot ou une expression qui pourrait lui servir de titre.

Façon de s'exprimer . . . .

Relevez toutes les expressions ayant pour but de mettre en valeur le club Méditerranée.

A vous de jouer!

Elles ne se passent pas toujours comme on vous le promet, les vacances! Même au Club Méditerranée!

Travaillez avec un(e) partenaire. A partir de chaque renseignement donné par cette brochure, inventez un événement inattendu, désastreux, catastrophique qui viendra la contredire. N'ayez pas peur d'exagérer, d'ironiser, de faire de la contradiction systématique!

Travail écrit

Maintenant, transcrivez votre nouvelle description du Club Méditerranée par écrit.

---

solitude
Un homme seul est toujours en mauvaise compagnie.

Paul Valéry

Tant de Temps

le temps qui passe
le temps qui ne passe pas
le temps qu'on tue
le temps de compter jusqu'à dix
le temps qu'on n'a pas
le temps qu'il fait
le temps de s'ennuyer
le temps de rêver
le temps de l'agonie
le temps qu'on perd
le temps d'aimer
le temps des cerises
le mauvais temps
et le bon et le beau et le froid et le temps chaud
le temps de se retourner
le temps des adieux
le temps qu'il est bien temps
le temps qui n'est même pas
le temps de cligner de l'œil
le temps relatif
le temps de boire un coup
le temps d'attendre
le temps du bon bout
le temps de mourir
le temps qui ne se mesure pas
le temps de crier gare
le temps mort
et puis l'éternité

Philippe Soupault

Traduction

Traduisez en français:

1 This pleasant campsite is set in pleasant shaded surroundings, two kilometres from the banks of the Dordogne. It is fully equipped with a modern shopping centre, a games' room, a heated swimming-pool and a take-away meal service.

2 The sight of 2,000 Frenchmen living under canvas, piled up on top of one another with none of the conveniences which make life more pleasant shows that they have rediscovered the taste for the primitive existence of the Middle Ages.

3 When children set out to discover the world they live in, they form their impression of it through television programmes aimed at adults, whether it be news programmes, serials or films imported from the United States.

4 Sport has acquired universal importance in recent years, not just as a form of competition for those involved and of relaxation for those watching, but as an increasingly important vehicle for political propaganda.

Dissertation

Quelle est l'importance des loisirs dans les années 80?

Définition

- *loisir*: temps dont on peut disposer librement en dehors de ses occupations habituelles, et des contraintes qu'elles imposent. (Le Petit Robert). . . . donc temps qui varie en fonction des exigences du métier que l'on exerce, de ses horaires. . . On peut avoir du temps libre tous les jours, toutes les semaines, tous les mois ou tous les ans.

Analyse

Dans les années 80, quelle est la durée moyenne du temps libre? A-t-elle beaucoup augmenté? Depuis quand a-t-elle augmenté? Pourquoi a-t-elle augmenté? (Pour vous aider, vous pouvez vous reporter aux éléments d'information donnés dans *Le travail c'est la santé* . . .).

L'importance des loisirs:
Il ne suffit pas de considérer l'augmentation du temps de loisir, il faut s'interroger aussi sur l'usage qu'il en est fait. Si tous les gouvernements ont accordé des congés payés à leurs citoyens, c'est que les loisirs doivent avoir une fonction.

A quoi servent les loisirs, c'est-à-dire le temps passé en dehors du travail?

Pour l'individu

- le délassement: se reposer physiquement, nerveusement, intellectuellement
- le divertissement: se distraire, s'amuser, se changer les idées, c'est-à-dire oublier tous les soucis de l'année (quels soucis?)
- l'enrichissement, le développement de la personnalité: donnez des exemples

Faut-il une activité structurée et organisée pour tirer profit de son temps libre? Ou peut-on se divertir et se changer les idées en ne faisant rien d'autre que regarder la télévision, se faire bronzer, faire du sport de temps en temps, aller au cinéma. . . ?

Pour l'économie

L'industrie du tourisme et des loisirs s'est développée de façon prodigieuse ces dernières décennies.

Un certain nombre de régions, et de pays, vivent essentiellement du tourisme. Quels en sont les avantages et les inconvénients?

Avec les loisirs s'est développé: l'industrie des équipements sportifs, une nouvelle industrie de la mode pour le sport et les loisirs.

Les transports, l'hôtellerie, la restauration font partie, bien sûr, des principaux bénéficiaires du développement des loisirs.

Conclusions

Résumé des différentes fonctions des loisirs, au niveau personnel, économique et commercial.
Votre point de vue sur l'utilité des loisirs. Est-ce nécessaire et souhaitable pour les participants?
    pour les commerçants et tous les gens qui en vivent?
    pour l'économie d'un pays?

Que pensez-vous du temps de vacances et de la durée hebdomadaire du travail dans votre pays, en fonction des arguments que vous venez d'énoncer?

A votre avis, comment la situation des loisirs va-t-elle évoluer?
Vos prédictions pour l'an 2000?

Courir, dit-elle, par Claire Bretécher

N'IMPORTE OU HORS DU MONDE

Corinne

Pendant que vous écoutez Corinne parler de ses loisirs, notez-en les détails dans le tableau ci-dessous:

ENDROIT	ACTIVITES	PRIX, HEURE, AGE LIMITE
a) b) c) d)		

Michel et Jacky

garder la forme ☐ to keep fit
les Beaux-Arts ☐ the fine arts
se balader ☐ to go for a walk

Notez les activités qui attirent Michel et Jacky en dehors de leurs études:

ACTIVITES	ENDROITS	RAISONS

Mme Famchon

entouré(e) ☐ surrounded
l'équitation ☐ horse-riding
salutaire ☐ healthy

1 Notez les activités de Madame Famchon. (Vous ne pouvez pas remplir toutes les cases.):.

ACTIVITES	AVEC QUI?	OU?	QUAND?
a) b) c)			

2 Quels adjectifs choisiriez-vous pour décrire Madame Famchon?
sociable/solitaire/sportive/intellectuelle/superficielle/passionnée/active/organisée/sympathique

M. Motel

L'emploi du temps de Monsieur Motel:
▷ Il se lève à:
▷ Il joue au tennis de ...... à ......
▷ Il joue au tennis ...... fois par semaine
▷ Il travaille de ...... à ......
▷ Journée de libre:
▷ Ce qu'il fait ce jour-là, et avec qui:

Nadine

1 Faites une liste des activités de Nadine Hervé.

2 Pourquoi aime-t-elle aller au café?

Mme Fauvet

1 Faites une liste des activités de Madame Fauvet.

2 Her visit to Morocco:
▷ How many visits has she made?
▷ How long did her first visit last?
▷ How long was her second visit?
▷ What other difference was there between the two trips?
▷ What struck Madame Fauvet about the casbahs?
▷ What happened to the one young woman in her party?
▷ What illustrated the poverty of the people who lived in the casbahs?

3 Her visit to Scandinavia:
▷ Which five countries did she visit?
▷ In which year did the visit take place?
▷ Where did Madame Fauvet's group sleep?
▷ Why was sleeping a problem?
▷ How did the group attempt to overcome the problem?
▷ What spoilt the view from l'île du Cap Nord?
▷ How had the party reached the island?
▷ What intrigued Madame Fauvet about her journey back to their "base"?

Liliane

1 Liliane parle de son travail dans une agence de voyages à Bruxelles. Quels sont les problèmes principaux qui se posent aux clients? Choisissez dans la liste suivante:

a   l'hôtesse
b   l'avion
c   la nourriture
d   les renseignements sur place
e   la chambre
f   l'hôtel surchargé de monde
g   l'hôtel trop bruyant
h   l'hôtel pas encore construit
i   le guide qui ne parle pas leur langue
k   la chaleur
l   l'absence de calme et de tranquillité
m   la distance entre l'hôtel et la plage
n   les Egyptiens

2 Vous avez trouvé un travail dans une agence de voyages en France pendant les vacances.

Un client vient vous dire qu'il a passé des vacances épouvantables en Algérie, qu'on l'a obligé à changer d'hôtel, que sa chambre donnait sur une avenue bruyante, que le guide ne s'occupait pas du groupe, que la nourritue était infecte . . .

Par deux, improvisez le dialogue.

viril ☐ macho
un coma éthylique ☐ an alcoholic coma
un café calva ☐ a black coffee laced with calvados
être enclin(e) à ☐ to be prone to
réprimé(e) ☐ repressed

Michel et Jacky

Michel et Jacky essayent d'expliquer pourquoi le Morbihan est le département le plus alcoolique de France. Ecoutez-les en prenant des notes, puis répondez aux questions suivantes:

▷ Michel suggère deux explications. Lesquelles?
▷ Jacky essaie de prouver ce qu'il affirme en racontant ses expériences à Quimper. Où exactement?
▷ Que se passait-il tous les matins vers dix heures et demie?
▷ Pourquoi est-ce que les autres se sentaient mal à l'aise devant Jacky?
▷ Est-ce que "l'activité" se terminait toujours à dix heures et demie?
▷ L'Anglais moyen et le Breton moyen: quelle différence y a-t-il entre les deux, à son avis?
▷ Ceux qui boivent à sept heures du matin: où vont-ils?

Corinne

tomber sur ☐ to come across
exaucer un vœu ☐ to grant a wish
tant qu'à faire ☐ might as well
tenir à quelqu'un ☐ to be fond of someone
un nounours ☐ a teddy bear

1 Les trois vœux de Corinne:

▷ Vivre en . . .
▷ Trouver . . .
▷ Réussir . . .

2 L'île déserte:

▷ Deux personnes?
▷ Deux objets? Donnez une raison pour chacun.

Nadine

un bouquin (fam.) ☐ a book

L'île déserte:

▷ Quatre choses?
▷ Laquelle serait la plus importante pour elle?

Muriel

1 Le rêve de Muriel:

▷ Où a-t-elle envie d'aller?
▷ Pourquoi? Donnez trois raisons.

2 Et vous?

– Si vous tombiez sur une lampe d'Aladdin, quels seraient vos trois vœux?
– Vous avez la possibilité d'emporter trois choses sur une île déserte. Que choisissez-vous? Pourquoi?

Le château de ma mère

Je retrouvai, sans aucune joie, la grande école: les platanes de la cour commençaient à perdre leurs feuilles jaunies, et chaque matin le concierge les brûlait en petits tas, au pied du grand mur gris. . . Par la fenêtre de la classe je voyais, au lieu de pinèdes, une triste rangée de portes de cabinets. . .

Je fis mon entrée en quatrième primaire°, dans la classe de M. Besson.

Il était jeune, grand, maigre, déjà chauve, et il ne pouvait pas déplier l'index de sa main droite, qui restait toujours en crochet.

Il me fit grand accueil, mais m'inquiéta beaucoup en me disant que ma vie entière dépendait de mes études de cette année, et qu'il serait forcé de me «serrer la vis»°, parce que j'étais «son» candidat au concours des «bourses» du lycée. Dans ce redoutable tournoi, l'enseignement «primaire» allait affronter l'enseignement «secondaire».

Je fus d'abord plein de confiance, car ce mot de «secondaire» signifiait, pour moi, «de second ordre», et par conséquent «facile».

Je m'aperçus bientôt que mon père et ses collègues ne partageaient pas cette opinion, et que ma candidature engageait l'honneur de toute l'école.

Cet état-major° «prit l'affaire en main», à la manière d'une brigade de la police judiciaire, dont les inspecteurs se relaient pour l'interrogatoire d'un suspect.

M. Besson, qui me faisait la classe six heures par jour, dirigeait l'enquête, et centralisait les renseignements.

Il me fallut venir à l'école, le JEUDI MATIN, à 9 heures.

M. Suzanne, maître vénéré du Cours supérieur, dont la pédagogie était infaillible, m'attendait dans sa classe vide, pour m'intriguer par des problèmes supplémentaires: des trains se rattrapaient, des cyclistes se rencontraient, et un père, qui avait sept fois l'âge de son fils, voyait fondre son avantage° au fil des ans°. Vers onze heures, M. Bonafé venait contrôler mes «analyses logiques» et m'en offrait de nouvelles, que je serais sans doute incapable de refaire aujourd'hui. Les jours de semaine, M. Arnaud (qui avait eu un moment l'idée d'entrer dans les P.T.T.) me forçait à faire les cent pas° avec lui, pendant les récréations, et me psalmodiait° des litanies de sous-préfectures (où je ne suis jamais allé, et dont ma mémoire s'est fort heureusement débarrassée).

De plus, M. Mortier, qui avait une jolie barbe blonde, et une bague en or au petit doigt, confiait parfois ses élèves à mon père, pendant l'étude du soir, puis il m'entraînait dans sa classe vide et me posait mille questions sur l'histoire de France.

Mon père s'était réservé la surveillance de l'orthographe et m'administrait, chaque matin, avant mon café au lait, une dictée de six lignes, dont chaque phrase était minée comme une plage de débarquement.

«La soirée que vous avez passée avec nous. — Nous avons passé une bonne soirée. — Les gendarmes que nous avons vus, et les soldats que nous avons vu passer. . .»

Je travaillais avec courage, mais bien souvent ces gendarmes et ces soldats passaient en vain, car j'entendais grésiller des cigales, et au lieu des rameaux dépouillés des platanes de la cour, je voyais un coucher de soleil sanglant sur Tête-Rouge: mon cher Lili descendait le raidillon□ de La Badauque, en sifflant, les mains dans les poches, avec un collier d'ortolans□ et une ceinture de grives□. . .

Alors, une douleur très douce élargissait mon cœur d'enfant, et pendant que la voix lointaine récitait des noms d'affluents, j'essayais de mesurer l'éternité qui me séparait de la Noël. Je comptais les jours, puis les heures, puis j'en retranchais le temps du sommeil, et par la fenêtre, à travers la brume légère du matin d'hiver, je regardais la pendule de l'école: sa grande aiguille avançait par saccades□, et je voyais tomber les petites minutes comme des fourmis décapitées.

Le soir, sous la lampe, je «faisais mes devoirs» sans mot dire.

Ma chère maman était effrayée de me voir penché si longtemps sur mes devoirs, et la séance du jeudi matin lui paraissait une invention barbare: elle me soignait comme un convalescent, et préparait pour moi des nourritures délicieuses, malheureusement précédées par une grande cuillerée d'huile de foie de morue□.

Tous comptes faits, je «tenais le coup»□, et mes progrès faisaient tant de plaisir à mon père qu'ils me parurent moins douloureux.

Marcel Pagnol, *Le château de ma mère*

---

quatrième primaire □ top class at primary school
serrer la vis à quelqu'un □ to tighten the screws on someone
un état-major □ an administrative group
il voyait fondre son avantage □ he saw the difference diminishing
au fil des ans □ as the years went by
faire les cent pas □ to pace up and down
psalmodier □ to chant
un raidillon □ a slope, hill
un ortolan □ a bunting
une grive □ a thrush
avancer par saccades □ to jerk forward
l'huile de foie de morue □ cod-liver oil
tenir le coup □ to hold out, survive

Avez-vous compris? . . . .

▷ Which signs of autumn does the author mention?
▷ What differences are there between what he sees from the classroom, and what he saw from his house in the hills?
▷ In which sense were Monsieur Besson and Marcel on the same side in a tournament?
▷ Which misunderstanding had initially given Marcel confidence in this 'tournament'?
▷ Why was the examination so important to everyone at the school?
▷ Which aspects of Marcel's coaching made him feel it was rather like a police enquiry?
▷ Which contribution did each of the following make towards Marcel's preparation: Monsieur Besson, Monsieur Suzanne, Monsieur Arnaud, Monsieur Mortier?
▷ Why does Marcel make special mention of going to school on Thursdays? Is Thursday still a special day for French school-children?
▷ Describe Marcel's father's role?
▷ Time passes slowly when you are looking forward to something: how does Marcel make this point?

▷ In which ways did Marcel's mother offer her support?
▷ What other consolations were there?

Façon de s'exprimer? . . . .

Que comprenez-vous par les phrases suivantes?

▷ Chaque phrase était minée comme une plage de débarquement.
▷ Ces gendarmes et ces soldats passaient en vain.
▷ Pendant que la voix lointaine récitait des noms d'affluents.
▷ Je voyais tomber les petites minutes comme des fourmis décapitées.

►

---

je suis rendu(e) (argot) □ I've had enough, I'm finished
attribut □ attribute
m'emballait □ pleased me a lot
une étourderie □ a careless mistake

Josyane

Je récupérai ma cuisine et ouvris mon cahier. Un instant j'entendis la mère se plaindre à côté: Oh! là! là! ce que je suis fatiguée, oh! là! là! ce que je peux être fatiguée ils me feront mourir; ils me feront mourir ces gosses, je suis rendue[□] oh! là! là! mon dieu ce que je peux être fatiguée c'est rien de le dire oh! là! là! mon dieu que je suis fatiguée. Le ronflement du père s'élevait déjà dans la nuit profonde. Le sommier grinça, elle rentrait au lit. Soupir. Silence. Soulagement. Paix.

«Le mouchoir que tu m'as donné quand j'ai eu la croix est blanc. Le mouchoir — que tu m'as donné — quand j'ai eu la croix — est blanc.

«Le mouchoir est blanc», proposition principale;

«Le», article défini;

«Mouchoir», nom commun masculin singulier, sujet de «est»;

«Est», verbe être, 3e personne du singulier, présent de l'indicatif;

«Blanc», adjectif masculin singulier; attribut[□] de «mouchoir»;

«Que tu m'as donné», proposition subordonnée, complément de «mouchoir»;

«Que», conjonction de subordination;

«Tu», pronom personnel, 2e personne du singulier, sujet de «as donné»;

«m'», pronom personnel, 1re personne du singulier, complément indirect de «as donné».

Plus un devoir était long, plus j'étais contente. La plume grattait, dans le silence. J'aimais ça. J'aimais la plume, le papier, et même les cinq petites lignes dans lesquelles il fallait mettre les lettres, et les devoirs les plus embêtants, les grandes divisions, les règles de trois, et j'aimais par-dessus tout l'analyse grammaticale. Ce truc-là m'emballait[□]. Les autres filles disaient que ça ne servait à rien. Moi ça ne me gênait pas. Même je crois que plus ça ne servait à rien plus ça me plaisait.

J'aurais bien passé ma vie à faire rien que des choses qui ne servaient à rien.

«As», verbe être, 2e personne du singulier, auxiliaire de «donné»;

«Donné», verbe donner, participe passé.

La maîtresse disait: «Ce n'est pas la peine d'en mettre tant Josyane; essaie plutôt de ne pas laisser d'étourderies[□] ça vaudra mieux.» Car des fautes ça j'en

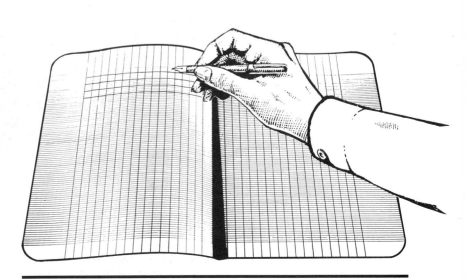

faisais, et finalement j'étais plutôt dans les moyennes; de toute façon, je n'essayais pas de me battre pour être première. Ça ne m'intéressait pas. Pourquoi être première? Ce que les gens pensaient de moi m'était dans l'ensemble bien égal. La maîtresse avait écrit dans le livret°: «Indifférente aux compliments comme aux reproches», mais comme personne ne l'avait jamais regardé ce livret elle aurait aussi bien pu marquer c'est le printemps, ou Toto aime Zizi ou cette fille est une nouille°, ça n'aurait pas fait de différence. Une fois dans la classe d'avant j'avais été troisième, on ne sait pas pourquoi, un coup de veine°, toutes les autres devaient être malades; j'avais mis le livret sous le nez de papa ce coup-là, il l'avait regardé et me l'avait rendu en disant Bon. Au cas où la colonne lui aurait échappé je dis: «Je suis troisième.» Ça donna: «Ah! bon.» Point c'est tout. Du reste, je m'en foutais de ce qu'il pouvait dire.

Eux pourvu qu'on y soit à l'école, garés, ça suffisait. Quand Patrick s'était fait foutre à la porte par exemple, là ça avait chauffé°: «Alors tu vas me rester toute la sainte journée° dans les jambes?» Ça non. Qu'on grouille°, puisqu'on est là, bon, mais ailleurs, le plus loin possible. Allez-vous me foutre la paix, vas-tu finir avec tes questions, laisse-moi tranquille à la fin, alors tu vas me rester toute la sainte journée dans les jambes. Du coup elle y était allée à l'école, malgré ses phlébites°, et on avait repris Patrick, vous comprenez je n'ai pas le temps de m'occuper de lui, de le surveiller.

Christiane Rochefort, *Les petits enfants du siècle*

un livret □ a book of school-reports	
une nouille (argot) □ an idiot	
un coup de veine (fam.) □ a stroke of luck	
ça avait chauffé (argot) □ it really got rough	
toute la sainte journée □ all the blessed day	
grouiller (argot) □ to move	
une phlébite □ phlebitis (inflammation of a vein)	

Résumé . . . .

▷ Pourquoi est-ce que Josyane dit «Je récupérai ma cuisine»? Quelles indications est-ce que cela donne:
sur ses activités à la maison?
sur son appartement?
sur son rôle dans la famille?

▷ Pourquoi est-ce que la mère se plaint?

▷ Quelle est la réaction du père envers le bruit des enfants?

▷ Pourquoi est-ce que Josyane prend tant de plaisir à faire ses devoirs?
Pourrait-elle les faire à un autre moment de la journée?

▷ A votre avis, pourquoi est-ce que Josyane attache si peu d'importance à ses résultats scolaires?

▷ Quelle avait été la réaction des parents de Josyane quand Patrick s'était fait renvoyé de l'école?

▷ Pourquoi ont-ils réagi cette fois-là, et non pas quand Josyane a montré son livret?

▷ Est-ce que Patrick et Josyane ont la même attitude à l'école?

▷ Pourquoi est-ce que la mère de Josyane et de Patrick s'est rendue à l'école?

▷ Elle y va souvent?

▷ Pourquoi est-ce que Josyane dit «malgré ses phlébites» en parlant de sa mère?

A votre avis?

1 Que pensez-vous de l'attitude des parents de Josyane vis-à-vis de la scolarité de leurs enfants? Pour eux, à quoi sert l'école?

2 Pensez-vous que les enfants travaillent à l'école parce qu'ils sont poussés par leurs parents?

3 On dit que les résultats scolaires varient avec le milieu dans lequel vit l'enfant. Etes-vous d'accord?
– Qu'est-ce que c'est, pour vous, un milieu privilégié?
– Qu'est-ce que c'est qu'un milieu désavantagé?

4 La seule chose importante, pendant sa scolarité, c'est de travailler. Etes-vous d'accord?

L'Orientation

J'avais eu mon Certificat du premier coup; manque de pot; j'aurais bien tiré un an de plus□, mais ils me reçurent. Je ne pourrais plus aller à l'école.

A l'Orientation, ils me demandèrent ce que je voulais faire dans la vie. Dans la vie. Est-ce que je savais ce que je voulais faire, dans la vie?

«Alors? dit la femme.

— Je ne sais pas.

— Voyons: si tu avais le choix, supposons.»

La femme était gentille, elle interrogeait avec douceur, pas comme une maîtresse. Si j'avais le choix. Je levai les épaules. Je ne savais pas.

«Je ne sais pas.

— Tu ne t'es jamais posé la question?»

Non. Je ne me l'étais pas posée. Du moins pas en supposant que ça appelait une réponse; de toute façon ça ne valait pas la peine.

On m'a fait enfiler des perles□ à trois trous dans des aiguilles à trois pointes, reconstituer des trucs complets à partir de morceaux, sortir d'un labyrinthe avec un crayon, trouver des animaux dans des taches, je n'arrivais pas à en voir. On m'a fait faire un dessin. J'ai dessiné un arbre.

«Tu aimes la campagne?»

Je dis que je ne savais pas, je croyais plutôt que non.

«Tu préfères la ville?»

A vrai dire je crois que je ne préférais pas la ville non plus. La femme commençait à s'énerver. Elle me proposa tout un tas de métiers aussi assommants les uns que les autres. Je ne pouvais pas choisir. Je ne voyais pas pourquoi il fallait se casser la tête□ pour choisir d'avance dans quoi on allait se faire suer□. Les gens faisaient le boulot qu'ils avaient réussi à se dégotter□, et de toute façon tous les métiers consistaient à aller le matin dans un truc et y rester jusqu'au soir. Si j'avais eu une préférence ç'aurait été pour un où on restait moins longtemps, mais il n'y en avait pas.

«Alors dit-elle il n'y a rien qui t'attire particulièrement?»

J'avais beau réfléchir, rien ne m'attirait.

«Tes tests sont bons pourtant. Tu ne te sens aucune vocation?»

Vocation. J'ouvris des yeux ronds. J'avais lu dans un de ces bouquins l'histoire d'une fille qui avait eu la vocation d'aller soigner les lépreux. Je ne m'en ressentais pas plus que pour être bobineuse□.

«De toute façon dit la mère, ça n'a pas d'importance qu'elle ne veuille rien faire, j'ai plus besoin d'elle à la maison que dehors. Surtout si on est deux de plus. . .»

On croyait que c'était des jumeaux□ cette fois.

Tout de suite ce qui me manqua, c'est l'école. Pas tellement la classe en elle-même, mais le chemin pour y aller, et, par-dessus tout, les devoirs du soir. J'aurais peut-être dû dire à l'orienteuse□ que j'aimais faire des devoirs, il existait peut-être un métier au monde où on fait ses devoirs toute sa vie. Quelque part, je ne sais pas. Quelque part.

Je me sentais inoccupée. Je n'arrêtais pas mais je me sentais tout le temps inoccupée. Je cherchais ce que j'avais bien pu oublier, où, quand, quoi? . . . Je ne sais pas. Au lieu de me dépêcher pour être débarrassée, je traînais: débarrassée, pour quoi? Le soir, j'étais fatiguée, mes yeux se fermaient, il me semblait ou qu'il n'y avait pas assez de lumière, ou qu'il y en avait trop. Je ne sais pas. Avant, le soir, je commençais à me réveiller, maintenant je tombais. Et une fois au lit, alors impossible de m'endormir. Je versais quelques larmes. C'était devenu une habitude. Je ne savais même pas à quoi penser.

L'hiver passa. Le printemps revint. Le printemps, le printemps. . .

Christiane Rochefort, *Les petits enfants du siècle*

Certificat (d'Etudes) □ *exam taken at the age of 14 which used to mark the end of schooling for some children*

j'aurais bien tirer un an de plus □ I would gladly have repeated a year

enfiler des perles □ to thread beads

se casser la tête □ to rack one's brains

se faire suer □ to get bored

dégotter (argot) □ to find

une bobineuse □ woman who winds thread onto bobbins

des jumeaux □ twins

une orienteuse (un orienteur) □ careers adviser

Résumé . . . .

▷ «Elle (l'orienteuse) interrogeait avec douceur, pas comme une maîtresse.» Qu'est-ce que Josyane veut dire?

▷ Pourquoi est-ce qu'on a donné à Josyane des jeux et des dessins à faire?

▷ «La femme commençait à s'énerver.» Pourquoi, à votre avis?

▷ L'orienteuse a parlé à Josyane de sa «vocation». Pourquoi pensez-vous que ce mot l'a surprise?

▷ Expliquez le point de vue de la mère de Josyane.

▷ Quels adjectifs est-ce que l'orienteuse aurait choisi pour décrire Josyane?

courageuse	motivée
paresseuse	passionnée
travailleuse	indifférente
capable	intelligente
privilégiée	douée
optimiste	fataliste
inintéressée	inintéressante
amère	déçue

▷ Après avoir quitté l'école, quel emploi est-ce que Josyane a trouvé?

▷ «c'est le chemin pour y aller, et, par-dessus tout, les devoirs du soir» qui lui manquent. Est-ce que vous comprenez pourquoi?

> «Avant, le soir, je commençais à me réveiller, maintenant je tombais.» Pourquoi un tel changement?

A votre avis?

1 Quels conseils est-ce que vous donneriez à Josyane?
Qu'est-ce que vous diriez à sa mère?

2 Qu'est-ce que Josyane va devenir?
Qu'est-ce qui est important pour elle?

3 Et vous? Qu'est-ce que vous avez l'intention de faire plus tard?

►

Vous voyez, monsieur, l'ordre le plus parfait règne dans mon établissement, . . . et ce que vous ne sauriez vous imaginer, c'est combien je suis arrivé à inculquer à ces jeunes élèves un profond sentiment de respect pour leur maître! . . .

Le vent Paraclet

Faire le clown. . . Ce fut pendant toute ma «carrière» scolaire mon seul recours, mon refuge, ma drogue. . . avec le résultat qu'on imagine. Oui j'ai été un écolier exécrable, et je n'ai terminé une année scolaire dans l'établissement où je l'avais commencée qu'à de très rares exceptions. Je me suis souvent interrogé sur cette fatalité qui a lourdement pesé sur mon enfance. Elle s'éclaire par contraste avec un autre trait: j'ai été aussi bon étudiant que mauvais lycéen. Il y a là une clef peut-être. Car il n'y a de bon étudiant que celui qui peut, qui sait, qui aime travailler *seul*. L'étudiant doit pouvoir prendre ses distances avec ses maîtres et consacrer ses efforts à des recherches personnelles. En cela j'excellais. Or l'écolier est incapable de ce travail solitaire. Il progresse sous la dépendance absolue de ses maîtres et ses progrès sont fonction de sa bonne entente avec eux. Recevoir son savoir d'un être de chair et d'os qui gesticule devant vous et vous obsède de ses tics et de ses odeurs, voilà qui était au-dessus de mes forces. J'ai eu des dizaines de maîtresses et de professeurs. J'ai fort peu retenu de leur enseignement. En revanche je revois avec une précision hallucinatoire tous leurs traits – presque toujours laids ou ridicules. Je ne voudrais faire de peine à aucun membre du corps enseignant – dont ma vocation au demeurant était de faire partie – mais il me semble qu'il présente une proportion anormalement élevée d'originaux, de détraqués, d'épaves, de caricatures. Peut-être ce métier d'enseignant a-t-il plus qu'un autre pour effet d'abîmer les gens qui l'exercent. On a dit que le pouvoir rendait fou et que le pouvoir absolu rendait absolument fou. Il est possible que l'autorité d'un maître sur un groupe d'enfants amoche à la longue son personnage et sa personnalité. S'il en était ainsi le relâchement de la discipline scolaire qui caractérise l'enseignement moderne aurait un effet bienfaisant sur la santé mentale des enseignants. Je souhaite en tout cas aux écoliers d'aujourd'hui de ne pas connaître les étonnants pantins auxquels j'ai eu affaire.

Michel Tournier, *Le vent Paraclet*

exécrable □ atrocious
de chair et d'os □ of flesh and blood
un tic □ a mannerism
un original □ a character
un détraqué □ a crackpot
une épave □ a wreck
amocher □ to mess up
un pantin □ a puppet

Indiquez si les affirmations
suivantes sont vraies ou fausses.

▷ A l'école l'auteur ne prenait pas
les études au sérieux.
▷ Il a fréquenté de nombreux
établissements scolaires.
▷ Il a toujours passé au moins une
année entière dans la même
école.
▷ D'après l'auteur, c'est à sa
capacité à travailler seul que l'on
reconnaît un bon étudiant.
▷ Les progrès d'un écolier
dépendent de sa facilité à
réussir sans l'aide de ses
maîtres.
▷ L'auteur avait de la difficulté à ne
pas faire attention aux traits
personnels de ses professeurs.

▷ Il se rappelle bien tout ce qu'on
lui a appris à l'école.
▷ L'auteur lui-même n'a jamais
travaillé dans l'enseignement.
▷ L'auteur trouvait que beaucoup
d'enseignants étaient des gens
assez excentriques.
▷ C'est à force d'exercer leur
autorité sur les élèves que les
enseignants deviennent bizarres.
▷ Les enseignants d'aujourd'hui
sont encore plus sévères
qu'autrefois.
▷ Le professeur moderne est
moins disciplinaire que celui
d'autrefois.

A votre avis?

1 *Le travail*
Il est plus profitable de travailler
seul. Etes-vous d'accord?
Quels sont, pour vous, les
avantages du travail en groupe? en
classe? chez vous?
Essayez de déterminer la manière
idéale pour vous de travailler.

2 *Les professeurs*
Décrivez par écrit celui ou celle de
vos professeurs qui a eu le plus
d'influence sur vous. En quoi est-
ce qu'il/elle vous a influencé(e)?
Etait-ce une bonne chose?
Pourquoi?

3 *L'école*
Pourquoi aller à l'école pour
apprendre?
Pourquoi ne pas apprendre chez
soi?

La leçon apprise à Monastir

La France, c'est naturel;
le reste de l'univers, c'est le chaos.
Guy Sitbon n'oubliera
pas la leçon apprise à Monastir

■ Les enfants Spiteri, les Vella, les
Jiacono, entre eux, parlaient maltais.
Normal, ils étaient maltais. Les
Taormina, les Bonici, en italien. Les
Mzali, les Sitbon, en arabe. Pour les
petits Martinez et le fils de Mme
Gonzales, c'était l'espagnol. Il n'y
avait que les deux enfants du
gendarme et Nanou Fichet pour ne
parler que français.

Autant qu'on sache, notre
institutrice, Mme Ferrari n'avait
aucun problème d'hétérogénéité
culturelle ou d'écart civilisationnel. Il
est vrai qu'elle avait une grosse
règle. Dès le 1ᵉʳ octobre, elle
prévenait. *«Le premier que j'attrape
à parler patois fera la connaissance
de Jacquot.»*

Le patois: nos langues
maternelles. Jacquot: la baguette.
Jacquot était appliqué à plat pour les
fautes bénignes. Le matin, en rang
par deux dans la cour, quand Mme

Algérie, 1858: les Français font la classe

Ferrari arrivait, toutes chairs
épanouies°, on devait brailler° en
chœur et en cadence: *«Bonjour
Madame.»* Avec notre accent, ça
donnait: *Banne djour Mdam'.»* Très
calme, Mme Ferrari corrigeait: *«Pas
banne djour, petits imbéciles.
Bonjour, Bonjour.»* Elle pointait du
doigt. *«Toi, toi et toi, vous allez faire
la connaissance de Jacquot.»*

Le désespoir de Mme Ferrari,
c'était la maison où on désapprenait°
soigneusement tous les soirs les
mots plantés par Jacquot. Pourtant,
en peu d'années, Mme Ferrari a
réussi à nous faire oublier le patois.
L'administration lui avait confié un
cocktail de races et de nationalités à
l'école primaire de Monastir
(Tunisie), au temps de la

colonisation. Elle a agité, agité, tapé, retapé, gonflé ses gros seins et converti ses trente petits bâtards de la Tunisie colonisée en une classe de bons petits Français.

Il y a l'explication par Jacquot. Zéro. Moi qui garde encore au bout des doigts la brûlure de la trique°, je peux vous le dire. Ce n'est pas parce qu'on finit par aimer celui qui les donne. Il y a l'explication par l'argent: apprendre le français pour être riche. Pas terrible, l'argent n'a pas de langue.

Nous retenions de l'enseignement de Mme Ferrari, elle n'avait même pas à le proférer ouvertement, que la France c'est bon et naturel. Comme l'eau. Le reste de l'univers, c'est plus ou moins le poison. A moins qu'il ne s'imprègne de la France, qui, de son souffle, purifie tout ce qu'elle embrasse.

Nous apprenions aussi l'histoire de la Tunisie, notre pays. Quelle cacophonie! Une succession d'invasions sans queue ni tête. Des Phéniciens, les Romains, les Byzantins, les Espagnols, les Arabes, les Turcs, les Vandales. Comment se sentir le moindre point commun avec ces peuplades qui ne s'appelaient rien de moins que des Barbares? Peu avant l'arrivée des Français, on datait le courrier de «Tunis de Barbarie». Ces gens-là, je préférerais ne pas les connaître, surtout s'ils se faisaient passer pour mes ancêtres.

Alors que les Gaulois! Dans les guerres entre la France et les Prussiens, je n'allais pas me mettre du côté des méchants. Je palpitais pour les tricolores. J'applaudissais quand la Savoie était incorporée naturellement à la France. La victoire de Clemenceau ne pouvait être que la mienne. Dans l'écrasement de Hitler le triomphe de la France et mon exultation se confondaient. Une fois de plus, la nature – la France – l'emportait sur le vice – les autres.

D'année en année, insensiblement, Mme Ferrari, sans l'aide de Jacquot, naturalisait ma substance.

Alors, lorsque Mme Ferrari m'a proposé de devenir un descendant des Gaulois, j'ai accepté sans marchander. Je suis arrivé à Paris comme quelqu'un qui rentrait chez lui. Puis voilà que les Français, le gouvernement comme les communistes, me traitent d'étranger. Ils m'ont fait fils de Gaulois, et j'y ai cru. Maintenant, parce que je n'ai pas de passeport français, ils me déclarent immigré. Et Louis XVI? Et François 1er? Et tous nos ancêtres communs? C'est fini? Avez-vous oublié? Vous avez fait mille guerres et vous m'avez envoyé spécialement Mme Ferrari pour me rendre français. Et maintenant que ça y est, vous avez gagné, je le suis devenu – à ma manière –, moi, mes enfants, mes parents, vous nous traitez d'immigrés en nous foutant de la drogue dans la poche. Mais ils sont fous ces Gaulois°!

Guy Sitbon, Le Nouvel Observateur

---

toutes chairs épanouies □
    bursting out all over
brailler □ to bawl out
désapprendre □ to unlearn
une trique □ a cudgel
ils sont fous ces Gaulois □
    reference to Astérix's catch-phrase about les Romains,
    «*Ils sont fous ces Romains!*»

Points de départ . . . .

▷ Où?
▷ Quand?
▷ L'institutrice: comment?
▷ L'enseignement: comment?
▷ Le milieu où l'auteur a vécu comme enfant: comment?

Pour continuer . . . .

▷ L'auteur, qu'apprenait-il à l'école au sujet de (i) son pays natal? (ii) la France?
▷ Quelle impression avait-il de la France (i) avant et (ii) après sa connaissance de ce pays?
▷ Pourquoi la France, avait-elle une si grande importance dans son pays?
▷ En quelle mesure cette attitude a-t-elle changé de nos jours?

Façon de s'exprimer . . . .

Que comprenez vous par les phrases suivantes?

▷ L'administration lui avait confié un cocktail de races et de nationalités à l'école . . . au temps de la colonisation
▷ Le reste de l'univers, c'est plus ou moins le poison. A moins qu'il ne s'imprègne de la France qui, de son souffle, purifie tout ce qu'elle embrasse
▷ Je suis arrivé à Paris, comme quelqu'un qui rentrait chez lui. Puis voilà que les Français, le gouvernement comme les communistes, me traitent d'étranger.

L'évolution de l'enseignement en France

1789   la Révolution Française pose le principe d'une instruction commune et gratuite (pour ce qui est des connaissances indispensables)

1808   Napoléon donne à l'Etat le monopole de l'éducation: "l'enseignement peut devenir un danger s'il n'est le support de l'Etat."

Napoléon crée l'Université contrôlée par l'Etat (était alors un instrument de gouvernement pour l'Empire)

1833   le monopole de l'Etat est brisé: l'Eglise a le droit d'ouvrir des écoles primaires.

1850   loi Falloux
L'Eglise a le droit d'ouvrir des écoles secondaires.

1880   loi Jules Ferry
enseignement primaire laïc□, gratuit, obligatoire, pour les enfants des deux sexes, de six à treize ans.
(attention – c'est l'enseignement qui est obligatoire, pas l'école publique – une famille peut instruire ses enfants à la maison)

1882   l'enseignement religieux est remplacé par des leçons de morale et d'instruction civique.

1886   laïcité du personnel enseignant□

1902   création du baccalauréat moderne

1905   séparation de l'Eglise et de l'Etat. Les écoles religieuses deviennent payantes.

1912   les ecclésiastiques sont exclus de l'enseignement public

1919   l'Etat se charge de l'enseignement technique

1921   création de l'école maternelle (éducation préscolaire)

1933   gratuité de l'enseignement secondaire

1936   scolarité obligatoire jusqu'à quatorze ans

1959   scolarité obligatoire jusqu'à seize ans
loi Debré
les écoles privées peuvent signer avec l'Etat des contrats d'association – l'Etat paye et supervise l'enseignement
réforme Berthoin
création des C.E.S.

1968   l'enseignement supérieur□ devient multi-disciplinaire – enseignement moins spécialisé, plus général, les deux premières années.

1973   autonomie des universités

1975   loi Haby
vers l'école unique (de la 6e à la 3e)
tronc commun□ obligatoire jusqu'à seize ans
baccalauréat plus flexible

Napoléon

Jules Ferry

laïc □ secular
le personnel enseignant □ teaching staff
l'enseignement supérieur □ higher education
le tronc commun □ common curriculum

«PARTOUT OÙ IL Y A UN CHAMP, QU'IL Y AIT UN LIVRE»

Voici donc, selon moi, l'idéal de la question : l'instruction gratuite et obligatoire [...]. Un grandiose enseignement public, donné et réglé par l'Etat, partant de l'école de village et montant de degré en degré jusqu'au Collège de France, plus haut encore, jusqu'à l'Institut de France. Les portes de la science toutes grandes ouvertes à toutes les intelligences. Partout où il y a un champ, partout où il y a un esprit, qu'il y ait un livre. Pas une commune sans une école, pas une ville sans un collège, pas un chef-lieu sans une faculté. Un vaste ensemble, ou, pour mieux dire, un vaste réseau d'ateliers intellectuels, lycées, gymnases, collèges, chaires, bibliothèques, mêlant leur rayonnement sur la surface du pays, éveillant partout les aptitudes et échauffant partout les vocations. En un mot, l'échelle de la connaissance humaine dressée fermement par la main de l'Etat, posée dans l'ombre des masses les plus profondes et les plus obscures, et aboutissant à la lumière. Aucune solution de continuité : le cœur du peuple mis en communication avec le cerveau de la France.

VICTOR HUGO
15 janvier 1850
(débat à l'Assemblée législative)

Statistiques

Evolution du nombre total d'admis au baccalauréat

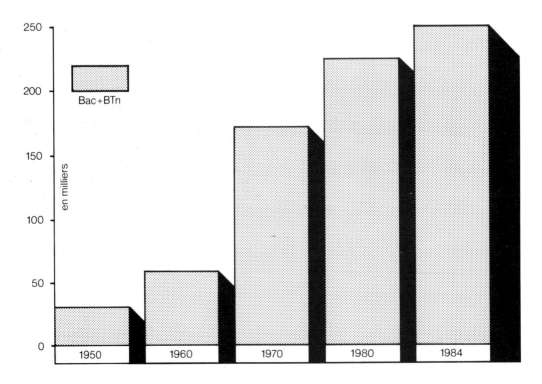

186

A l'école

Il y a sept solutions ici qui n'ont pas de définition: elles sont toutes des matières qu'on peut étudier à l'école.

Après avoir rempli la grille, vous devez repérer les lettres qui se trouveront dans les cases portant un chiffre romain, et les copier dans le bon ordre dans les cases qui se situent sous la grille. Si vous le faites sans erreur, vous lirez dans ces cases la période préférée de la plupart des élèves.

Horizontalement

1 (5)
5 une couleur, mélange de noir et de blanc (4)
9 en train de voyager (2,5)
10 (3)
11 un berger allemand, par exemple (5)
13 . . . Baba (3)
14 cadeaux gratuits (6)
15 il sert à chauffer et à cuisiner (3)
16 (6)
18 le rez-de-chaussée, par exemple (5)
20 l'Orient (3)
22 (5)
23 un président de la Chine (3)
25 (6)
26 épouvante (7)
27 chose, en argot (4)
28 le personnage principal d'un roman (5)

Verticalement

1 le travail qu'il faut faire dans la maison (6)
2 (7)
3 numéro qui porte malheur, si c'est vendredi (6)
4 on en met dans les gateaux, ou dans le thé (5)
6 ville française, bien connue pour sa cathédrale (5)
7 je n'ai aucune . . . = je ne sais pas du tout (4)
8 le contraire du mot 'avec' (4)
12 (8)
16 les jeunes y vont danser (5)
17 ville française située sur la Loire, bien avant Orléans (6)
19 distribuer des fusils? (5)
20 distribue le son (4)
21 Le . . .-bohu est le désordre (4)
24 dehors, c'est en plein . . . (3)

juré(e) ☐ promised
mâchoires au vent ☐ proudly
prendre le large (fam.) ☐ to leave
se tirer (fam.) ☐ to leave
le cœur écorché ☐ with a broken heart

Mère–fille, père–fils

Virginie et Françoise

Petite, Virginie passait son temps à dessiner et à découper des journaux. Quand elle serait grande, juré°, elle serait décoratrice. Françoise pensait que Virginie entrerait aux Beaux-Arts et qu'elle ferait partie des privilégiées qui ont choisi leur vie et leur métier. Seulement à seize ans, Virginie n'a plus voulu aller au lycée. Elle a rencontré Emmanuel et a décidé d'habiter avec lui «puisque tu ne veux pas qu'il vienne dormir à la maison». A dix-sept ans, elle a voulu un bébé: «Moi je veux une vie normale, je n'ai pas d'ambition comme toi.»

A dix-huit ans, Emmanuel lui interdit de porter des jeans et lui promet une télé couleurs si elle est sage. Elle ajoute mâchoires au vent°: «Moi, au moins, je m'occupe de mon bébé. Quand j'étais petite, tu rentrais tous les soirs à neuf heures, je ne vois pas en quoi tu es un exemple.» Et quand Françoise remarque qu'elle ne voit pas bien comment Virginie s'en sortira si Emmanuel prend le large°, sa fille lui répond: «Ça n'a pas empêché papa de se tirer avec une plus jeune que toi qui n'avait pas de job mais qui savait faire la mousse au chocolat.»

«J'aurais dû et je n'aurais pas dû, se dit alors Françoise en se retournant toute la nuit dans son lit, avec l'impression d'avoir le cœur écorché°. C'était bien la peine de me battre comme ça. J'ai tout raté, mon expérience n'a servi à rien et ma fille, en plus, me méprise.»

«Femme et enfant sur une plage», Picasso

Laurence et Nadia

Nadia, 35 ans, mère de Laurence, 13 ans. «Sur le port, j'ai repéré dans une vitrine une salopette blanche. Je l'ai essayée, elle m'allait, je l'ai achetée et je suis rentrée à l'hôtel. Quand j'ai ouvert le sac pour montrer mon achat à Laurence, elle s'est exclamée: "Pourquoi tu ne me l'as pas prise en rose?" En un éclair, j'ai réalisé que pas une seconde elle n'avait pu envisager que la salopette et moi, on pourrait faire bon ménage□. J'ai tellement eu honte qu'immédiatement je lui ai proposé d'aller la changer. Sans oser lui avouer qu'au départ j'avais pensé que je me voyais bien dedans.

faire bon ménage □ to go well together, to get on well together

Rivalité

Au lieu d'admettre simplement que la rivalité existe, la mère règle ses actions sur des sentiments qui la protègent de toute compétition. Devant un comportement d'adolescente, elle réagit par l'irritation, l'exaspération et elle se laisse conduire par des sentiments purement maternels. Elle veut «une petite fille», pas une rivale.

Je n'arrive pas à admettre qu'elle commence à exister en-dehors de moi, dit Marie. Jusqu'à présent, j'étais importante à ses yeux, j'étais un peu sa référence, elle me trouvait formidable, elle voulait tout faire comme moi. Maintenant, en fait, elle se fiche□ totalement de ce que je fais ou de ce que je pense. Comme si je n'existais pas.»

Cette fameuse rivalité, si mal perçue, existe pourtant d'une manière très simple et saine chez les garçons dans leurs rapports avec leur père. Comme si on leur apprenait déjà tout petits la compétitivité qu'ils auront à rencontrer dans la vie. Ils l'exercent donc sans le moindre remords, à titre d'apprentissage.

Très tôt, on leur apprend à être indépendants. Ils s'affirment contre papa avant de s'affirmer contre les autres garçons. Mettez un père et son fils dans la même pièce et vous allez les retrouver en train de se lancer des défis ou de se chamailler pour voir qui est le plus fort. «Arrivé à l'adolescence, le garçon est déjà entraîné à toutes sortes de situations structurées où la rivalité est permise, et même encouragée.

«Les pères sont contents que leur fils se défende et même quand celui-ci est vainqueur, ils en sont fiers. Parce qu'ils sentent instinctivement que leur fils gagne en indépendance. Et leur relation progresse.»

Cosmopolitan

elle se fiche de (fam.) □ she doesn't care about

Question d'ordre . . . .

Virginie et Françoise

Reconstituez les phrases et mettez les événements de la vie de Virginie par ordre chronologique:

▷ Après deux ans de vie commune,	elle a voulu quitter le lycée.
▷ A seize ans,	elle adorait dessiner et découper des journaux.
▷ Parce que sa mère ne voulait pas qu'il dorme à la maison,	elle est devenue mère.
▷ Quand elle était petite,	elle n'avait plus le droit de porter des jeans.
▷ A dix-sept ans,	elle a décidé d'habiter avec Emmanuel.

Pour continuer . . . .

Après avoir lu le texte, quelles sont vos impressions sur Françoise?

▷ sa personnalité?

▷ sa vie professionnelle?

▷ sa vie privée?

Façon de s'exprimer . . . .

Expliquez ce que Virginie veut dire par:

▷ Je n'ai pas d'ambition comme toi.

▷ Moi, au moins, je m'occupe de mon bébé.

▷ . . . une plus jeune que toi, mais qui savait faire la mousse au chocolat.

A votre avis?

Laurence et Nadia

1 Quelle a été la réaction de Laurence en voyant la salopette?

2 Que pensez-vous de la réaction de Nadia? Qu'auriez-vous fait à sa place?

Mère–fille, père–fils

Relevez les phrases du texte qui évoquent les thèmes ci-dessous.
Inscrivez-les dans le tableau:

	mère/fille	père/fils
la rivalité		
l'indépendance		

La «bof» génération

Un jugement assez peu optimiste sur la jeunesse d'aujourd'hui et son état d'esprit.

«Bof! Ras le bol°. A quoi ça sert? Pour quoi faire? Je m'en fous! Pourquoi se fatiguer . . . prendre des risques . . . se bercer de faux espoirs, quand l'avenir est aujourd'hui si sombre et si inquiétant?» Quel père ou quel enseignant ne retrouve pas, dans cette litanie, l'essentiel des réponses apportées à ses tentatives de communication avec ses enfants ou ses élèves? Alors qu'il paraîtrait naturel de les voir bouillir d'impatience° d'entrer dans la vie active, ces jeunes, non contents de refuser le dialogue, semblent aujourd'hui désireux de fuir tout engagement, avant même d'en avoir pu mesurer, dans la pratique, les véritables risques.

Combien de jeunes en effet, avachis° sur les bancs de leur lycée, mollement allongés sur leur lit dans le vacarme du magnétophone, effondrés devant leur écran de télévision toujours allumé, semblent ne rien connaître — ou ne rien vouloir connaître — de ce dont il était habituel de caractériser le dynamisme de la jeunesse. On ne peut s'empêcher d'avoir le cœur serré à les voir traîner leur ennui, seuls ou en bande, dans les rues ou sur les plages, apparemment aussi fatigués que peuvent l'être leurs propres grands-parents au terme d'une longue vie. A croire parfois qu'ils sont détenteurs° d'une sagesse dont leurs aînés ne connaîtraient rien, à force de perdre leur vie à la gagner. [. . .]

La jeunesse a toujours eu besoin de passer d'un extrême à l'autre pour trouver son équilibre. Il n'en est plus ainsi, comme si subitement elle avait perdu, rejoignant ainsi la vieillesse, le pouvoir de construire son avenir à partir de ses rêves, les bons et les mauvais.

Les familles, les éducateurs, les différents pouvoirs sont évidemment de plus en plus impuissants à comprendre une telle situation si contraire à ce qu'ils se rappellent de leur propre adolescence et à ce qu'ils ont pu apprendre dans les livres de la crise d'originalité juvénile ou des conflits de générations ordinaires.

Comment ne seraient-ils pas à leur tour désemparés° et chagrinés° à voir si mal récompensés les efforts qu'ils croient avoir faits depuis quelques décennies pour offrir à leur héritiers une vie plus agréable, plus riche et plus protégée.

Il est difficile aussi d'admettre sans agacement° que les lycéens d'aujourd'hui, si bien orientés et informés, bénéficiant d'un tel luxe de livres, de gadgets audiovisuels, d'enseignements toujours plus fouillés° et spécialisés, se révèlent à ce point ignorants — et insouciants de l'être en général —, aussi

bof! □ an exclamation expressing indifference
ras-le-bol (fam.) □ I'm fed up
bouillir d'impatience □ to boil with impatience
avachi(e) □ slumped
détenteur de □ possessor of
désemparé □ bewildered
chagriné □ upset
sans agacement □ without being irritated
fouillé(e) □ sophisticated
sans vergogne □ unashamedly

incapables d'effectuer un choix professionnel à la fin de leur scolarité, et, surtout, aussi peu tentés d'essayer d'en faire un. En classe terminale plus d'un sujet sur deux, même dans les meilleures filières, ne sait pas ce qu'il veut faire plus tard, et avoue même sans vergogne° s'en désintéresser.

Jean Rousselet, *La jeunesse malade du savoir*

Points de départ . . . .

▷ Quels sont les passe-temps favoris des jeunes d'aujourd'hui?
▷ Est-ce qu'ils pensent à leur avenir?
▷ Est-ce que la vie active les intéresse?
▷ Comment est-ce que leurs parents et leurs éducateurs réagissent à leur attitude?

▷ Est-ce qu'il est facile pour les adultes des années 80 d'accepter l'attitude des jeunes? Pourquoi?
▷ En quoi le système scolaire d'aujourd'hui est-il supérieur à celui d'hier? Quels avantages offre-t-il aux jeunes?
▷ Est-ce que les jeunes mettent à profit les avantages qui leur sont offerts?

Pour continuer . . . .

▷ Quel est le sentiment de l'auteur vis-à-vis des jeunes d'aujourd'hui? Relevez, dans le texte, des expressions qui illustrent votre réponse.
▷ «Bof!», c'est-à-dire: «qu'importe?», «ça m'est égal!». Essayez de faire une liste de dix adjectifs environ qui pourraient décrire la «bof» génération.
▷ D'après l'auteur, en quoi les jeunes d'aujourd'hui sont-ils différents de ceux de la génération précédente? Pourquoi?

Travail écrit

1 Quel est votre point de vue sur les jeunes que vous connaissez? Etes-vous d'accord avec l'auteur? Vous reconnaissez-vous dans le portrait qu'il fait des jeunes?

2 Défendez-vous! Ecrivez un texte qui pourrait être une réponse à l'auteur.

Vivre chez ses parents

Paul

Paul fait son service militaire la ......[1] au bec: il est clarinettiste dans l'harmonie du régiment. Moyennant quoi, Paul rentre tous les soirs chez ......[2] et retrouve son cosy-corner dans le ......[3].

Successivement étudiant en médecine recalé◻ et vendeur dans un grand magasin, il ne ......[4] pas le désir de partir de chez ses parents bien qu'il ......[5] assez fort l'envie d'avoir «......[6] pour pouvoir m'abstraire». Parions que son truc à lui, lorsqu'il sera libéré de ses ......[7] militaires et qu'il aura commencé ses ......[8] d'infirmier, sera un petit bout de ......[9] avec un œil-de-bœuf◻, gagné sur le cagibi◻ du fond du couloir et qu'il faudra trouver une autre ......[10] pour l'aspirateur et l'escabeau◻. Paul le dit lui-même, il se sent un peu ......[11] chez ses parents et 'le ......[12] de fric empêche de bâtir tout projet'. En aurait-il suffisamment, j'ai bien l'impression qu'il ne partirait pas pour autant.

Marie-France

Pour Marie-France, vingt-deux ans, stagiaire dans une agence de publicité, il s'agit d'un vrai choix. Marie-France, qui gagne sa vie pas du tout si mal que ça, et qui pourrait facilement se louer un studio, a choisi de rester vivre avec les auteurs de ses jours parce qu'elle s'y sent mieux que partout ailleurs. «Je m'entends très bien avec eux, je suis follement bien ici. Je sors si je veux, je reste avec eux si je veux. Je me plie aux◻ horaires des repas sinon, je téléphone pour prévenir que je ne rentrerai pas. Je vais vous dire, quitte à faire très XIXe siècle, je suis tout

simplement très attachée à mes parents et vivre avec eux m'est un vrai plaisir. Oui, bien sûr, j'ai un jules◻. Comment nous faisons pour nous voir? Je ne considère pas ma chambre comme une chambre d'hôtel.» J'insiste sans légèreté. Elle me répond d'un allusif◻: «Je ne passe pas tout mon temps chez moi.»

Jean-Charles

«La chambre de bonne sans chauffage et sans eau chaude, merci, très peu pour moi, dit Jean-Charles qui fait son droit et prépare sciences po. Les études sont de plus en plus difficiles. Pour me payer une cham-

Chambre de bonne

Texte à trous ....

Choisissez parmi les mots de la liste ci-dessous pour remplir les blancs dans le texte sur Paul.

salon/obligations/manque/place/ clarinette/études/manifeste/ encoconné◻/papa-maman/ chambre/ressente/mon truc à moi

bre, je serais obligé de faire des petits jobs et je n'ai pas le temps. De toute façon, je ne me pose pas la question: je n'ai pas encore le désir de vivre à l'extérieur et d'aller me frotter aux difficultés de tous poils□. Je sais qu'il le faudra pourtant un jour ou l'autre, car vivre seul est plus formateur. C'est tout à fait nécessaire de se jeter à l'eau□ à un moment donné. Je crois que, pour ma part, je serai obligé de me forcer un peu, sinon, je resterais bien ici. Il y a moins de contacts avec l'extérieur, moins de frottements avec la société lorsqu'on reste chez ses parents. Il ne filtre que le douillet□. L'ennuyeux, le préoccupant, le mauvais n'arrivent que très amortis jusqu'à la porte de ma chambre. Il faudra, un jour, que je fonce et je le ferai. Plus tard! Je suis trop absorbé par mes études pour chercher à trouver une indépendance toujours plus ou moins artificielle quand on dépend financièrement des parents.»   *Elle*

Préparez-vous! . . . .

Inscrivez dans le tableau ci-dessous tout ce que vous savez sur Marie-France et sur Jean-Charles. Pour la dernière question, inscrivez votre opinion personnelle.

	Marie-France	Jean-Charles
âge?		
profession?		
salaire?		
indépendance par rapport aux parents?		
raisons de ne pas quitter la maison?		
les avantages de la maison?		
A votre avis, quand quittera-t-elle/il la maison?		

A vous!

Répondez maintenant aux mêmes questions à votre sujet.

Comparez vos résultats avec ceux d'un/une partenaire. Si vous n'êtes pas d'accord, essayez de le/la convaincre que vous avez raison de ne pas vouloir quitter vos parents ou, au contraire, d'avoir hâte de partir.

Avec votre partenaire, préparez deux groupes de questions. Un groupe de questions destinées à ceux qui sont satisfaits de rester chez leurs parents, et un groupe de questions destinées à ceux qui ont hâte de partir.

Les phrases suivantes pourraient vous être utiles:

- Pourquoi est-ce que tu penses que tu as intérêt à . . .?
- Tu ne crois pas qu'il est temps de . . .?
- Qu'est-ce qu'il vaut mieux? Avoir ceci . . . ou avoir cela . . .?
- Est-ce que c'est vraiment mieux de . . . que de . . .?
- Est-ce que c'est vraiment un avantage de . . .?

Organisez un débat avec les questions de chacun d'entre vous.

Travail écrit

Défendez l'un des deux points de vue.

Oui, c'était ça, quinze ans . . .

Lorsque l'hiver arriva, l'existence devint impossible chez les Coupeau. Chaque soir, Nana recevait sa raclée□. Quand le père était las de la battre, la mère lui envoyait des torgnoles□, pour lui apprendre à bien se conduire. Et c'étaient souvent des danses générales; dès que l'un tapait, l'autre la défendait, si bien que tous les trois finissaient par se rouler sur le carreau, au milieu de la vaisselle cassée. Avec ça, on ne mangeait point à sa faim, on crevait de froid. Si la petite achetait quelque chose de gentil, un nœud de ruban, des boutons de manchettes□, les parents lui confisquaient et allaient le laver□. Elle n'avait rien à elle que sa rente de calottes□ avant de se fourrer dans□ le lambeau de drap, où elle grelottait sous son petit jupon noir qu'elle étalait pour toute couverture. Non, cette sacrée vie là ne pouvait pas continuer, elle ne voulait point y laisser sa peau. Son père, depuis longtemps, ne comptait plus; quand un père se soûle comme le sien se soûlait, ce n'est pas un père c'est une sale bête dont on voudrait bien être débarrassé. Et, maintenant, sa mère dégringolait□ à son tour dans son amitié. Elle buvait, elle aussi. Elle entrait par goût chercher son homme chez le père Colombe, histoire de se faire offrir des consommations; et elle s'attablait très bien, sans afficher des airs dégoûtés comme la première fois.

Un samedi, Nana trouva en rentrant son père et sa mère dans un état abominable. Coupeau, tombé en travers du lit, ronflait. Gervaise, tassée sur une chaise, roulait la tête avec des yeux vagues et inquiétants ouverts sur le vide. Elle avait oublié de faire chauffer le dîner, un restant de ragoût. Une chandelle, qu'elle ne mouchait□ pas, éclairait la misère honteuse du taudis.

«C'est toi, chenillon?» bégaya Gervaise. «Ah bien! ton père va te ramasser□!»

Nana ne répondait pas, restait toute blanche, regardait le poêle froid, la table sans assiettes, la pièce lugubre où cette paire de soûlards mettaient l'horreur blême de leur hébétement□. Elle n'ôta pas son chapeau, fit le tour de la chambre; puis, les dents serrées, elle rouvrit la porte, elle s'en alla.

«Tu redescends?» demanda sa mère, sans pouvoir tourner la tête.

«Oui, j'ai oublié quelque chose. Je vais remonter. . . Bonsoir.» Et elle ne revint pas.

Emile Zola, *L'Assomoir*

---

une raclée □ a thrashing
une torgnole □ a clout
des boutons de manchettes □ cufflinks
laver □ to pawn
sa rente de calottes □ her fair share of slaps
se fourrer dans □ to get under
dégringoler □ to go downhill
moucher une chandelle □ to snuff out a candle
ton père va te ramasser □ your father will tell you off, will beat you
un hébétement □ a stupor

Avez-vous compris? . . . .

Nana:

▷ Why was Nana unable to keep anything, however small, for herself?

▷ Which word indicates that Nana's nights were cold?

▷ What were her bedclothes?

▷ Why did Nana discount her father?

▷ Give three details which reveal the misery which greeted Nana one Saturday. Which of them affected her most deeply?

▷ Which phrase shows Nana's determination to tolerate the situation no longer?

Nana's parents:

▷ Why, apparently, did Nana's mother beat her?

▷ For what reason would Coupeau stop beating his daughter?

▷ What was happening to her mother's love for her?

▷ Which details reveal that Gervaise was getting used to "l'Assommoir"?

▷ How do you know that both

Café à Paris, 1880

Gervaise and Coupeau drank there?

▷ Which details reveal the cramped conditions in which the Coupeau family lived?

Style:

▷ Why does Zola use the word 'danse' to describe what used to go on?
▷ Which details reveal the violence of what went on?
▷ Zola refers ironically to Nana's only possession. Which?
▷ 'Cette sacrée vie-là'. Whose

words might these have been?
▷ How many details can you list which show that the story is not set in the 1980's.

Autrement dit . . . .

Trouvez dans le texte des mots qui veulent dire:

▷ se comporter
▷ frapper
▷ par terre
▷ se placer
▷ un haillon
▷ s'enivrer
▷ trembler
▷ parce que ça lui plaisait
▷ montrer
▷ le reste de
▷ triste, sinistre

Travail écrit

Traduisez en anglais cet extrait de *L'Assommoir*.

La mère de Pagnol

Le temps passe, et il fait tourner la roue de la vie comme l'eau celle des moulins.

Cinq ans plus tard, je marchais derrière une voiture noire, dont les roues étaient si hautes que je voyais les sabots des chevaux. J'étais vêtu de noir, et la main du petit Paul serrait la mienne de toutes ses forces. On emportait notre mère pour toujours.

De cette terrible journée, je n'ai pas d'autre souvenir, comme si mes quinze ans avaient refusé d'admettre la force d'un chagrin qui pouvait me tuer. Pendant des années, jusqu'à l'âge d'homme, nous n'avons jamais eu le courage de parler d'elle.

Puis, le petit Paul est devenu très grand. Il me dépassait de toute la tête, et il portait une barbe en collier°, une barbe de soie dorée. Dans les collines de l'Etoile, qu'il n'a jamais voulu quitter, il menait son troupeau de chèvres; le soir, il faisait des fromages dans des tamis de joncs tressés°, puis sur le gravier des garrigues°, il dormait, roulé dans son grand manteau: il fut le dernier chevrier° de Virgile. Mais à trente ans, dans une clinique, il mourut. Sur la table de nuit, il y avait son harmonica.

Mon cher Lili ne l'accompagna pas avec moi au petit cimetière de La Treille, car il l'y attendait depuis des années sous un carré d'immortelles: en 1917, dans une noire forêt du Nord, une balle en plein front avait tranché sa jeune vie, et il était tombé sous la pluie, sur des touffes° de plantes froides dont il ne savait pas les noms. . .

Telle est la vie des hommes. Quelques joies, très vite effacées par d'inoubliables chagrins.

Il n'est pas nécessaire de le dire aux enfants.

Marcel Pagnol, *Le château de ma mère*

une barbe en collier □ a narrow beard following the jawline
un tamis de joncs tressés □ a sieve made of bullrushes
la garrigue □ scrubland
un chevrier □ a goatherd
une touffe □ a tuft

Corbillard vers 1920

Le Piège de l'affection

«*J'AI eu Valérie le 20 novembre 1978.*» Ce pourrait être le rappel d'une maternité. C'est en fait la première phrase d'une histoire d'amour qui dure maintenant depuis trois ans, avec les beautés et les excès du genre. A cette date, Valérie est entrée pour la première fois dans la maison de ceux qui allaient constituer désormais sa «famille d'accueil»◌: Christiane, Pierre et leurs deux fils, âgés de dix et douze ans.

Christiane et Pierre — trente-trois et trente-huit ans — sont un peu l'envers◌ et le complément l'un de l'autre. Elle, douce, petite et menue◌, toute en finesse. Lui, plutôt massif, et qui cache mal sous ses airs bourrus un immense amour des enfants: les siens et ceux des autres.

«*J'étais alors assistante maternelle agréée à la journée, raconte Christiane, et je n'ai pas demandé cette enfant. Un jour la D.D.A.S.S.◌ m'a téléphoné en me demandant si je voulais bien prendre en garde à temps complet — mais provisoirement — un bébé de neuf mois. La mère devait venir me voir.*»

La mère est venue en effet. Une très jeune femme qui n'avait pas dix-sept ans. Elle avait déjà rendu visite à plusieurs familles susceptibles d'accueillir sa fille. Son choix s'est porté sur Christiane parce que, d'après elle, «*c'était la plus jeune*». Elle disait qu'elle allait bientôt travailler et qu'elle reprendrait alors son bébé.

Et ce qui n'était à l'origine qu'un «*placement temporaire*» s'est prolongé. Christiane et son mari ont fini par signer avec l'Aide sociale à l'enfance un «*placement à durée indéterminée*». C'est là qu'est le drame. «*Le problème, dit Christiane, c'est qu'on ne sait pas combien de temps cela peut durer.*»

Christiane et Pierre sont torturés par la peur qui taraude◌ toutes les «familles d'accueil» qui se sont laissé piéger. Ils sont piégés par cet irrésistible petit bout de fille de trois ans et demi maintenant qui les appelle «papa» et «maman» avec un sourire éclatant, et dont ils savent qu'à tout moment elle peut leur être retirée.

Il est difficile de vivre avec cette épée◌ de Damoclès suspendue au-dessus de la tête. Il est insupportable de vivre en se disant que demain, dans six mois, dans dix ans, la «vraie» mère de Valérie peut obtenir le droit de reprendre son enfant.

«On ne nous la prendra pas comme cela»

Christiane se rassure en disant: «*On ne nous la prendra pas comme cela; on nous en parlera avant.*» Propos aussitôt

contredits lorsqu'elle ajoute: «*S'ils veulent la reprendre ils ne nous demanderont pas notre avis. Cela s'arrêtera là. Point final.*»

Pierre, lui, refuse cette fatalité et il lâche: «*Moi, je l'ai toujours dit, je prends la voiture et je l'emmène.*» Mais il sait bien qu'il ne le fera pas.

Et ce sont trois ans de souvenirs qui refont surface. Les premières semaines de Valérie à la maison, fragile petite fille dont ni la mère, ni la grand-mère, ni l'arrière-grand-mère ne voulaient se charger, les cauchemars et les petites maladies au retour des week-ends passés dans sa famille maternelle. Valérie a fait irruption dans leur vie à point nommé. Toute la famille voulait un bébé. «*Les deux garçons souhaitaient une petite sœur et ma santé ne me permettait pas d'envisager une grossesse*», explique Christiane en s'excusant presque.

Elle s'est d'autant plus accrochée à ce bébé tombé du ciel que cette

expérience l'a brutalement rejetée dans son propre passé. Orpheline de père et de mère elle-même, elle a été recueillie par une famille. Elle ne s'y est pas sentie toujours très heureuse. Inconsciemment elle s'identifie à l'enfant malheureux. En choyant Valérie, elle se soulage un peu de son propre malheur. Et Valérie, en se faisant aimer, est devenue l'enjeu◌ — inconscient pour l'instant — d'une veritable rivalité entre ses deux familles. Ses «parents» d'accueil tentent d'exorciser le risque de la séparation en niant sa singularité — «*on la gâte comme nos propres enfants; on ne compte pas*» — et en présentant ses séjours dans sa famille biologique comme néfastes◌ «*Elle revient malade parfois, choquée par ce qu'elle voit*», dit encore Christiane qui ajoute: «*Je sais qu'on ne s'occupe pas d'elle, qu'elle est mal nourrie, abandonnée à elle-même.*»

Christiane et Pierre ont le sentiment qu'ils ont sorti Valérie de l' «enfer» et d'un milieu «*alcoolique, oisif, sale, violent et irresponsable*». Situation, hélas ! réelle.

Alors, au lieu de souhaiter que Valérie redevienne une petite fille comme les autres, vivant dans sa famille naturelle, ils espèrent de toute leur âme que la rupture sera définitivement consommée◌ et légalement entérinée◌.

M.-C. C.T.

Le Monde de l'Education

---

une famille d'accueil □ reception family	**tarauder** □ to pierce
l'envers □ the opposite	**une épée** □ a sword
menu(e) □ slender	**l'enjeu** □ stake
la DDASS (Direction départementale des affaires	**néfaste** □ harmful
sanitaires et sociales) □ *a government body*	**consommée** □ realised
dealing with social welfare	**entérinée** □ confirmed

Chacune des phrases suivantes résume un des quatorze paragraphes du texte. Retrouvez quelle phrase correspond à quel paragraphe.

▷ Il leur est difficile de vivre avec cette crainte constante.

▷ Ils évoquent avec beaucoup de tendresse leur vie avec Valérie.

▷ Christiane et Pierre pensent que la famille naturelle de Valérie est un environnement néfaste pour elle.

▷ Il y a trois ans, Valérie a fait connaissance avec sa famille d'accueil: Christiane, Pierre et leurs deux fils.

▷ Christiane, orpheline elle-même, n'accepte pas que Valérie soit mal traitée quand elle va dans sa famille naturelle.

▷ La mère de Valérie est venue voir Christiane et l'a choisie comme mère «d'accueil» provisoire.

▷ Comme ils se sont beaucoup attachés à Valérie, ils ont peur qu'on vienne la leur enlever.

▷ Ils veulent que Valérie rompe officiellement et définitivement avec sa famille biologique.

▷ Quand Valérie est arrivée, les deux garçons voulaient une petite sœur, mais Valérie y avait renoncé à cause de sa santé.

▷ Le temps a passé, et Christiane et Pierre ont signé un accord de placement à durée indéterminée.

▷ Christiane et Pierre aiment beaucoup les enfants.

▷ Pierre propose, sans y croire, des solutions radicales.

▷ Christiane accepte tant bien que mal cette fatalité.

▷ Christiane était assistante maternelle quand on lui a proposé de s'occuper provisoirement d'un bébé de neuf mois.

Relevez dans le texte tous les mots et expressions qui se rapportent aux thèmes suivants:

▷ le placement des enfants dans une famille
▷ la description de Valérie
▷ l'impact de Valérie sur sa famille d'accueil et les sentiments de cette famille
▷ la famille biologique de Valérie
▷ le départ éventuel de Valérie

A votre avis?

Est-il normal que la mère biologique de Valérie ait le droit de reprendre son enfant à n'importe quel moment? N'oubliez pas qu'il y a trois parties à considérer: la famille d'accueil (Christiane et Pierre), la famille biologique et Valérie elle-même.

Parents–Enfants

La bande était au complet: sept garçons et six filles entre dix et quinze ans, tous français. Avec tous les mêmes histoires. Le lycée à Paris, les parents trop jeunes. Ça divorçait, ça ne divorçait pas. Des pères médecins, avocats, ingénieurs, de la bonne bourgeoisie fatiguée et le sachant. Et entre eux la grande communauté: celle des enfants qui doivent se débrouiller seuls. Serge connaissait cette science depuis longtemps. Depuis toujours. Le père médecin, accablé de travail, qu'on ne voit jamais. Les week-ends dans la maison de campagne avec d'autres médecins, les réceptions, l'hiver, dans l'appartement de la rue Guynemer. Et sa mère qui ne savait que faire de ses après-midi. Une vieille histoire pour Serge. L'impression, du haut de° ses quinze ans, qu'il vivait dans une autre planète. Chacun de son côté. De toute façon il se débrouillait pour bien travailler en classe. Pas de problème de ce côté-là. Pour le reste, il savait négocier. C'était facile de négocier. Avec le père qui était toujours fatigué, avec la mère qui n'était jamais dans le coup°. Serge s'était fabriqué toute une morale, une règle de conduite. Ne pas vivre, ne jamais vivre comme ses parents. Son grand désir, maintenant: dominer. Dominer toute cette bande de gosses indécis, flous°. . . Ils n'avaient pas vécu, eux. Lui, il avait vécu. Le jour où sa mère était partie, il y avait neuf ans. Il y avait un autre type qui venait tout le temps. Son père tout seul pendant un mois, qui ne disait plus rien. Puis la mère était revenue.

Henri-François Rey, *Les pianos mécaniques*

du haut de ☐ in the light of
être dans le coup ☐ to be in the know
flou(e) ☐ vague

Le sac à dos

Si vous avez bien lu (ou écouté) le dialogue intitulé 'Le sac à dos' (page 24) vous pourrez compléter les mots croisés à droite. Ecrivez dans la grille les mots qui manquent dans ce résumé du texte. Il n'y a pas de numéros dans la grille! On vous a donné une seule lettre pour vous aider.

Brigitte vient à table et s'. . . d'être en retard. Sa mère mentionne du . . . qu'elle a trouvé dans le . . . Brigitte l'a acheté avec son argent de . . .

D'habitude elle passe ses . . . avec sa famille chez sa . . . Cet été elle veut aller . . . en . . . avec son . . . Ils ont l'ntention de faire de l' . . . Mme Aubry n'est pas du tout satisfaite du projet de sa fille et elle veut que Brigitte en parle avec son . . .

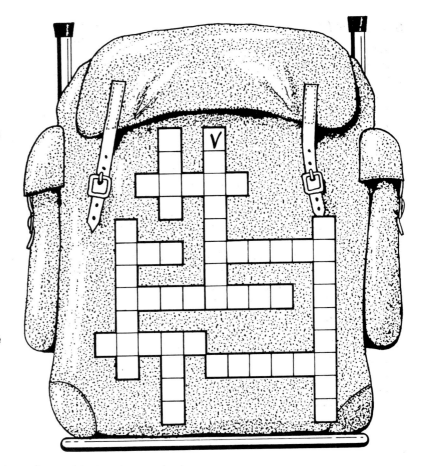

3

IL FAUT ETRE DEUX?

qui a réussi □ who has met with success
déclencher □ to provoke
conciliable □ reconcilable
une acrobatie □ an acrobatic feat
la mettre sur orbite □ get it launched

Michèle Cotta

F: *Une femme qui a réussi[□] fait-elle peur aux hommes?*

Michèle Cotta: A certains hommes, oui, pas à tous. Il y en a chez qui ça déclenche[□] au contraire des réactions de chasse absolument formidables.

F: *Conciliables,[□] la vie professionnelle et la vie privée?*

Cotta: A 20/25 ans, je me disais que oui. Vingt ans plus tard, je ne le pense plus. On peut très bien concilier les enfants et sa carrière mais pas les hommes, ou plutôt un homme, avec une vie professionnelle. Comment retenir quelqu'un quand à chaque congrès politique, j'ai préféré le congrès au week-end tranquille à la maison. Chaque fois qu'il y avait un poste à prendre, je le prenais, même si ça m'éloignait un peu plus encore de la maison.

Réussir dans un métier implique un certain nombre de mécanismes qui entraînent des choix. Ces choix, je les ai toujours faits en faveur du métier. A l'inverse, il y a des femmes qui réussissent très bien leur vie familiale — et peut-être est-ce cela qu'il faut rechercher avant tout — mais elles aussi ont fait un choix.

F: *Choisir, c'est angoissant?*

Cotta: Rien n'est pire que de se sentir tiraillée, déchirée entre deux pôles opposés. Quand j'étais mariée, je m'angoissais sans arrêt et passais mon temps en acrobaties[□] pour tout concilier. Pourtant, Claude, mon mari, était merveilleux. Il ne me disait jamais «tu rentres tard». Il me demandait juste de temps en temps et sans aucune acrimonie «mais qu'est-ce que tu peux bein faire au journal jusqu'à 9 heures». Cela se passait au début de ma carrière et il m'a beaucoup aidée à la mettre sur orbite.[□] Ça l'amusait et le passionnait. Mais il n'aurait pas supporté que ce manque de disponibilité permanente dure trop longtemps. Il ne l'a d'ailleurs pas supporté et je trouve cela parfaitement normal.

F: *A quel moment faut-il choisir?*

Cotta: La réussite ne se mesure pas sur 2 ans. Il faut privilégier la vie professionnelle pendant 10 à 15 ans. Comme un avion qui décolle, il faut mettre plein gaz entre 20 et 35 ans. Après cela, on peut envisager de concilier . . .

F. Magazine

Michèle Cotta a été journaliste de presse et de radio, puis présidente de la Haute Autorité de l'audio-visuel jusqu'en 1986.

Points de départ . . . .

▷ D'après Michèle Cotta, comment est-ce que les hommes réagissent face à une femme qui a réussi?

▷ Est-ce que Michèle Cotta a réussi à concilier sa vie professionnelle et sa vie avec son mari? Et avec ses enfants?
Qu'est-ce qu'elle a sacrifié pour sa carrière?

▷ Est-elle encore mariée?
Quelle était l'attitude de son mari vis-à-vis de sa carrière?

▷ Quels conseils donne-t-elle aux femmes qui veulent réussir?

Est-ce que ses conseils correspondent à sa vie personnelle?

Et vous?

Et vous, qu'en pensez-vous? Vous trouverez ci-dessous une liste d'affirmations concernant la position des hommes et des femmes dans la société. Organisez un débat en donnant à chacun l'un de ces points de vue à défendre. Chacun devra défendre avec conviction le point de vue qui lui a été donné.

Travail écrit

Vous pouvez choisir une des affirmations ci-dessous et la défendre par écrit. Rien ne vous oblige à choisir celle qui correspond le plus à votre point de vue!

1 Pour être heureuse en famille, une femme doit sacrifier sa carrière.

2 Une femme qui ne travaille pas ne peut pas être heureuse.

3 Une femme qui veut être l'égale de l'homme ne doit pas avoir d'enfants.

4 La place d'une femme est à la maison.

5 La place d'un homme est à la maison.

6 Une femme n'a pas besoin d'homme à la maison.

7 Un homme n'a pas besoin de femme à la maison.

8 L'homme et la femme doivent travailler et partager toutes les tâches ménagères.

9 L'homme et la femme doivent travailler, mais seule la femme est capable de s'occuper des enfants et de la maison.

▶

panser ☐ dress
faubourg St-. . . ☐ name of a district
la débâcle ☐ collapse

Hiroshima, mon amour

Un jour, un soldat allemand vint à la pharmacie se faire panser° sa main brûlée. Nous étions seuls tous deux dans la pharmacie. Je lui pansais sa main comme on m'avait appris, dans la haine. L'ennemi remercia.

Il revint. Mon père était là et me demanda de m'en occuper.

Je pansais sa main une nouvelle fois en présence de mon père. Je ne levais pas les yeux sur lui, comme on m'avait appris.

Cependant, le soir de ce jour, une lassitude particulière me vint de la guerre. Je le dis à mon père. Il ne me répondit pas.

Je jouai du piano. Puis nous avons éteint. Il m'a demandé de fermer les volets.

Sur la place, un jeune Allemand à la main pansée était adossé à un arbre. Je le reconnus dans le noir à cause de la tache blanche que faisait sa main dans l'ombre. Ce fut mon père qui referma la fenêtre. Je sus qu'un homme m'avait écouté jouer du piano pour la première fois de ma vie.

Cet homme revint le lendemain. Alors je vis son visage. Comment m'en empêcher encore? Mon père vint vers nous. Il m'écarta et annonça à cet ennemi que sa main ne nécessitait plus aucun soin.

Le soir de ce jour mon père me demanda expressément de ne pas jouer de piano. Il but du vin beaucoup plus que de coutume, à table. J'obéis à mon père. Je le crus devenu un peu fou. Je le crus ivre ou fou.

Mon père aimait ma mère d'amour, follement. Il l'aimait toujours. Il souffrait beaucoup de sa séparation avec elle. Depuis qu'elle n'était plus là, mon père s'était mis à boire.

Quelquefois, il partait la revoir et me confiait la pharmacie.

Il partit le lendemain de ce jour, sans me reparler de la scène de la veille.

Le lendemain de ce jour était un dimanche. Il pleuvait. J'allais à la ferme de Ezy. Je m'arrêtai, comme d'habitude, sous un peuplier, le long de la rivière.

L'ennemi arriva peu après moi sous ce même peuplier. Il était également à bicyclette. Sa main était guérie.

Il ne partait pas. La pluie tombait, drue. Puis le soleil arriva, dans la pluie. Il cessa de me regarder, il sourit, et il m'a demandé de remarquer comment parfois le soleil et la pluie pouvaient être ensemble, l'été.

Je n'ai rien dit. Quand même j'ai regardé la pluie.

Il m'a dit alors qu'il m'avait suivie jusque-là. Qu'il ne partirait pas.

Je suis repartie. Il m'a suivie.

Un mois durant, il m'a suivie. Je ne me suis plus arrêtée le long de la rivière. Jamais. Mais il y était posté là, chaque dimanche. Comment ignorer qu'il était là pour moi.

Je n'en dis rien à mon père.

Je me mis à rêver à un ennemi, la nuit, le jour.

Et dans mes rêves l'immoralité et la morale se mélangèrent de façon telle que l'une ne fut bientôt plus discernable de l'autre. J'eus vingt ans.

Un soir, faubourg St-. . .°, alors que je tournais une rue, quelqu'un me saisit par les épaules. Je ne l'avais pas vu arriver. C'était la nuit, huit heures et demie du soir, en juillet. C'était l'ennemi.

On s'est rencontrés dans les bois. Dans les granges. Dans les ruines. Et puis, dans des chambres.

Un jour, une lettre anonyme arriva à mon père. La débâcle° commençait. Nous étions en juillet 1944. J'ai nié.

C'est encore sous les peupliers qui bordent la rivière qu'il m'a annoncé son départ. Il partait le lendemain matin, pour Paris, en camion. Il était heureux parce que c'était la fin de la guerre. Il me parla de la Bavière où je devais le retrouver. Où nous devions nous marier.

1957: héroïne pensive (jouée par Emmanuelle Riva dans le film d'Alain Resnais)

Déjà il y avait des coups de feu dans la ville. Les gens arrachaient les rideaux noirs. Les radios marchaient nuit et jour. A quatre-vingts kilomètres de là, déjà, des convois allemands gisaient dans des ravins.

J'exceptais cet ennemi-ci de tous les autres.

C'était mon premier amour.

Je ne pouvais plus entrevoir la moindre différence entre son corps et le mien. Je ne pouvais plus voir entre son corps et le mien qu'une similitude hurlante.

Son corps était devenu le mien, je n'arrivais plus à l'en discerner.

J'avais laissé un mot à mon père. Je lui disais que la lettre anonyme avait dit vrai: que j'aimais un soldat allemand depuis six mois. Que je voulais le suivre en Allemagne.

Déjà, à Nevers, la Résistance côtoyait l'ennemi. Il n'y avait plus de police. Ma mère revint.

Il partait le lendemain. Il était entendu qu'il me prendrait dans son camion, sous des bâches de camouflage. Nous nous imaginions que nous pourrions ne plus nous quitter jamais.

On est encore allés à l'hôtel, une fois. Il est parti à l'aube rejoindre son cantonnement, vers Saint-Lazare.

Nous devions nous retrouver à midi, sur le quai de la Loire. Lorsque je suis arrivée, à midi, sur le quai de la Loire, il n'était pas encore tout à fait mort. On avait tiré d'un jardin du quai.

Je suis restée couchée sur son corps tout le jour et toute la nuit suivante.

Le lendemain on est venu le ramasser et on l'a mis dans un camion. C'est pendant cette nuit-là que la ville fut libérée. Les cloches de Saint-Lazare emplirent la ville. Je crois bien, oui, avoir entendu.

On m'a mise dans un dépôt du Champ de Mars. Là, certains ont dit qu'il fallait me tondre. Je n'avais pas d'avis. Le bruit des ciseaux sur la tête me laissa dans une totale indifférence. Quand ce fut fait, un homme d'une trentaine d'années m'emmena dans les rues. Ils furent six à m'entourer. Ils chantaient. Je n'éprouvais rien.

Mon père, derrière les volets, a dû me voir. La pharmacie était fermée pour cause de déshonneur.

On me ramena au dépôt du Champ de Mars. On me demanda ce que je voulais faire. Je dis que je n'avais pas d'avis. Alors on me conseilla de rentrer.

C'était minuit. J'ai escaladé le mur du jardin. Il faisait beau. Je me suis étendue afin de mourir sur l'herbe. Mais je ne suis pas morte. J'ai eu froid. J'ai appelé Maman très longtemps. . . Vers deux heures du matin les volets se sont éclairés.

On me fit passer pour morte. Et j'ai vécu dans la cave de la pharmacie. Je pouvais voir les pieds des gens et la nuit, la grande courbe de la place du Champ-de-Mars.

Je devins folle. De méchanceté. Je crachais, paraît-il, au visage de ma mère. Je n'ai que peu de souvenirs de cette période pendant laquelle mes cheveux ont repoussé. Sauf celui-ci que je crachais au visage de ma mère.

Puis, peu à peu, j'ai perçu la différence du jour et de la nuit. Que l'ombre gagnait l'angle des murs de la cave vers quatre heures et demie et que l'hiver, une fois, se termina.

La nuit, tard, parfois, on me permit de sortir encapuchonnée. Et seule. A bicyclette.

Mes cheveux ont mis un an à repousser. Je pense encore que si les gens qui m'ont tondue s'étaient souvenus du temps qu'il faut pour que les cheveux repoussent ils auraient hésité à me tondre. C'est par faute d'imagination des hommes que je fus déshonorée.

Un jour, ma mère est arrivée pour me nourrir, comme elle faisait d'habitude. Elle m'a annoncé que le moment était venu de m'en aller. Elle m'a donné de l'argent.

Je suis partie pour Paris à bicyclette. La route était longue mais il faisait chaud. L'été. Quand je suis arrivée à Paris, le surlendemain matin, le mot Hiroshima était sur tous les journaux. C'était une nouvelle sensationnelle. Mes cheveux avaient atteint une longueur décente. Personne ne fut tondu.

Marguerite Duras, *Hiroshima mon amour*

▷ l'opinion publique vis-à-vis de ce couple?
▷ la réaction du père envers sa fille?

La punition:
▷ Comment le père a-t-il puni sa fille?
▷ Comment expliquez-vous la réaction de la jeune fille envers sa mère?
▷ Comment les gens de Nevers ont-ils réagi? Comment expliquez-vous cette réaction?

La guerre:
▷ le rôle de la Résistance dans l'histoire du jeune couple?
▷ l'occupation allemande?
▷ Comment les Français ont-ils fêté la fin de la guerre?

Travail écrit

1 Rédigez la lettre anonyme reçue par le père.

2 Vous êtes journaliste pour un journal clandestin de la résistance. Rédigez un article sur la mort du soldat allemand et sur le rôle de la jeune Française dans l'affaire.

3 La jeune fille rassemble ses pensées, ses réflexions dans un journal personnel. Imaginez ce qu'elle a pu écrire durant son séjour dans la cave. Des pensées, des poèmes peut-être, sur son amour, sa punition, l'avenir. . .

Points de départ . . . .

Lisez cet extrait de *Hiroshima mon amour* et prenez des notes. Les rubriques suivantes vous guideront dans votre prise de notes:

La famille de la jeune Française:
▷ les parents, leur travail, leur relation. . .?
▷ la jeune fille?

Les premières rencontres entre le jeune homme et la jeune fille:
▷ les circonstances?

▷ les lieux?

Le début et la fin de leur amour:
▷ Qui a fait les premiers pas?
▷ Quelles étaient leurs idées au sujet de la séparation?
▷ Où se sont-ils vus pour la dernière fois?
▷ La fin de leur relation? Comment l'expliquez-vous?

Les réactions des gens:
▷ la réaction du père envers le soldat allemand? Comment l'expliquez-vous?

Le Rouge et le Noir

De sa vie Julien n'avait eu autant de peur, il ne voyait que les dangers de l'entreprise, et n'avait aucun enthousiasme.

Il alla prendre l'immense échelle, attendit cinq minutes pour laisser le temps à un contre-ordre, et à une heure cinq minutes posa l'échelle contre la fenêtre de Mathilde. Il monta doucement le pistolet à la main, étonné de n'être pas attaqué. Comme il approchait de la fenêtre, elle s'ouvrit sans bruit:

— Vous voilà, monsieur, lui dit Mathilde avec beaucoup d'émotion; je suis vos mouvements depuis une heure.

Julien était fort embarrassé, il ne savait comment se conduire, il n'avait pas d'amour du tout. Dans son embarras, il pensa qu'il fallait oser, il essaya d'embrasser Mathilde.

— Fi donc°! lui dit-elle en le repoussant.

Fort content d'être éconduit°, il se hâta de jeter un coup d'œil autour de lui: la lune était si brillante que les ombres qu'elle formait dans la chambre de Mlle de La Mole étaient noires. Il peut fort bien y avoir là des hommes cachés sans que je les voie, pensa-t-il.

fi donc □ shame on you!
éconduit □ spurned, rejected
la mettaient au supplice □ tormented her
M. de Croisenois □ *a suitor of Mathilde*
le café Tortoni □ *famous and select restaurant situated in the Boulevard des Italiens where dandies used to meet*
le langage créole □ Creole

— Qu'avez-vous dans la poche de côté de votre habit? lui dit Mathilde, enchantée de trouver un sujet de conversation. Elle souffrait étrangement; tous les sentiments de retenue et de timidité, si naturels à une fille bien née, avaient repris leur empire, et la mettaient au supplice◌.

— J'ai toutes sortes d'armes et de pistolets, répondit Julien, non moins content d'avoir quelque chose à dire.

— Il faut retirer l'échelle, dit Mathilde.

— Elle est immense, et peut casser les vitres du salon en bas, ou de l'entresol.

— Il ne faut pas casser les vitres, reprit Mathilde essayant en vain de prendre le ton de la conversation ordinaire; vous pourriez, ce me semble, abaisser l'échelle au moyen d'une corde qu'on attacherait au premier échelon. J'ai toujours une provision de cordes chez moi.

Et c'est là une femme amoureuse! pensa Julien, elle ose dire qu'elle aime! tant de sang-froid, tant de sagesse dans les précautions m'indiquent assez que je ne triomphe pas de M. de Croisenois◌ comme je le croyais sottement; mais que tout simplement je lui succède. Au fait, que m'importe! est-ce que je l'aime? je triomphe du marquis en ce sens, qu'il sera très fâché d'avoir un successeur, et plus fâché encore que ce successeur soit moi. Avec quelle hauteur il me regardait hier soir au café Tortoni◌, en affectant de ne pas me reconnaître! avec quel air méchant il me salua ensuite, quand il ne put plus s'en dispenser!

Julien avait attaché la corde au dernier échelon de l'échelle, il la descendait doucement, et en se penchant beaucoup en dehors du balcon pour faire en sorte qu'elle ne touchât pas les vitres. Beau moment pour me tuer, pensa-t-il, si quelqu'un est caché dans la chambre de Mathilde; mais un silence profond continuait à régner partout.

L'échelle toucha la terre, Julien parvint à la coucher dans la plate-bande de fleurs exotiques le long du mur.

— Que va dire ma mère, dit Mathilde, quand elle verra ses belles plantes tout écrasées! . . . Il faut jeter la corde, ajouta-t-elle d'un grand sang-froid. Si on l'apercevait remontant au balcon, ce serait une circonstance difficile à expliquer.

— Et comment moi m'en aller? dit Julien d'un ton plaisant, et en affectant le langage créole◌. (Une des femmes de chambre de la maison était née à Saint-Domingue.)

— Vous, vous en aller par la porte, dit Mathilde ravie de cette idée.

Ah! que cet homme est digne de tout mon amour! pensa-t-elle.

Julien venait de laisser tomber la corde dans le jardin; Mathilde lui serra le bras. Il crut être saisi par un ennemi, et se retourna vivement en tirant un poignard. Elle avait cru entendre ouvrir une fenêtre. Ils restèrent immobiles et sans respirer. La lune les éclairait en plein. Le bruit ne se renouvelant pas, il n'y eut plus d'inquiétude.

Alors l'embarras recommença, il était grand des deux parts. Julien s'assura que la porte était fermée avec tous ses verrous; il pensait bien à regarder sous le lit, mais n'osait pas; on avait pu y placer un ou deux laquais. Enfin il craignit un reproche futur de sa prudence et regarda.

Mathilde était tombée dans toutes les angoisses de la timidité la plus extrême. Elle avait horreur de sa position.

Stendhal, *Le Rouge et le Noir*

Avez-vous compris? . . . .

Julien Sorel:
▷ How did he reach Mathilde's room?
▷ What explains his embarrassment upon arrival?
▷ What was his fear about being there?
▷ What was Julien's attitude towards Monsieur de Croisenois?
▷ How had Julien prepared himself to deal with any danger which might befall him?
▷ What final precautions did he take?

Mathilde:
▷ What evidence is there that she expected Julien's visit?
▷ List the evidence of Mathilde's 'experience' in such matters.
▷ How did she want Julien to dispense with the ladder?
▷ What were her reasons for this?
▷ How would he then be able to escape?

Cherchez les mots . . . .

The intimacy, excitement and romance of an illicit visit to someone's bedroom are not the predominant features in Stendhal's account of Julien's 'entreprise' with Mathilde! The impression given is more one of clumsiness, mishap and farce. How does Stendhal convey this? Find the phrases and sentences in the text which evoke this atmosphere.

A votre avis?

1 What physical contact is there between the couple?

2 What are the predominant activities in the bedroom?

3 Which thoughts, on either side, inhibit romance?

Travail écrit

Now look at the illustration on page 204 and select an appropriate caption from the text.

NE ME QUITTE PAS

Ne me quitte pas
Il faut oublier
Tout peut s'oublier
Qui s'enfuit déjà
Oublier le temps
Des malentendus
Et le temps perdu
A savoir comment
Oublier ces heures
Qui tuaient parfois
A coups de pourquoi
Le cœur du bonheur
Ne me quitte pas
Ne me quitte pas
Ne me quitte pas
Ne me quitte pas

Moi je t'offrirai
Des perles de pluie
Venues de pays
Où il ne pleut pas
Je creuserai la terre
Jusqu'après ma mort
Pour couvrir ton corps
D'or et de lumière
Je ferai un domaine
Où l'amour sera roi
Où l'amour sera loi
Où tu seras reine
Ne me quitte pas
Ne me quitte pas
Ne me quitte pas
Ne me quitte pas

Ne me quitte pas
Je t'inventerai
Des mots insensés
Que tu comprendras
Je te parlerai
De ces amants-là
Qui ont vu deux fois
Leurs cœurs s'embraser
Je te raconterai
L'histoire de ce roi
Mort de n'avoir pas
Pu te rencontrer
Ne me quitte pas
Ne me quitte pas
Ne me quitte pas
Ne me quitte pas

On a vu souvent
Rejaillir□ le feu
De l'ancien volcan
Qu'on croyait trop vieux
Il est paraît-il
Des terres brûlées
Donnant plus de blé
Qu'un meilleur avril
Et quand vient le soir
Pour qu'un ciel flamboie□
Le rouge et le noir
Ne s'épousent-ils pas
Ne me quitte pas
Ne me quitte pas
Ne me quitte pas
Ne me quitte pas

Ne me quitte pas
Je ne vais plus pleurer
Je ne vais plus parler
Je me cacherai là
A te regarder
Danser et sourire
Et à t'écouter
Chanter et puis rire
Laisse-moi devenir
L'ombre de ton ombre
L'ombre de ta main
L'ombre de ton chien
Ne me quitte pas
Ne me quitte pas
Ne me quitte pas
Ne me quitte pas

Jacques Brel © Editions Musicales Tutti

rejaillir □ to be rekindled
flamboyer □ to blaze

Le récit de Claire

«Mes ennuis ont commencé en avril dernier, alors que j'étais en classe de seconde□. Je sortais avec un homme depuis deux ans. La première année nous flirtions uniquement. Et puis j'ai accepté de dormir avec lui. Je ne prenais aucune précaution. J'avais quinze ans. Lui vingt-huit, un homme marié. Un mois est passé et je n'avais pas mes règles□. Alors j'ai eu peur. Je l'ai dit à Jean. Très gentiment il m'a conseillé d'aller à l'hospice X. m'expliquer et demander qu'on me fasse des piqûres. J'ai dit aux religieuses que j'avais dix-neuf ans. J'ai payé 55 F. On m'a fait trois piqûres dans la fesse. J'ai attendu le mois suivant: toujours rien. Je n'osais pas en parler à maman. Elle sait que je sors avec Jean, mais elle pense que je flirte uniquement. La seule explication qu'elle m'a donnée c'est: «Si tu couches avec un garçon, tu peux avoir un enfant.» Mais elle ne m'a pas dit ce que signifiait le mot coucher. Avant Jean, j'étais vierge.

C'est lui qui me disait: «Aujourd'hui on peut faire l'amour.» Je lui ai raconté l'échec des piqûres. Jean a demandé conseil à son frère. Ce dernier a répondu qu'il fallait être sûr de ma grossesse et acheter un test dans une pharmacie: il faut prendre son urine à jeun□ et tremper pendant quatre heures une petite plaquette. J'avais tellement peur que maman me surprenne que je me suis levée à trois heures du matin pour effectuer le test dans ma chambre.
La plaquette est devenue orange. Aucun doute: j'étais enceinte. Le frère de Jean nous a recommandés auprès d'un ami, directeur d'une clinique d'accouchement□. Ce dernier a contacté un gynécologue. Le directeur m'a conseillé de donner un faux nom, de prétendre avoir dix-neuf ans, d'être accompagnée par Jean qui a payé 1 600 F. Le gynécologue m'a avortée□ le matin. J'avais très peur, mais je n'ai rien

senti. J'ai quitté l'hôpital le soir, Jean m'a ramenée à la maison. A cause de maman, j'ai simulé une migraine et j'ai été me coucher.
» Le gynécologue m'avait conseillé de prendre la pilule. Je n'en ai pas envie. J'ai consulté un médecin pour avoir l'ordonnance□, mais finalement, je l'ai donnée à ma sœur. Pour moi, la pilule n'est pas un moyen naturel. Jean m'avait demandé de la prendre, mais j'ai refusé. On a recommencé à coucher ensemble une fois par semaine. En juillet, catastrophe! j'étais de nouveau enceinte de trois mois. Le même médecin m'a avortée, après m'avoir passé un sermon terrible. C'est moralement que j'ai souffert. J'ai pris conscience que j'avais porté une vie en moi. La deuxième fois, je n'avais pas osé le dire à Jean. J'hésitais.

Jean Noli, *Paris Match*

---

en classe de seconde □ in the fifth year of secondary education
je n'avais pas mes règles □ I missed my period
à jeun □ with an empty stomach
l'accouchement □ child delivery
avorter □ to abort
une ordonnance □ a prescription

Points de départ . . . .

▷ Qui?
▷ Quoi?
▷ Pourquoi?

Pour continuer . . . .

▷ Qu'est-ce qui lui a indiqué qu'elle pourrait être enceinte?
▷ Qu'a-t-elle fait
   i) tout d'abord?
   ii) ensuite, pour être sûre qu'elle était enceinte?
▷ A qui s'est-elle adressée? Dans quelle intention?
▷ Quels conseils est-ce que le gynécologue lui a donnés?

Cherchez les mots . . . .

Trouvez la façon dont sont exprimées les idées suivantes:
▷ I agreed to
▷ He advised me to ask to be injected

▷ I was so afraid that . . .
▷ . . . to carry out the test
▷ He brought me back home

A votre avis?

1 Pourquoi croyez-vous que Claire a menti quant à son âge?

2 Pourquoi est-ce que Claire n'a pas osé parler de sa grossesse à sa mère? Enumérez les raisons.

3 A votre avis, pourquoi la mère de Claire ne lui a-t-elle pas expliqué plus clairement ce que signifiait le mot "coucher"?

4 A votre avis, pourquoi Claire a-t-elle refusé de prendre la pilule après sa première grossesse?

5 Pourquoi n'a-t-elle rien dit à Jean au sujet de sa deuxième grossesse?

Idées à discuter

«C'est moralement que j'ai souffert . . .»

Le pour et le contre de l'avortement dans le cas de Claire?

On peut lui donner raison parce que:
– Elle n'a pas de métier. Elle est trop jeune pour travailler.
– Elle ne peut pas épouser Jean parce qu'il est marié.
– Elle est probablement trop jeune – et trop inconsciente – pour être capable d'élever un enfant.
– Elle n'a pas désiré cet enfant.

Sur certain points, Claire n'a pas d'excuses:
– Elle pouvait prendre la pilule.
– Elle aurait dû se renseigner sur les risques qu'elle prenait. Jean, bien sûr, aurait dû lui expliquer et prendre ses responsabilités.
– Elle préfère l'avortement à la contraception.
– Elle traite l'avortement comme une solution facile à tous ses problèmes.

Bien sûr, d'un point de vue religieux, l'avortement est un acte condamnable:

Travail écrit

Et vous, quel est votre avis sur l'avortement?

Ecrivez une petite *dissertation* à partir de l'affirmation suivante: «Le foetus est un être humain: on n'a pas le droit de le condamner à mort».

Le «non» de l'Eglise

Jean-Paul II : « Il faut montrer un respect absolu pour la vie humaine, qu'aucune personne ou institution, privée ou publique, ne peut ignorer. C'est pourquoi quiconque refuse de défendre la personne humaine la plus innocente et la plus faible, surtout celle qui est conçue mais pas encore née, commet une grave violation de l'ordre moral. On ne saurait jamais légitimer le meurtre d'un innocent. »

(4 novembre 1982.)

Le Monde

LES BONBONS

Je vous ai apporté des bonbons
Parce que les fleurs c'est périssable
Puis les bonbons c'est tellement bon
Bien que les fleurs soient plus présentables
Surtout quand elles sont en boutons□
Mais je vous ai apporté des bonbons

J'espère qu'on pourra se promener
Que madame votre mère ne dira rien
On ira voir passer les trains
A huit heures je vous ramènerai
Quel beau dimanche pour la saison
Je vous ai apporté des bonbons

Si vous saviez ce que je suis fier
De vous voir pendue à mon bras
Les gens me regardent de travers□
Y en a même qui rient derrière moi
Le monde est plein de polissons□
Je vous ai apporté des bonbons

Oh oui Germaine est moins bien que vous
Oh oui Germaine elle est moins belle
C'est vrai que Germaine a des cheveux roux
C'est vrai que Germaine elle est cruelle
Ça vous avez mille fois raison
Je vous ai apporté des bonbons

Et nous voilà sur la Grand' Place
Sur le kiosque on joue Mozart
Mais dites-moi que c'est par hasard
Qu'il y a là votre ami Léon
Si vous voulez que je cède ma place
J'avais apporté des bonbons

Mais bonjour mademoiselle Germaine

Je vous ai apporté des bonbons
Parce que les fleurs c'est périssable
Puis les bonbons c'est tellement bon
Bien que les fleurs soient plus présentables . . .

Jacques Brel © *Editions Musicales Pouchenel, Bruxelles*

en boutons □ in bud	
regarder de travers □ to look askance	
un polisson □ a rascal	

Hiroshima mon amour

Si vous avez bien lu le texte à la page 201, vous pourrez sans difficulté compléter ces mots croisés.

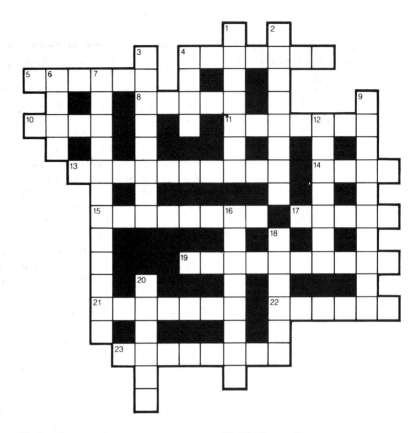

Horizontalement

4 elles sonnèrent à St. Lazare (7)
5 l'Allemand vint au début se faire . . . une brûlure (6)
8 un lieu où gisaient les convois allemands (5)
10 confrontée par une lettre anonyme, la Française commença par . . .(4)
11 la lettre anonyme arriva au moment où la . . . commençait (7)
13 la jeune Française devint folle de . . . (10)
14 le soldat allemand était blessé à la . . . (4)
15 Papa regarda sa fille de . . . les volets (8)
17 bien cachée, on fit passer la jeune fille pour . . . (5)
19 il fallut beaucoup de temps pour que les cheveux . . . (10)
21 la Française ne pouvait . . . la présence du soldat allemand (7)
22 les deux amants se rencontraient dans ces anciens bâtiments (6)
23 arbre sous lequel l'auteur s'arrêta en allant à Ezy (8)

Verticalement

1 la Française n'entrevoyait pas la . . . différence entre son corps et celui de l'Allemand (7)
2 ici se rencontraient les deux amants à l'intérieur des bâtiments (8)
3 les gens se mirent à . . . les rideaux noirs à la fin de la guerre (8)
4 après son déshonneur, la Française vit dans la . . . de la pharmacie (4)
6 quand elle était au Champ de Mars, la Française disait qu'elle n'avait pas d'. . . (4)
7 la Française partit pour Paris et y arriva le . . . (12)
9 à Nevers, la . . . côtoyait déjà les Allemands (10)
12 ils formaient des convois (7)
16 la jeune Française . . ., suivie du soldat allemand (8)
18 on soignait la blessure du soldat afin de la . . . (6)
20 la race allemande l'était, pour les Français, entre '39 et '45 (6)

4

LE TRAVAIL C'EST LA SANTE

Un trop long week-end?

Une entreprise de l'Est vient d'instaurer – illégalement – la semaine de quatre jours. Les quarante heures réparties du lundi matin au jeudi soir, libérant un week-end de trois jours.

Un premier constat, contradictoire, et troublant, apparaît: les «4 × 10 h» ont entraîné pour les ouvrières une détérioration évidente de leurs conditions de vie pendant les quatre journées de travail. Dans l'usine, et hors usine. Toutes en conviennent°, reconnaissant qu'elles se trouvent dans une situation à la limite du supportable. Elles admettent également que la contrepartie de ce sacrifice impressionnant est faible; les trois jours de week-end se résument en trois jours peu attrayants, de routine monotone. Pourtant toutes s'affirment inconditionnelles des «4 × 10 h».

Beaucoup le disent: elles ne peuvent plus contrôler leurs nerfs. *«Regardez comme je tremble! Avant j'étais plus calme; le soir je suis énervée, j'aime pas discuter, je suis méchante, quoi! J'étais plus calme avant. Mes nerfs en ont pris un coup°. . . Je chiale°, je pleure, je suis fébrile, quoi . . . le mercredi, c'est plus possible.»*

Quatre jours de travail, mais trois jours de liberté, qu'en font-elles? Et surtout que font-elles le vendredi, leur vendredi? *«Le vendredi, il y a d'abord tout le ménage de la semaine qu'on n'a pas fait puisqu'on quitte la maison le matin et qu'on revient tard: on peut pas toucher un brin de ménage°. . . Et puis il y a les courses pour la semaine. . . Voilà.»* Pour celles qui ont la charge d'un foyer, le vendredi est d'une fonctionnalité parfaitement stéréotypée. On peut le résumer en trois mots: récupérer (elles font la grasse matinée), récurer (elles font le gros ménage), et acheter (elles font les courses pour la semaine).

Est-ce si normal d'utiliser ce ven-

redi, leur vendredi, pour faire en solitaire le gros du ménage, le gros des courses de la semaine?

Cependant jamais on ne voit poindre° dans leur discours l'ombre d'un ressentiment, l'ombre d'une rébellion. Pourquoi ce fatalisme? Pourquoi cette résignation?

Parce qu'elles n'ont pas grand-chose à faire! Hormis le ménage et les courses, il n'y a guère d'activités possibles pour ces ouvrières. Preuve nous en est fournie par le désœuvrement total de celles qui, habitant encore chez leurs parents, n'ont pas de tâches à assumer. *«Bon, le vendredi, je fais rien. Je reste chez moi . . . je me repose comme ça, c'est tout, quoi. . . De toute façon, qu'est-ce que vous voulez faire? Il n'y a rien à faire dans le coin . . . la plupart de mes copines travaillent le vendredi. Moi, je fais rien.»* Elles le confirment toutes: *«Ici, ce n'est pas comme dans les grandes villes, il n'y a pas de choix. . . Le cinéma, il n'y en a pas ici. Il faut aller à Saint-Dié, mais on n'a pas de voiture. . . Et puis il n'y a que deux films par semaine, des navets° le plus souvent. La télé, moi j'aime pas. Non, on ne fait pas grand-chose ici. Dans le coin, les gens s'ennuient et boivent.»*

Cette difficulté d'occuper son temps libre et l'ennui qui suinte° se retrouvent à peu près dans les mêmes conditions le samedi et le dimanche. Les couples ont leur vie, leurs charges de famille. Les célibataires. . . *«Le week-end, il n'y a rien ici. . . C'est le café avec les copains et terminé!»*

Danièle Linhart, *Le Monde*

---

en conviennent □ admit it
mes nerfs en ont pris un coup
  □ my nerves have suffered
chialer (fam.) □ to cry
un brin de ménage □ a little housework
poindre □ to show through
un navet (fam.) □ a rubbishy film
suinter □ to ooze

Points de départ ....

Répondez sous forme de notes aux questions suivantes:

Les faits:

▷ La semaine de quatre jours: détails – journées, heures de travail, temps libre?
▷ Les activités d'une ouvrière le vendredi, si elle a la charge d'une famille?
▷ Les activités d'une ouvrière le vendredi, si elle habite chez ses parents?

Les explications:

▷ Pourquoi ne pas mener une vie plus active, ou plus intéressante, le vendredi? Qu'est-ce qui est décourageant?
▷ La solitude – pourquoi?

Les réactions:

▷ Les effets physiques des 4 × 10?
▷ Préfèrent-elles les 4 × 10 à la semaine traditionnelle?

Autrement dit ....

Retrouvez dans le texte les expressions/phrases qui veulent dire:

▷ journées de travail beaucoup moins agréables qu'auparavant
▷ une situation presque insupportable
▷ ce que l'on reçoit en compensation de ce sacrifice n'est pas très attrayant
▷ celles qui doivent s'occuper d'une famille
▷ le vendredi est occupé à effectuer toutes les tâches ménagères traditionnelles
▷ on n'entend jamais les ouvrières se plaindre ou se révolter contre leur sort
▷ mis à part le ménage et les courses, elles n'ont pratiquement rien à faire
▷ ils ne passent que des mauvais films

A votre avis?

1 Que pensez-vous de la réaction de ces ouvrières à qui on a donné un week-end de trois jours? Pensez-vous que les réactions auraient été différentes si elles avaient été des hommes?

2 A votre avis, quelles raisons ont pu pousser l'employeur à proposer la semaine de quatre jours à ses employées? Choisissez parmi les motifs qui vous sont proposés ci-dessous ceux qui vous paraissent les plus plausibles:
– Générosité: le patron veut faire plaisir à ses employées.
– Démagogie: le patron veut se faire aimer de ses employées.
– Souci d'économie: chauffage, mise en route des machines quatre jours au lieu de cinq.
– Souci de rentabilité: les employées, moins fatiguées, seront plus productives.
Les employées, venant à l'usine moins souvent, auront plus d'enthousiasme au travail.
Organiser le contrôle des ouvrières sera plus facile et moins onéreux.

Et vous?

1 Vous faites les 4 × 10 depuis six mois et vous en êtes de plus en plus mécontent(e). Ecrivez au P.D.G. en lui exposant les raisons de votre mécontentement.

2 La routine à l'école: quelles mesures proposeriez-vous pour améliorer votre routine à l'école? Travaillez seul(e) ou en groupe. Justifiez chaque proposition.

3 Une semaine de quatre jours: qu'en pensez-vous? Faites deux colonnes et notez-y les avantages et les inconvénients de cette routine.
Connaissez-vous des métiers qui s'adapteraient mal à une semaine de quatre jours?

Déjà en 36!

Quand le 4 juin 1936, est formé le gouvernement dit de Front populaire□, présidé par Léon Blum, le prolétariat français ne connaît guère de loisirs. Dimanches et jours fériés coupent seuls la dure trame du travail. Aussi bien, l'un des thèmes essentiels de la «plateforme» électorale commune des partis de gauche a-t-il été l'instauration de deux semaines de congés payés, grâce auxquelles les neuf dixièmes des salariés pourront enfin découvrir un autre paysage que celui de leur travail ou de l'environnement familial, urbain ou campagnard.

Le Monde

le Front populaire □ *name given to the coalition of left wing parties (socialists/radicals) led by Léon Blum*

Durée annuelle du travail

Selon les dernières statistiques de la C.E.E., la Grande-Bretagne détient, avec l'Irlande, le record de l'année de travail la plus longue avec 1 940 heures en 1975 au lieu de 1 911 heures en 1972. Vient ensuite la France avec 1 862 heures au lieu de 1 957 heures en 1972 et 2 078 en 1966. En République fédérale d'Allemagne, l'année est passée de 1 860 heures en 1966 à 1 767 heures en 1972 et 1 680 en 1975; les réductions les plus importantes ont concerné la Belgique, 1 550 heures par an en 1975 au lieu de 1 908 heures en 1966, et l'Italie, 1 521 heures au lieu de 1 877 heures.

Le Monde

A bicyclette, 1936   les premiers congés payés

Résumé . . . .

Déjà en 36!

▷ Qui était Léon Blum?
▷ Quant est-il arrivé au pouvoir?
▷ Quand Léon Blum est arrivé au pouvoir, quelle était la situation des ouvriers français en ce qui concerne les vacances?
▷ Comment leur année de travail était-elle organisée?
▷ Qu'est-ce que le Front populaire a proposé et réalisé à ce sujet?
▷ Est-ce que tous les salariés français bénéficieront de cette mesure?
▷ Qu'est-ce que les salariés vont pouvoir faire, grâce à cette mesure?

Résumé . . . .

Durée annuelle du travail

▷ D'après ces statistiques, quel est le pays d'Europe qui travaille le plus? Et le moins?
▷ Faites un tableau pour résumer les statistiques données ici.

A votre avis?

1 Les congés payés: une mesure assez récente.
Divisez votre groupe en deux. Les uns rassemblent tous les arguments en faveur des congés payés, en se plaçant du point de vue d'un groupe d'employés qui préparent une motion à présenter à leur employeur. Les autres se placent du point de vue de l'employeur et cherchent des arguments contre les congés payés.
Ensuite, le premier groupe présente son cas et le second y répond.

2 Imaginez des congés annuels de dix semaines au lieu de cinq. Quels en seraient les avantages et les inconvénients pour les employés? Pour les patrons?

LE TEMPS PERDU

Devant la porte de l'usine
le travailleur soudain s'arrête
le beau temps l'a tiré par la veste
et comme il se retourne
et regarde le soleil
tout rouge tout rond
souriant dans son ciel de plomb
il cligne de l'œil°
familièrement
Dis donc camarade Soleil
tu ne trouves pas
que c'est plutôt con
de donner une journée pareille
à un patron?

Jacques Prévert, *Paroles*

LE MENUISIER

J'ai vu le menuisier
Tirer parti du° bois.

J'ai vu le menuisier
Comparer plusieurs planches.

J'ai vu le menuisier
Caresser la plus belle.

J'ai vu le menuisier
Approcher le rabot°.

J'ai vu le menuisier
Donner la juste forme.

Tu chantais, menuisier,
En assemblant l'armoire.

Je garde ton image
Avec l'odeur du bois.

Moi, j'assemble des mots
Et c'est un peu pareil.

Guillevic

cligner de l'œil □ to wink

tirer parti de □ to make the most of
un rabot □ a plane

M.L.F°. . .iction
La visite d'embauche

«C'est pour la petite annonce, madame.
— Bien, dit la chef du personnel. Asseyez-vous. Votre nom?
— Batier, Bernard Batier.
— C'est monsieur ou mondamoiseau?
— Monsieur.
— Alors, donnez-moi aussi votre nom de jeune homme.
— Duplat, madame, époux Batier.
— Je dois vous dire, monsieur Batier, que notre direction n'aime pas beaucoup engager des hommes mariés actuellement. Dans le service de madame Palonceau, pour lequel nous recrutons, il y a déjà plusieurs personnes en congé de paternité. Il est bien légitime que les jeunes couples désirent avoir des enfants (et notre entreprise, qui fabrique de la layette, les y encourage très vivement), mais les absences des futurs pères et des jeunes pères constituent un lourd handicap pour la marche d'une maison°.
— Je comprends, madame, mais nous avons déjà deux enfants et je n'en veux pas d'autre. D'ailleurs, (Batier rougit et baisse la voix) je prends la pilule.
— Bien. Dans ce cas, nous pouvons poursuivre. Quelles études avez-vous faites?
— J'ai mon Brevet° et un C.A.P.° de sténo-dactylo. J'aurais bien voulu continuer jusqu'au Bac, mais nous étions quatre à la maison et mes parents ont

M.L.F. (Mouvement de Libération des Femmes) □ *women's movement in France*
la marche d'une maison □ the functioning of a business
Brevet □ *exam taken at the age of 15*
C.A.P. (Certificat d'Aptitudes Pratiques) □ a vocational qualification
prétentions □ requested or hoped for salary

poussé les filles, ce qui est normal, bien sûr. J'ai une sœur officière et une autre mécanicienne.

— Et où avez-vous travaillé dernièrement?

— J'ai surtout fait des intérims, parce que cela me permettait de m'occuper un peu plus des enfants quand ils étaient petits.

— Quel métier exerce votre femme?

— Elle est chef de chantier dans une entreprise de construction métallique. Mais elle poursuit des études d'ingénieur car elle remplacera un jour sa mère, qui a créé l'affaire.

— Revenons à vous. . . Quelles sont vos prétentions□?

— Et bien, euh. . .

— Evidemment, avec un poste comme celui de votre épouse, il ne s'agit pour vous que d'un salaire d'appoint. Une sorte d'argent de poche, comme tout jeune homme aime en avoir pour ses dépenses personnelles, ses costumes. . . Treize cents francs pour débuter, voilà ce que nous offrons. Plus le treizième mois, la cantine à cinq francs et une prime d'assiduité. J'attire votre attention sur ce point, monsieur Batier: l'assiduité est absolument indispensable, à tous les postes. Notre directrice a tenu à créer une prime pour inciter le personnel à ne pas manquer pour un oui ou pour un non. Nous avons réussi à faire diminuer de moitié l'absentéisme masculin; cependant, il y a toujours des messieurs qui manquent sous prétexte que bébé tousse un peu ou qu'il y a une grève à l'école. Quel âge ont vos enfants?

— La fille, six ans et le garçon, quatre ans. Ils vont tous deux en classe et je les reprends le soir en sortant du travail, avant de faire les courses.

— Et s'ils sont malades, qu'avez-vous prévu?

— Leur grand-père peut les garder, il n'habite pas loin.

— Parfait, je vous remercie, monsieur Batier. Nous vous ferons connaître notre réponse définitive d'ici quelques jours.»

Batier sortit du bureau, plein d'espoir. La chef du personnel le regardait marcher. Il avait les jambes courtes, le dos un peu voûté et le cheveu rare. «Mme Palonçeau déteste les chauves», se rappela la responsable de l'embauche. Et elle m'a bien dit: «Plutôt un grand, blond, présentant bien et célibataire.»

Dupiat Bernard, époux Batier, reçut trois jours plus tard une lettre qui commençait par: «Nous avons le regret . . .»

France de Lagarde, *Le Monde*

▷ Cherchez le vocabulaire traditionnellement réservé aux femmes. Notez comment la journaliste a donné à ces mots un équivalent masculin.

A votre avis?

1 Nous venons de le voir: la journaliste a employé des mots traditionnellement réservés aux femmes et elle leur a donné des équivalents masculins? Qu'est-ce que cela prouve? Quelles étaient ses intentions?

2 Parmi les questions posées à Bernard, quelles sont, d'après vous, celles qui sont légitimes? Justifiez votre réponse.

3 Quelles sont les questions qu'on aurait dû lui poser?

4 Pourquoi n'a-t-il pas obtenu le poste?

Résumé . . . .

▷ Pourquoi Bernard se trouve-t-il dans le bureau de la chef du personnel?

▷ Quel est le problème actuellement, dans le service de Madame Palonceau?

▷ Qu'est-ce que l'entreprise fabrique?

▷ Comment Bernard prouve-t-il qu'il ne veut pas d'autres enfants?

▷ Pourquoi Bernard n'a-t-il pas fait des études longues?

▷ Que savez-vous de la femme de Bernard?

▷ A quoi va-t-il utiliser son salaire, d'après la chef du personnel?

▷ Pourquoi l'entreprise donne-t-elle une prime d'assiduité?

▷ Comment Bernard organise-t-il sa journée?

▷ Est-ce que Bernard correspond à ce que Madame Palonceau recherche? Pourquoi?

▷ A-t-il obtenu le poste?

Pour continuer . . . .

▷ Cherchez dans cette interview les questions qui sont traditionnellement posées aux femmes.

Le noir est mis

On distingue deux . . . . . .[1] de travailleurs au noir. D'une . . . . . .[2], ceux qui pratiquent le travail clandestin comme . . . . . .[3] unique; d'autre . . . . . .[4], ceux qui, en plus de leur . . . . . .[5] régulier, exercent illégalement une ou plusieurs activités professionnelles rémunérées non . . . . . .[6], que l'on désigne du . . . . . .[7] de «cumulards□». Selon les récentes estimations du ministère du . . . . . .[8], 800 000 à 1 500 000 personnes pratiqueraient le travail noir. Les enquêtes . . . . . .[9] que, parmi les cumulards, les hommes sont plus nombreux que les . . . . . .[10]. Parmi les

. . . . . .[11] au noir, la . . . . . .[12] sont âgés de vingt-cinq à cinquante . . . . . .[13] (50 à 70%), et la . . . . . .[14] sont des personnes mariées (60 à 75%). En 1976, les organisations professionnelles du département des Bouches-du-Rhône estimaient que 80% des chômeurs de cette . . . . . .[15] travaillaient au . . . . . .[16]. Pourtant, ...[17] un rapport de la Chambre de Commerce et d'Industrie de Paris (14 février 1980), le travail noir serait plus développé en . . . . . .[18] parisienne . . . . . .[19] dans les autres régions françaises.

Le Nouvel Observateur

Texte à trous . . . .

Choisissez parmi les mots de la liste ci-dessous pour remplir les blancs.

catégories/emploi/montrent/
plupart/selon/part/déclarées/
femmes/ans/région/activité/
nom/travailleurs/majorité/que/
part/travail/région/noir.

«Dans quelques heures je vais mourir. . .»

Au courrier de ce jeudi matin, une lettre adressée au rédacteur en chef du «Nouvel Observateur». Son auteur est chômeur. Elle commence ainsi: *«Dans quelques heures, je vais mourir.»* Datée du 17 février, elle a été postée à Blois le 18. Renseignements aussitôt pris par téléphone, nous apprenons que le signataire de cette lettre, Bruno Carmier, s'est tiré une balle de carabine dans le cœur, le mercredi 18 au matin, dans un hôtel de la ville.

Nous savons qu'un suicide n'est jamais totalement explicable par la raison qu'en donne celui qui choisit de mourir. Sans doute, Bruno Carmier avait-il plus d'un motif de désespoir. Si nous avons pris la décision de publier sa lettre, c'est à la fois pour satisfaire sa dernière volonté et parce que, ce jour-là, 19 février, il nous a semblé que trop de Français s'accommodaient bien facilement de l'existence, dans leur pays, d'un million sept cent mille chômeurs.

Voici la lettre de Bruno Carmier. Il allait avoir vingt-cinq ans.

Blois, le 17 février 1981

LETTRE D'UN «CHOMEURTRE»

Dans quelques heures, je vais mourir.

Mais, auparavant, je veux que tous connaissent mes assassins, mes meurtriers, ceux à cause de qui il y aura une veuve et un orphelin de plus. J'accuse tout d'abord et en premier lieu le gouvernement Giscard-Barre et la droite tout entière, ainsi que les 51% de Français qui les ont placés au pouvoir. J'accuse cette société faite de nantis, de bourgeois, de salauds, d'argent, de haine et d'indifférence. J'accuse encore plus directement . . . [Bruno Carmier cite ici les noms de trois personnes qu'il tient pour responsables de la perte de son emploi] qui, non seulement m'ont licencié en juin 1980, arguant «un manque d'ardeur» alors que ma femme attendait un enfant et que nous ne vivions que sur mon salaire unique, Mais en plus ont refusé de me verser pendant cinq mois mon indemnité pour perte d'emploi qui devait nous aider à survivre. Alors qu'à cette époque (en septembre) ma femme accouchait d'un enfant très gravement malade, ce qui entraîna des dépenses importantes auxquelles je ne savais comment faire face.

J'accuse enfin tous ceux qui m'ont ignoré et laissé tomber dans la déchéance et la solitude.

Voici pourquoi aujourd'hui la coupe est pleine et qu'il ne suffisait plus que d'une goutte d'eau pour la faire déborder.

Et pourtant, cette goutte d'eau a été ma dernière joie, mes derniers instants de bonheur et de vie et je m'en irai avec deux grands yeux noirs pour dernière image et pensée.

Mais c'est cette coupe pleine et elle seule qui est la vraie responsable de ma mort.

A tous ceux et à toutes celles qui m'aiment, je demande pardon et je leur souhaite amour, liberté, et travail.

A toutes les bonnes volontés et en particulier aux gens de gauche, excepté le P.C.F.[], je demande une aide matérielle et financière pour ma femme et mon petit bébé chéris, ainsi qu'à tous ceux qui luttent contre l'injustice et l'inégalité.

Enfin je demande au F.C. Nantes en général et à Eric Pecout d'être parrain[] d'honneur de mon fils Jérémy; de même que Miou-Miou, Patrick Dewaere et Francis Cabrel. Cette dernière requête paraît extravagante mais c'est une partie de moi-même qui restera à mon fils.

Ça y est, j'en ai fini, toute publicité peut être faite sur le contenu de ma lettre.

Deux journaux la recevront et je les supplie de la publier, ma mort n'aura ainsi pas été vaine et inutile. Ces journaux sont: «le Nouvel Observateur», «Libération».

Je souhaite qu'on dénonce celui qui n'aura pas le courage de cette publication.

Adieu et je crie à tous: «J'avais tellement envie de vivre, d'aimer et d'être aimé». . .

Bruno Carmier, Le Nouvel Observateur

Tu seras chômeur, mon fils

Si tu n'as ni le privilège de l'argent ni celui de la caste; si tu n'as que tes mains, si tu n'as que ta tête; si la réussite de ta vie t'est plus chère que la réussite tout court; si tu privilégies l'homme dans son essence à son rôle dans l'économie; si l'aventure te séduit plus qu'un beau plan de carrière; si tu aimes ton métier au point de n'en pas vouloir changer; si le pays où tu as tes racines est aussi celui où tu veux travailler; si, avec les années, tes cheveux ont blanchi, mais si tu es encore trop jeune pour être ministre ou président des Etats-Unis; si, à défaut de diplômes, tu n'as que l'expérience et même si, en prime, tu y joins la conscience ... tu seras chômeur, mon fils.

Jean Loupias, *Le Monde*

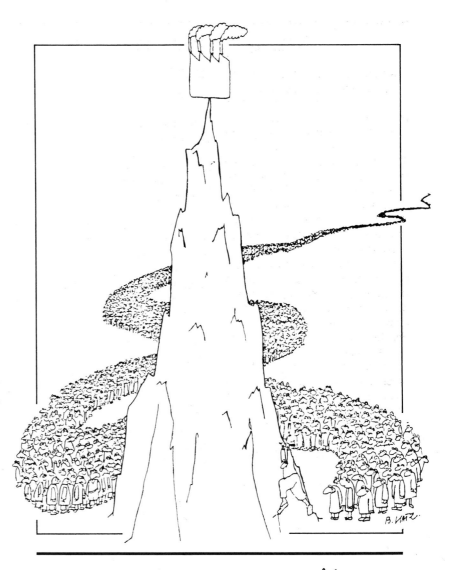

21 H: chômeurs au café

ALORS CETTE JOURNEE? COMMENT C'ETAIT LE BOULOT? DIS NOUS TOUT!! RACONTE!! QU'EST CE QUE T'AS FAIT? RACONTE TOUT!!

BLA BLA BLA EU BLA

Le sang froid

REPORTAGE DE JEAN-FRANÇOIS ROUGNOT

Où est le sang froid? Chez la dame qui cache son amant au fond du placard? Dans le calme résolu du tueur ou chez le condamné qui ignore la peur? Est-ce fuir au bon moment? Eviter la violence? Le sang-froid est-il acquis ou dénote-t-il un trait de caractère? Est-ce un état de grâce face au danger, est-ce de l'inconscience? Le sang-froid est-il indispensable pour survivre?

Mlle X vient de s'empoisonner à la digitaline[□] et on ne connaît pas de remède, rien, aucune antidote. Demain elle sera morte, le docteur B est formel[□]. B rentre donc chez lui, après une journée de routine à l'hôpital, mais quelque chose le tracasse: il a lu dans une revue, mais laquelle? que des chercheurs avaient mis au point un sérum à l'extrait de chèvre, et il se demande si ce sérum, justement, ne supprime pas les effets de la digitaline. . . Il faut vérifier. Il fouille dans ses journaux, retrouve l'article, le lit: c'est ça! Ce vaccin existe au stade expérimental, et la revue indique même les noms et adresses des chercheurs. Quelle heure est-il? Le docteur calcule le décalage horaire[□], ça va, il téléphone à New York.

«Vous avez encore de ce sérum?

— OK, répondent les Américains, il faut tenter le sauvetage. Nous pouvons en envoyer trois litres et avec deux litres on peut désintoxiquer votre malade. . .»

Les flacons partent à Kennedy Airport, puis on les expédie dans le premier avion pour Paris. Dans la nuit, le sérum est à Orly.

Là, le docteur B réceptionne ses trois bouteilles, mais le temps passe, il court vers sa voiture, casse l'un des flacons, zut! Il fonce vers l'hôpital, pour se trouver en présence d'un interne idiot:

«Désolé, docteur, ce vaccin n'est pas homologué[□].

— Mais je sais bien!

— Je ne peux accepter aucune transfusion. C'est illégal.»

Le docteur B ne se fâche pas comme vous ou moi à sa place, et il feint d'accepter le règlement. Il attend que l'interne aille voir plus loin pour se faufiler dans la chambre de Mlle X et opère lui-même la transfusion.

Le lendemain, Mlle X est sauvée.

Actuel

| la digitaline □ digitalin |
| **formel** □ definite |
| **le décalage horaire** □ time difference |
| **homologué** □ approved |

LA GRASSE MATINÉE

Il est terrible
le petit bruit de l'œuf dur cassé sur un comptoir d'étain[]
il est terrible ce bruit
quand il remue dans la mémoire de l'homme qui a faim
elle est terrible aussi la tête de l'homme
la tête de l'homme qui a faim
quand il se regarde à six heures du matin
dans la glace du grand magasin
une tête couleur de poussière
ce n'est pas sa tête pourtant qu'il regarde
dans la vitrine de chez Potin
il s'en fout de[] sa tête l'homme
il n'y pense pas
il songe
il imagine une autre tête
une tête de veau par exemple
avec une sauce de vinaigre
ou une tête de n'importe quoi qui se mange
et il remue doucement la mâchoire
doucement
et il grince des dents doucement
car le monde se paye sa tête
et il ne peut rien contre ce monde
et il compte sur ses doigts un deux trois
un deux trois
cela fait trois jours qu'il n'a pas mangé
et il a beau se répéter depuis trois jours
Ça ne peut pas durer
ça dure
trois jours
trois nuits
sans manger
et derrière ces vitres
ces pâtés ces bouteilles ces conserves
poissons morts protégés par les boîtes
boîtes protégées par les vitres
vitres protégées par les flics[]
flics protégés par la crainte
que de barricades pour six malheureuses sardines. . .
Un peu plus loin le bistro
café-crème et croissants chauds
l'homme titube[]
et dans l'intérieur de sa tête
un brouillard de mots
un brouillard de mots
sardines à manger
œuf dur café-crème
café arrosé rhum
café-crème
café-crème
café-crime arrosé sang! . . .
Un homme très estimé dans son quartier
a été égorgé[] en plein jour
l'assassin le vagabond lui a volé

deux francs
soit un café arrosé
zéro franc soixante-dix
deux tartines beurrées
et vingt-cinq centimes pour le pourboire du garçon.

Il est terrible
le petit bruit de l'œuf dur cassé sur un comptoir d'étain
il est terrible ce bruit
quand il remue dans la mémoire de l'homme qui a faim

Jacques Prévert, *Paroles*

un comptoir d'étain □ a bar covered in pewter	
s'en foutre de (argot) □ not to care	
un flic (argot) □ a policeman	
tituber □ to stagger	
égorger □ to cut the throat of	

Métro Boulot Dodo

Métro . . . boulot . . . dodo: voilà comment beaucoup d'habitants de la banlieue parisienne imaginent leur routine, leur train-train habituel.

Les mots croisés ont pour thème les trois sujets métro, boulot, dodo et les définitions sont réparties selon la catégorie dont elles font partie.

Métro

Horizontalement

12 il faut l'attendre, avant de descendre du train (5)
21 un passager connu? (3)
26 on devrait céder sa place à une telle personne (4)
31 elle se ferme automatiquement dans les rames de métro (5)
44 fin de 'assise' (3)
46 . . . Lazare est le nom d'une station de métro (5)

Verticalement

1 il contient dix tickets (6)
2 une station près de Pigalle (6)
3 un moyen de voyager autre que le métro (3)
10 les rames de métro s'arrêtent à chaque . . . (7)
16 *un* ticket mais . . . carte mensuelle (3)
24 ils ont la priorité depuis la guerre (7)
36 tu . . . ton train si tu es en retard (5)
38 les portes se ferment si le train est . . . à partir (4)
41 il y a des voitures de première . . . de deuxième classe (2)

Boulot

Horizontalement

5 période d'apprentissage (5)
13 produit du vignoble (3)
14 examen (7)
20 on ne va à l'école . . . en juillet . . . en août (2)
23 dernière année du lycée (8)
28 . . . Blum a donné des heures supplémentaires de loisir (4)
29 profession (6)
38 un 'bleu de travail' . . . les vêtements (7)
40 l'. . . scolaire commence en septembre (5)
43 spécialité d'un pâtissier (quand il fait de l'orage?) (6)

Verticalement

4 un fermier . . . le bétail (5)
6 selon un chapitre de ce livre, c'est la santé (7)
7 un mécanicien gagne sa vie ici (6)
9 la récolte du raisin (8)
17 renvoyée d'un poste (5)
25 le candidat qui échoue est . . . du concours (7)
29 il est spécialiste des maladies (7)
33 fabriquent (6)
39 destination d'un pilote au sud de Paris (4)

Dodo

Horizontalement

1 on y dort (7)
8 le . . . du soleil marque le début du jour (5)
11 cauchemars? (5)
18 'dodo' en est un exemple (5)
19 tu mets . . . vêtements dans l'armoire (3)
27 j'ai . . . peur quand j'ai fait un cauchemar (2)
32 le petit coin à côté de la chambre (5)
34 draps, etc. (7)
42 en camping, on y dort (5)
45 les périodes de sommeil (5)

Verticalement

5 on . . . lève quand le réveil sonne (2)
15 robe de chambre (8)
22 *mon* lit se trouve à côté de . . . petite table (2)
23 tu . . . couches de bonne heure quelquefois? (2)
30 on la voit, peut-être, de sa chambre (3)
35 on le trouve par terre dans la chambre (5)
37 il peut faire dormir, même quand on n'est pas fatigué (5)

Notre époque ou une autre?

Recueillis par Henri S. Goujon

Allô !
— Bonjour, ici Actuel.
— Oui, bonjour !
— Voilà, nous téléphonons à des gens, célèbres ou pas, pour savoir à quelle époque ils auraient aimé vivre.
— C'est une question-piège ?
— Non, pas du tout.
Voici leurs meilleures réponses.

Noël, étudiant à Sciences-po.

«J'aurais aimé naître dix ans plus tôt, avoir quinze ans en 1965, vivre mai 68, la spontanéité. J'aurais vraiment vécu à fond le Quartier Latin.

J'aurais été hippie en Californie, les grands concerts de l'île de Wight, Woodstock, faire les chose collectivement, prendre la route et vivre l'aventure. Le contraire de l'individualisme.»

Yolande, sans profession, 31 ans.

«Sûrement la fin du siècle dernier. Les gens étaient charmants, ils prenaient le temps de vivre. La campagne sans téléphone, sans gaz, sans électricité, c'était vraiment bien. Avoir le temps de discuter, de lire; et en plus ils avaient tout de même inventé l'eau chaude.»

Claude Manceron, historien, 55 ans.

«Sans nul doute aujourd'hui, parce que nous sommes dans une époque qui a gardé le meilleur de toutes les précédentes. Nous sommes au sommet de la montagne. Je sais par contre à quelle époque je n'aurais pas voulu vivre: le haut Moyen-Age, et le milieu du XIXe siècle à cause de l'hypocrisie. Je préfère les époques de grands changements. J'espère tenir le plus longtemps possible et connaître l'an 2000.»

Marc Eichenbaum, traducteur, 23 ans.

«Les années vingt-trente. Etre né avec le siècle, uniquement pour le look, l'architecture et la mode. Et puis la guerre. Ça doit être une aventure, la guerre.

Au fond, je ne la souhaite pas, mais on remarque que le nombre des névroses[□] baisse en temps de guerre. Ça doit être une époque complètement folle.»

Julien, 9 ans.

«Je sais pas, je comprends pas.
— Tu aurais aimé voler dans les premiers avions par exemple?
— Non, je veux être professeur de ski.»

Angélique, lycéenne, 15 ans.

«J'en sais absolument rien, je ne connais pas l'histoire ni le futur.»

Actuel

---

une **névrose** □ a neurosis

Résumé . . . .

▷ Quel est l'aspect des années 60 qui attire Noël?

▷ De quels avantages de la civilisation est-ce que Yolande se passerait bien?

▷ Lequel, malgré tout, voudrait-elle retenir?

▷ Qu'est-ce que Claude Manceron apprécie le plus dans notre époque?

▷ Quels sont, pour Marc, les avantages de la guerre?

▷ Comment expliquez-vous la réponse de Julien?

▷ La réponse d'Angélique: serait-ce cela «la bof génération»?

Façon de s'exprimer . . . .

Que veulent-ils dire par:

▷ vivre l'aventure? (Noël)

▷ ils prenaient le temps de vivre? (Yolande)

▷ nous sommes au sommet de la montagne? (Claude Manceron)

▷ j'espère tenir le plus longtemps possible? (Claude Manceron)

Et vous?

1 La guerre? La fin du siècle dernier? L'an 2000? Personnellement, qu'est-ce que vous préférez?

Travaillez par groupes de deux. Vous allez considérer deux thèmes:
– *l'époque actuelle:*
Quels sont les aspects de la vie dans les années 80 qui vous agacent, que vous ne supportez absolument pas?
Par contre, qu'est-ce que vous appréciez aujourd'hui par comparaison avec les autres époques?
Quelles conclusions en tirez-vous?

– *votre époque préférée:*
Etes-vous d'accord avec certaines des opinions déjà exprimées? Y a-t-il des arguments qui vous paraissent convaincants? Lesquels? Quelle est l'époque de vos rêves? Pourquoi, et dans quelle mesure auriez-vous aimer y vivre? Pensez-vous que la vie y était meilleure qu'aujourd'hui?

2 Qu'auriez-vous fait si vous aviez pu changer l'histoire?

3 Que feriez-vous si vous pouviez planifier l'avenir?

Non, la ville n'est pas inhumaine

Il est amusant de constater que le mot «ville» soit aussi souvent accolé à l'adjectif «inhumaine». Il y a, d'abord, contradiction dans les termes: rien n'est plus humain que la ville, puisque, précisément, ce sont les hommes qui l'ont construite. Il y a aussi, et surtout, contradiction dans les faits: la nature n'a pas été créée par Dieu pour permettre aux hommes de fuir les villes, ce sont les villes qui ont été créées par les hommes pour s'abriter de la nature. [. . .]

De ces malentendus intellectuels découlent d'autres malentendus dans le comportement même des citadins envers la nature. Comme on a pu le faire remarquer, le citadin aime la nature comme un gourmet aime les animaux. Fuyant les villes et leur pollution, il charrie° avec lui les seuls aspects négatifs de la civilisation urbaine, il est lui-même un agent polluant. Il souille l'air pur des gaz d'échappement de sa voiture, le sable et l'herbe de ses papiers gras; il trouble le silence de ses transistors et des pétarades° de ses moteurs; il dénature les sites par ses campings et par ses résidences secondaires.

Bernard Oudin, *Plaidoyer pour la ville*

charrier □ to carry
une pétarade □ a backfiring

Résumé . . . .

▷ Qui a créé les villes, et dans quel but?

▷ A l'origine, quel était le rôle de la nature?
Comment est-ce que l'homme s'en sert depuis la création des villes?

▷ «Le citadin aime la nature comme un gourmet aime les animaux.» Comment comprenez-vous cette phrase?

▷ Citadin = agent polluant: citez des exemples. Pourriez-vous y ajouter d'autres «équivalences» du même genre?

Travail écrit

En vous servant d'un dictionnaire français, écrivez une définition pour chacun des mots suivants:

– une ville
– la campagne
– industriel
– la civilisation
– un village.

BIDONVILLE

Regarde-la ma ville.
Ell' s'appelle Bidon°.
Bidon, Bidon, Bidonville°,
vivre là-dedans, c'est coton°.
Les fill's qui ont la peau douce
la vendent pour manger.
Dans les chambres, l'herbe pousse.
Pour y dormir, il faut se pousser.
Les gosses jouent mais le ballon
C'est une boîte de sardines bidon.
Donn'-moi ta main, camarade,
toi qui viens d'un pays où les hommes sont beaux.
Donn'-moi ta main, camarade,
j'ai cinq doigts moi aussi
on peut se croire égaux.
Regarde-la ma ville.
Ell' s'appelle Bidon.
Bidon, Bidon, Bidonville,
me tailler° d'ici, à quoi bon.

Pourquoi veux-tu que je me perde
dans tes cités, à quoi ça sert!
Je verrai toujours de la merde
mêm' dans le bleu de la mer
Je dormirais sur des millions,
je reverrai toujours Bidon.

Donn'-moi ta main camarade,
Toi qui viens d'un pays
où les hommes sont beaux.
Donn'-moi ta main, camarade,
j'ai cinq doigts moi aussi,
on peut se croire égaux.
Serr'-moi la main, camarade
je te dis au revoir
je te dis à bientôt
Bientôt, bientôt
on pourra se parler, camarade!
Bientôt, bientôt
on pourra s'embrasser, camarade!
Bientôt, bientôt,
les oiseaux, les jardins, les cascades!
Bientôt, bientôt,
le soleil dansera, camarade,
Bientôt, bientôt,
je t'attends, je t'attends, camarade.

Claude Nougaro, © *Editions Music*

| un bidon □ a can |
| un bidonville □ a shanty town |
| c'est coton □ it is difficult |
| se tailler (argot) □ to leave |

LE DENUEMENT TEL QU'ON LE PARLE . . .

● Madame Schuzel tient depuis vingt-cinq ans, bénévolement, une permanence hebdomadaire dans une église du 19ᵉ arrondissement. Cette année, le Secours catholique s'est vu obligé de rouvrir des vestiaires (collecte et distribution de vêtements). «Pour le vestiaire, nous demandons une lettre d'une assistante sociale. Parce qu'elle peut les aider à débrouiller leur situation.» Vraiment? C'est surtout, aussi, pour filtrer les demandes, «sinon nous serions débordés». Un Algérien, père de famille, se tortille□ sur sa chaise, tout confus, souriant et nerveux: «Je travaille dans les cafés, chaque jour un autre: Ce matin encore pour balayer, il y avait quatre-vingts personnes à six heures du matin.

— Vous mangez comment?
— Un jour, je travaille, je mange. Un jour, je travaille pas, je mange pas. Comment vous voulez vivre!».

Mme Schuzel (en aparté□): «Un monsieur à qui on a refusé une aide l'an dernier a voulu me planter un couteau dans le ventre».

«Un pantalon, pour me changer. Je vais rentrer en Algérie, j'en ai marre:
— Et un imperméable?
— Oui, si vous pouvez.
— Une chemise? Des chaussettes?
— Oui . . . j'en ai pas.
— Et des slips?
— . . . Si vous pouviez . . .»

● Encore une mère de famille, la première fois aussi: «A part l'E.D.F.□, pas de dettes?
— Si, j'en ai d'autres, mais je n'ose pas en parler . . . de temps en temps, je rembourse 100 francs par-ci par-là . . . (Rire gêné). C'est les H.L.M. qui m'embêtent . . . J'avais acheté un manteau pour la petite . . . La rentrée□ . . . elle pouvait pas . . .
— Je vais vous donner quelque chose pour votre petiote.□ Je vais vous donner . . .
— Cinquante francs, ça m'arrangerait bien, madame.

— Je vais vous donner 100 francs.
— Je vous remercie bien. Dites à la personne que je rembourserai dès que je pourrai. Je suis gênée . . .
— Ne vous inquiétez pas je suis là pour ça. La mairie a de l'argent pour l'électricité. Normalement elle aurait dû vous payer votre quittance. Ici, dans le 19ᵉ, on a beaucoup de problèmes pour se faire rembourser. L'assistante sociale devrait insister auprès de la mairie pour cette histoire d'électricité. Voyez aussi la directrice de l'école. Essayer de demander la cantine gratuite. Essayez toujours . . .»

Le Nouvel Observateur

---

se **tortiller** □ to wriggle
en aparté □ aside
l'E.D.F. (Électricité de France) □ *French equivalent of the Electricity Board*
la rentrée (scolaire) □ the first day of the school year
une petiote □ a little girl

Vrai ou faux? . . . .

Indiquez si les affirmations suivantes sont vraies ou fausses.

▷ Madame Schuzel est remboursée pour son travail au Secours Catholique.

▷ Le Secours Catholique avait conclu, jusqu'à l'année en question, que les vestiaires n'étaient plus nécessaires.
▷ On peut profiter des vêtements offerts par le Secours Catholique sans passer par l'assistante sociale.
▷ C'est à l'assistante sociale d'indiquer au Secours Catholique l'urgence de chaque cas.
▷ Les pauvres sont obligés de payer eux-mêmes leur quittance de l'E.D.F.
▷ Le Secours Catholique n'a pas le droit de donner d'argent à sa clientèle.
▷ A l'école, les enfants des familles pauvres ont la possibilité de manger sans payer.

Choisissez parmi les mots de la liste ci-dessous pour remplir les blancs dans les phrases suivantes:

▷ L'Algérien n'a pas de travail . . . .
▷ Pour trouver du travail, il doit faire la . . . .
▷ Quand il ne travaille pas, il doit se . . . . . . de nourriture.
▷ Cela ne lui est pas . . . . . . de demander de l'aide au S.C.
▷ La situation dans laquelle il se trouve lui donne . . . . . . de rentrer dans son pays . . . .
▷ La mère de famille arrive quelquefois à . . . . . . ses dettes.
▷ Sa fille avait besoin d'un nouveau manteau pour . . . . . . à l'école.
▷ C'est la première fois qu'elle . . . . . . au S.C.
▷ Elle va dépenser l'argent qu'on lui donne pour payer son . . . .

> envie/natal/vient/queue/permanent/passer/loyer/ aller/rembourser/facile

A votre avis?

Les avis sur les organisations de charité sont nombreux.

Certains pensent qu'elles ne font qu'encourager à compter sur les autres ceux qu'elles prétendent aider. Abolir la charité forcerait ces gens-là à ne compter que sur eux-mêmes.

D'autres pensent que la charité encourage le gouvernement d'un pays à ne pas faire ce qu'il devrait pour aider les gens ou les institutions qui en ont besoin. Abolir la charité forcerait le gouvernement, par exemple, à augmenter la pension des retraités et à donner plus d'argent pour la médecine.

Qu'en pensez-vous? Avec un partenaire, discutez de ces deux points de vue, considérant à chaque fois le pour et le contre. Peut-être y a-t-il un rapport entre les deux? Quelles sont vos conclusions?

Travail écrit

Résumez votre opinion en moins de 150 mots.

Banlieue sud

Ma fenêtre est une de ces larges fenêtres modernes qu'on appelle baies vitrées. Notre appartement est donc très clair et très vivant. Je vois, sans jamais les regarder, les jardins de mes voisins et l'arrière de leurs maisons.

Ces jardins sont étroits et clos par un grillage, à quelques mètres de mon immeuble. Au pied de ce grillage mes voisins déposent des détritus, des planches, quelques pierres de taille°, des petites serres° aux vitres cassées, de la paille pour les serres, de la cendre pour la terre du jardin.

Il y a un arbre au milieu de chaque jardin. Un arbre quasi sans feuilles ni fleurs. Je ne suis jamais là l'été.

Une allée cimentée part du mur de la maison et s'arrête au pied du grillage. Des allées transversales, au tracé moins prestigieux, amorcent des courbes qu'elles n'ont pas l'espace d'achever.

On ne voit, d'ordinaire, personne dans ses jardins. Parfois, un vieux monsieur pose un vélomoteur contre un mur.

Certaines maisons ont une porte-fenêtre° qui s'ouvre sur un balcon. Le balcon donne sur le jardin.

Mes voisins habitent rue Jean Boursault. Jean Boursault est un jeune résistant de Bourg-la-Reine, fusillé par les nazis à l'âge de vingt-deux ans (1921–1943).

Philippe Hervieu, *Textes et autres textes*

une pierre de taille □ a freestone
une serre □ a greenhouse
le tracé □ the line
une porte-fenêtre □ a French window

Travail écrit

Et vous, vous êtes-vous déjà attardé à la fenêtre de votre chambre, ou de votre pièce préférée? Que voyez-vous de chez vous?

Ecrivez un petit texte pour décrire ce que vous voyez depuis votre fenêtre. Vous pouvez bien sûr donner vos impressions, évoquer, comme l'auteur le fait dans ce texte, ce que vous ressentez. Adoptez le ton que vous voulez. (Vous pouvez vous aider du vocabulaire du texte).

Accidents de la route

Autoroutes

Une famille de cinq personnes est conduite à l'hôpital de Garches. Le père, ses trois enfants de 8 mois, 3 ans et 4 ans, avaient été tués sur le coup, la mère, grièvement blessée◻ est hospitalisée.

L'histoire de cette famille s'est brutalement interrompue sur l'autoroute de l'Ouest ... contre l'arrière d'un camion.

Ces accidents d'autoroute sont très stéréotypes. L'absence d'intersections◻, la séparation des circulations provoquent un sentiment de sécurité parfaitement justifié, le risque de mort sur autoroute étant cinq fois plus faible à distance parcourue égale que sur les autres voies. La vitesse de base des usagers est élevée et la monotonie de la conduite ne favorise pas leur attention. Le début d'une zone de brouillard localisé ou un «bouchon»◻ devient alors le siège de phénomènes critiques. Le premier conducteur inattentif freinera brutalement et tardivement. Ceux qui le suivaient avec un intervalle corres- pondant à une distance d'arrêt «normale» sont contraints à un arrêt en catastrophe. Si un de ces «suiveurs» est inattentif, c'est l'accident.

Avant la première crise pétrolière, la vitesse n'était pas limitée sur les autoroutes et il y avait 3,6 morts pour 100 millions de kilomètres parcourus. De décembre 72 à mars 73, la vitesse a été limitée à 120 km/h et ce taux de mortalité s'est abaissé à 1,5. Il s'est élevé à nouveau quand la vitesse maximale autorisée a été portée à 140 km/h.

Nous pouvons donc dire que le problème de la mort sur les autoroutes est un des plus simples que les accidentologistes aient à étudier. Les solutions doivent être trouvées dans la réglementation de la vitesse des véhicules.

Paris Match

Les cascades de Belmondo

L'image de la voiture instrument de puissance, de plaisir, de virilité est bien sûr entretenue par la publicité, la télévision, le cinéma. Pas un film de Belmondo◻ sans une scène de cascade automobile◻. Pas une affiche publicitaire où l'on ne vante la vitesse. *«Pendant deux ou trois ans, les annonceurs ont fait semblant d'accéder à nos prières; ils ne parlaient pas de vitesse mais de puissance ou de nervosité»*, dit-on à la direction de la Circulation et de la Sécurité routière. Aujourd'hui, on ne prend même plus de gants◻. Le consommateur évolue dans la *«jungle automobile»* au volant de son *«Turbo-requin»*. Comble de◻ la provocation pour les fonctionnaires du ministère des Transports: cette affiche apposée sur l'abribus en bas de leur administration: *«Deux cents kilomètres à l'heure, la nouvelle CX.»* Bref, les pouvoirs publics le savent, c'est la mentalité même du Français qu'il faut changer.

Traiter le problème à la base par l'éducation dès le plus jeune âge, c'est ce qu'ont fait, notamment, la Suède et le Japon. En Suède les cours de prévention sont obligatoires dans les écoles primaires depuis 1936, et la vitesse est limitée sur autoroute à quatre-vingt-dix à l'heure depuis 1967. Pas un enfant ne sort quand il fait noir sans porter un collier fluorescent. Résultat: un millier de morts par an «seulement» aujourd'hui. Et, pour la plupart, des accidents «solitaires» (choc contre un arbre, par exemple).

Au Japon, on est passé de dix-neuf mille morts en 1970 à huit mille cinq cents en 1983, grâce à un traitement à la japonaise: grands travaux d'aménagement◻ du réseau routier◻, alors dans un état déplorable; création de vingt-cinq mille zones d'intervention autour des écoles, limitation draconienne de la vitesse (cent sur autoroute, soixante hors agglomération◻, quarante en ville), cours dans les écoles et les entreprises, instauration du permis◻ «points» (on perd des points après chaque accident et, à terme, le permis) et contrôles sévères dans les entreprises de transports.

Le Nouvel Observateur

Préparez-vous! . . . .

Quelles sont les causes principales
des accidents de la route?
En travaillant seul sur chaque liste,
classez les causes par ordre
d'importance. Vous pouvez en
rejeter certaines si elles ne vous
paraissent pas plausibles, et en
ajouter d'autres.
Puis comparez votre classement à
celui des autres membres du
groupe. Justifiez votre opinion.

De la part du conducteur:

alcoolisme
manque d'attention
mauvais réflexes
vieillesse
mauvaise vue
imprudence
impatience, agressivité, intolérance
manque de concentration
fatigue
ennui
vitesse
enfants qui crient, radio dans la
  voiture
lenteur

Extérieures au conducteur:

mauvais état des routes
routes mal éclairées
pluie, neige

voiture en mauvais état
insuffisance des mesures de
  sécurité imposées aux
  conducteurs
trop grande tolérance à l'égard de
  la condition physique des
  automobilistes
trop grande tolérance à l'examen
  du permis de conduire
placards publicitaires sur les routes
voitures mal garées
manque d'éducation dans les
  écoles en matière de sécurité
  routière

A vous de jouer!

Quelles mesures proposeriez-vous
pour réduire le nombre d'accidents
sur nos routes?

Préparez, seul ou par groupes de
deux, un exposé de 5 à 10
minutes. Vos collègues auront droit
chacun à une question, seulement
sur ce que vous aurez dit.

A noter: Toute mesure aura
un inconvénient pour quelqu'un.
Par exemple, limiter la vitesse à 80
km/h veut dire que l'on augmente
la durée des trajets. Qui va en
souffrir?

En préparant votre exposé,
n'oubliez pas d'en prévoir les
effets, d'autant plus que vous aurez
à répondre aux questions –
minutieusement calculées – de vos
collègues.

sempé

La pauvreté absolue

Il convient d'abord de préciser des termes . . . . . .[1] que celui de pauvreté. La . . . . . .[2] est compliquée par le fait que les diverses . . . . . .[3] internationales ont chacune leur propre classification. Retenons que la pauvreté absolue, ...[4] l'expression de Robert MacNamara, le président de la Banque mondiale, tient à l'impossibilité de subvenir aux besoins fondamentaux liés à la survie même de . . . . . .[5]. Les experts ajoutent que, par . . . . . .[6] au niveau de vie des pays riches, cela signifie un taux de mortalité infantile huit fois plus . . . . . .[7], une . . . . . .[8] de vie inférieure d'un tiers, un taux d'alphabétisation chez les adultes . . . . . .[9] à 60%, pour une . . . . . .[10] sur deux un niveau de nutrition inférieur au minimum acceptable, et pour des . . . . . .[11] d'enfants des carences protéiques telles que leur . . . . . .[12] en est endommagé. En milieu urbain, la pauvreté absolue est . . . . . .[13] physique et culturelle, puisque s'y ajoute le déracinement de migrants des . . . . . .[14] qui viennent d'abandonner normes, comportements et valeurs d'origine rurale sans . . . . . .[15] encore adopté le mode de vie urbain. Au début des années 80, on . . . . . .[16] que 800 millions d'. . . . . .[17] humains connaissent la pauvreté absolue, soit 40% de la population des . . . . . .[18] en développement, si l'on écarte la Chine populaire du dénombrement.

Bernard Granotier, *La Planète des Bidonvilles*

Texte à trous . . . .

Choisissez parmi les mots de la liste ci-dessous pour remplir les blancs.

organisations/élevé/à la fois/ avoir/estime/pays/tels/selon/ rapport/inférieur/cerveau/êtres/ personne/tâche/l'individu/ espérance/millions/campagnes

Les évadés

Je viens de lire le récit d'une évasion d'un camp de concentration. Les évadés se proposent de traverser toute la Sibérie pour se diriger vers les Indes. Au cours de cette longue marche, le grand problème est de manger. A part quelques rares fois où, très loin de leur point de départ, ils rencontrent quelques bergers mongols (très pauvres), ils se nourrissent d'ordures abominables. Il ne s'agit plus de faire des choix, mais d'engloutir° (à la lettre) tout ce qui peut être comestible, et en particulier de la chair, n'importe laquelle, et qu'ils consomment presque vive. Tout y passe, depuis la limace°, le ver° de terre, le rat (pièce de choix), écartelé° tout vif et mangé en toute hâte dans sa peau, tout cru, jusqu'au délire qui les fait s'attaquer à des ours (petits), à des renards, des chats sauvages, des oiseaux malades, y compris des rapaces trop lourdement gorgés de pourriture pour pouvoir s'envoler et, dans le désert de Gobi, des serpents, notamment des gros noirs, qui sont paraît-il meilleurs que les petits rouges.

L'essentiel est de continuer à vivre, et de continuer à avoir la force de marcher pour fuir. Ce n'est pas cette fuite qui m'intéresse, c'est de savoir qu'on peut vivre en mangeant du rat, du vautour°, du ver de terre et de la limace. Si on y réfléchit, il y a dans cette constatation à la fois l'enfer et le paradis.

Moi-même, à Verdun, devant la batterie de l'hôpital, après cinq à six jours sans ravitaillement, j'ai calmé, comme les copains, mes crampes d'estomac avec de petites boulettes de terre. Ici, le moyen de persévérer était encore plus pur: les boulettes de terre étaient sans aucune valeur nutritive, elles ne donnaient que l'illusion d'avoir mangé. Il semble bien, si j'en juge par ma propre expérience, que pendant un certain temps, cette illusion suffise. Nous arrivons presque à la nourriture des dieux; avec cette réserve qu'on ne peut pas être dieu longtemps.

Jean Giono, *Les Terrasses de l'Ile d'Elbe*

engloutir □ to gulp
une limace □ a slug
un ver □ a worm
écartelé(e) □ quartered
un vautour □ a vulture

Allumette, gentille allumette

Il me faut remonter aux premiers temps où je fumais la pipe, ce qui, sans être astronomique, fait (en ce qui me concerne) un sacré retour en arrière. En bref, c'était une époque où n'existaient encore ni autos, ni cinéma, ni, bien entendu, avions, et totalement rien de ce qui fait ce qu'on appelle notre confortable actuel. Mon propos n'est pas de le souligner, mais simplement de dire que pour allumer cette pipe, j'employais des allumettes. Cela peut sembler aujourd'hui barbare, mais c'était un moyen pratique et économique de se procurer du feu. Il suffisait d'entrer dans le premier bureau de tabac venu, de donner un sou, et, en deux secondes, on était possesseur d'une boîte en carton gris (donc légère à la poche) contenant cinquante allumettes qui, de phosphoriques qu'elles étaient au début (ce qui présentait un certain danger: celui de l'allumage spontané), devinrent rapidement «amorphes», c'est-à-dire de tout repos. C'était parfait.

Rien n'est parfait pour le progrès: c'est une définition. On s'efforça de perfectionner cette perfection et on inventa (ou plus exactement on fit sortir du lit où il dormait, ce qui, en matière d'invention, est souvent le cas), on inventa donc le briquet. Briquet qui fut, bien entendu, à essence; on était aux premiers temps de l'automobile et c'est tout juste si on ne fourrait pas de l'essence de

«Il fallait. . . se livrer en place publique à toute une gymnastique de bricoleur»

pétrole jusque dans la cuisine (en tout cas on en mettait dans des remèdes, des shampooings, des liniments, etc.). C'était le nec plus ultra□.

Il fut donc de bon ton d'avoir un briquet; seuls les attardés, les rétrogrades, et pour tout dire les réactionnaires continuaient à demander du feu à l'allumette. Le briquet était en métal (les riches étaient même en or) et fort lourd. Il fallait le garnir d'essence de pétrole à l'aide d'une petite fiole□ qui suintait; on s'en mettait plein les doigts avant d'en mettre dans le briquet. A moins d'être très adroit, ce qui n'était pas mon cas. Cette essence puait. A chaque instant on devait régler la mèche, ou la molette□ qui frottait sur la pierre, bref, à la place de la ci-devant boîte d'allumettes bien simple et bien commode, on avait une véritable petite usine. C'était parfait pour les mécaniciens dans l'âme, mais pour ceux (comme moi) qui sont toujours à se demander quel est le sens des aiguilles d'une montre, quel supplice! Je ne m'en sortais pas. Une fois, c'était l'essence qui manquait, ou qui débordait, l'autre fois c'était la pierre qui faisait défaut. Pour obvier d'ailleurs à ces inconvénients qui n'étaient pas que pour moi, on était bardé de□ tout un matériel de dépannage: nombreux étaient ceux qui portaient au revers du veston une vieille épingle de cravate, très utile d'après les spécialistes pour enfiler la mèche ou déboucher le pot à feu; certains étaient partisans d'avoir toujours sur soi le bout d'une brosse à dents pour nettoyer la molette; quelques-uns ne s'embarquaient pas sans une petite fiole de cette fameuse essence, enfin tous étaient munis d'un tube de pierres de rechange. Pour changer la pierre, il fallait dévisser des vis (à l'aide d'un canif), tirer des ressorts qui échappaient aux doigts et qu'on cherchait à quatre pattes sur le trottoir, enfiler de petits cylindres de ferrocérium dans des trous minuscules, se livrer en place publique à toute une gymnastique de bricoleur. J'en connais qui ont passé de beaux dimanches à mettre au point leur briquet pour le lundi (c'était en somme l'automobile du pauvre, étant donné, d'après ce que je vois autour de moi, que le plus grand plaisir que peut procurer de nos jours une automobile, c'est celui de la laver et de la passer à la nénette□ le dimanche).

Je n'étais pas seul à m'ingénier en pure perte et à n'obtenir de la flamme qu'une fois sur quatre, puisque des gens bien intentionnés s'efforçaient d'aller plus loin dans le sens briquet. C'est ainsi, mais après des années de mauvaise odeur (qui se communiquait à ce qu'on fumait) et de supplices chinois, qu'on en arriva au briquet à gaz.

Du coup, on supprimait la puanteur et la mèche: c'était un beau coup! Restait néanmoins la pierre. Il fallait toujours, de temps en temps, en changer et passer par les affres□ susdites. Mais il est bien vrai qu'il faut se confier aveuglément au progrès. Du temps qu'on pestait□, les savants et les chercheurs étaient à la piste□. Ils viennent de débusquer le loup blanc (après quelque quarante ans). C'est le briquet à gaz dont on ne renouvelle pas la pierre: elle est calculée pour durer autant que le gaz du réservoir, qui ne se renouvelle pas non plus. Quand le réservoir est vide et la pierre usée, on jette le briquet et on en achète un autre. Au bout d'un grand détour, on est ainsi revenu à la boîte d'allumettes. Le seul avantage que le briquet avait pu avoir sur la boîte d'allumettes, c'est qu'il était un objet auquel il était possible de s'attacher, pour sa beauté, sa valeur de souvenir, ou son poids d'or (il faut de tout□ pour faire un monde). Désormais, à force de perfection, il est devenu ce qu'il a essayé de remplacer. Il reste toutefois encore un peu moins pratique que la boîte d'allumettes: il y a, dans ce sens-là, encore un tout petit coup de collier□ à donner. Par exemple: mettre du phosphore amorphe au bout d'un morceau de bois, etc.

Jean Giono, *Les terrasses de l'Ile d'Elbe*

le nec plus ultra □ the ultimate, the last word in
une molette □ a toothed wheel
bardé(e) de □ kitted out with
une nénette (argot) □ a girl
les affres □ the torments
pester □ to curse
à la piste □ working at it
il faut de tout □ it takes all sorts
donner un coup de collier □ to put one's back into it

Complétez le tableau ci-dessous en donnant autant de détails que possible:

	allumettes	briquet à essence	briquet à gaz
description		métal ou or	
poids	légères		
objets annexes	boîte en carton gris		
coût	économiques		
avantages	pratiques		
inconvénients		odeur	

Qu'est-ce que l'auteur entend par?

▷ rien n'est parfait pour le progrès
▷ l'automobile du pauvre
▷ le briquet à gaz est devenu ce qu'il a essayé de remplacer

Travail écrit

1 Faites le résumé écrit de ce texte, en français ou en anglais, en 200 mots environ.

2 Connaissez-vous d'autres objets que le progrès aurait rendu plus compliqués que ce qui existait à l'origine. Faites-en la description en 200 mots environ.

3 Traduisez en anglais les paragraphes 2 et 3.

S'éteindre . . . heureux

Tout un mouvement de pensée, au nom du respect que l'homme se doit à lui-même, revendique pour ceux qui le souhaitent la possibilité d'obtenir la *«bonne mort»*, d'éviter une dégradation finale avec l'âge ou la maladie. Cette louable intention ne porte-t-elle pas en germe[□] le risque d'étendre à tout un groupe d'âge une décision qui ne peut être qu'individuelle? Comme le dit Louis-Vincent Thomas: *«Plutôt que de s'appesantir[□] sure le drame et l'horreur du vieillard baveux, dément et stagnant dans ses excréments, las société ne devrait-elle pas s'interroger sur ce qu'il lui faudrait entreprendre pour que les individus restent des êtres humains jusqu'au bout, en leur assurant présence, dialogue et amour?»*

C'est à quoi s'attache aujourd'hui tout un courant d'«accompagnement du mourant» et de sa famille, qui a pris naissance dans certains établissements de Grande-Bretagne. La philosophie en est simple. Lorsque le patient arrive dans une «phase terminale», on ne cherche plus à guérir mais à soigner. Par exemple, combattre la cause de la douleur compte moins que de neutraliser et d'apaiser[□] cette douleur par des cocktails de calmants. Le médecin utilise son expérience et son savoir pour apporter confort et bien-être au malade en sauvegardant le respect de sa personnalité jusqu'à sa mort. La famille n'est pas tenue à l'écart ni laissée dans l'ignorance de l'imminence de l'issue fatale et coopère avec l'équipe soignante.

En France, dans plusieurs établissements, des médecins ont repris cette approche plus humaniste. Elle demande du courage, car elle remet en cause[□] l'image sacro-sainte du médecin qui *«lutte contre la mort»*, tout autant que les mécanismes de défense qui permettent d'«effacer» l'image de la mort à l'hôpital.

Pour l'un de ces médecins, «accompagner un mourant» signifie *«exécuter les gestes techniques habituels du médecin, mais dans un objectif différent. Le confort et le bien-être passent en premier. Par exemple, on abandonne un pansement agressif parce que fait pour guérir, au bénéfice d'un pansement qui va apaiser. . .»*.

Après qu'on a laissé la solitude et le désespoir devenir le lot quotidien de trop de personnes âgées, *«déchirées entre la crainte de mourir et la peur de vivre»* s'amorce[□], semble-t-il, une nouvelle voie.

Christiane Grolier

Le Monde (24 octobre 1982)

porter en germe □ to contain the seeds of
s'appesantir □ to dwell on
apaiser □ to soothe
remettre en cause □ to question
s'amorcer □ to begin

Résumé . . . .

Quelle définition convient à quelle expression?

Définitions:

1 les parents d'un malade sont tenus au courant de l'opinion et des décisions du médecin
2 combattre la cause de la douleur
3 donner un certain confort au malade
4 les médecins et infirmières
5 un remède conçu pour calmer la douleur
6 une situation où l'être humain n'est plus vraiment humain
7 la période où la mort est imminente
8 la mort naturelle
9 les personnes âgées

Expressions:

a la «bonne mort»
b le groupe d'âge en question
c une dégradation finale
d la phase terminale d'une maladie
e guérir
f soigner
g la famille n'est pas tenue à l'écart
h l'équipe soignante
i un pansement qui va apaiser

Travail écrit

Résumez, en quelques lignes seulement, l'essentiel de ce que dit Christiane Grolier sur la «nouvelle voie».

Expériences inutiles?

① Un magnifique chat noir écartelé sur une table d'opération. On voit le scalpel lui fendre la peau du crâne, le chirurgien découper la boîte crânienne, y plonger ses gants couverts de sang, dégager le cerveau, le jeter à la poubelle, puis mettre à la place deux tampons de coton avant de refermer et de recoudre. Pourquoi? Par curiosité, pour voir comment se comportera l'animal.

Des singes, capturés, puis mis dans des caisses. Certains passeront le reste de leur vie dans des chaises dites «*de contention*»□, où ils ne peuvent plus remuer que la tête et les avant-bras. On leur a implanté des électrodes dans le cerveau et on leur envoie des décharges électriques pour essayer de déclencher sur commande des mouvements réflexes.

Un univers concentrationnaire où les chiens, même quand ils sont en bonne santé et convenablement nourris, n'ont pas le droit d'avoir un nom. Ce sont des numéros, du matériel biologique.

Comment défendre la vivisection? Le mot même fait mal, cette idée d'aller fouiller dans un organisme vivant, de l'explorer méthodiquement, de le disséquer comme s'il était déjà mort, comme s'il ne sentait plus rien. Jadis□ les hommes croyaient apaiser les dieux en leur sacrifiant des animaux. Faut-il que la science se montre plus barbare, plus cruelle que la superstition?

② Il ne s'agit plus seulement d'arracher à la vie ses secrets ou de préparer de nouveaux remèdes mais d'aller au-devant du moindre caprice: produits à vaisselle, shampooings, rouges à lèvres, crèmes à bronzer. Comment être sûr d'un produit, sinon en l'essayant d'abord sur des animaux?

Ces produits chimiques qui don-

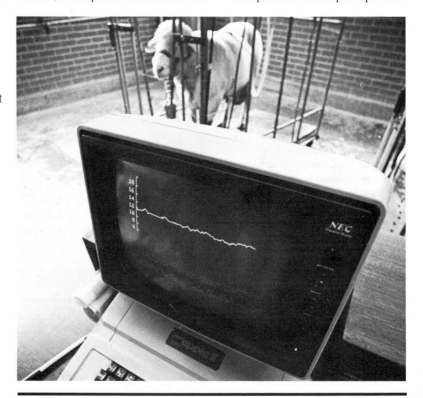

nent de si belles couleurs à nos aliments ne risquent-ils pas, à la longue, d'être toxiques? Il faut donc en gaver des rats. Des ouvriers se plaignent-ils d'être assourdis par le bruit des machines? On va soumettre des cobayes à ces bruits pour voir combien de temps ils peuvent les supporter sans dommage. On sait que le tabac est nocif et nul n'est tenu d'en user°. Mais les animaux, si. Et, comme ils ne fument pas naturellement, on a inventé des dispositifs° compliqués pour les obliger à s'emplir les poumons de fumée et mesurer très exactement la nature et l'étendue des dégâts.

 Les arguments des adversaires de l'expérimentation animale sont surtout négatifs. Ils insistent sur la grande différence qu'il y a entre un animal, quel qu'il soit, et l'homme. Ce dont les médecins conviennent volontiers. Mais ils persistent à croire qu'un mauvais modèle vaut mieux que pas de modèle du tout. Car, si on élimine les animaux, sur quoi seront essayés les nouveaux médicaments? Sur des robots? Directement sur l'homme? Sur des condamnés à mort? Pourquoi pas aussi sur les juifs, comme l'ont fait certains médecins nazis?

Beaucoup d'expériences pratiquées sur l'animal sont inutiles. L'ennui, c'est qu'il est très difficile, a priori, de dire si une expérience sera utile ou non. Sont utiles, en médecine comme dans n'importe quel domaine de la science, les expériences qui réussissent. Elles ne sont pas la majorité. Mais une chose est certaine: tous les grands progrès de la médecine, la vaccination, les antibiotiques, la chirurgie à cœur ouvert, les greffes d'organes, la contraception, tous, sans exception, sont passés, et devaient nécessairement passer, par l'expérience animale.

Le Nouvel Observateur

---

chaises de contention □ 'chairs' to hold the animals in place
jadis □ long ago
nocif □ harmful
nul n'est tenu d'en user □ nobody is forced to use it
un dispositif □ a device

Avez-vous compris? . . . .

①
▷ What was the nature and purpose of the experiment on the cat?
▷ What is the purpose of the experiments on monkeys?
▷ What evidence is there that dogs are treated without affection?
▷ In what sense could it be argued that man has returned to more barbaric times?

②
▷ Give three 'trivial' reasons why animal experimentation is undertaken.
▷ Outline the reasons given here for experiments on rats and guinea-pigs.
▷ How are animals used in research on smoking and health?

③
▷ 'Animals are not like man, so why use them for experiments involving products destined for man?' How is this argument countered?
▷ What alternatives to animals are mentioned?
▷ How do scientists judge whether an experiment has been useful?
▷ In what way is it argued that man has benefited from experiments on animals?

Cherchez les mots . . . .

Trouvez la façon dont sont exprimées les idées suivantes:
▷ in good health and well-fed
▷ as if it had no feeling
▷ it is no longer just a matter of . . .
▷ in the long run

▷ a bad model is better than no model at all

Résumé . . . .

Sous forme de tableau, dressez la liste des arguments du texte pour et contre les expériences pratiquées sur les animaux. Ajoutez-y les vôtres.

A votre avis?

– Le bien-être des animaux compte autant que la santé de l'homme.
– Le confort de l'homme passe avant tout. On a le droit d'utiliser tout ce qui existe pour l'améliorer.

Lequel de ces points de vue correspond le mieux à ce que vous pensez?
A l'oral, puis à l'écrit, développez votre argument.

Petites annonces

Remplacez l'abréviation donnée par l'expression entière pour découvrir, dans la colonne verticale indiquée, le rêve de ceux qui lisent les petites annonces! Aidez-vous des petites annonces page 83.

1 & **10** sdb
2 & **8** ch. cent.
3 chs
4 gd
5 prox
6 asc
7 tt
9 pcs
11 vds
12 ét
13 tel
14 comm

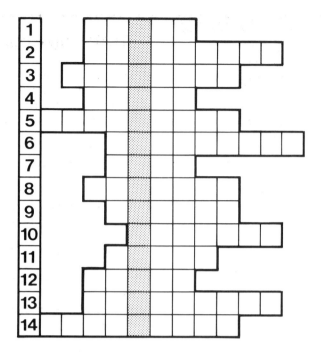

236

1001 raisons de haïr les Français

Vous vous promenez à New York, vous achetez le *Village Voice*, et vous tombez sur: «1001 raisons de haïr les Français».

Les Français? Des gens hypocrites, arrogants, désagréables, vaniteux, pompeux, sales . . . bref, la pire engeance□ que la terre ait jamais portée. Les Froggies ont réussi pendant longtemps à blouser□ les autres peuples en mettant en avant leur supériorité culturelle. A présent c'est fini, plus personne n'est dupe: les Français ont réussi l'exploit de devenir la nationalité la plus détestée.

C'est ce qu'affirme Howard Smith, le journaliste du *Village Voice* qui a écrit ce pamphlet. Il lance même un appel à tous les francophobes et leur demande de l'aider à dresser l'acte d'accusation contre ces salopards□ de Frenchies. Que chacun d'entre vous, demande-t-il, m'écrive pour me donner ses raisons de haïr les Français, et à nous tous, nous réussirons sans doute à réunir plus de mille accusations. Pour sa part, il en a trouvé cinquante-neuf, dont voici quelques exemples.

– La France: le seul gouvernement à avoir collaboré avec les Nazis.
– Seul un pays convaincu que Jerry Lewis était un génie pouvait implanter une centrale nucléaire en Iraq.
– Les Français ne connaissent pas les paroles de leur hymne national□.
– Les femmes ont du poil aux jambes.
– Le sexe à la française: beaucoup de parlottes□ mais pas de passage aux actes.
– Les seuls Noirs qu'ils acceptent doivent jouer de la trompette.
– L'invention de la petite bourgeoisie.
– Opium, le parfum de la populace□.
– Ils ont introduit leur mentalité de bureaucrates en Afrique du Nord.
– Les sportifs les plus nuls.
– La concierge.
– Le fin du fin de leur conception du patriotisme: l'alcoolisme.
– Le seul peuple à glorifier ses prisons: la Bastille, le Club Méditerranée, le Festival de Cannes.
– Râler contre les USA tout en portant des sweat-shirts «University of Michigan».
– Ils fument trop et leurs cigarettes sont dégueulasses.
– Et l'héroïne? Et Marseille? C'est ça, la belle France?
– Ni leur presse ni leur justice, ne sont libres.
– Et comme si ça ne suffisait pas, il ont importé chez nous la quiche lorraine: rien que pour ça, on devrait les fusiller.

La semaine suivante, double page dans le *Village Voice*. Les lecteurs avaient répondu par centaines. Certains s'indignaient que le *Village Voice*, célèbre pour sa ligne résolument libérale, contestataire, pro-féministe, anti-raciste, ait pu publier un article aussi haineusement francophobe. Mais la plupart entraient allègrement dans le jeu. Ils s'empressaient de communiquer leurs griefs□ contre les Français:

– L'existentialisme.
– Le roquefort.
– La guillotine.
– Leur incapacité à prononcer le «h» anglais.
– Ils sont racistes, passent leur temps à blaguer□ sur les Suisses ou les Belges, mais ne supportent pas qu'on en fasse autant à leur égard.
– La dictature de leurs soi-disant grands couturiers tels Cardin ou Saint-Laurent.

Horreur! Les Américains nous haïssent donc tant?

Une seule réponse. Isolée dans ce déferlement francophobe, une lettre

une engeance □ a mob
blouser quelqu'un □ to con someone
un salopard (argot) □ a bastard
un hymne national □ a national anthem
des parlottes □ all talk
la populace □ the rabble
un grief □ a grievance
blaguer □ to joke
lapidaire □ succinct
vengeresse □ revengeful
pris(e) en flagrant délit □ caught red-handed
la mauvaise foi □ bad faith
il ne se démonte pas □ he does not get flustered

lapidaire□ et vengeresse□: «Une raison suffisante pour haïr les Américains: Howard Smith.»

J'appelle Howard Smith au téléphone.

«Je ne comprends pas, m'a répondu l'homme qui déteste les Français. Vous êtes française et vous voulez me voir? Pourquoi?

— Peut-être pour venger dans le sang l'honneur de mes compatriotes?

— Ça ne m'étonnerait pas, les Français n'ont aucun sens de l'humour; de leur part, le pire ne m'étonne plus.»

J'arrive dans son bureau.

«Vous connaissez bien la France?

— Et comment? J'y suis allé plusieurs fois, et j'y ai fait de longs séjours. Je sais donc de quoi je parle. Mais attention, j'aime la France, je ne déteste que les Français. Quel choc de découvrir qu'un si beau pays est peuplé de si horribles gens!

— Auriez-vous eu des problèmes particuliers avec les Français?

— Rien de spécial, tout simplement le même genre d'ennuis qu'ont tous les étrangers en visite en France. Les patrons de café prêts à lâcher les chiens sur vous, les chauffeurs de taxi si odieux à Paris qu'on souhaite les jeter dans la Seine. . . La vie quotidienne à la française!

— Et les femme françaises, vous n'auriez pas eu une histoire d'amour malheureuse, par hasard?

— Moi, avec une Française? Sûrement pas!

— Vous pensez sincèrement tout ce que vous avez écrit?

— Absolument, affirme Howard Smith.

— Vous êtes sûr de ne pas supporter «Opium» par exemple?

— Cet horrible parfum!»

Le voilà pris en flagrant délit□ de mauvaise foi: avant d'entrer dans son bureau, je m'en suis inondée et ça sent à trois kilomètres. Je le lui fait remarquer, il ne se démonte pas. «Je dois être un peu enrhumé. . . Un nom pareil, c'est bien une idée française! Pourquoi pas héroïne ou cocaïne. Essayez plutôt les parfums américains». . .

▷ Citez quelques adjectifs dont Howard Smith se sert pour décrire les Français.

▷ Qu'est-ce que Howard Smith reproche aux Français quant à leur attitude vis-à-vis des autres peuples?

▷ Qu'est-ce que Howard Smith a fait par l'intermédiaire de son journal? Dans quel but?

▷ Combien d'accusations contre les Français a-t-il trouvé lui-même?

▷ Comment est-ce que les lecteurs du *Village Voice* ont répondu à son appel? Est-ce que toutes les lettres des lecteurs étaient francophobes?

▷ Qu'a fait la journaliste qui a écrit cet article? Dans quel but?

▷ Comment a-t-il répondu à ses questions?

▷ Qu'a-t-elle fait pour le mettre dans une position embarrassante? A-t-elle gagné?

Façon de s'exprimer . . . .

▷ «le seul gouvernement à avoir collaboré avec les Nazis» A quel événement historique est-ce que cela fait référence?

▷ «Opium, le parfum de la populace» A quelle phrase célèbre est-il fait allusion?

▷ «ils ont introduit leur mentalité de bureaucrates en Afrique du Nord» Pourquoi en Afrique du Nord?

▷ «le fin du fin de leur conception du patriotisme: l'alcoolisme» Quel est le rapport entre le patriotisme et l'alcool, pour un Français?

▷ «le seul peuple à glorifier ses prisons» Qu'est-ce que la Bastille? Qu'est-ce que le Club Méditerranée? Qu'est-ce que le Festival de Cannes?

▷ «Et l'héroïne? Et Marseille?» Quel est le rapport entre les deux?

A votre avis?

1 Qu'est-ce que la France représente pour vous? Pour répondre à cette question, faites une liste de dix mots maximum.

2 Faites une autre liste de dix mots pour répondre à la question: qu'est-ce que les Etats-Unis représentent pour vous?

3 Vous pouvez continuer en choisissant un autre pays, si vous le désirez.

Travail écrit

Ecrivez un petit texte en vous basant sur l'une des listes que vous venez d'établir.

A la recherche d'un passé perdu

Pour dispersés qu'ils . . . . . .[1] dans leur expression organisée, les mouvements régionaux sont d'abord . . . . . .[2] sur un certain . . . . . .[3] de revendications: sous-développement économique, laminage . . . . . .[4] et culturel, migration forcée des . . . . . .[5], invasion du tourisme et du béton. . . . . . .[6] sont ces revendications qui ont . . . . . .[7] à l'affirmation d'une . . . . . .[8] régionale plus nette, et donc à la . . . . . .[9] d'un ancrage dans l'histoire. "Nous . . . . . .[10] nous réapproprier un passé qui . . . . . .[11] a été volé," déclarait au . . . . . .[12] du Monde un jeune Occitan. "Nous désirons . . . . . .[13] l'histoire des . . . . . .[14] qui composent la France, et reprendre notre histoire . . . . . .[15] où elle s'est arrêtée."

Le Monde Diplomatique

Texte à trous . . . .

▷ Choisissez parmi les mots de la liste ci-dessous pour remplir les blancs.

conduit/fondés/scolaire/ correspondant/nous/peuples/ soient/nombre/voulons/là/ jeunes/redécouvrir/identité/ce/ recherche

▷ Donnez maintenant un mot différent pour les numéros suivants: 2/5/7/8/10/12/13/14

Sept cultures minoritaires

Il existe en France sept minorités culturelles, sept «peuples» qui ont préservé, plus ou moins bien, leurs langues ou dialectes: Catalans du Roussillon, au regard souvent tourné vers Barcelone; Basques d'Euzkadi-Nord (Pyrénées-Atlantiques) tenant Bilbao pour leur métropole et la Bidassoa pour une rivière coulant au cœur de leur pays; Bretons conscients que l'Irlande ou le Pays de Galles, aux langues très voisines, appartiennent comme eux à la grande famille celte; Flamands de l'arrondissement de Dunkerque qui s'estiment aux «Pays-Bas» de France et se tiennent pour les éléments occidentaux du monde néerlandais; Alsaciens décidés à ne rien sacrifier de leur double – et même triple – patrimoine[□] linguistique: le dialecte et la langue littéraire allemande – son complément et support – et, naturellement, le français que nul ne leur conteste, comme ce fut le cas jadis; Corses résolus, eux aussi, au bilinguisme; Occitans, enfin, depuis peu réveillés, fiers de rappeler leur «latinité[□]» culturelle.

Ces sept «minorités», qui le sont à la fois dans le cadre de l'Hexagone et même dans leurs provinces d'origine (sur 250 000 Basques «français», par exemple, on ne compte que 80 000 bascophones), ont un trait commun: leur appartenance à un Etat qui, depuis la Révolution, ne veut plus voir que des citoyens «égaux».

Les sept langues réfugiées dans les terroirs[□], en recul perpétuel depuis Jules Ferry et son école publique – où l'on punissait, il y a peu, l'écolier parlant patois[□], le poussant même à la dénonciation de ses camarades, – semblent aujourd'hui se ressaisir.

J.-P. Richardot, *Le Monde*

Le breton

La langue bretonne est encore vivante et devient le symbole d'une différence au nom de quoi on veut se libérer de l'emprise[□] de l'«*Etat centralisateur*». On cite l'exemple de ce vieillard en pleurs qui appelait sur le quai de la gare Montparnasse: «*Ma mer'ch vihan pelc'h amaout?*» («*Ma petite fille où es-tu?*») Personne ne le comprenait, il ne savait que sa langue. Sont-ils encore nombreux dans son cas? Quelques milliers de vieilles gens de la Bretagne profonde sur lesquels les «bienfaits» de la civilisation française ont glissé?

Pas une seule statistique, pas un chiffre. Personne ne sait au juste combien d'Armoricains parlent encore le breton. Vingt mille, estime un rapport de la préfecture de Rennes. Preuve, en tout cas, que la «francisation» n'est pas pleinement achevée.

Christian Colombani, *Le Monde*

---

un patrimoine □ a heritage
la latinité □ latin origins
un terroir □ a rural region
un patois □ a dialect

Jules Ferry □ *a French statesman, lived from 1832–1893*

l'emprise □ the influence

Autrement dit . . . .

Sept cultures minoritaires

Identifiez les «peuples», les minorités qui correspondent aux descriptions suivantes:

▷ se tiennent pour Hollandais en France
▷ sont conscients et fiers de leurs origines latines
▷ regardent vers la côte méditerranéenne de l'Espagne
▷ considèrent Bilbao comme leur capitale
▷ sont liés par leur langue à l'Irlande et au Pays de Galles
▷ parlent français et corse
▷ parlent français, allemand et un patois

Résumé . . . .

Le breton

▷ Quel est le problème de ce vieil homme à la gare Montparnasse?
▷ Comment l'auteur de l'article prouve-t-il que la «francisation» n'est pas complètement achevée?

Bombe

Les rumeurs d'Ajaccio:

1 se sont présentés à l'entrée du camp où, à Cap-Sud (Haute-Corse), dans le nord de l'île,

2 plusieurs lettres anonymes étaient parvenues aux services de police les avertissant d'un attentat en préparation contre Giscard.

3 ait renforcé le désir des autorités préfectorales de demander des renforts de police à Paris.

4 Renseignements pris, on s'est aperçu qu'ils n'étaient que des imposteurs.

5 deux inconnus déclarant appartenir aux services de sécurité du président

6 Giscard devait présider un «déjeuner républicain» avant de se rendre à Ajaccio tenir un meeting.

7 Quelques jours avant l'explosion qui, le jeudi 16 avril, a fait un mort et sept blessés à l'aéroport d'Ajaccio-Campo dell'Oro,

8 Un correspondant anonyme annonçait qu'un kamikaze ferait une tentative à la grenade ou au mortier°, à Bastia ou à Ajaccio.

9 Ce genre de courrier est, en Corse, chose courante lorsqu'on annonce la visite d'une personnalité gouvernementale

10 Autre souci: deux jours avant l'attentat,

11 Néanmoins, il semble que l'une de ces lettres

12 surtout lorsqu'il s'agit du président de la République.

L'arrivée:

A l'aéroport de Bastia, premier point d'arrivée de Giscard en Corse, toutes les consignes° avaient été vidées et interdites au public depuis la veille. Le président, pourtant, n'a pas et ne devait pas traverser l'aérogare: c'est de la piste d'atterrissage qu'il s'est envolé en hélicoptère vers Cap-Sud, où les policiers avaient été disposés sur les toits du village; d'autres filtraient soigneusement tous les passages. Ces mesures de protection ont été mises en place à partir de 11 heures du matin, et levées vers 18 heures. A cette heure-là, Giscard était à Ajaccio depuis une demi-heure.

Dans cette ville aussi on veillait. Mais curieusement, et contrairement à ce qui s'est passé à Bastia, aucune mesure de sécurité particulière n'a été prise à l'intérieur de l'aérogare. C'est pourtant là que la bombe a explosé.

Georges Marion et
Stéphane Muracciole,
Le Nouvel Observateur

| **un mortier** □ a mortar bomb | **une consigne** □ a left-luggage office |

Question d'ordre . . . .

Les rumeurs d'Ajaccio:
Retrouvez l'ordre logique des
phrases qui ont été volontairement
mélangées.

Avez-vous compris? . . . .

L'arrivée:
▷ Through which towns in Corsica
  was Giscard due to pass, and in
  which order?
▷ Why were security precautions
  inside the airport at Bastia
  unnecessary?
▷ What security precautions had
  been taken outside, in Cap-Sud?
▷ What mistake had been made at
  Ajaccio?
▷ With what result?

A votre avis?

Y a-t-il des cas où le recours à la
violence peut être légitime pour
défendre une culture minoritaire?

▶

faire prévaloir □ to win
  acceptance for
bafouer □ to hold up to ridicule
une rafale (de balles) □ a hail
  of bullets
filer entre les doigts □ to slip
  through one's fingers
l'affaissement □ decline

La spirale de la haine

*Toulon, 1986: quatre militants de SOS France, organisation nationaliste d'extrême
droite, ont péri dans l'explosion d'une bombe qu'ils transportaient dans leur voiture
vers un local de SOS Racisme*

Quand les citoyens se sentent, de
plus en plus fréquemment, le droit de
faire parler la poudre et l'explosif
pour régler leurs querelles politiques
ou faire prévaloir□ leur propre conception de la justice, il faut avoir le
courage de le dire: nous sommes en
guerre civile.

Certes, ce n'est pas la première fois
que la France s'éveille au son des
explosions, ni qu'elle est la proie des
bandes armées. Il y a un peu moins de
vingt ans, les «nuits bleues» de
l'O.A.S. et du F.L.N. secouaient les
villes et les coups de feu des «commandos Delta□» troublaient le pays.
Pourtant, à cette époque-là, l'État ne
se laissait pas bafouer□ et son autorité
restait ferme: pour avoir lâché quelques rafales□ sur la voiture du général
de Gaulle, le colonel Jean Bastien-
Thiry a été passé par les armes.

Aujourd'hui, la violence est ram-
pante, insaisissable, multiforme.
L'ennemi est partout et l'État est
désarmé face aux débordements. Les
dynamiteurs lui filent entre les
doigts□: quatre tonnes d'explosifs
sont volés chaque année sur les chan-
tiers français. En toute impunité. On
comptait une centaine d'attentats à la

bombe dans les années 1970–1973. Le
chiffre a dépassé les 480 en 1976, 550
en 1977 et près de 600 en 1978. Sans
compter les 5 000 incendies volontaires enregistrés chaque année par
les services de police.

Dans une société paralysée par une
dramatique remise en question des
normes collectives, tout affaisse-
ment□ moral renforce le règne de la
loi du plus fort: celui qui pose la plus
grosse bombe, qui possède le plus
gros calibre et qui a le «plus» raison.

Il faut avoir aujourd'hui le courage
et la détermination de condamner
tout terrorisme, d'où qu'il vienne et
quel qu'il soit, en souhaitant que les
policiers arrivent enfin à retrouver les
coupables. Mais il faut aussi tenter de
comprendre les causes de ce terrorisme.

Il faut aussi situer les responsabilités dans cette spirale de la haine.
Mettre d'abord en accusation le système qui, il est vrai, rejette ses
«déviants» et ne leur laisse d'autres
alternatives que la violence, arme des
faibles, et la haine, sentiment des
minoritaires privés d'expression.

Grégory Pons, *Figaro Magazine*

Indiquez si, selon l'auteur, les affirmations suivantes sont vraies ou fausses.

▷ La bombe est une arme souvent utilisée pour servir une cause politique.

▷ Les explosifs sont beaucoup moins utilisés depuis la deuxième guerre mondiale.

▷ La violence dans les années cinquante en France était en grande partie due au problème algérien.

▷ L'Etat a fait preuve de beaucoup d'autorité face à cette violence.

▷ Dans les années soixante-dix, l'Etat a réussi à freiner l'augmentation de la violence.

▷ De nos jours, les règles traditionnelles de la société sont encore parfaitement respectées.

▷ Celui qui a toujours raison semble être celui qui a la force d'armement la plus puissante.

▷ Il est indispensable que tout le monde souhaite l'arrestation des terroristes.

▷ Les méthodes terroristes proviennent d'un système qui ne permet pas aux minorités d'exprimer leur mécontentement.

▷ Il est inutile de chercher à comprendre pourquoi les terroristes agissent de cette manière-là.

Cherchez les mots . . . .

Trouvez la façon dont sont exprimées les idées suivantes:

▷ the victim of
▷ shots
▷ varied in form
▷ a bomb attack
▷ a questioning of
▷ wherever it may come from
▷ deprived of

La torture

Pour sauver des vies. . .

Michael Levin est un universitaire. Dans un article de *Newsweek*, il prend la défense de la torture, non seulement pour la justifier moralement, mais pour la déclarer obligatoire dans certains cas.

L'argumentation est aveuglante: une bombe atomique est cachée au cœur de New-York. Elle doit exploser à midi . . . sauf si le terroriste qui en détient le secret accepte de la désamorcer⁢. A 10 heures, vous tenez le terroriste en question. Il refuse de coopérer. Dans un pareil cas, la torture est la seule solution. La refuser, c'est se rendre coupable de la perte de millions de vies humaines. (. . .)

Pour Michael Levin, la torture ne se justifie *«que contre ceux qui tiennent entre leurs mains des vies innocentes».*

Tel est l'essentiel de son argumentation. Ne perdons pas notre temps à montrer qu'on ne peut tor-

turer en aucun cas au nom du respect dû à la personne humaine: pour Michael Levin, le terroriste s'est placé de lui-même en dehors des normes de la société qu'il combat et ne peut se plaindre que celle-ci, qu'il cherche à détruire, le détruise pour se sauver.

Qu'opposer à ce raisonnement d'apparence imparable?

Des milliers d'hommes et de femmes ont connu la torture. Certains en sont morts, tous en sont perturbés pour la vie. Avaient-ils menacé de faire sauter une métropole avec une bombe atomique? Etaient-ils seulement des «terroristes» au sens propre du terme? (. . .)

En réalité, Michael Levin se situe au jugement dernier. Il veut nous faire croire que les pouvoirs et les polices ont un moyen infaillible de discerner les responsables: *«Si vous torturez seulement ceux qui sont coupables d'une manière évidente, quand*

des vies innocentes sont à sauver: alors il y aura toujours une frontière nette entre eux et nous.» Nous, ce sont les démocraties occidentales. Qui pratiquons la torture à bon escient⁢. Comme moyen de préserver l'ordre.

Michael Levin aurait pu interroger ceux qui pratiquent la torture. Ils ne sont pas inaccessibles. Ils lui auraient dit que la torture a pour but premier de faire parler, c'est-à-dire d'obtenir des indications sur des agissements éventuels, sur ceux qui seront «coupables» . . . un jour.

Tous ces praticiens de la torture seront ravis de l'argumentation de Michael Levin. Car enfin, disent-ils lorsqu'on les pousse dans leurs derniers retranchements, c'est bien pour «sauver des vies humaines» qu'ils font ce «sale boulot».

F. Chapey, *Le Monde*
▶

---

désamorcer □ to defuse
à bon escient □ advisedly

Les confidences
d'un «professionnel»

C'est un *«professionnel de la torture»* anonyme qui a servi en tant que sous-officier durant la guerre d'Algérie.

Cet homme de cinquante-cinq ans, qui vit dans le sud de la France, marié et père de deux enfants (il parle d'abondance de l'amour qu'il porte à sa famille), a «interrogé» environ deux cent cinquante personnes. *«J'en ai interrogé beaucoup, et cet aveu me coûte.»* Il éprouve désormais *«le sentiment traumatisant de s'être sali les mains. Pour rien. Et les criminels de guerre se trouvent toujours dans le camp des vaincus».*

Il voit dans le racisme *«la principale raison de l'utilisation à grande échelle*[]* de la torture . . . et de la facilité avec laquelle on a trouvé des tortionnaires».* *«On ne torture systématiquement,* poursuit-il, *que les gens considérés comme inférieurs. Et cette certitude est nécessaire au tortionnaire ordinaire pour ne pas succomber au doute, première étape vers le remords et la mort.»*

B.A., *Le Monde*

Camp de prisonniers algériens

à grande échelle □ on a large scale

Résumé . . . .

Pour sauver des vies:

▷ Comment Michael Levin défend-il l'usage de la torture? Citez les exemples qu'il donne pour justifier la torture.

▷ Lequel de ces exemples vous paraît le plus acceptable? Le moins probant?

Les confidences d'un professionnel:

▷ Quel était le rang de cet homme lors de la guerre d'Algérie?

▷ Quel était son role pendant la guerre?

▷ Comment justifie-t-il sa théorie que la torture est liée au racisme?

▷ De quoi faut-il que le tortionnaire soit convaincu pour pouvoir exercer son métier?

Façon de s'exprimer . . . .

Les confidences d'un professionnel:

Expliquez ce qu'il veut dire par:

▷ cet aveu me coûte

▷ le sentiment de s'être sali les mains

A votre avis?

1 Pourquoi cet homme ne veut-il pas révéler son nom?

2 Y a-t-il des cas où il est possible de justifier l'usage de la torture? Pour répondre, vous pouvez vous aider de l'article sur Michael Levin.

L'Occupation, la Collaboration, la Résistance

A partir de mai 1940, la France a perdu sur tous les fronts. Le 11 juin, le Gouvernement quitte Paris.

Le 1er juillet, le Maréchal Pétain s'installe à Vichy. Il a les pleins pouvoirs pour gouverner le pays.

Une bonne moitié de la France est occupée par les Allemands (voir carte). Le gouvernement de Vichy croit que l'Europe va devenir allemande. Collaborer avec Hitler est donc la moins mauvaise solution pour la France.

Les trois quarts des Français, acceptant la défaite, suivront le Maréchal Pétain dans la collaboration. Les autres, refusant de s'avouer vaincus, veulent résister à la collaboration et continuer à se battre pour libérer la France. C'est la Résistance.

La Résistance extérieure est organisée de Londres, avec le soutien des Anglais, par le Général de Gaulle. Le 18 juin 1940, grâce à la B.B.C., il appelle tous les Français à continuer le combat.

A l'intérieur du pays, en zone occupée comme en zone libre, les Résistants organisent des opérations clandestines contre les Allemands (sabotage, réseaux d'information avec les Alliés, guérilla. . .).

Les Allemands répondront à la Résistance par une répression violente et cruelle. Les scènes d'horreur sont innombrables. Les Résistants arrêtés sont torturés, fusillés. (voir *Lettre d'adieu*, page 249). Des villages entiers, comme Oradour-sur-Glane (10 juin 1944), sont brûlés et la population massacrée (voir *Oradour* et *Témoignage d'Yvon Roby*, page 248).

LA FRANCE OCCUPÉE 1940-44

Résistants cachés dans la neige essayant de transmettre des messages codés par radio

L'Imprimerie de Verdun

En juin 1940, voulant pour la France la paix à tout prix, le Maréchal Pétain signe l'armistice qui marque la fin des hostilités avec l'Allemagne. A la suite de cet armistice, la France est divisée en «zone libre» et «zone occupée». Paris est occupé, le Gouvernement du Maréchal Pétain s'installe à Vichy (voir page 245).

Dans 'L'Imprimerie de Verdun', Vercors raconte ce qui est arrivé à Vendresse, ancien combattant de la bataille de Verdun et propriétaire d'une imprimerie à Paris. Vendresse fait tout d'abord confiance au Maréchal, héros de Verdun où, en 1916, durant dix mois les Français repoussèrent toutes les attaques des Allemands. Mais sa confiance est

---

le bruit court □ rumour has it
un sourire bon enfant □ a
   good-natured smile
caser □ to place
un vieux garçon □ a bachelor

...ite ébranlée quand il prend conscience de ce que suppose une politique d'apaisement, pour laquelle un Français trahit un autre Français. . . Paars, membre de l'Association des Imprimeries et membre de l'Amicale des Anciens de Verdun, rend visite à Vendresse . . .

— Ton Maréchal, je l'ai vu, dit Paars. Je lui ai parlé des Juifs, tu vois, alors. . . J'ai dit: «Il faut les briser.» Il a dit: «Vous êtes juge de ce qu'il faut faire dans votre partie.» J'ai dit: «Le bruit court°, monsieur le Maréchal, que vous les protégez un peu, à cause de ceux qui sont anciens combattants.» Il a souri, comme il fait, tu sais: avec un œil qui cligne un peu. Et il a dit: «Je dois ménager la sensibilité publique. Tout le monde en France ne pense pas de la même façon. Je ne peux pas dire sans restriction ce que je pense. C'est une position difficile que la mienne.» Il m'a mis la main sur l'épaule, oui, mon cher. Comme à un vieil ami. Et il a dit: «Agissez toujours pour le bien du Pays. Et vous m'aurez toujours derrière vous.» Ainsi tu vois. Donc, si tu avais des scrupules. . .

— Mais, mon vieux, dit Vendresse, moi je trouve que ça ne veut rien dire du tout! Et même on pourrait croire . . . on pourrait prétendre. . . Enfin il t'a encouragé sans t'encourager tout en t'encourageant. Ce n'est pas net, ça.

— Eh bien qu'est-ce qu'il te faut!

— Il m'en faut plus que ça, oui. Ça veut dire tout ce qu'on veut, ce qu'il t'a dit là.

— Je voulais aussi te parler d'autre chose. Je m'intéresse à un garçon. . . Un petit de seize ans. Il sort de l'école. C'est le fils d'une . . . oh! je t'expliquerai une autre fois. Une petite dactylo de chez moi, du temps que. . . Enfin, elle a eu ce gosse, je voudrais assurer son avenir. Et j'ai pensé. . .

Il chassa de l'index un peu de cendre tombée sur son veston. Il gratta l'étoffe avec application.

— J'ai pensé que d'être chez toi, ce serait exactement ce qu'il lui faut. D'autant plus. . .

Il offrit à Vendresse son large sourire bon enfant°.

— Tu es vieux garçon, tu prendras bien ta retraite un de ces jours. Tu vois comme ça tomberait bien.

Vendresse retira ses lunettes, les essuya, les remit sur son petit bout de nez rose.

— Oui, oui, je comprends bien, dit-il. Seulement. . .

— Tu sais probablement que je ne suis pas seul?

— Sans doute, sans doute, dit Paars.

Il caressait doucement ses bajoues marbrées de couperose et de poudre. Il dit:

— Ce Dacosta, c'est un Juif, n'est-ce pas?

— Non, pas du tout, dit Vendresse.

Il parlait calmement. Calé au fond de son fauteuil, il restait très immobile, tirant de son cigare de lentes bouffées.

— Avec ce nom-là. C'est drôle, dit Paars, je croyais bien . . . et est-ce que. . . On ne l'a pas expulsé d'Italie, autrefois?

— Oui, il y a longtemps. Mais c'est son affaire. Ici il se tient tout à fait bien. J'en suis très content.

— Bon, bon, tant pis, dit Paars.

Il tira deux ou trois bouffées sans parler.

— Tant pis, tant pis, répéta-t-il. C'est dommage. Et ça m'embête. Le garçon est un peu difficile à caser°, il est un peu en retard pour certaines choses. Et la mère est là qui. . . Oui, une petite affaire comme la tienne, c'est exactement ce qui lui convient. N'en parlons plus. Puisque tu l'aimes, ton Dacosta.

Vercors, *L'Imprimerie de Verdun*

Vrai ou faux? . . . .

Indiquez si les affirmations suivantes sont vraies ou fausses.

▷ Paars voulait protéger les Juifs vivant en France.

▷ Pétain s'est prononcé contre les Juifs.

▷ Pétain a laissé à Paars le choix de ce qu'il fallait faire.

▷ Pétain voulait plaire à tout le monde, n'offenser personne.

▷ Pétain a donné une définition claire et précise de ce qu'il entendait par «patriotisme».

▷ Paars a essayé de faire croire à Vendresse que Pétain s'était prononcé contre les Juifs.

▷ Vendresse s'est laissé convaincre par Paars.

▷ Paars savait que Dacosta était juif.

▷ Vendresse a admis que Dacosta était juif.

▷ Vendresse était très content de Dacosta en tant qu'employé.

▷ Paars voulait trouver un emploi chez Vendresse pour un garçon qu'il connaissait.

▷ Le garçon dont parlait Paars était probablement son fils.

▷ Paars ne connaissait pas la mère du garçon.

▷ Paars avait l'intention de profiter du fait que l'employé de Vendresse était juif.

A votre avis?

1 Pourquoi Paars était-il allé chez Vendresse ce jour-là?

2 Comment est-ce que Vendresse a réagi à sa visite?

3 Comment est-ce qu'il manifeste sa loyauté à Dacosta?

4 Comment expliquez-vous cette loyauté?

ORADOUR

Oradour n'a plus de femmes
Oradour n'a plus un homme
Oradour n'a plus de feuilles
Oradour n'a plus de pierres
Oradour n'a plus d'église
Oradour n'a plus d'enfants

Plus de fumée plus de rires
Plus de toits plus de greniers
Plus de meules plus d'amour
Plus de vin plus de chansons

Oradour j'ai peur d'entendre
Oradour je n'ose pas
Approcher de tes blessures
De ton sang de tes ruines
Je ne peux je ne veux pas
Voir ni entendre ton nom

Oradour je crie et hurle
Chaque fois qu'un cœur éclate
Sous les coups des assassins
Une tête épouvantée
Deux yeux larges deux yeux rouges
Deux yeux graves deux yeux grands
Comme la nuit la folie
Deux yeux de petit enfant
Ils ne me quitteront pas
Oradour je n'ose plus
Lire ou prononcer ton nom

Oradour honte des hommes
Oradour honte éternelle
Nos cœurs ne s'apaiseront
Que par la pire vengeance
Haine et honte pour toujours

Oradour n'a plus de forme
Oradour femmes ni hommes
Oradour n'a plus d'enfants
Oradour n'a plus de feuilles
Oradour n'a plus d'église
Plus de fumées plus de filles
Plus de soirs ni de matins
Plus de pleurs ni de chansons

Oradour n'est plus qu'un cri
Et c'est bien la pire offense
Au village qui vivait
Et c'est bien la pire honte
Que de n'être plus qu'un cri
Nom de la haine des hommes

Nom de la honte des hommes
Le nom de notre vengeance
Qu'à travers toutes nos terres
On écoute en frissonnant
Une bouche sans personne
Qui hurle pour tous les temps

Jean Tardieu

Témoignage d'Yvon Roby

Un des rares survivants d'Oradour, Yvon Roby, jeune cultivateur de 18 ans, raconte.
Surpris par les Allemands dans un chemin qu'il suivait à bicyclette, il est arrêté et conduit dans une remise:

. . . Cinq minutes après notre arrivée dans la remise □ . . . ils ont ouvert le feu sur nous avec leurs mitraillettes, en hurlant à pleine voix.

Les premiers tombés ont été protégés contre les rafales suivantes par les corps qui se sont entassés sur eux. Je m'étais jeté à plat ventre en me protégeant la tête de mes bras. Les balles ricochaient contre le mur près duquel j'étais couché. . .

Brusquement, la fusillade a cessé. . .

Nos bourreaux ont alors amoncelé sur nous tout ce qu'ils pouvaient trouver de combustible: de la paille, du foin, des fagots, des échelles, des brancards d'attelage. . .

Puis j'ai entendu des pas. Les Allemands revenaient. Ils ont mis le feu à la paille qui nous recouvrait.

J. Kruuse, *Oradour-sur-Glane*

▶

une remise □ a shed

Lettre d'adieu

Daniel Decourdemanche était professeur d'allemand au lycée qui porte aujourd'hui son nom. Pendant l'Occupation, il fut un membre actif de la Résistance. Arrêté par la Gestapo, il fut torturé et fusillé le 30 mai 1942, sans avoir livré le secret du mouvement clandestin qu'il dirigeait et qui put reprendre après sa mort.

Samedi, 30 mai 1942, 6 h. 45.

«Mes chers Parents,

«Vous attendez depuis longtemps une lettre de moi. Vous ne pensiez pas recevoir celle-ci. Moi aussi j'espérais bien ne pas vous faire ce chagrin. Dites-vous bien que je suis resté jusqu'au bout digne de vous, de notre pays que nous aimons.

«Voyez-vous, j'aurais très bien pu mourir à la guerre, ou bien même dans le bombardement de cette nuit. Aussi je ne regrette pas d'avoir donné un sens à cette fin. Vous savez bien que je n'ai commis aucun crime, vous n'avez pas à rougir de moi, j'ai su faire mon devoir de Français. Je ne pense pas que ma mort soit une catastrophe; songez qu'en ce moment des milliers de soldats de tous les pays meurent chaque jour, entraînés dans un grand vent qui m'emporte aussi.

«Vous savez que je m'attendais depuis deux mois à ce qui m'arrive ce matin, aussi ai-je eu le temps de m'y préparer, mais comme je n'ai pas de religion, je n'ai pas sombré dans la méditation de la mort; je me considère un peu comme une feuille qui tombe de l'arbre pour faire du terreau⁰.

«La qualité du terreau dépendra de celle des feuilles. Je veux parler de la jeunesse française, en qui je mets tout mon espoir.

«Mes parents chéris, je serai sans doute à Suresnes, vous pouvez, si vous le désirez, demander mon transfert à Montmartre.

«Il faut me pardonner de vous faire ce chagrin. Mon seul souci, depuis trois mois, a été votre inquiétude. En ce moment, c'est de vous laisser ainsi sans votre fils qui vous a causé plus de peines que de joies. Voyez-vous, il est content tout de même de la vie qu'il a vécue, qui a été bien belle.

«Et maintenant, voici quelques commissions. J'ai pu mettre un mot à celle que j'aime. Si vous la voyez, bientôt j'espère, donnez-lui votre affection, c'est mon vœu le plus cher. Je voudrais bien aussi que vous puissiez vous occuper de ses parents qui sont bien dans la peine. Excusez-moi auprès d'eux de les abandonner ainsi; je me console en pensant que vous tiendrez à remplacer un peu leur «ange gardien».

«J'ai beaucoup imaginé, ces derniers temps, les bons repas que nous ferions quand je serais libéré — vous les ferez sans moi, en famille, mais pas tristement, je vous en prie. Je ne veux pas que votre pensée s'arrête aux belles choses qui auraient pu m'arriver, mais à toutes celles que nous avons réellement vécues. J'ai refait, pendant ces deux mois d'isolement, sans lecture, tous mes voyages, toutes mes expériences, tous mes repas, j'ai même fait un plan de roman. Votre pensée ne m'a pas quitté, et je souhaite que vous ayez, s'il le fallait, beaucoup de patience et de courage, surtout pas de rancœur.

«Il est huit heures, il va être temps de partir.

«J'ai mangé, fumé, bu du café. Je ne vois plus d'affaire à régler.

«Mes parents chéris, je vous embrasse de tout cœur. Je suis tout près de vous et votre pensée ne me quitte pas.

«Votre DANIEL.»

Jacques DECOUR (Daniel DECOURDEMANCHE)
(fusillé par les Allemands, le 30 mai 1942)

le terreau □ compost

La Patrie se fait tous les jours

Et si ça arrivait!

Le scénario «futuriste» que vous allez lire a été rédigé à partir de données techniques exactes que tout le monde peut vérifier en lisant n'importe quel manuel de survie en cas d'attaque nucléaire. De la fiction pure? Il est à espérer que ça en reste toujours là.

Yvon PELLERIN

Au cours de la semaine précédant l'attaque nucléaire sur les 400 villes américaines, une activité intense avait régné à la frontière canado-américaine.

De partout, là où une route traversait les postes de douanes canadiennes, les Américains affluaient, traînant derrière leurs autos des remorques pleines d'objets hétéroclites, des tentes-roulottes et même des abris métalliques bizarres de forme ovale et montés sur roues, qu'on disait garantis à l'épreuve° des radiations.

«Le Canada sera sûrement épargné et pourrait accueillir un grand nombre de réfugiés», avait confié maladroitement un diplomate américain en poste à Washington à un journaliste du New York Times. La nouvelle s'était répandue° comme une traînée de poudre° à travers les Etats-Unis. Le premier ministre avait eu beau° dire, par la suite, qu'on y mettrait beaucoup de conditions, qu'un nombre restreint de gens seraient admis, ils venaient de tous les coins de l'Amérique à la recherche d'un havre de paix, d'un espace «propre» que les rayons mortels ne pourraient atteindre.

La menace nucléaire

Dans le monde entier, on s'inquiétait depuis trois bonnes semaines. Les media avaient signalé que les rapports entre les super puissances se détérioraient. Des incidents graves s'étaient produits sur tous les fronts de l'OTAN° en Europe et, régulièrement, des avions de chasse et des sous-marins nucléaires étaient signalés dans des régions stratégiques du globe. La menace d'une guerre nucléaire éventuelle pesait lourdement sur les consciences depuis qu'un des deux grands y avait fait allusion dans un discours repris par tous les organes de presse.

Au Québec, le gouvernement, inquiet de la tournure des événements, avait créé un comité de planification d'urgence, chargé de donner des directives à la population concernant les scénarios de survie si l'irrémédiable venait à se produire.

Mesures alarmistes?

Plusieurs citoyens considéraient cependant que ces mesures étaient alarmistes et que les faits étaient grossis par la presse, toujours à l'affût de° la moindre mauvaise nouvelle. L'Opposition en chambre avait vertement° dénoncé le fait que des sommes considérables avaient été dépensées pour publier et distribuer des tonnes d'informations gouvernementales écrites et électroniques demandant à la population de construire des abris anti-nucléaires personnels.

Journal de Québec

---

une épreuve □ a test
se répandre comme une trainée de poudre □ to spread like wild fire
l'OTAN (l'Organisation du Traité Atlantique Nord) □ N.A.T.O.
à l'affût de □ to be on the look-out for
vertement □ in no uncertain terms

Avez-vous compris? . . . .

▷ Why were Canadian customs posts busy during the week before the nuclear attack?
▷ Where were the Americans intending to live?
▷ How had an American diplomat unwittingly started the trek to Canada?
▷ The Canadian Prime Minister had made two vain attempts to discourage the influx of Americans. Which?
▷ What were the two principal hopes of the immigrants?
▷ What evidence was there that relations between the super powers had been deteriorating for three weeks
  (i) in Europe?
  (ii) in areas of strategic importance?
▷ One super power had fuelled speculation about nuclear war. How?
▷ What was the task of the emergency planning committee in Quebec?
▷ What reason did some people give for not believing that the situation was urgent?
▷ What was the Opposition's view of the information being emitted?

Cherchez les mots . . . .

Associez chaque expression de la liste A à celle qui lui correspond dans la liste B.

A	B
exagérés	hétéroclites
le monde	dénoncer
limité	les organes de presse
pendant	
arriver en grand nombre	le globe
	restreint
établir	les medias
la presse, la radio, la télévision	affluer créer
	grossis
les journaux	au cours de
critiquer	
variés	

A votre avis?

1 En cas de guerre nucléaire, croyez-vous que la construction d'un abri anti-nucléaire serait nécessaire? efficace?

2 Est-ce que les armes nucléaires que possèdent les super-puissances servent uniquement – comme certains le prétendent – à exercer une force de dissuasion?

3 Est-ce que le mouvement anti-nucléaire a beaucoup d'influence aujourd'hui dans le monde?

4 Est-ce qu'un jour ou l'autre la guerre nucléaire deviendra inévitable?

5 Est-il possible d'imaginer l'état du monde une vingtaine d'années après une guerre nucléaire?

6 Que pensez vous du désarmement unilatéral? multilatéral?

Manifestation anti-nucléaire à Paris, mai 1986

Plus jamais!

Chizuko Kijima:

Un jour, un avion américain fit pleuvoir des tracts sur Hiroshima. Je n'en lus aucun moi-même, mais on me dit qu'ils avertissaient les citoyens d'avoir à quitter la ville parce que les Américains ne voulaient pas faire de victimes civiles. La police militaire défendit à quiconque de lire ces tracts et ordonna de les ramasser et de les remettre aux autorités: «C'est encore un piège que ces diaboliques Américains et ces sauvage d'Anglais essayent de nous tendre[□]!» nous disait-elle. D'ailleurs l'ordre de ne pas lire ces tracts n'avait aucun sens: nous avions une telle confiance en l'invincibilité du Japon que nous ne les aurions pas crus même si nous les avions lus. Mais nous avions peur, sachant que, récemment, les Américains avaient effectué sur la cité voisine de Kuré une attaque massive qui avait fait de nombreuses victimes civiles.

Le 6 août 1945 était une journée belle et chaude, comme l'avait été la veille.

Izumi Izuhiro:

Je rentrai dans la maison afin de faire couler un bain. Je savais que Takako rentrerait à midi et qu'un bain lui ferait du bien. J'étais occupée à cela quand j'entendis des écoliers qui criaient: «Regardez! Un parachute!» Jetant alors un coup d'œil à la fenêtre, je vis effectivement le parachute qui descendait lentement; quelque chose pendait au bout.

Tatsuko Mori:

Le 6 août 1945, mon mari quitta la maison à sept heures et demie, comme chaque matin, pour se rendre à son travail. Peu après, mon beau-père et moi partîmes pour le village de Hesaka afin d'y chercher quelque nourriture, notamment des légumes frais. Je pris mon fils aîné sur mon dos à la manière japonaise; il avait alors deux ans. Nous prîmes la route qui longeait la rivière et marchâmes en direction du nord.

Comme nous tournions pour prendre la route qui longe le réservoir de Hiroshima, je montrai à mon beau-père un groupe d'avions assez éloigné et nous pensâmes que c'étaient des B-29; mais que faisaient-ils là puisque la fin d'alerte avait sonné avant que nous quittions notre maison?

Soudain, nous fûmes enveloppés dans ce qui me sembla une énorme lueur⬚ de magnésium, puis une lourde vague de chaleur nous submergea. Instinctivement, je m'abritai dans un creux entre deux bâtiments, mon fils sur mon dos, et mon beau-père tomba par-dessus nous. D'autres gens se pressaient dans le même endroit.

Juste après la lueur, une terrible explosion retentit. Une puissante rafale sembla me soulever, mais je fus ensuite repoussée contre le sol par une énorme pression. La force de l'explosion souleva un nuage de poussière noire mêlée de fragments de bois et d'éclats de verre; nous subîmes presque tous blessures ou coupures.

Le premier choc passé, tous ceux qui étaient avec nous s'enfuirent de tous côtés. L'endroit où nous cheminions quelques minutes auparavant était devenu un chaos. L'épaisse poussière qui avait d'abord obscurci ma vue se dissipa et me révéla alors des incendies qui fusaient vers le ciel de toute la ville. Le quartier d'Ushita était en ruine; les rues se trouvaient jonchées⬚ de poteaux et de fils téléphoniques entremêlés⬚. Les flammes, que les rafales issues de⬚ l'explosion attisaient⬚ et rendaient semblables à des monstres en colère, s'étendaient⬚ à une vitesse foudroyante, escortées de torrents de fumée noire. Notre frayeur était indescriptible.

Plus Jamais

Avant Hiroshoma – *«Je veux qu'on renonce au premier objectif, la ville de Kyoto. C'est le centre culturel de ce pays, la Florence du Japon. Les Japonais nous haïront pour toujours si nous faisons cela et nous aurons, un jour, besoin du Japon pour faire la guerre à l'U.R.S.S.!»* (Stimson, secrétaire à la Défense, conférence de Potsdam, 1945).

252

Saint George

Si vous avez bien lu l'article intitulé Saint George (page 105) vous pourrez, sans consulter le texte, compléter les mots croisés à droite. Ecrivez dans la grille les mots qui manquent dans chacun de ces resumés du texte.

1 On se levait **13** pour aller voir les explosions atomiques qui avaient **11** à l'aube et qui étaient plus spectaculaires que les **20** d'artifice de la **9→** nationale. On s'arrêtait **21** les **9↓** qui dominent le **4** du Nevada.

2 On voyait une **8** de feu d'un orange **10** qui devenait un énorme champignon rose et **3**. Le grondement qui suivait faisait **6** le sol. Tandis que les adultes écarquillaient les yeux, les **19** criaient de **22**.

3 Mais personne n'était inquiet: cependant, plus tard, les **5** s de poussière contaminaient l' **15**, et les habitants se trouvaient obligés de **16** chez eux pendant **18** heures, **12** 9h et 12h.

4 La **1** de certaines **7** devint alarmante: par exemple, beaucoup d'adultes moururent de **14** de la **2** et des adolescents souffrirent de **23** **17**, des malformations congénitales apparurent en 1958.

7

CRIME ET CHATIMENT

à la hauteur de □ level with
flinguer (argot) □ to shoot
à bout portant □ at point-blank range
quadriller □ to cover

Il poursuit son agresseur

Une balle en pleine poitrine et avant de se laisser soigner, il quadrille pendant 2 h le quartier des Guillemins pour retrouver ses agresseurs (un couple)

Drôle d'histoire que celle-ci: lundi, vers 2 h du matin, M. Marcel de Greif (45), rue du Baty, 18, à Braine-l'Alleud, vient garer sa voiture rue du Plan-Incliné, à Liège. Ensuite, à pied, il se dirige vers la rue Varin. Là, il croise un couple d'une vingtaine d'années. Lorsqu'il arrive à la hauteur des° jeunes gens, le garçon lui lance, d'un air menaçant: **«Bouge-toi, ou je te flingue!°»**. M. de Greif ne réagit pas tout de suite: mal lui en prend, car l'autre met aussitôt sa menace à exécution. Il sort un pistolet et, à bout portant°, tire une balle sur M. de Greif, en pleine poitrine. Mais, surprise, ce dernier ne bronche pas... Ce qui met son agresseur inconnu et sa compagne en fuite!

Pourtant, la balle avait bien été tirée et M. de Greif l'avait bien reçue dans le sternum. Toutefois, étant apparemment d'une résistance exceptionnelle, il va d'abord lui-même se mettre à la recherche du mysté-rieux tireur! D'abord, il veut entrer dans un bar pour téléphoner à la police, mais on ne le laisse pas entrer. Ensuite, il hèle un taxi de passage et parvient à rejoindre ses agresseurs non loin de là. Puis il demande au taximan de prévenir la police. Ce qui est fait... Mais pendant ce temps, les deux jeunes gens avaient disparu, bien entendu.

Alors, pendant deux heures, avant même de se laisser soigner, il va quadriller° tout le quartier en compagnie des policiers pour remettre la main sur le couple. Mais en vain. Et c'est seulement après quatre heures du matin qu'il sera emmené à l'hôpital... Où il est toujours soigné.

Les policiers, eux, cherchent toujours le tireur. Quant à M. de Greif, son état est aussi satisfaisant que possible.

La Meuse – La Lanterne

Une balle dans le sternum il poursuit son agresseur...

Histoire pour le moins étrange que celle survenue à cet habitant de Braine-l'Alleud, M. Marcel De Greif, 45 ans. Alors qu'il déambulait rue Varin à Liège, lundi vers 2 h du matin, il a croisé un couple d'une vingtaine d'années. L'homme lui enjoignit de se bouger sinon il le «flinguerait».

A peine dit, aussitôt fait: M. De Greif se vit braquer un pistolet 22 sur le sternum et, à bout portant, l'incon-nu lui tira dessus... La victime put atteindre un taxi, après que ses agresseurs se furent enfuis. La balle n'avait pas étourdi M. De Greif, qui demeura debout...

Avec le taximan puis avec des policiers, M. De Greif quadrilla le secteur. Il aperçut le couple à un moment où les policiers n'étaient pas encore arrivés, puis le perdit de vue. Transporté à l'hôpital de Bavière. M. De Greif a été soigné et radiographié: une balle de 22 est effectivement logée entre l'aorte et le poumon.

La Dernière Heure

Voici un incident relaté dans deux journaux belges. Lisez les deux articles, puis comparez les éléments d'information donnés dans chacun d'eux.
Les rubriques suivantes pourraient faciliter votre comparaison:

	La Meuse	La Dernière Heure
la victime		
les malfaiteurs		
l'attaque		
ce que la victime a fait		
prévenir la police		
la poursuite		
hospitalisation, blessures		transporté a l'hôpital. . .
l'heure	2 h. du matin	
phrases du journaliste qui évoquent le courage de la victime		

Dans ces deux articles, trouvez des mots qui veulent dire:
▷ descendait
▷ a rencontré
▷ pria
▷ appela
▷ étaient partis

A votre avis?

1 Which article did you find read more easily?

2 Which article had more 'feeling', more 'humour', more 'realism'?

3 The choice of tense has an effect on the impact of the articles.
Which tenses are used in each article?
Is either article inconsistent in its use of tense?
What is the effect of the use of the tenses on each article?

Chiens perdus sans collier
Vol dans le dortoir

Terneray est un Centre d'enfants où le juge des enfants, M. Lamy, envoie les enfants qui comparaissent devant lui: les orphelins, les jeunes délinquants, les enfants en danger à cause de leur milieu familial.

«Rassemblement immédat pour tous les gars du Bâtiment 3!»
C'est le sifflet de Croc-Blanc: pas une seconde à perdre! Le Chef est debout au milieu de la pelouse, encadré par Buffalo, bras croisés, et par Chef Robert qui fait déjà de grands gestes. Les gosses arrivent de toutes parts, l'air faussement étonné: car en voyant, près des trois grands, Radar aux oreilles plus rouges que jamais, ils ont déjà compris.
— Allons! Rassemblement! Plus vite!
Croc-Blanc attend encore un instant, dévisage l'une après l'autre ces faces fermées, puis parle lentement:
— Ecoutez bien! On a *volé*, dans le dortoir, un billet de 500 francs appartenant à votre camarade Timéon. J'espère que le *voleur* se dénoncera de lui-même pour m'éviter de vous punir tous. . . De vous punir gravement! ajoute-t-il après un silence.
Personne ne bouge. . . Si, pourtant! Radar, contre toute logique, va se ranger près de ses camarades; justement à côté de Paulo, son voleur. Il est vrai qu'il est le seul à l'ignorer!
— C'est bien, reprend Croc-Blanc (et on dirait en effet, qu'il n'est pas mécontent de ce silence), nous resterons donc ici jusqu'à ce que le voleur se décide à agir comme un homme!

Il regarde l'heure à son poignet, libère d'un geste les deux autres chefs, et commence à arpenter la pelouse. Le Chef Robert vient lui parler à voix basse:

— Si par hasard il y en a un qui connaît le coupable. . .

— Ils le connaissent tous, mon petit vieux!

— Alors l'un d'eux va sûrement. . .

— Le dénoncer? Sûrement pas! Personne ne le lui pardonnerait. . . Moi le premier d'ailleurs!. . . Ah! non! J'aime mieux des complices que des mouchards°, pas vous?

Robert remonte ses lunettes le long de son nez osseux:

— Alors, ils vont rester là toute la nuit?

— S'il le faut, oui. . . Et ne me dites pas qu'ils risquent de prendre froid! Nous jouons une partie autrement importante, mon petit vieux. N'oubliez pas que tous ces garçons, ou presque, ont volé.

— Ce n'était pas leur faute: la société où nous vivons. . .

— D'accord! mais je n'ai pas en charge la société: j'ai seulement soixante gosses à tirer d'affaire°. Si je leur explique qu'ils sont des victimes, ils le resteront toute leur vie: c'est un rôle plus confortable que vous ne le pensez! Je les persuade qu'un jour ils auront, comme les autres, une famille et un métier, et que c'est plus honorable que le chapardage° et le bistrot.

Il y a cinquante-sept minutes que cela dure. Les maisons s'allument. L'odeur et la rumeur des réfectoires parviennent jusqu'aux vingt garçons immobiles, moment très pénible. . . Paulo éprouve de plus en plus de peine à s'empêcher de penser. Il s'occupe à compter les étoiles.

Il est 20 h 33; et soudain, sans que lui-même sache bien pourquoi, Paulo avance de deux pas:

— C'est moi!

un mouchard □ a sneak
tirer quelqu'un d'affaire □ to help someone out of a difficult situation
le chapardage □ petty theft
en taule □ in prison
on s'y fait □ one gets used to it
foutu(e) □ finished
une bagnole (argot) □ a car

— Bien, dit Croc-Blanc du ton le plus calme. Au réfectoire, vous autres!. . . Toi, monte avec moi! Et retire les mains de tes poches. . .

Paulo l'Invicible, vaincu par lui seul, suivit Croc-Blanc dans le bureau du chef. Après un long silence:

— Alors? C'est malin. . . Qu'est-ce que tu veux que je fasse de toi?

— Il n'y a rien à faire avec moi! dit Paulo fièrement.

— Si j'alerte le juge, tu sais ce qui se passera?

— Je suis déjà allé en taule°.

— Je sais, je sais! Tu y étais bien?

— On s'y fait°.

— Bonne nourriture, comme ici, hein? Du sport, des arbres, du cinéma, des dimanches, comme ici? Et des copains de premier ordre, sur qui on peut compter dans la vie? Ah! je comprends que tu tiennes à y retourner.

— Je ne tiens à rien: je suis foutu°!

Croc-Blanc se leva, alla jusqu'au gosse, lui saisit les cheveux pour l'obliger à relever la tête, à le regarder dans les yeux.

— Non, Paulo: tu n'es pas un mauvais type. Tu t'es dit: «Les copains ne peuvent tout de même pas passer la nuit debout!» et tu t'es dénoncé. Tu avais envie de ce billet parce qu'il était neuf; je comprends ça. Tout le monde en aurait envie! mais ce qui est plus chouette, c'est de le gagner, Paulo!. . . Ecoute, la bagnole° de Buffalo est en pièces détachées, hein? Si toi, Paulo, tu arrives à la remonter, je te donnerai un billet, exactement le même. . . Suffit de travailler la mécanique!

Cesbron, *Chiens perdus sans collier*

Résumé . . . .

▷ Relevez les noms:
   du personnel de Terneray
   des enfants

▷ Qui a perdu quoi? Qui l'avait volé?

▷ Qu'est-ce que Croc-Blanc a ordonné de faire aux gars du Bâtiment 3?

▷ Qui était avec lui?

▷ Qu'est-ce que Croc-Blanc voulait faire?

▷ Quelle solution était totalement inacceptable pour lui?

▷ Relevez les éléments qui rendaient l'attente sur la pelouse inconfortable.

▷ A quel moment est-ce que Croc-Blanc a renvoyé les garçons? Qu'est-ce qu'ils sont allés faire?

▷ Quelle punition est-ce que Croc-Blanc a infligée au coupable?

A votre avis?

1 Croc-Blanc dit au chef Robert: «Si je leur explique qu'ils sont des victimes, ils le resteront toute leur vie». Qu'est-ce qu'il veut dire par là? Comment justifier ce point de vue?

2 A votre avis, pourquoi Paulo a-t-il fini par se dénoncer? Pourquoi ne l'a-t-il pas fait plus tôt?

3 La punition de Paulo: pourquoi Croc-Blanc a-t-il choisi celle-ci? Qu'en pensez-vous?

Taule, cabane, bloc

LE NOUVEL OBSERVATEUR. — Alors, les prisons trois étoiles, elles existent oui ou non?

MYRIAM EZRATTY. — Pour ma part, je n'en ai jamais rencontré et je le regrette. L'influence qu'elles auraient sur les condamnés eût été intéressante à étudier. Mais trêve de plaisanterie□: trois sur quatre de nos cent quatre-vingt-six établissements pénitentiaires datent du XIXᵉ siècle. Trente-trois maisons d'arrêt sur cent quarante-quatre et quatre centres de détention doivent être complètement désaffectés□; dix-huit maisons d'arrêt exigent d'être totalement rénovées. Le surencombrement actuel va sans doute ralentir le programme établi l'an dernier puisqu'il nous empêche de reloger ailleurs les détenus dont on démolit la prison. Mais la réalité est celle-ci: à Perpignan, la maison d'arrêt est un ancien couvent de clarisses□ qui avaient fait vœu de ne jamais voir la lumière du jour. Eh bien, les cellules des détenus sont ainsi disposées qu'il ne la voient jamais directement. A Perpignan, à Brest et dans bien d'autres lieux de détention, il n'y a pas d'eau dans les cellules ni dans les dortoirs, pas de W.-C. mais de simples tinettes□. En fait de prisons trois étoiles. . . Pontoise est occupé à 320% de sa capacité, Montpellier à 303%, Grasse à 232%, Bois d'Arcy à 216%, la Santé à 212%, les Baumettes ont dépassé leur seuil de saturation.

N. O. — Le public se plaint, ou plutôt une partie du public se plaint de l'action menée en faveur des détenus.

M. EZRATTY. — Il oublie que, à quelques exceptions près, les hommes et les femmes qui sont enfermés sortiront un jour ou l'autre. Par conséquent, tout ce qui est fait pour les empêcher d'être complètement démolis physiquement et psychiquement est un investissement rentable. L'oisiveté□, vingt-trois heures sur vingt-quatre dans une cellule, rend au bout de quelques années inapte à affronter le monde extérieur, tous les médecins vous le diront. Il ne s'agit pas de faire vivre des gens à ne rien faire, nourris et logés gratuitement; ni simplement d'organiser leurs loisirs quand ils n'ont pas de travail. Il s'agit d'éviter un nouveau trouble de l'ordre social quand ils sortiront. Faute de quoi□, qu'arrivera-t-il? On aura soit des gens complètement brisés qui auront besoin d'être assistés et coûteront très cher à la collectivité, soit des marginaux définitivement convaincus qu'ils n'ont pas d'autre solution pour vivre convenablement que de retomber dans la délinquance.

N. O. — Combien y a-t-il de places dans les prisons françaises?

M. EZRATTY. — Entre 29 500 et 30 000.

N. O. — Et nous en sommes?

M. EZRATTY. — A 37 616 détenus au 1ᵉʳ mai 1983. Le surpeuplement multiplie les risques d'échec.

Le Nouvel Observateur

---

trêve de plaisanterie □ joking apart	
désaffecté(e) □ disused	
les clarisses □ nuns belonging to the Order of Sainte Claire	
des tinettes □ latrines	
l'oisiveté □ inactivity	
faute de quoi □ without which	

Avez-vous compris? . . . .

▷ What would have interested Madame Ezratty in the idea of a 'luxury' prison?

▷ What percentage of prisons in France were built in the last century?

▷ What will be the effect of overpopulation on the renovation programme? Why will this be so?

▷ Why are conditions especially harsh at Perpignan?

▷ What is the common feature of the better prisons?

▷ What is the feeling of public opinion on prison reform?

▷ What common future awaits the majority of prison inmates?

▷ What, therefore, does Madame Ezratty feel is inappropriate about the current prison routine?

▷ What *should* the priority be?

▷ Madame Ezratty foresees two equally undesirable alternatives for prisoners on their release: which?

A votre avis?

A quoi servent les peines de prison? Par groupes, rassemblez vos idées sur cette question, sous forme de liste.

– Quelles sont, d'après vous, les raisons judiciaires d'imposer une peine de prison? Quel est le but recherché?

– Quels effets espère-t-on qu'une peine de prison aura sur le condamné? sur sa famille? Quelle en est la réalité?

– Quelles autres solutions pouvez-vous proposer?

– Faites la liste de vos arguments pour et de vos arguments contre les peines de prison?

Manifestation sur le toit de la prison de Fresnes, mai 1985

Statistiques

Comparaisons internationales:

Nombres de prisonniers pour 100 000 habitants:

U.S.A.	118
Autriche:	110
Allemagne Fédérale:	100
Grande-Bretagne:	87
France:	70
Italie:	60
Suède:	45
Danemark:	40
Pays-Bas:	28

Nombre de policiers (au 1er janvier 1985):

France:	1 pour 262 habitants
Belgique:	1 pour 307 habitants
Allemagne Fédérale:	1 pour 320 habitants
Pays-Bas:	1 pour 383 habitants
Suède:	1 pour 406 habitants
Grande-Bretagne:	1 pour 457 habitants

Le vandalisme

. . . le Colloque international sur le Vandalisme a eu lieu à la fin d'octobre à l'université.

Claude Lévy-Leboyer, de l'université René-Descartes, remarquant que l'on vandalise surtout les nouveaux éléments introduits dans le paysage avant de s'y habituer, parle de *«résistance au changement»*. Charlotte Nilsson, sociologue de l'université de Lund (Suède), décèle chez les jeunes vandales — presque exclusivement mâles — un besoin de prouver leur virilité. Elle estime que leurs actions constituent une compensation, faute de ressources suffisantes pour s'offrir☐ d'autres distractions — d'où il ressort que la collectivité aurait largement intérêt à payer le ciné aux jeunes désœuvrés plutôt que de réparer leurs dégâts.

«Hédoniste du vandalisme», le professeur Allen, s'est livré à des expériences: en faisant démolir et en démo-

lissant lui-même des tas de choses dans son laboratoire, il a pu vérifier que *«le bris d'un objet apporte d'autant plus de jouissance que cet objet est plus complexe, plus nouveau, plus symétrique»*.

Les vandales, très sensibles aux *«aspects auditifs de la destruction»*, sont des Mozart qui s'ignorent, improvisant des symphonies sur distributeurs automatiques, ou créant de délicates variations en faisant crisser☐ leurs couteaux dans la moleskine☐ des sièges de métro.

Bien sûr, tous les vandales ne sont pas également puristes. Gabriel Moser, a longuement observé les usagers des cabines téléphoniques, et constate qu'en cas de panne *«le temps passé par le client à démolir la machine est en moyenne trois fois plus long lorsque le téléphone défectueux refuse en plus de restituer les pièces de monnaie»*

«Et pourtant, dit un magistrat, *on ne dissuade que ceux qui sont sûrs d'être arrêtés. L'idée est absurde que la délinquance est forte parce que la justice est faible. Personne ne prendrait le risque de trois mois de prison sûrs, mais beaucoup prennent le risque de six mois simplement possibles. Or, dans la zone de délinquance qui perturbe les Français, un malfaiteur a actuellement moins de cinq chances sur cent d'être pris.»*

Le Nouvel Observateur

---

s'offrir ☐ to afford
crisser ☐ to screech
la moleskine ☐ imitation leather

Question d'ordre . . . .

Vandalisme:
Link the following ideas with the person responsible for them: Lévy-Leboyer, Nilsson, Allen, Moser.
Eliminate any inaccurate

statements:

▷ Vandals respond to the sound of destruction.
▷ Failing to have your money returned increases the likelihood of damage to telephone boxes.
▷ Anything new is more susceptible to vandalism.
▷ Vandals are attempting to prove their manhood.
▷ Vandalism reflects a dislike of change.
▷ The more symmetrical

something is, the more satisfying it is to break it.
▷ Vandals slash train seats because of the enjoyable noise it makes.
▷ Experiments reveal that vandals should be paid for what they do.
▷ Observation reveals that only defective telephone boxes are vandalised.
▷ Better to give vandals the money for a night out than to pay for the damage they may cause.

Pourquoi la délinquance augmente-t-elle?

le larron ☐ the thief

Texte à trous . . . .

Choisissez les mots de la liste ci-dessous pour remplir les blancs.

fond/nécessité/choc/accroître/
multiples/ait/expose/petite/
volés/tant/larrons/rapide/
s'approprier/prélèvent/période/
nombre/exemple/chiffre/
inhérent/culturelle/proverbe/
forcément/prennent/augmente

C'est un phénomène . . . . . . [1] à toutes les sociétés développées. Les causes sont en fait . . . . . . [2] La première, c'est que . . . . [3] qu'une société continue d' . . . . . . [4] sa production de biens, la . . . . [5] délinquance, principalement composée de vols, ... [6] C'est logique. Supposez par . . . . . . [7] que chaque année les petits délinquants voleurs . . . . . . [8] un millième des biens susceptibles d'être . . . . . [9] Si vous augmentez le . . . . . . [10] de ces biens et qu'ils en . . . . . [11] toujours un millième, le . . . . . . [12] que vous obtiendrez sera . . . . . . [13] en augmentation.

Au fond, ce que je vous . . . . . . [14] là c'est le . . . . . [15] «l'occasion fait le larron». Plus il y a d'occasions, plus il y a de . . . . . [16] C'est pourquoi jusqu'au premier . . . . [17] pétrolier, c'est-à-dire pendant une . . . . [18] de forte expansion économique, le rythme d'accroissement des vols était . . . . . [19] Et il me semble bien qu'il y . . . [20] une évolution . . . . . . [21] Certains se disent, paraît-il, qu'au . . . . [22] ce n'est pas si malhonnête de . . . . . . [23] des biens qui ne sont pas de premières . . . . . [24] pour ceux qui les possèdent.

Jacques Léaute, Le Nouvel Observateur

La Nuit du chasseur

Barthélémy Béranger

Service militaire dans l'infanterie coloniale, deux mois en zone d'opérations en Algérie; puis, doucement, il se met à son compte comme tôler◻. Il embauche un, deux, trois apprentis, en fait des ouvriers. Il a deux fils de 23 et 19 ans. Il veut les faire travailler avec lui. Mais il faut s'agrandir. Alors, le soir après ses journées de travail, il entreprend la construction d'un nouveau hangar. Le bout de terrain◻ qui entoure son hangar en construction est jalonné◻ de panneaux: «Propriété privée», «Attention, pièges à feu», etc.

C'est un travailleur, ce Barthélémy. Les témoins vont se succéder à la barre pour dire tout le bien qu'ils pensent de lui. «Sa voiture, elle n'est pas à lui, elle est à tout le monde.» On défend l'enfant du pays. Le médecin, le voisin, le professeur des enfants, tout le monde est d'accord. C'est un homme bon. Sa passion, en dehors du travail, c'est la chasse. «Un fin tireur», ont noté les gendarmes.

La nuit du 24 janvier

Le 24 janvier vers 20 heures, il fait nuit et Barthélémy rentre du travail. Il s'arrête près de son hangar en construction. Et là, raconte-t-il au procès, il constate que les dalles en béton◻ qu'il avait entreposées la veille ont disparu. C'est le sixième vol, explique-t-il, depuis qu'il a commencé la construction de son hangar. Alors, il perd son sang-froid. Il bondit dans sa dépanneuse, rentre à toute vitesse chez lui, à 200 mètres du hangar. Toute la famille est là, c'est l'heure du repas. Il saisit son fusil, enfile sa veste de chasse et sort en courant. «On lui a tous dit de ne pas faire l'imbécile», racontera au procès◻ son fils Bernard. Il n'écoute pas. Il court vers son hangar en empruntant un sentier bordé d'arbres. «Si j'avais couru sur la route avec mon fusil, ça aurait paru bizarre», dira-t-il à l'audience. En courant, il charge son fusil sans trop réfléchir: «J'avais peur . . .» Il arrive sur le chemin qui mène à son hangar, voit à 10 mètres de lui une voiture qui descend tous feux éteints. Il a la certitude que ce sont ses voleurs. Il dit: «Je me suis senti menacé par la voiture. J'ai reculé. Je me suis crispé

sur la détente. Les deux coups sont partis en même temps. Non, je n'ai pas épaulé◻: il n'est pas question que j'épaule pour tirer sur quelqu'un. Je n'ai même pas pensé que je pouvais atteindre la voiture. . .» Lentement, très lentement, la voiture s'éloigne. Barthélémy Béranger rentre chez lui. C'est là que les gendarmes le retrouveront, un peu plus tard dans la soirée, le fusil posé sur la table de la cuisine ainsi que les deux cartouches utilisées. . .

C'est un voisin qui les a prévenus. Une voiture n'en finissait pas de klaxonner sur le bord de la route. Il est sorti pour voir. Il y avait un homme effondré au volant. Et, à côté de lui, un gamin de 14 ans qui pleurait en disant: «On a tiré sur mon papa.» A l'arrière, il y avait quatorze dalles en béton pesant trente kilos chacune appartenant à Barthélémy Béranger. On en retrouvera vingt-huit autres chez Serge Ros, l'agent de la S.N.C.F. qui est mort ce soir-là pour un peu plus d'une tonne de béton. . .

Le procès

Racontée comme ça, l'histoire est

261

plaidable. Béranger a eu peur, la voiture fonçait sur lui dans la nuit, il a tiré instinctivement, sans viser. Voilà de la légitime défense. Le procès a montré que tout n'était pas si simple, que Serge Ros n'a pas été tué avec le plomb dont on salue□ les merles□, mais avec des balles utilisées pour la chasse au gros. Les experts ont démontré qu'un coup au moins avait été épaulé, et que les deux tirs n'avaient rien d'instinctif ni de simultané puisqu'ils sont arrivés selon des angles différents. Enfin, c'est une voiture qui s'enfuyait qui a été touchée. Lors du premier tir, la voiture était déjà à une dizaine de mètres de Béranger, un peu plus loin lors du second. Il est difficile d'atteindre quelqu'un dans le dos deux fois et de prétendre à la légitime défense. . .

La loi du Far West

Maître□ Marc Gréco, avocat de la partie civile, a posé au procès des questions plus embarrassantes encore: combien de temps faut-il pour faire 200 mètres dans une dépanneuse, bondir sur son fusil et sa veste de chasse et revenir en courant par un petit sentier abrité, le fusil à la main. Dix minutes? Serge Ros avait-il le temps, pendant ces dix minutes, d'arriver en voiture, de charger et de ranger seul quatorze dalles de trente kilos chacune – elles étaient trop lourdes pour son fils – et de repartir vers le bas du chemin? C'était incroyablement juste. Et si Béranger les avait aperçus? Et s'il avait simplement entendu la voiture arriver? Alors, il n'a pas tiré sous le coup de la surprise mais posément, en vrai chas-

seur de sanglier qu'il est.

Le jugement

«L'assassinat général des Français a assez duré, avait plaidé Me Piéroni. Notre société doit acquitter Béranger puisqu'elle n'est pas capable d'organiser la sécurité de ses citoyens, puisque les Françaises et les Français n'ont plus la protection à laquelle ils ont droit. M. Béranger n'est pas à l'origine du drame qui s'est produit. La société a une dette envers lui.»

Deux ans avec sursis. On devrait réformer le code pénal: en France, les voleurs de béton risquent désormais la peine de mort.

Le Nouvel Observateur

---

un tôlier □ a sheet metal worker
un bout de terrain □ a small piece of land
jalonné(e) □ marked out
une dalle en béton □ a concrete slab
un procès □ a trial
épauler □ to put the gun against one's shoulder in order to fire
saluer □ to greet
un merle □ a blackbird
Maître □ *title given to a lawyer*

Points de départ . . . .

Barthélémy Béranger:

▷ Sa carrière? Son travail actuel?
▷ Son projet de construction?
▷ Son passe-temps favori et son équipement?
▷ Sa personnalité?

Serge Ros: *Sa victime.*

▷ Son emploi?
▷ Ses vols?
▷ Sa famille?
▷ Sa mort?

Un peu plus loin . . . .

Pour chaque rubrique du tableau ci-dessous, inscrivez les éléments qui figurent dans le texte.

	ce qui s'est passé *selon Barthélémy*	ce qui s'est peut-être passé *selon Me Gréco*
Les gens que Barthélémy a vus a) en rentrant chez lui b) en retournant au hangar	toute sa famille	
Son état d'esprit dans les circonstances ci-dessus		calme
Ses trajets a) hangar-maison b) maison-hangar c) l'explication de la route qu'il a prise		
La voiture a) description b) ce qu'elle fait		
Les coups a) tirés à quel moment? b) tirés sur qui, sur quoi? c) tirés pourquoi? d) tirés comment?		

Façon de s'exprimer . . . .

Que comprenez-vous par?

▷ sa voiture est à tout le monde
▷ je me suis senti menacé par la voiture
▷ Monsieur Béranger n'est pas à l'origine du drame
▷ la société a une dette envers lui

A votre avis?

1 Quel est le point de vue du journaliste sur le jugement de Monsieur Béranger?

2 Quel est votre point de vue? Donnez vos raisons. Vous pouvez vous référer au texte sur la légitime défense, page 122.

d'un part Barthélémy, mais d'un autre point de vue - Me Gréco.

Peine Capitale

La loi islamique

Le conseil des ministres de Téhéran vient d'adopter un projet de loi qui n'attend plus que d'être soumis au vote du parlement. En cas d'homicide volontaire d'un homme par un autre homme, après accord du juge islamique, la loi du talion sera appliquée et l'héritier de la victime pourra tuer le meurtrier de sa main ou le faire tuer par un tiers°. En cas de mutilation volontaire d'un homme par un autre homme, cet homme pourra infliger ou faire infliger à son agresseur une mutilation identique *«en largeur, en longueur et en profondeur»*. Si la victime abuse de ce droit pour mutiler plus gravement son agresseur, celui-ci pourra à son tour lui faire subir une mutilation identique à la sienne.

On peut imaginer, qu'un manchot° ait coupé le bras d'une personne. Cette personne, se retrouvant avec un bras, ne pourra couper l'unique bras de son agresseur: elle lui coupera la jambe.

Une piqûre mortelle

Un journal médical a mené une petite enquête par téléphone auprès de deux cent cinquante médecins français. Près d'une centaine se sont déclarés favorables au maintien de la peine de mort.

Pas forcément par décapitation d'ailleurs, et près de la moitié de ces médecins sont plutôt favorables à une piqûre mortelle. Et qui ferait cette piqûre? Un médecin, ont répondu une bonne partie d'entre eux. La mort aussi, n'est-ce pas, c'est l'affaire du spécialiste. Il semble que les auteurs de l'enquête aient oublié de soulever un point pourtant fort important en cas d'exécution légale par piqûre, le condamné ne devrait-il pas avoir le libre choix de son médecin?

Le Nouvel Observateur

La dernière exécution publique

On ne tuera plus au nom de la République la première année sans peine de mort s'achève.* Après le débat parlementaire historique où l'Assemblée s'est rangée aux arguments de Robert Badinter, la France se retrouve enfin – la dernière en Europe – au rang des pays civilisés.

* la peine de mort fut abolie en octobre 1981

«Songez-y, disait Hugo. *Qu'est-ce que la peine de mort? La peine de mort est le signe spécial et éternel de la barbarie. Partout où la peine de mort est prodiguée, la barbarie domine. Partout où la peine de mort est rare, la civilisation règne.»* Depuis un an, nous sommes peut-être plus civilisés.

Le Nouvel Observateur

La dernière exécution publique: celle de Weidman, à Versailles en juin 1939

---

un tiers □ a third person
un manchot □ someone without arms or one armed

Sang-froid partagé: celui qui tient le pistolet est un militant du Black Panther Party. Celui qui garde son calme est un juge américain. Le premier va mourir dans une heure. Le second dans une minute.

Actuel

L'étranger

Sur une plage d'Algérie, Meursault pique-nique avec Marie, un couple d'amis, et Raymond, son voisin. Les trois hommes se promènent sur la plage et sont accostés par des Arabes qui ont un compte à régler avec Raymond. Ils se bagarrent, Meursault regarde. Plus tard, il retourne se promener, seul, sur la plage. Il y rencontre l'un des Arabes. Cet homme n'est rien pour lui, il n'a pas de haine, à peine le souvenir de ce qui s'est passé. Mais l'Arabe sort un couteau, la lame brille au soleil, et Meursault, qui par hasard a encore sur lui le revolver de Raymond, tire, tire encore. . .

Il était seul. Il reposait sur le dos, les mains sous la nuque, le front dans les ombres du rocher, tout le corps au soleil. Son bleu de chauffe fumait dans la chaleur. J'ai été un peu surpris. Pour moi, c'était une histoire finie et j'étais venu là sans y penser.

Dès qu'il m'a vu, il s'est soulevé un peu et a mis la main dans sa poche. Moi, naturellement, j'ai serré le revolver de Raymond dans mon veston. Alors de nouveau, il s'est laissé aller en arrière, mais sans retirer la main de sa poche. J'étais assez loin de lui, à une dizaine de mètres. Je devinais son regard par instants, entre ses paupières mi-closes. Mais le plus souvent, son image dansait devant mes yeux dans l'air enflammé. Le bruit des vagues était encore plus paresseux, plus étalé° qu'à midi. C'était le même soleil, la même lumière sur le même sable qui se prolongeait ici. Il y avait déjà deux heures que la journée n'avançait plus, deux heures qu'elle avait jeté l'ancre dans un océan de métal

étalé □ spread out

265

bouillant. A l'horizon, un petit vapeur est passé et j'en ai deviné la tache noire au bord de mon regard, parce que je n'avais pas cessé de regarder l'Arabe.

J'ai pensé que je n'avais qu'un demi-tour à faire et ce serait fini. Mais toute une plage vibrante de soleil se pressait derrière moi. J'ai fait quelques pas vers la source. L'Arabe n'a pas bougé. Malgré tout, il était encore assez loin. Peut-être à cause des ombres sur son visage, il avait l'air de rire. J'ai attendu. La brûlure du soleil gagnait mes joues et j'ai senti des gouttes de sueur s'amasser dans mes sourcils. C'était le même soleil que le jour où j'avais enterré maman et, comme alors, le front surtout me faisait mal et toutes les veines battaient ensemble sous la peau. A cause de cette brûlure que je ne pouvais plus supporter, j'ai fait un mouvement en avant. Je savais que c'était stupide, que je ne me débarrasserais pas du soleil en me déplaçant d'un pas. Mais j'ai fait un pas, un seul pas en avant. Et cette fois, sans se soulever, l'Arabe a tiré son couteau qu'il m'a présenté dans le soleil. La lumière a giclé sur l'acier et c'était comme une longue lame étincelante qui m'atteignait au front. Au même instant, la sueur amassée dans mes sourcils a coulé d'un coup sur les paupières et les a recouvertes d'un voile tiède et épais. Mes yeux étaient aveuglés derrière ce rideau de larmes et de sel. Je ne sentais plus que les cymbales du soleil sur mon front et, indisinctement, le glaive éclatant jaillit du couteau toujours en face de moi. Cette épée brûlante rongeait mes cils et fouillait mes yeux douloureux. C'est alors que tout a vacillé. La mer a charrié un souffle épais et ardent. Il m'a semblé que le ciel s'ouvrait sur toute son étendue pour laisser pleuvoir du feu. Tout mon être s'est tendu et j'ai crispé ma main sur le revolver. La gâchette[◻] a cédé, j'ai touché le ventre poli de la crosse et c'est là, dans le bruit à la fois sec et assourdissant, que tout a commencé. J'ai secoué la sueur et le soleil. J'ai compris que j'avais détruit l'équilibre du jour, le silence exceptionnel d'une plage où j'avais été heureux. Alors, j'ai tiré encore quatre fois sur un corps inerte où les balles s'enfonçaient sans qu'il y parût. Et c'était comme quatre coups brefs que je frappais sur la porte du malheur.

une gâchette ◻ a trigger

Cherchez les mots . . . .

Relevez dans le premier texte les mots qui évoquent les thèmes suivants:

	noms	adjectifs	verbes
la chaleur			
le soleil			
la mer			
ce que voit Meursault			
les bruits			
le meurtre			

A votre avis?

1 Quels sont les éléments qui provoquent Meursault et le font appuyer sur la gâchette?

2 Combien de fois est-ce qu'il tire?

3 A-t-on l'impression qu'il tire sur quelque chose de particulier? A-t-il des sentiments ou des sensations au moment où il tire?

4 Est-il victime? Assassin volontaire? Responsable de son geste?

Dans sa cellule

Meursault est condamné à mort. Dans sa cellule, il essaie d'échapper à l'obsession de sa mort prochaine. «Ce qui m'intéresse en ce moment, dit-il, c'est d'échapper à la mécanique, de savoir si l'inévitable peut avoir une issue». Il rejette son pourvoi en grâce. Vidé d'espoir, il est libre. Libre et indifférent face à l'absurdité du jugement des hommes, face à l'absurdité de la vie.

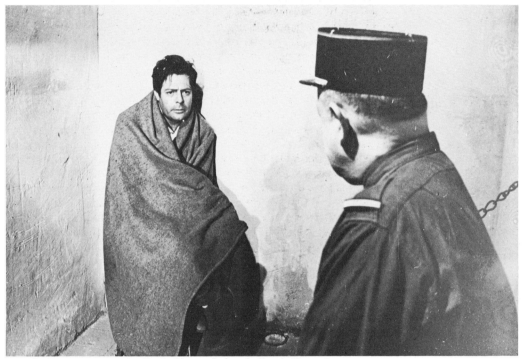

Marcello Mastroianni joue le rôle de Meursault dans le film de Visconti

J'étais obligé de constater aussi que jusqu'ici j'avais eu sur ces questions des idées qui n'étaient pas justes. J'ai cru longtemps—et je ne sais pas pourquoi—que pour aller à la guillotine, il fallait monter sur un échafaud, gravir des marches. Je crois que c'était à cause de la Révolution de 1789▫, je veux dire à cause de tout ce qu'on m'avait appris ou fait voir sur ces questions. Mais un matin, je me suis souvenu d'une photographie publiée par les journaux à l'occasion d'une exécution retentissante. En réalité, la machine était posée à même le sol▫, le plus simplement du monde. Elle était beaucoup plus étroite que je ne le pensais. C'était assez drôle que je ne m'en fusse pas avisé plus tôt. Cette machine sur le cliché m'avait frappé par son aspect d'ouvrage de précision, fini et étincelant. On se fait toujours des idées exagérées de ce qu'on ne connaît pas. Je devais constater au contraire que tout était très simple: la machine est au même niveau que l'homme qui marche vers elle. Il la rejoint comme on marche à la rencontre d'une personne. Cela aussi était ennuyeux. La montée vers l'échafaud, l'ascension en plein ciel, l'imagination pouvait s'y raccrocher. Tandis que, là encore, la mécanique écrasait tout: on était tué discrètement, avec un peu de honte et beaucoup de précision.

Albert Camus, *L'Etranger*

la Révolution de 1789 ▫
French revolution which ended in the abolition of the monarchy
à même le sol ▫ on the ground

LE RETOUR AU PAYS

C'est un Breton qui revient au pays natal
Après avoir fait plusieurs mauvais coups
Il se promène devant les fabriques à Douarnenez
Il ne reconnaît personne
Personne ne le reconnaît
Il est très triste.
Il entre dans une crêperie pour manger des crêpes
Mais il ne peut pas en manger
Il a quelque chose qui les empêche de passer
Il paye
Il sort
Il allume une cigarette
Mais il ne peut pas la fumer.
Il y a quelque chose
Quelque chose dans sa tête
Quelque chose de mauvais
Il est de plus en plus triste
Et soudain il se met à se souvenir:
Quelqu'un lui a dit quand il était petit
«Tu finiras sur l'échafaud□»
Et pendant des années
Il n'a jamais osé rien faire
Pas même traverser la rue
Pas même partir sur la mer
Rien absolument rien.
Il se souvient.
Celui qui avait tout prédit□ c'est l'oncle Grésillard
L'oncle Grésillard qui portait malheur à tout le monde
La vache!
Et le Breton pense à sa sœur
Qui travaille à Vaugirard
A son frère mort à la guerre
Pense à toutes les choses qu'il a vues.
Toutes les choses qu'il a faites.
La tristesse se serre contre□ lui
Il essaie une nouvelle fois
D'allumer une cigarette
Mais il n'a pas envie de fumer
Alors il décide d'aller voir l'oncle Grésillard.
Il y va
Il ouvre la porte
L'oncle ne le reconnaît pas
Mais lui le reconnaît
Et il lui dit:
   «Bonjour oncle Grésillard»
Et puis il lui tord le cou□.
Et il finit sur l'échafaud à Quimper
Après avoir mangé deux douzaines de crêpes
Et fumé une cigarette.

Jacques Prévert, *Paroles*

l'échafaud □ the scaffold
prédire □ to predict
se serrer contre □ to huddle
  up against
tordre le cou de quelqu'un □
  to wring someone's neck

Marianne, mère vengeresse

Un fait divers atroce qui a bouleversé les Allemands et aujourd'hui un procès qui les passionne: à Lübeck, Marianne Bachmeier comparaît devant la justice de son pays pour avoir abattu en plein tribunal l'homme qui le 5 mai 1980 avait tué sa fille, Anna. Un an plus tard l'assassin, un maniaque sexuel nommé Klaus Grabowski, était amené devant ses juges. Marianne était assise dans la salle d'audience où elle devait témoigner. Soudain, elle s'est levée, a marché vers l'accusé qui lui tournait le dos et a tiré huit fois sur lui avec le pistolet Beretta qu'elle avait emporté dans son sac. La mère justicière risque maintenant la prison à vie, mais, en R.f.a.ᵈ, l'opinion publique est unanime à estimer légitime son geste de vengeance et l'a déjà moralement acquittée.

Le 5 mai 1980, Grabowski attire chez lui Anna âgée de 7 ans. Ce jour-là, elle s'est réveillée trop tard pour aller à l'école et elle est à la recherche de Diana, sa camarade de classe. On découvrira le lendemain le corps de l'enfant enfermé dans un carton près du canal de la Trave. Elle a été violée et étranglée avec un bas de nylon. L'assassin, dénoncé par sa fiancée, est arrêté quelques jours plus tard et avoue son crime. Il reste un an en prison avant de passer en cour d'assises où la vengeance d'une mère devanceraᵈ le jugement des hommes.

Pendant son procès, la foule criait: "Libérez-la"

La justice allemande aura sans doute beaucoup de mal à rendre son verdict en toute sérénité. Tout le pays, en effet, a le regard tourné vers Lübeck où s'est ouvert, le 2 novembre, le procès de Marianne. La télévision, en particulier, a multiplié les émissions spéciales. Tous les interviewés répètent sur l'écran qu'à la place de la jeune mère, ils auraient fait la même chose ou, plus expéditifs encore, auraient tenté de massacrer Grabowski. La majorité de la population, en effet, soutient, dans ces cas précis, le droit à se faire justice par soi-même.

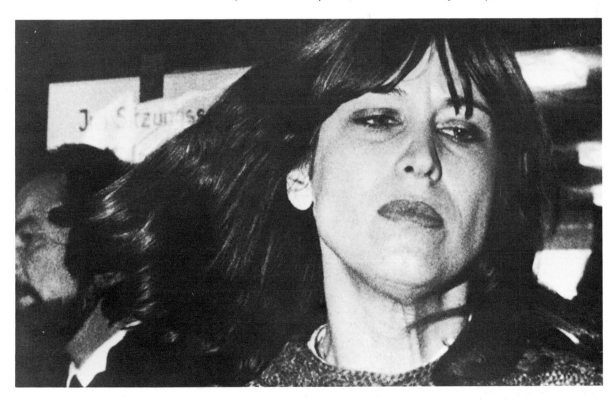

R.f.a (République fédérale allemande) ☐ West Germany
devancer ☐ to precede

Un sondage Paris Match-Ifres:
QU'AURIEZ-VOUS FAIT A SA PLACE?

L'Allemagne est bouleversée. Une mère a tué en plein tribunal un maniaque sexuel qui avait violenté et tué sa fille âgée de 7 ans. Dans une situation semblable, feriez-vous comme cette femme?

Résultat global:

Oui	**60**
Non	34
Ne savent pas	6

Ventilation par sexe:

Hommes		Femmes	
Oui	57	Oui	63
Non	31	Non	37
Ne savent pas	12	Ne savent pas	0

Si vous deviez juger cette femme, l'acquitteriez-vous?

Résultat global:

Oui	**66**
Non	27
Ne savent pas	7

Ventilation par sexe:

Hommes		Femmes	
Oui	57	Oui	75
Non	29	Non	25
Ne savent pas	14	Ne savent pas	0

Ou bien, quelle peine lui infligeriez-vous (s'il fallait absolument lui en infliger une)?

	Global	Hommes	Femmes
5 ans de prison	8	14	2
2 ans de prison	2	4	–
1 an de prison	10	10	10
1 mois de prison	**36**	**30**	**42**
Autres peines avec sursis	39	38	40
Ne savent pas	5	4	6

Sondage I.f.r.e.s. réalisé les 5, 6, 7 novembre auprès d'un échantillon de 920 personnes représentatives de la population française (sexe, âge, c.s.p.).

Paris Match

Résumé . . . .

Lisez attentivement les extraits de Paris-Match avant de répondre aux questions suivantes:

▷ De quoi Klaus Grabowski était-il accusé?

▷ Pourquoi est-ce que Marianne était dans la salle d'audience?

▷ Expliquez ce que Marianne a fait dans la salle d'audience.

▷ Le jour du 5 mai, où allait Anna quand elle a rencontré Grabowski?

▷ Qu'est-ce qu'il a fait quand il l'a rencontrée?

▷ Comment s'est-il débarrassé du corps de la petite fille?

▷ Comment la police a-t-elle su que c'était lui le coupable?

▷ Que s'est-il passé le 2 novembre?

Cherchez les mots . . . .

Relevez dans le texte tous les mots et expressions qui ont rapport au système judiciaire. Par exemple: tribunal, salle d'audience, etc.

Façon de s'exprimer . . . .

Explicitez, en français, les phrases suivantes:

▷ elle devait témoigner

▷ dénoncé par sa fiancée

▷ la vengeance d'une mère devancera le jugement des hommes

A votre avis?

Le geste de Marianne Bachmeier:

1 Qu'est-ce qui indique que c'était un geste prémédité et non pas un geste spontané?

2 Indiquez les divers motifs qui ont pu pousser Marianne à «se faire justice par elle-même».

La réaction des autres:

1 Examinez le sondage et dites comment la majorité des Français interrogés ont réagi au geste de Marianne.

2 Essayez d'expliquer pourquoi son geste suscite tant de sympathie.

Et vous?

1 Le pour et le contre. Enumérez les arguments qu'on pourrait présenter en faveur de Marianne. Puis donnez des arguments (d'ordre moral, religieux, affectif . . .) contre son acte.

2 Quel est votre point de vue personnel? Auriez-vous fait la même chose? Donnez vos raisons.

Crime et chatîment

Chaque solution horizontale de ces mots croisés a un rapport avec le thème de ce chapitre.

Après avoir rempli la grille, vous devez repérer les lettres qui se trouveront dans les cases portant un chiffre romain, et les copier dans le bon ordre dans les cases qui se situent sous la grille. Si vous le faites sans erreur, vous lirez dans ces cases le nom du lieu où se trouvait autrefois un endroit pour les criminels.

Horizontalement

1 on trouve beaucoup de crimes dans un roman . . . (8)
6 cambrioler (5)
9 prison, en argot (4)
10 malfaiteur (8)
11 empereur romain très cruel (5)
12 on le voit couler souvent après un meurtre (4)
13 il y en a une à Fleury-Mérogis (6)
16 s'. . ., c'est-à-dire, s'échappe (5)
18 exécuté en 1921, il avait tué plus de dix personnes (6)
21 punit (7)
23 un agent . . . un malfaiteur (5)
26 la confession d'un malfaiteur (4)
27 renvoient du pays, comme punition (7)
28 prison pour une bête? (4)
30 les malfaiteurs d'autrefois étaient souvent condamnés aux . . . forcés (7)
31 une épée (5)
32 la . . .-majesté est un crime contre le roi (4)

Verticalement

1 ils volent en mettant les mains dans les poches d'autrui (11)
2 il dépend des moutons pour son travail (7)
3 le son d'une voix forte? (3)
4 nous sommes, vous . . . (4)
5 la chanson de . . . est un des premiers poèmes connus en langue française (6)
6 il cherche à assouvir sa rancune (7)
7 poète espagnol (5)
8 le Barrage de la . . . se trouve entre St Malo et Dinard (5)
14 on en fait de l'huile (5)
15 font des progrès dans la piscine (6)
17 prononcé (3)
19 ni masculin, ni féminin (6)
20 réanima (6)
22 rouspéter (5)
24 mouvement en arrière (5)
25 enfant à l'école (5)
29 route principale (3)

8

BLEU, BLANC, JAUNE

La population étrangère totale en France représente 4 124 317 (1) personnes au 1er Janvier 1980, soit 7,7% de la population.

LES ÉTAPES
DE L'IMMIGRATION

L'immigration dépend d'une double nécessité: le besoin de main-d'œuvre d'un pays industrialisé (ou en voie d'industrialisation) et le manque d'emploi dans un pays sous-développé. L'immigration en France a donc connu différentes phases.

● **Au début du XIXe siècle:** migrations internes des campagnes vers les zones d'industrialisation du Nord et de l'Est, des pays proches (Italie, Belgique).

— 1850: 380 000 travailleurs immigrés.
— 1914: 1 200 000 travailleurs immigrés.

● **Après la Première Guerre mondiale:** conséquence de la disparition des hommes et des besoins de reconstruction.
Les immigrants sont des Polonais, des Italiens, des Espagnols.

● **Après la Deuxième Guerre mondiale:** vagues successives d'Italiens, d'Espagnols puis de Portugais, en même temps immigration en provenance des pays d'Afrique du Nord, d'Afrique Noire, de Turquie, Yougoslavie et Grèce. Soit environ 2 200 000 personnes (2).

■ **Depuis 1970,** baisse de l'immigration avec, en juillet 1974, la décision d'arrêter l'immigration active. Le flux migratoire passe de 200 000 à 20 000 personnes.
Les seuls étrangers qui immigrent en France sont:

— Des ressortissants des pays à statut spécial (ed.: à l'intérieur de la C.E.E., Communauté économique européenne, libre circulation des hommes).
— Des cadres de sociétés multinationales.
— Des conjoints ou descendants d'immigrés installés en France.
— Des réfugiés ou assimilés (ex.: Sud-est asiatique . . .).

POPULATION ÉTRANGÈRE

EN FRANCE

Population étrangère totale
au 1er Janvier 1980 (2)
(Source: ministère de l'Intérieur)

Nationalité	Nombre
Portugaise	931 610
Algérienne	782 111
Italienne	499 569
Espagnole	460 368
Marocaine	416 952
Tunisienne	203 782
Turque	92 772
Yougoslave	75 550
Polonaise	70 056
Sénégalaise	29 828
Mallenne	18 273
Camerounaise	12 123
Ivoirienne	10 199
Autres	415 558
Sous-total	4 015 751
Refugiés	105 557
Apatrides	3 009
Total général	4 124 317

Répartition par catégorie socio-professionnelle (I.N.S.E.E. 1975) (3).

Agriculteurs, exploitants	0,9
Salariés agricoles	4,4
Patrons de l'industrie et du commerce	3,1
Professions libérales et cadres supérieurs	2,4
Cadres moyens	2,6
Employés	5,4
Contremaîtres, ouvriers qualifiés	22,9
Ouvriers spécialisés et manœuvres	49,0
Mineurs, marins et pêcheurs	1,0
Personnel de service	6,9
Divers	1,4

10 00

Phosphore

LA CARTE DE L'IMMIGRATION

L'Ile-de-France vient en tête des régions pour le nombre d'immigrés
(1 430 265), le Limousin en queue (21 865). Mais si l'on établit le
classement des régions en fonction de la proportion d'immigrés par
rapport à la population globale, le classement est le suivant:

1. — Corse: 49 265, soit 22,47% de la population;
2. — Ile-de-France: 1 430 265 = 19,47%;
3. — Alsace-Lorraine: 312 206 = 16,22%;
4. — Rhône-Alpes: 538 778 = 11,23%;
5. — Provence-Alpes-Côtes d'Azur: 387 328 = 10,53%;
6. — Languedoc-Roussillon: 154 044 = 8,61%;
7. — Franche-Comté: 83 515 = 7,88%;
8. — Bourgogne: 93 814 = 5,96%;
9. — Normandie: 89 241 = 5,88%;
10 — Champagne-Ardenne: 78 364 = 5,85%;
11. — Centre: 123 793 = 5,75%;
12. — Midi-Pyrénées: 127 136 = 5,61%;
13. — Nord-Pas-de-Calais: 207 650 = 5,30%;
14. — Auvergne: 70 549 = 5,29%;
15. — Aquitaine: 131 222 = 5,15%;
16. — Picardie: 80 648 = 4,79%;
17. — Limousin: 22 756 = 3,06%;
18. — Pays de la Loire: 51 951 = 1,87%;
19. — Poitou-Charentes: 28 018 = 1,84%;
20. — Bretagne: 23 385 = 0,60%.

Le Nouvel Observateur

Avez-vous compris? . . . .

▷ Give the two principal reasons
  for immigration.
▷ What was the major reason for
  the migration of people in the
  19th century in France? Where
  were people moving from?
▷ Which two factors, from 1918
  onwards, created a need for
  immigrant labour?
▷ What explanation could be
  offered for the immigration
  explosion after the Second
  World War? (see first 3 texts of
  the module)
▷ Why, in 1974, did immigration
  numbers drop?
▷ Name four categories of
  immigrants still allowed in
  France.

Résumé . . . .

Ecrivez quelques lignes sur:
▷ la répartition des immigrés en
  France.
▷ la répartition des emplois parmi
  les immigrés en France.

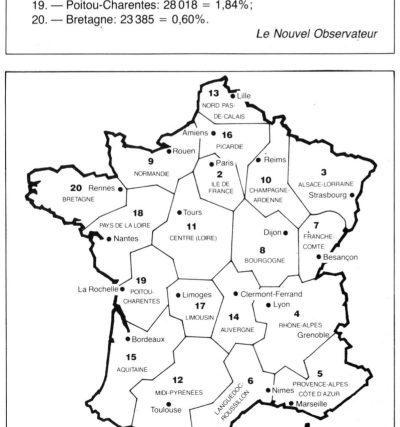

Le logement des immigrés

Le logement est le problème principal des immigrés en France. Comment sont-ils logés?

1 *Ceux qui vivent «en célibataires□»:*

Ils habitent généralement dans des foyers□ ou des hôtels meublés, rarement dans des logements insalubres□.

  A *Les foyers:*

Ils sont gérés par la SONACOTRA□.

    Ils sont propres, assez confortables, mais la discipline y est souvent assez stricte.

    Le loyer y est assez cher. Ces foyers sont donc rejetés par ceux qui veulent envoyer le plus d'argent possible à leur famille.

    Ils sont occupés surtout par des Maghrébins. Les Africains noirs préfèrent vivre dans des foyers moins chers où ils reconstituent l'atmosphère des villages africains.

  B *Les hôtels meublés:*

Ils sont plus chers et plus confortables que les foyers.

    Ils accueillent des Maghrébins, des Africains noirs de diverses origines (étudiants, travailleurs, etc.), des réfugiés politiques□, et aussi des Français.

2 *Ceux qui vivent en famille:*

Certains vivent dans des logements insalubres, d'autres en cités ou en H.L.M.

  A *L'habitat insalubre:*

Cet habitat se trouve dans les quartiers anciens des grandes villes.

    Un grand nombre de logements inconfortables, délaissés par les Français, n'ont pas été démolis□ et sont occupés par les immigrés. Ils vivent nombreux dans des appartements où les conditions sanitaires ne sont pas toujours respectées.

    Les immigrés recréent dans ces quartiers l'ambiance□ de leurs pays d'origine.

  B *Les cités:*

Des ZUP (Zones à Urbaniser en Priorité) ont été construites à partir de 1960 dans les banlieues des grandes villes pour y loger des familles françaises ou immigrées aux faibles revenus□ On avait fixé au départ des «seuils» de familles immigrées à ne pas dépasser (10, puis 20%). Mais les Français cherchant à fuir ces cités, il y a aujourd'hui environ 50% d'immigrés. Les jeunes, souvent au chômage, se sentent prisonniers d'un ghetto. Maintenant, on préfère murer□ les appartements libres plutôt que de les attribuer à de nouvelles familles étrangères.

  C *Les H.L.M.:*

Les couches moyennes□ de la population française ayant progressivement délaissé les H.L.M., les immigrés y ont eu plus facilement accès. Les H.L.M. se sont donc prolétarisés□.

    Les immigrés, à cause de leur nombre élevé d'enfants, habitent souvent des appartements surpeuplés. La cohabitation Français/immigrés en H.L.M. n'est pas toujours bien acceptée des deux côtés.

vivre en célibataire □ to live as a single person
un foyer □ a hostel
insalubre □ unhealthy
la SONACOTRA (Société Nationale de Construction pour les Travailleurs) □ *organisation concerned with housing for immigrant workers*
un(e) réfugié(e) politique □ political refugee
démoli(e) □ knocked down
une ambiance □ an atmosphere
aux faibles revenus □ with a low income
murer □ to brick up
les couches moyennes □ the lower middle class
prolétarisé □ become working-class

Foyer d'immigrés à Paris

L'apprentissage de l'échec

Il est sûr que les jeunes étrangers font . . . . . .[1] le niveau de la scolarité, puisqu'ils doivent suivre un . . . . . .[2] donné dans une langue qu'ils ne . . . . . .[3] pas. Mais l'Education nationale a-t-elle . . . . . .[4] pris le problème en main? L'école, c'est pour beaucoup de jeunes . . . . . .[5] l'apprentissage . . . . . .[6] de l'échec et de . . . . . .[7]. Parce qu'ils écrivent et . . . . . .[8] mal la langue, parce que l'école n'est pas . . . . . .[9] dans leur milieu familial, parce qu'ils ne . . . . . .[10] jamais aucune aide, aucune . . . . . .[11], ils accumulent les . . . . . .[12] et vont . . . . . .[13] les classes de rebut que sont les S.E.S. (sections d'éducation . . . . . .[14]) et les C.P.P.N. (classes . . . . . .[15] de niveau), où ils attendent dans des bâtiments souvent . . . . . .[16] construits à l'écart de l'. . . . . .[17] principal, dans des cours de . . . . . .[18] réservées à leur . . . . . .[19] exclusif, d'avoir seize ans pour . . . . . .[20] sortir. Sur les 200 000 jeunes qui . . . . . .[21] chaque année l'école sans . . . . . .[22], les immigrés ne sont sûrement pas les . . . . . .[23] nombreux.

Le Nouvel Observateur

Arabe

ARABE, celui, celle qui habite l'Arabie, ou qui en est originaire: *Même réunis, les* ARABES *parlent peu.* (Beyle.)

— Adjectiv. Qui appartient, qui a rapport à l'Arabie, à ses habitants: *Poésie* ARABE. *Caractères* ARABES. // Fam. Cruel, impitoyable▫: *Cœur* ARABE. (Destouches.)

— *La liqueur arabe*, Le café.

— n. m. Fam. Usurier▫, homme dur en affaires: Comment diable! quel juif, quel ARABE est-ce là! (Mol.)

(. . .)

— ENCYCL. *Ethnographie.* L'Arabe de race pure est d'une taille un peu au-dessus de la moyenne. Robuste et bien fait, il a la peau hâlée▫ ou brune, le crâne elliptique et allongé, le visage étroit et ovale, le front large et haut, les sourcils noirs, les yeux noirs et vifs, le nez droit, mince et saillant, la bouche bien faite, les dents blanches et bien plantées, l'oreille légèrement recourbée en avant. Les femmes sont remarquables par les contours gracieux de leurs membres, les proportions régulières de leurs mains et de leurs pieds, leur démarche superbe. Cette description s'applique surtout aux nomades de l'Arabie, qui vivent groupés en tribus, sous l'autorité d'un Cheikh; leur occupation habituelle consiste dans l'élevage des troupeaux et dans les combats qu'ils se livrent sous le moindre prétexte. Batailleurs, superstitieux et pillards, ils sont, par un singulier contraste, hospitaliers, entreprenants, pleins de libéralité ou de générosité. Ceux du nord de l'Afrique sont souvent métissés▫.

(. . .)

Nouveau Larousse illustré, 1898

> **impitoyable** ☐ merciless
> **un usurier** ☐ a money lender
> **hâlé(e)** ☐ tanned
> **métissé(e)** ☐ crossbred

Avez-vous compris? . . . .

Thanks to the definition from 'Nouveau Larousse Illustré' of 1898, recognising an Arab should be easy!

▷ What is said about an Arab's: height? face shape? nose? mouth?

▷ Which features distinguish Arab women?

▷ Which two activities are principally associated with Arabs?

▷ What is said about their social structure?

▷ Which 'qualities' are associated with Arabs, according to well-known sayings?

Façon de s'exprimer . . . .

Our definition is not short of adjectives and adjectival phrases such as 'bien faite', 'recourbée en avant'. . .

Which of them add an independent, unbiased and verifiable quality? Which express a narrow, subjective view? Which are positive and offering a compliment, which are negative and critical?

Use the format of the grid below to analyse the adjectives and adjectival phrases used in the description given under 'Ethnographie':

Objective	Subjective	
	Negative	Positive

A votre avis?

1 What, on balance, would a reader be invited to conclude about the Arab race, a race of which, in the year 1898 at least, most French people would have had very little first-hand experience?

2 To place this definition in its context, compare it with other references under the word 'arabe' in *Petit Robert*, *Nouveau Larousse Illustré*, or any other encyclopedias or dictionaries.

Au féminin

Les jeunes Maghrébines. Adolescentes, filles d'immigrés. La deuxième génération. Assises entre deux chaises, coincées entre deux cultures. Comment vivre leur appartenance à la communauté musulmane[] en conservant les acquis de la libération des femmes? Un cas limite, particulièrement dramatique: les jeunes Algériennes.

Leur première revendication ouvre la voie de toutes les autres; le contrôle et la possession de leur corps. Elles veulent pouvoir en disposer à leur gré. Etre libres de le vêtir, de le décorer. Elles refusent cette aliénation de la femme maghrébine.

Les tensions et les conflits se multiplient. Conflits sur les vêtements. Elles ne peuvent s'habiller à leur gré: les jeans sont trop moulants[], les tee-shirts trop étroits, les jupes trop courtes. Tout ce qui laisse voir, tout ce qui laisse deviner les formes des femmes est à proscrire. Conflits sur le maquillage. Elles ne peuvent impunément souligner les traits de leurs visages. *«Un jour, mon père a trouvé dans mon cartable un tube de crème pour les lèvres. Il a commencé à m'insulter, me traiter de tous les noms, de fille perdue, il m'a battue et je ne pouvais rien faire et il ne m'écoutait pas.»*

Conflits sur les sorties. De nombreuses filles, parmi celles qui ont été interrogées, n'ont jamais été au cinéma. Aller au bal serait une impensable expérience. Aller au marché, c'est déjà une conquête. . . La plupart du temps, la vie de loisirs se limite à l'espace clos du logement.

Et puis, surtout, il y a le mariage. A l'heure dite[] et au moment voulu, on va leur choisir un mari. Un Algérien. En principe, elles n'auront rien à dire. *«A quinze ans et demi, mes parents voulaient me marier. Je n'osais pas m'opposer parce que, dans ma famille, cela ne se fait pas, mais je pleurais chaque fois que je les entendais en parler. Mon père m'a battue plusieurs fois, ils ont fini par ne plus en parler.»*

Refuser l'époux à qui son père la destine, c'est déjà grave. Mais épouser un Français est impensable. La rupture certaine, irrémédiable, définitive, sans appel. Et pourtant. . . *«Si je m'imagine vivre avec un garçon, c'est avec un Français. Je ne m'imagine même pas avec un Algérien. Je ne pourrais jamais me doner à un Arabe.»* La même jeune fille est tombée malade à la mort de Claude François. Elle ne voulait plus ni boire ni manger. Elle ne dormait plus. Il a fallu faire venir le médecin. Car ce chanteur, blond aux yeux bleus, avec ses manières douces, était pour elle le symbole de l'impossible mari.

Les heurts les plus violents se produisent avec le père. Souvent âgé, déjà retraité, invalide ou pensionné, il a conservé toute son autorité. Il ne manque pas d'en user. Le rôle de la mère est plus équivoque. Elle peut avoir une certaine complicité avec sa fille. L'aider à dissimuler certaines sorties. Mais sur les points fondamentaux, elle manifeste généralement la même intransigeance.

Quant au rôle des frères, il est très ambigu. Ils jouissent, eux, d'une totale liberté de mouvements. Ils connaissent les mœurs des jeunes. S'ils le voulaient, ils pourraient se constituer comme alliés objectifs de leurs sœurs. Car, en leur compagnie, elles pourraient sortir à leur gré. Mais, souvent, ils refusent ce rôle de gardien. Ils sont même parfois plus rigoristes que leurs parents. Il y a pour eux deux poids et deux mesures. Il y a les bandes avec lesquelles ils sortent, les copains avec qui ils écoutent de la musique, les filles avec qui ils flirtent ou ils couchent. Et puis, il y a leurs sœurs. A qui ils disent: *«C'est pas des gens pour toi.»*

La seule solution pour certaines est la fuite. Un soir, décider de ne pas rentrer.

L'autre solution, c'est la passivité. Mesurer ses forces. Economiser ses peines. Attendre. Avec l'espoir que la majorité conduira à l'émancipation. *«J'ai pas envie de discuter. Tant pis, je laisse tomber.»*

Sabine Chalvon-Demersay,
Le Monde Dimanche

La nouvelle génération . . .

▶

musulman(e) ☐ Moslem, Muslim
moulant(e) ☐ tight-fitting
à l'heure dite ☐ at the given time

Résumé ....

Pour résumer ce texte, remplissez le tableau ci-dessous. Dans la dernière colonne, inscrivez comment *vous*, vous vivez.

	comment les Algériennes doivent se conduire	comment les Algériens doivent se conduire	comment *vous* devez vous conduire
rôle du père de la mère des frères			
mariage			
sorties			
vêtements/ maquillage			
autres			

Cherchez les mots ....

Trouvez la façon dont sont exprimées les idées suivantes:

▷ ambiguous (2 mots)
▷ fallen between two stools
▷ forbidden
▷ as they like, to their own liking
▷ it's not done
▷ to conceal
▷ the tensions get more numerous

A votre avis?

1 A votre avis, pourquoi les conflits et les tensions entre les jeunes Algériennes et leurs parents se multiplient-ils avec l'adolescence?

2 Que peuvent-elles faire pour dissimuler leurs activités, leur manière de s'habiller et de vivre?

3 Comment peut-on expliquer que certaines jeunes Algériennes refusent d'épouser un Algérien, ou préférent épouser un Français?
Comment peut-on expliquer que les pères tiennent à ce que leurs filles épousent un Algérien?

4 Comment peut-on expliquer l'attitude des jeunes Algériens à l'égard de leurs sœurs?

5 Parmi les revendications de ces Algériennes, quelle est celle que vous jugez la plus importante. Pourquoi?

Sur le vif

Omar:
«ICI, ON N'ACCEPTE QUE LES GENS BIEN»

Omar est le portier du Keur Samba, la discothèque black chic de Paris, la seule à faire le plein vers six heures du matin. Ambassadeurs, ministres, mannequins, télévision, coopération viennent finir la nuit. Omar est en France depuis 1963 mais il n'a pas perdu son accent sucré d'immigrant sénégalais: il a des tas d'histoires à raconter mais il est très discret.

«Les Français, il y en a qui croient qu'on est racistes parce qu'on ne veut pas les laisser entrer. Mais ici, on n'accepte que les gens biens□. On ne veut pas de voyous. Sur la piste□, les Blancs et les Noirs se mélangent. C'est normal, on vient ici pour danser. Vous avez vu, ça se passe très bien. Bien sûr, il y a des fous aux stations de taxis qui sont racistes, mais ici, non, tout va bien. Individuellement les Français sont des gens charmants mais pris globalement il y a quelque chose qui cloche□.»

Yves:
«EN FRANCE, TU NE PEUX MEME PAS DONNER TA PLACE A UNE VIEILLE»

«Les Français? Mais, ici, une vieille, tu veux l'aider dans la rue, elle t'envoie balader□ d'une manière vraiment arrogante, la vieille dame elle-même! Dans le métro, ça les énerve qu'on leur laisse la place. Parce qu'ils ne veulent pas qu'on les dise vieux ou vieilles. Moi je trouve que c'est un esprit de retardé. Tu comprends?

«Pourquoi je dis que les Français sont retardés? Ils n'ont pas le sens de vivre ensemble. Même entre eux, ils se créent des tas de problèmes. Les gens qui viennent de banlieue ou de province sont rejetés par les Français de Paris. On les traite de banlieusards ou de paysans.

«C'est pas de leur faute aux Français. C'est la faute de la grande ville, primo. Et secundo, ce sont des ignorants, les Français. Regarde le manque d'animation dans les villes et toutes les choses qui sont interdites comme la musique par exemple dans la rue. C'est pour ça qu'ils sont retardés.

Pierre:

«J'aime bien manger, j'aime l'ambiance, j'aime bien les restos blacks, quoi. Pourquoi? Parce que je suis black. Je suis né en France. Automatiquement, j'ai l'éducation occidentale et j'ai le côté black. J'ai les deux cultures. Ça a des avantages et des inconvénients. Deux forces, c'est quelque chose qui peut être assez riche. Mais c'est difficile, oui, difficile de savoir d'où on est. Ce qu'il y a de vraiment noir et de vraiment blanc. Faut pas que ça soit moitié noir, moitié blanc, faut que ça devienne une seule couleur, une même couleur. Je fais la synthèse° au fur et à mesure. Ouais.

Mike:

«La vie française, je la trouve impossible dans un certain sens. Avant, la France pour moi, c'était le paradis. J'avais entendu «terre d'accueil, démocratie. . .» J'ai été déçu, désillusionné. J'ai passé des années à bosser comme un dingue°. Electricien du bâtiment, je ne trouve pas de boulot à cause de ma peau. C'est des trucs comme ça qui amènent la déception. C'est la démocratie sur papier. On est là et on est coincé. On te met là, fais ça, fais ça, et en plus, au dehors, on te parle de liberté, de droits de l'homme, et tout ça. Vous voyez, on comprend pas. Même au bout de six ans, tu n'arrives pas à trouver un logement. On ne veut pas te caser°: «Monsieur, vous n'êtes pas français.»

Actuel

Omar
les gens bien □ respectable people
une piste □ a dancefloor
quelque chose qui cloche □ something that isn't right

Yves
elle t'envoie balader □ she tells you to get lost

Pierre
je fais la synthèse □ I am combining things

Mike
bosser comme un dingue □ to work like a madman
caser □ to house

Résumé . . . .

Pour chacune de ces affirmations, retrouvez, parmi les personnes interviewées, qui l'a prononcée?

▷ Ce ne sont pas seulement les Noirs que les Français ne tolèrent pas. Ils rejettent souvent des gens de leur propre nationalité simplement parce qu'ils ne viennent pas du même endroit qu'eux.
▷ En théorie: on est tous traités de la même manière. En pratique, ce sont les Noirs qui sont désavantagés.
▷ Il m'arrive d'être traité de raciste, moi!
▷ En fin de compte, ce qu'il faudrait c'est une nouvelle culture qui serait un mélange de blanc et de noir.
▷ Trouver un boulot, un logement, c'est toujours la même histoire: il suffit qu'on soit noir pour qu'on vous envoie balader.
▷ Il y a des aspects de la culture française que j'apprécie.
▷ Chez nous, ceux qu'on laisse entrer s'entendent très bien.
▷ La culture française manque de spontanéité.
▷ Ce n'est pas la peine d'être poli, de toute façon on vous maltraite.
▷ La France n'est pas comme on me l'avait décrite.

▷ Pris en bloc, il y a quelque chose chez les Français qui ne va pas, bien qu'individuellement, ils soient souvent très sympathiques.

A votre avis?

Lequel des quatre interviewés vous paraît se sentir le plus «chez lui» en France?

Lequel a eu le plus de difficultés?

Dans chaque cas, justifiez votre choix.

L'OISEAU CHANTEUR

Je suis en pays de France
Dans une chambre, esseulé°,
Un arbre se trouve en face
Que hante un oiseau chanteur.

La nuit, le jour il module°
Et sans jamais s'arrêter.
Il chante au long de l'année
Sur un seul thème: ma mère.

C'est elle qui l'en a chargé
Lui confiant un message
Disant: «Tu es oublieux de nous
Gavés de° peines, d'ennuis.»

Oiseau, cesse de chanter
Et t'envoles vers le pays
Et dis à ma tendre mère
Comme je brûle de repartir.

Poème Kabyle° (anonyme)

esseulé(e) □ forlorn
moduler □ to warble
gavé(e) de □ crammed with
kabyle □ *from Kabylie, mountainous part of Algeria*

Avez-vous compris? . . . .

▷ «Le judaïsme, voilà l'ennemi!» What argument is presented to support this statement?

«S.O.S. Racisme» aux hommes politiques:

Et si votre fille épousait un Arabe. . . ?

«Le Front national est-il un parti raciste?», «Comment réagiriez-vous si l'un de vos enfants voulait épouser un Noir, un juif ou un Arabe?» Telles sont deux des questions posées à une quinzaine de personnalités politiques par *SOS Racisme° – Touche pas à mon pote°*, dans le premier numéro de son bulletin d'information hebdomadaire, publié jeudi 14 mars. Parmi les hommes politiques interrogés, seuls MM. Raymond Barre et Jean-Marie Le Pen ont refusé de répondre, précisent les responsables de l'assocation.

Le badge° à la main tendue reste le premier outil de campagne de l'association. Grâce à son succès – près de 200 000 exemplaires vendus selon ses promoteurs – «SOS Racisme» espère créer une *«chaîne de solidarité»* et incite ses sympathisants à arborer systématiquement l'insigne° afin que *«le badge ne soit pas une mode, un nouveau look, mais le symbole d'un combat».*

Si demain un de vos enfants vous annonçait qu'il a l'intention d'épouser un Noir, un juif ou un Arabe, quelle serait votre réaction?

J. Chaban-Delmas: C'est déjà fait, dans l'harmonie la plus complète. Un de mes fils a épousé une Japonaise.

J.-P. Chevènement: Ça ne me gênerait pas du tout. D'ailleurs, je n'appartiens pas à la confession de ma femme et ça ne me gêne pas.

F. Doubin: Je ne vois pas pourquoi j'aurais une réaction là-dessus; je serais très heureux de savoir que ma fille va se marier.

L. Jospin: Le jour où mes enfants se marieront et si j'avais une préoccupation, elle toucherait la qualité de l'individu, sans réserve.

C. Labbé: C'est une question qui ne se pose pas pour moi.

J. Lang: J'en serais heureux.

J. Lecanuet: Avec un Noir, je penserais que ce sera un mariage qui ne durera pas, parce que, dans les mariages de ce type que j'ai connus, on est arrivé tôt ou tard à un échec. Donc, je ne m'en réjouirais pas. Je craindrais que ce soit un épisode douloureux avec les suites qui s'attachent à ce genre d'échec et ce sont ces suites qui laissent presque toujours des blessures.

Un juif, c'est différent, puisque j'ai épousé pendant la guerre une femme juive. Avec un Arabe, je ne le souhaiterais pas, parce que, là aussi, naîtraient infailliblement des antagonismes.

Mais ne pas souhaiter ne veut pas dire s'opposer ou récuser.

F. Léotard: D'abord, elle ne me demanderait pas mon avis. Mais si elle me voyait lui expliquer qu'elle ne doit pas épouser l'homme qu'elle aime sous prétexte qu'il a telle ou telle couleur, elle me regarderait comme si j'étais un extra-terrestre.

G. Marchais: Pour moi, tous les travailleurs, les jeunes, les femmes, quelle que soit la couleur de leur peau, sont frères. Il y a les exploités, il y a tous ceux-là, qu'ils soient blancs, qu'ils soient noirs, qu'ils

Jean-Marie Le Pen à la tête d'une manifestation du Front National

soient jaunes, qu'ils soient juifs ou qu'ils soient tout ce que vous voudrez. . . Par conséquent, si mon fils souhaite se marier avec l'un ou l'autre ou les uns ou les autres, eh bien! bravo!

M. Rocard: Je m'assurerais qu'ils s'aiment et qu'ils sont heureux.

P. Seguin: Mes enfants épouseront les conjoints° qu'ils se seront choisis.

O. Stirn: Aucun problème, je dirais oui, bien sûr.

J. Toubon: No problem.

S. Veil: L'annonce du mariage d'un enfant suscite toujours beaucoup de questions sur les chances de bonheur, compte tenu du choix. Tout autant, mais ni plus ni moins dans ces cas-là.

Le Front national est-il selon vous un parti politique raciste?

J. Chaban-Delmas: Sinon raciste dans sa totalité, du moins avec des résonances racistes inacceptables.

J.-P. Chevènement: Oui.

F. Doubin: C'est un super-raciste qui pratique une intolérance généralisée, opposée à tous ceux qui ne

sont pas construits sur le même schéma que lui et ses amis.

L. Jospin: C'est un parti anti-immigrés et souvent xénophobe, dont beaucoup de dirigeants masquent, par précaution, leur racisme et leur antisémitisme.

C. Labbé: Le Front national développe des thèmes auxquels je suis sensible touchant un certain nombre de valeurs nationales. Mais dans le même temps, par l'intermédiaire de certains de ses représentants, il développe hélas un racisme primaire d'autant plus condamnable qu'il fait partie d'une certaine démagogie politique, et qu'il peut toucher les classes les moins évoluées.

J. Lang: Oui.

J. Lecanuet: J'hésite à porter un jugement catégorique . . . parce qu'il n'écrit pas, il ne formule pas, les dogmes racistes tels qu'ils sont hérités du dix-neuvième siècle et du vingtième, de l'hitlérisme. Mais sa manière de faire reposer toutes les difficultés de l'emploi ou les troubles qui se traduisent par l'insécurité sur les résidents étrangers en France est une façon d'aborder le problème qui, en effet, a des relents° de racisme.

G. Marchais: Bien évidemment. Evidemment. C'est même un péril qui est extrêmement dangereux. Il est évident que la crise que nous connaissons constitue le soubassement du développement de Le Pen. Et l'aggravation de la crise dans la dernière période, le chômage, les difficultés pour vivre, etc., ça conduit naturellement Le Pen et les siens à chercher des boucs émissaires. Alors on a commencé, et on continue évidemment, par les immigrés. Mais c'est aussi les jeunes, c'est les chômeurs, c'est les communistes, et pourquoi pas la République?

M. Rocard: En ce sens, et comme il ne cesse de clamer que nos maux viennent de l'étranger, oui.

P. Seguin: Oui.

O. Stirn: Absolument, c'est un parti politique raciste qui fait huer le nom de Simone Veil en la traitant de juive, qui fait huer le mien en l'associant à mon grand-oncle, le capitaine Dreyfus.

J Toubon: Je crois qu'une bonne partie de ses dirigeants et de ses thèses sont effectivement racistes. Mais il est difficile de juger une formation qui ne s'exprime que par interpellations et anathèmes.

S. Veil: Racistes et xénophobes, les thèses du Front national tendent à accréditer l'idée que certaines catégories de personnes, du fait même de leur appartenance «étrangère à la communauté nationale», contribuent à aggraver les difficultés du pays: insécurité, dépenses de la Sécurité sociale, chômage, dépérissement des valeurs morales. En faisant ainsi des boucs émissaires, responsables de la pollution du pays, ces thèses désignent à la discrimination, voire à la haine, les personnes ou les populations concernées.

Le Monde

Sursis pour l'orchestre

Pendant dix mois, elle a vécu à Auschwitz – ou plus exactement à Birkenau, dans le camp des femmes – à moins de cinquante mètres de la chambre à gaz. Pendant dix mois, des centaines de milliers de condamnées sont passées sous ses fenêtres, croyant se rendre à la douche, et ont été transformées en cendres. Des cendres qui, dispersées au grand vent de la plaine polonaise, s'infiltraient partout dans le camp. . . Elle s'appelle Fania Fénelon. Musicienne professionnelle, elle doit la vie à Puccini et à «Madame Butterfly», car c'est en chantant un solo de cet opéra qu'elle a été choisie pour faire partie de l'orchestre du camp.

Un orchestre? Oui. A la fois pour offrir aux S.s. un divertissement, pour rythmer les défilés des commandos de travail, et pour tromper les nouvelles arrivantes sur la nature de l'enfer où elles étaient introduites. . .

Un matin, la nouvelle d'un débarquement allié circule. Il aurait eu lieu en France. Jenny et Florette haussent les épaules:
— Un bobard[°] de plus!
— Non, cette fois-ci, c'est Mala qui l'a dit!
Mala, c'est l'interprète du camp, une Belge de dix-neuf ans.
Avec quelle fièvre nous guettons son arrivée, car c'est elle qui nous «ravitaille[°]» en nouvelles. Sa qualité d'interprète lui permet non seulement de circuler librement, mais encore, étant perpétuellement avec eux, de glaner près des S.s. toutes sortes d'informations. Nous n'osons pas déjà nous réjouir, mais chacune d'entre nous épie les Allemands. Est-ce une idée, ils nous semblent plus nerveux, plus tendus qu'à l'habitude.
Quelques jours plus tard, Mala nous confirme l'information. Toute une partie de la nuit, notre petit groupe veille et chante à mi-voix. Au matin, nous surveillons le ciel, regardons vers les Carpates[°]. Certains jours, quand le vent le permet, que les crématoires sont plus calmes, nous apercevons ces montagnes qui abritent les partisans polonais, dont nous sommes sûrs qu'ils nous apporteront la liberté.
Et puis les jours passent, notre impatience fait place à une résignation un peu désenchantée: c'est bien long.
Un matin, l'appel est interminable. Les S.s. comptent et recomptent les femmes, les sirènes mugissent, les soldats courent. Que se passe-t-il? Nos libérateurs arrivent? Non, une évasion. Qui? Le temps s'écoule, un bruit circule: Mala s'est évadée, et probablement avec elle Edek, son ami polonais, car les déportés du camp des hommes sont, eux aussi, debout depuis des heures.
Quand la fin de l'appel est enfin sifflée, l'émotion atteint un point d'intensité

insoutenable, les nerfs sont tendus, les nouvelles circulent à toute allure. Tout le monde sait, invente. Une chose sûre: Mala et Edek se sont évadés. Comment? Le soir, nous rassemblons tout ce que nous avons recueilli et nous parvenons à élaborer un scénario qui, plus tard, se révélera être exact.

C'est doucement, sur la pointe du cœur, en chuchotant que nous vivons, nourrissons notre espérance. Le camp entier veille. Personne ne dort. Dans chaque baraque, on attend . . . le miracle. Les jours passent, quatre, cinq, peut-être moins, peut-être plus. Parfois, nous dressons l'oreille, il nous semble entendre d'étranges bruits, canonnades□, coups de fusil, vrai, faux? Notre imagination délire, déjà nous voyons Mala et Edek revenant à la tête de millions de soldats qui entrent dans le camp. Pour la première fois depuis notre internement, oxygénées par l'espoir, nous respirons, nous vivons. Jamais nous n'avons chanté, joué d'un cœur plus allègre□. D'ailleurs, nous jouons et nous chantons pour nous, ces «messieurs–dames» ne viennent plus, ils ont d'autres préoccupations.
Un matin au réveil, furtive et rapide, la nouvelle se répand dans le camp: «Mala est revenue!»
A coups de gueule, de sifflet de bâton, les S.s., font sortir toutes les femmes des baraques, même nous. Des milliers de femmes massées sur la grand-place, dans les allées; personne ne bouge, nous retenons notre souffle. Au centre, dans un espace vide, Mala est là: à moitié nue, couverte de sang. Nous apprenons qu'elle a été torturée et n'a pas parlé. Debout, fière, la tête haute, elle nous regarde et sourit. Des larmes jaillissent□ de nos yeux, des larmes d'amour et de reconnaissance. Elle est ce que nous voudrions être: la fierté, le courage.
Un officier S.s. lui parle, très haut, très fort, j'entends chaque mot et ne les oublierai pas:
— Tu vois, Mala, on ne s'évade pas d'ici. Nous sommes les plus forts et tu vas payer.
Ils sort son revolver et, en l'armant, lui dit:
— Pour récompenser ta bravoure, je vais t'abattre.
— Non! hurle Mala, je veux être gazée comme mes parents, comme des milliers d'innocents, je mourrai comme eux. Mais ce que nous n'avons pas réussi, d'autres le feront. Ils réussiront et vous paierez! . . . vous paierez! . . .
A toute volée, le S.s. la gifle. Je suis à dix mètres de Mala et je vois surgir dans sa main quelque chose de brillant, une lame de rasoir avec laquelle elle se tranche le poignet.
Les S.s. se précipitent, la renversent, la piétinent, lui posent un garrot□, ils la veulent vivante. On lui attache les bras derrière le dos, ils l'entraînent, elle tombe, se redresse, nous crie:
— Révoltez-vous! révoltez-vous! vous êtes des milliers. Attaquez-les! Ils sont lâches, même si vous êtes tuées, tout vaut mieux, vous mourrez libres! Révoltez-vous! . . .

Fania Fénelon, *Sursis pour l'Orchestre*

un bobard (fam.) □ a lie
ravitailler □ to provide
les Carpates □ *mountain range in central Europe*
une canonnade □ gunfire
allègre □ cheerful
jaillir (larmes) □ to flow
un garrot □ a tourniquet

Opinions Diverses

A

Pendant les années de crise de 1930–1935, les fascistes déclaraient "Renvoyez chez eux les trois cent mille ouvriers étrangers. Il y aura du travail pour nos trois cent mille chômeurs français" [. . . Le départ] des travailleurs immigrés ne ferait pas le bonheur des Français. C'est le contraire qui est vrai, comme l'a confirmé l'étude gouvernementale réalisée par une commission d'économistes. Les travailleurs immigrés construisent une maison sur deux, une automobile sur trois, quatre-vingt-dix kilomètres d'autoroute sur cent.

B

Comme le dit Jean-Marie Le Pen, général en chef du Front national: «L'Evangile◦ nous dit d'aimer notre prochain◦, pas notre lointain◦.» Conclusion pratique immédiate: pour éviter d'avoir trop de gens à aimer, il vaut mieux les envoyer le plus loin possible: «Quand on a un million de chômeurs sur le territoire national on doit se montrer intransigeant◦», a-t-il lancé en précisant: «Si les immigrés qui ne sont pas contents [des conditions d'accueil en France] veulent rentrer chez eux, on ne les retiendra pas.»

C

[. . .] A travers les propos de◦ M. Le Pen, ce ne sont pas seulement les immigrés qui sont visés; ce sont tous ceux qui, par leurs différences, deviennent, un jour ou l'autre, boucs émissaires des crises que nous vivons. Ce sont les intellectuels, les juifs, les avocats, les minorités culturelles et sexuelles . . . etc.

D

«Ce n'est pas difficile de faire du chiffre. Plus on met de policiers à la sortie des mosquées, plus ils ont de chances d'interpeller des Arabes en situation irrégulière. Plus on met de flics dans les couloirs du métro, plus ils contrôlent de jeunes ou d'immigrés. C'est bien le diable si dans le tas ils n'en ramassent pas un lot en infraction d'une manière ou d'une autre. . . Ils font de la traque◦, pas de la sécurité. . .»

E

«Nous sommes prêts à faire la guerre, nous sommes dangereux, plus dangereux que les Palestiniens. Nous avons des armes que vous ne connaissez pas. Nous en avons marre d'aimer des racistes, nous en avons marre de croire que nous avons des frères en face de nous et d'essayer de leur parler avec le cœur, alors que ce sont des machines, des robots, des méchants, des égoïstes, des avaricieux, des gourmands, des voleurs qui sont en face de nous.

F

«On est parfois aussi différent de soi-même que des autres», écrivait La Rochefoucauld◦ à une époque où les tragédies se jouaient encore en cinq actes. Le racisme commence par la haine de soi, et si nous sommes tous racistes, nous sommes aussi tous des immigrés. Dix-huit millions de citoyens français sont les descendants d'immigrants de la première, deuxième ou troisième génération. Et en remontant dans le temps, on trouverait bientôt que l'Hexagone, lieu de passage et de rencontre, carrefour de l'Europe, mérite bien mieux que les Etats-Unis le nom de melting-pot.

G

Il paraît que j'ai eu tort d'écrire que les races n'existaient pas. «Vous n'allez pas nier que les Noirs sont noirs et les Blancs blancs?». Non. Et les petits sont petits, les grands sont grands. En dehors de l'intérêt historique, la classification des hommes par race n'a aucune signification. Le raciste n'ose plus dire qu'il y a des races supérieures à d'autres. Il dit qu'il y a des différences entre les races. Or il n'y a aucune différence entre deux hommes de races différentes qu'on ne puisse trouver entre deux hommes de la même race. Point final j'espère.

A,B,C,D,F,G Le Nouvel Observateur
E Actuel

---

l'Evangile □ the Gospel
notre prochain, notre lointain
　□ our close neighbour, our remote neighbour
intransigeant □ uncompromising

les propos de □ the words of
faire de la traque □ to track down
La Rochefoucauld □ *French moralist of the 17th century*

Résumé . . . .

Retrouvez qui a prononcé chacune de ces affirmations:

▷ Quand on critique les immigrés, ce sont en fait toutes les minorités qui sont menacées.
▷ Renvoyer les immigrés chez eux, c'est réduire le bonheur matériel des Français.
▷ Surveiller sans relâche les membres d'un groupe minoritaire, c'est une garantie qu'un bon nombre d'entre eux sera arrêté pour infraction de la loi.
▷ La France comprend un énorme mélange de races.
▷ Si la France ne vous plaît pas, vous n'avez qu'à rentrer chez vous.
▷ La race d'un homme ne permet pas de montrer la différence qu'il y a entre lui et un autre.
▷ Il faut aimer nos prochains, c'est-à-dire ceux qui sont nés dans le même pays que nous.
▷ Parmi les gens que nous rencontrons, certains nous haïssent tout en faisant semblant d'être nos amis.
▷ En période de crise, ce sont souvent les minorités qui sont accusées.
▷ Le renvoi des immigrés dans leur pays réduira le taux de chômage en France.
▷ Il est difficile de s'aimer soi-même si l'on n'aime pas son prochain.

A votre avis?

1 Lequel de ces commentaires représente le mieux votre point de vue personnel?

2 Lequel de ces points de vue trouvez-vous le plus difficile à comprendre? Si quelqu'un le soutenait devant vous, comment répondriez-vous?

Pays et capitales

Pouvez-vous trouver dans la grille le nom de douze pays européens et leur capitale? Il y a une treizième capitale à trouver: dans la grille il y a 35 lettres mortes, mais il n'y en a que 7 différentes – ces 7 lettres, mélangées, forment le nom du treizième pays.

M	P	E	O	B	V	A	R	S	O	V	I	E
A	P	O	E	M	O	R	S	U	I	S	S	E
D	I	R	D	A	M	N	O	E	O	E	E	L
R	N	H	O	L	L	A	N	D	E	N	M	L
E	E	S	P	A	G	N	E	E	G	E	L	I
T	G	R	E	C	E	G	I	A	N	H	O	S
S	E	R	D	N	O	L	M	O	L	T	H	B
M	E	P	O	S	A	E	G	G	O	A	K	O
A	O	E	L	T	L	T	O	L	G	L	C	N
O	G	O	I	L	L	E	G	E	V	R	O	N
P	N	E	A	U	T	R	I	C	H	E	T	E
N	L	A	G	U	T	R	O	P	N	N	S	E
G	F	R	A	N	C	E	P	A	R	I	S	P

Les enfants devant la télévision

Elle les rend passifs, leur donne une image fausse du monde et le goût de la facilité, elle émousse leur sensibilité, les rend agressifs ou les effraye en les confrontant sans cesse avec la violence, elle les prive de sommeil, leur abîme la vue. Elle les dégoûte de la lecture et du sport, elle a une influence néfaste sur le travail scolaire, elle leur donne des connaissances fragmentaires, leur fait confondre le réel et l'imaginaire et les rend trop précocement adultes. Tels sont, selon certains, les principaux méfaits de la télévision sur les enfants.

D'autres – et ils sont maintenant de plus en plus nombreux – accordent à la télévision un certain nombre de pouvoirs bénéfiques. Elle instruit, elle informe, ouvre l'esprit, elle rend les enfants plus gais et plus sociables, elle rassemble la famille et certains affirment même qu'ils se purgent de leur agressivité en regardant des scènes de violence sur le petit écran[].

Une image fausse du monde

Lorsque les enfants commencent très jeunes à regarder la télévision, ils s'intéressent surtout aux programmes qui leur sont destinés. Mais, très vite, ils préfèrent les émissions pour adultes.

C'est donc à travers la télévision des adultes qu'ils se construisent une vision du monde. Les feuilletons[] «familiaux», qu'ils apprécient beaucoup, leur fournissent toutes sortes d'informations sur la société.

Malheureusement, la plupart des études qui ont été faites sur le contenu des programmes télévisés ont montré que la télévision, dans la plupart des pays, leur donne une image fausse et angoissée de la vie des adultes en ce qui concerne les différences sociales, les occupations désirables, l'usage de la violence pour résoudre les difficultés.

C'est vers dix-douze ans qu'un enfant regarde le plus la télévision. A cet âge, l'enfant part à la découverte de l'univers, il a un besoin énorme d'ouverture sur le monde extérieur. Il demande des explications, sa pensée devient analytique. Il commence à juger, à comparer. C'est à cet âge aussi qu'il assimile avec un maximum d'intensité ce que lui apporte le petit écran.

Il faut donc nourrir ce besoin de connaissances, cette soif de découvrir le monde, sans imaginer qu'on puisse les satisfaire avec des spectacles un peu plus faciles et un peu moins bien faits que ceux que l'on destine aux adultes.

L'impact de la violence

L'impact de la violence à la télévision sur un enfant varie non seulement avec son âge et sa personnalité, le contexte familial et social dans lequel il vit, mais avec la nature et le mode de présentation des images.

Toute représentation réaliste de la violence a une influence profonde. Les faits divers, les scènes de guerre, qui peuvent être présentées au cours d'un journal télévisé, sont particulièrement traumatisantes pour les enfants. Faute de références, ils risquent en effet de recevoir les informations comme un choc, sans pouvoir les clarifier, les ordonner à l'aide du commentaire du présentateur (souvent trop rapide et trop technique) comme le fait l'adulte.

Les films d'épouvante[] et de science-fiction sont ceux qui les effraient le plus (surtout lorsqu'ils sont petits): ils représentent des événements qu'ils ne peuvent intégrer à leur univers. Ils peuvent provoquer des cauchemars, des insomnies, une nervosité accrue, surtout si l'enfant voit le film seul et dans l'obscurité. Les westerns ou les films policiers n'ont pas une grande in-

le petit écran □ the television
un feuilleton □ a serial
un film d'épouvante □ a horror film

fluence. Pour les jeunes spectateurs, la violence est ici présentée comme un jeu, le western fournit un cadre familier à leur émotion et fait référence à d'autres westerns en vertu d'un code qui se répète chaque fois, celui du mythe.

Toutes les études s'accordent à dire qu'il n'y a pas de relation directe entre les scènes de violence et le comportement des enfants. La plupart des enfants normaux ne paraissent pas être incités à la violence par la télévision.

A.-M. De Vilaine, *Le Monde*

Points de départ . . . .

Relevez dans le texte:
▷ les différentes sortes d'émission proposées par la télévision.
▷ les verbes ayant pour sujet la télévision. Par exemple: «elle émousse».

Résumé . . . .

Faites le résumé de l'article en utilisant le tableau suivant:

	avantages/ effets bénéfiques	inconvénients/ effets néfastes
les émissions destinées aux adultes		
le journal télévisé		
les films		
la télévision en tant qu'outil pédagogique		
la télévision comme passe-temps		

Façon de s'exprimer . . . .

Expliquez en français ce que vous comprenez par les expressions suivantes:
▷ elle (la télévision) les rend passifs

▷ elle les dégoûte de la lecture
▷ l'enfant part à la découverte de l'univers
▷ des événements qu'ils ne peuvent intégrer à leur univers

A votre avis?

1 Pourquoi les enfants sont-ils attirés par les émissions destinées aux adultes?

2 Pourquoi dit-on que la télévision donne aux enfants une fausse image de la vie des adultes?

3 A quoi attribue-t-on les effets traumatisants des actualités télévisées?

4 Les films d'épouvante et les westerns montrent tous deux la violence. Qu'est-ce qui explique la différence d'influence qu'ils ont sur les jeunes téléspectateurs?

Et vous?

Discutez avec un partenaire des questions suivantes:

1 Quel genre d'émissions préférez-vous?

2 Quel genre d'émissions vous déplaît le plus?

Dans chaque cas, expliquez pourquoi.

Travail écrit

Si vous pouviez modifier, sans considération financière, la totalité de ce qui est présenté à la télévision dans votre pays, quels changements voudriez-vous introduire, et pour quelles raisons?

LES OBJETS DE LA SOLITUDE

La solitude est un sport de contact, qui se joue à un contre tous. Le joueur est encerclé au départ. Il veut donc échapper à l'enfer (l'enfer, c'est les autres). Il recherche la solitude. Il doit éviter les contacts, rompre les ponts, trouver des cachettes. C'est un jeu stratégique, comme on le voit, un jeu de société.

UN WALKMAN

Le jeu varie selon le terrain, l'environnement et les qualités personnelles. Un enfant toujours dans la lune fera sans doute un excellent solitaire. D'autant plus que, les techniques ayant évolué, la lune ou l'île déserte sont aujourd'hui à la portée de toutes les bourses□. Un vaisseau spatial sur un écran à cristaux liquides vous transportera rapidement dans une quatrième dimension. Appuyez sur un bouton, une musique neutralise votre entourage, qui continue à vivre normalement, sans douleur excessive, concrètement, alors que vous-même n'êtes plus qu'une abstraction. Certains d'entre vous auront pu le vérifier dans un compartiment de train. Essayez de parler à un joueur équipé d'un walkman et d'un jeu électronique de poche: il ne vous voit pas, ne vous entend pas. Il gagne.

DES MOTS CROISÉS

Prenons un exemple assez simple: vous êtes un débutant. Faites d'abord quelques exercices d'entraînement, chez vous. Des objets usuels vous aideront: un rasoir à main, un fer à repasser, du cirage. Inventez-vous des marottes□, des tâches quotidiennes qui nécessitent urgemment le calme, l'isolement, la paix. Votre barbe, c'est votre affaire: vous vous rasez seul, à la main, caché sous la crème à raser. Idem□ pour les chemises, vos chemises, que vous tenez à repasser méticuleusement, vos souliers, que vous cirez religieusement dans un cagibi, l'électricité, que vous bricolez à l'écart, le moteur de la voiture. Faites la vaisselle pendant que votre femme regarde la télé. Soyez d'abord occupé.

Vous trouverez ainsi aisément des repères□, des marques. Exigez pour plus de tranquillité (dites que c'est pour ne pas déranger) votre pièce, votre bureau, ou votre établi. Là vous serez chez vous, seul. Qu'importe que vous écriviez, bricoliez ou non. La paix. Dites juste que ça avance, pour ne pas éveiller les soupçons de l'adversaire. Pendant ce temps, vous pouvez dormir, rêver peut-être... Dallas; poor Yorrick! Votre femme vous appelle pour le feuilleton. Allez-y, mais cachez-vous derrière «le Monde», ou enfermez-vous derrière des grilles de mots croisés. Soyez

---

une bourse □ a purse	
une marotte □ a fad	
idem □ ditto	
un repère □ a landmark	
une maquette □ a model	
accro □ addictive	
un labyrinthe □ a maze	
le mercure □ mercury	
une maille filée □ a dropped stitch	

Points de départ . . . .

Relevez dans le texte:

▷ les mots décrivant la solitude comme un sport.
▷ toutes les activités solitaires.

Cherchez les mots . . . .

Trouvez la façon dont sont exprimées les idées suivantes:
▷ a contact sport
▷ the people around you

▷ without too much pain
▷ it doesn't matter whether you write or not
▷ shut yourself away
▷ make out you are drunk
▷ let no one disturb you
▷ nothing worse than
▷ your neighbour challenges you
▷ short of ideas

absorbé. Elle commente le feuilleton. Les enfants sont rusés: Papa, répare-moi mon avion! Restez calme, et feignez l'ivrognerie; cela dégoûtera le petit. Autre tactique: tapotez la tête du bambin, intimez-lui le silence et confisquez la maquette□.

UN VIDEO GAME

Cette maquette vous fait découvrir la haute importance des objets de la solitude. Maquette, puzzle de 12 000 pièces, trains électriques, Rubik's cube, casse-tête chinois, taquins, jeux basés sur la permutation, labyrinthe au mercure, ces passe-temps sont des passe-muraille. Magique. Le monde n'existe plus. Il est cubique: il faut faire les six faces. Qu'on ne vous dérange pas. Le monde peut s'écrouler, mais le puzzle ou le cube seront reconstitués.

Comme tous les sports, la solitude devient vite une passion, une drogue accro□. Un mot, un appel vous perturbent. (Le bruit vous insupporte.) Vous créez votre bruit, votre musique – ou, du moins, vous la choisissez: un walkman vous est vite indispensable pour traverser la rue, pour prendre le métro. Avancez dans la foule comme dans un rêve opaque.

UN PUNCHING BALL

Evitez les chiens: ils vous conduisent tout droit à leurs maîtres. Evitez les regards: des lunettes noires sont une protection efficace. Votre voisin vous défie au tennis, au ping-pong? Renvoyez le fâcheux, et entraînez-vous avec un mur, un renvoyeur de balles ou un robot fixé en bout de table, inlassable, programmable. On vous trouve distant, fuyant? Soyez pugnace et massacrez un punching-ball. Soyez relax, et maîtrisez votre schéma corporel: yoga dans le salon désert.

N'allez plus au cinéma partager l'accoudoir et les frissons, louez des cassettes au vidéo-club. N'allez plus au restaurant manger dans des assiettes communes: achetez des plats cuisinés. Quand vous êtes à court d'idées, ouvrez un livre. Enrichissez votre vie intérieure.

L'île déserte se rapproche. Vous la sentez. Vous ramez seul, au milieu de l'océan, sur votre home-trainer. Vous êtes déconnecté. Les oreilles sous le walkman et les yeux sur un écran électronique. Chez vous, vous êtes trappiste, et navigateur solitaire dans la ville. Trop de mailles filées□ dans les pièges de la société. Vous n'êtes pas asocial, d'ailleurs, vous êtes transparent. Le téléphone sonne chez vous, c'est votre répondeur automatique qui prend les communications. Qu'il est doux de ne rien voir quand tout s'agite autour de vous. . .

H. P.

Le Nouvel Observateur

La névrose du week-end

La névrose du week-end est .....[1] et discutée dans la .....[2] en long et en .....[3] un Américain sur deux .....[4] le samedi et le dimanche. Récemment, une des plus .....[5] usines d'acier décida d'accorder à .....[6] de ses ouvriers employés depuis plus de ...5...[7] ans une demi-année sabbatique .....[8] laquelle ils seraient payés .....[9] mais pourraient faire de surcroît un voyage .....[10] ou des études, ...[11] professionnellement ou culturellement. Pour 80% d'entre eux, les ouvriers .....[12] par la mesure décidèrent ... de ne rien .....[13], de rester chez eux, d' .....[14] de salaire et de .....[15] ces vacances imprévues à la .....[16] Bien que des minorités et des sous-groupes .....[17] qui .....[18] d'enrichissement de s... .....[19] l'écrasante majorité des Américains travaillent[20] ou souhaitent travailler plus longtemps qu' .....[21]. Et s'ennuient quand ils ne travaillent pas.

Le Monde

Texte à trous . . . .

Choisissez parmi les mots de la liste ci-dessous pour remplir les blancs.

télévision	faire
instructif	empocher
presse	ceux
touchés	large
davantage	joie
s'enrichir	consacrer
foisonnent	auparavant
soi-même	durant
normalement	cinq
étudiée	s'ennuie
importantes	

Avez-vous compris? . . . .

▷ How has technology made it easier to escape to a desert island?

▷ How does a walkman help its owner to 'win'?

▷ Why are such objects as an iron or shoe polish good training?

▷ Give two suggestions made in the text for retaining one's solitude while watching television with someone else.

▷ How to rebuff the unwanted attention of children?

▷ What is the principal virtue of models, games, puzzles etc.?

▷ In which ways can a tennis enthusiast preserve solitude?

▷ What are the unacceptable aspects of:
cinema-going?
eating out?
meeting a dog?

▷ How are telephone calls to be dealt with?

«Les enjeux du stade»

A l'ère des mass médias qui donnent aux exploits sportifs un retentissement fantastique, universel, instantané, le sport tend à devenir un sous-produit de la politique et de l'idéologie, dont les gouvernements se servent pour l'exaltation de leurs peuples ou comme dérivatifs à leurs misères; un instrument de propagande ou de récupération, une province du chauvinisme□.

Le public connaît et chérit les noms des champions de légende qui s'appellent Hinault, Borg, Platini ou Stenmark, ces Crésus□ du sport. Il ignore souvent ceux de ces plus grands champions encore que sont leurs managers, ou leurs sponsors, les Genestar, McCormack, ou. . . Adidas. Les champions gagnent souvent. Les managers et les sponsors gagnent toujours, à tous coups et beaucoup plus.

Les champions du sport moderne font des affaires. Et ils en font faire. Ils assurent la promotion, dans le public, de l'illusion et de la consommation. Le sport est devenu un des poumons vitaux de l'économie. C'est tout de même préférable au commerce d'armes. Mais quelle responsabilité pour nos champions! Qu'ils essuient une défaite et on les accusera bientôt d'être une cause de récession ou de chômage dans l'industrie des articles sportifs.

Reste, malgré tout et par-dessus tout, la beauté fascinante du geste sportif. Vive le sport quand même!

André Ribaud, *Les dossiers du Canard*

---

le chauvinisme □ nationalism	
un Crésus □ a very rich man	

Texte à trous . . . .

Utilisez les mots de la liste ci-dessous pour remplir les blancs dans les phrases suivantes:

▷ Grâce aux médias, on a une connaissance plus . . . . . . des exploits sportifs.
▷ Ce sont les médias qui donnent au sport une importance . . . .
▷ Les gouvernements se servent du sport pour faire . . . . . . leur politique.
▷ Les gens trouvent de quoi se . . . . . . dans les succès sportifs de leur pays. Cela leur . . . . . . le moral.
▷ Les victoires des grands champions sont . . . .
▷ Les sponsors des champions ne . . . . . . jamais.
▷ Le sport est devenu . . . . . . à l'économie.

▷ Faire des affaires par l'intermédiaire du sport est plus . . . . . . que par la vente d'armes.
▷ La défaite d'un champion peut avoir des . . . . . . économiques d'ordre national.

indispensable	fréquentes
accepter	perdent
immédiate	conséquences
réjouir	internationale
acceptable	relève

Messner

«Je peux dire que j'ai vécu plusieurs fois ma propre mort», dit Reinhold Messner, l'homme qui, en s'attaquant seul aux «plus de huit mille», a ouvert une ère nouvelle de l'alpinisme

A quoi tient la supériorité de Messner? A des conditions physiques exceptionnelles? Ce grand garçon blond d'un mètre quatre-vingts ne pèse que soixante kilos. Il ne pratique aucun entraînement spécifique si ce n'est la course à pied, qu'il fait chaque jour pour son plaisir. Aucun régime. Mais une habitude profondément enracinée de la montagne. A l'âge de cinq ans, il faisait son premier trois mille mètres sur les Dolomites; à vingt ans, il avait effectué trois cents ascensions. Il a maintenant, à force d'expérience, assez d'instinct pour humer□ la voie juste sur une paroi inconnue. *«Ma supériorité n'est pas d'ordre physique*, a-t-il écrit. *Je m'entraîne peu. Mais j'arrive à surmonter mes angoisses en n'abandonnant rien au hasard.»*

«Un misérable paquet tremblant»

C'est-à-dire en réduisant au maximum l'imprévisible, en calculant le moindre risque, en mesurant avec parcimonie ce qu'on emmène avec soi. *«Mon sac à dos par exemple: il pèse au pis vingt kilos.»* Le poids d'un sac de couchage, une tente, un piolet, deux paires de gants, des crampons, un réchaud à gaz avec recharges, un appareil photo, une boussole, un altimètre, un tube d'aspirine, un

---

humer □ to smell
aller au devant de la mort □ to go in the face of death
un pèlerinage □ a pilgrimage
mû(e) par □ motivated by

flacon d'huiles balsamiques japonaises, plus trois kilos de vivres (viande séchée, parmesan, potages, thé, café, deux pains noirs tyroliens), qui serviront pour l'escalade proprement dite. Rien de plus, même pour les six journées passées en solitaire dans la paroi de cinq mille mètres du Nanga Parbat.

Mais par-delà ces calculs il y a encore autre chose: l'étude minutieuse et savante des expériences de ses prédécesseurs. Il est capable de vous expliquer, Messner, au beau milieu du récit d'une de ses escalades, pourquoi l'expédition Mummery a échoué en 1895 sur tel glacier précis, entraînant le sahib et deux sherpas dans la mort. Ses livres sont pour une bonne part des livres d'histoire de l'alpinisme. Son érudition lui sert, dans la pratique, à parcourir en pensée sa route jusqu'à la cime, en traçant des lignes imaginaires sur les

flancs de la montagne qu'il va escalader. «Je calcule jusqu'aux crevasses», dit-il. Messner sait parfaitement que de son niveau d'auto-organisation dépend sa capacité à survivre: «Il me faut chaque fois une heure, au-dessus de sept mille mètres, pour me préparer le moindre thé. Puis il m'arrive de vomir ce que j'ai bu. Ça ne fait rien, j'en refais un autre. Je sais que la déshydratation, c'est la thrombose assurée.» Un surhomme, Messner?

Ecoutez-le raconter ses peurs avec un luxe de détails. «Au-dessus de mon visage, la toile de ma tente est couverte de givre. Je me sens soudain si seul que les muscles de mon ventre sont tendus d'angoisse. . . Par moments, la peur fait de moi un misérable paquet tremblant, je voudrais me blottir, m'enfoncer dans la paroi, pleurer et surtout ne pas regarder vers le bas. . . J'ai peur, peur d'avoir peur de ne pas supporter la solitude, là-haut, et de flancher. . .

Je suis un alpiniste craintif, conclut-il. D'ailleurs, présumer de ses forces, à huit mille mètres, c'est aller au-devant de la mort[]. . . Quand je pense aux "victoires" de l'alpinisme, j'ai la nausée. Victoires sur qui et sur quoi?»

Bien. Mais s'il ne recherche ni la victoire, ni les records, ni l'aventure romantique, ni le plaisir masochiste de l'angoisse contrôlée, qu'est-ce qui fait grimper Messner? Veut-il seulement, avec ses pèlerinages[] muets et solitaires, démythifier les lourdes machineries des macro-expéditions himalayennes? Démolir les fanatiques d'artifices technologiques toujours prêts à mettre un écran entre eux et la nature? Peut-être; mais c'est encore insuffisant. Ce héros[] qui refuse justement de «conquérir pour dominer», s'efforce de trouver autre chose: en exploitant certaines facilités «naturelles» – être né en montagne, aimer et pratiquer l'escalade depuis l'enfance, avoir un physique sain, qui ne pose en tout cas pas de problèmes –, ce «surhomme» cherche simplement à être le plus possible «humain». «Je ne veux pas faire sensation, je n'ai pas une âme de missionnaire, je ne suis plus, comme naguère, mû par[] des considérations d'ordre strictement sportif. Je veux simplement être à la hauteur des tâches qui me sont confiées.» L'alpinisme, ajoute-t-il, offre une quantité d'occasions de situations limites, idéales pour se connaître soi-même. Ses plus beaux récits en effet, ses «pages» les plus émouvantes ne sont pas dédiés aux techniques de l'alpinisme mais à ce que Messner appelle ses «découvertes intérieures».

Le Nouvel Observateur

Messner: l'entraînement

naguère / lately éately
not longago

Avez-vous compris? . . . .

▷ In what sense is Messner a 'natural' mountaineer?
▷ What factors in the planning of an ascent contribute to his success?

▷ In what ways do the experiences of his predecessors help him?
▷ Summarise the range of feelings experienced by Messner during his lone ascents.
▷ List the standard reasons for mountaineering.

▷ It is suggested that Messner may be a 'superhuman'. What qualities are revealed which may support this theory?

CALCULEZ VOTRE DEPRIME

PAR ANTOINE SILBER

De la même façon qu'on prend sa température grâce à un thermomètre, on peut — très sérieusement — mesurer sa déprime sur l'échelle Holmes et Rahe, du nom des deux spécialistes américains qui l'ont établie. Citée par Gérard Graulle dans « l'Antidéprime » (Albin Michel), cette échelle recense quarante-trois événements de la vie, dotés chacun d'un coefficient appelé « unité de changement » (U.C.). Tout changement, heureux ou malheureux, affecte en effet le psychisme d'un individu. Le cumul des unités de changement détermine donc le degré de la maladie. Entre 0 et 100 : rien à signaler. Entre 100 et 200 : attention. De 200 à 300 : danger. 300 et plus : haut risque.

Rang	Événements	Valeur en U.C.
1	Décès d'un conjoint	100
2	Divorce	73
3	Séparation conjugale	65
4	Emprisonnement	63
5	Décès d'un parent proche	63
6	Blessure ou maladie	53
7	Mariage	50
8	Licenciement professionnel	47
9	Réconciliation conjugale	45
10	Retraite	45
11	Maladie d'un membre de la famille	44
12	Grossesse	40
13	Difficultés sexuelles	39
14	Accroissement de la famille	39
15	Réadaptation professionnelle	39
16	Changement dans le revenu	38
17	Décès d'un ami intime	37
18	Changement d'orientation professionnelle	36
19	Changement dans le nombre des discussions avec le conjoint	35
20	Hypothèque☐ de plus de 50 000 F	31
21	Saisie d'hypothèque ou emprunt	30
22	Changement dans les responsabilités professionnelles	29
23	Un fils ou une fille quitte le foyer	29
24	Difficultés avec la belle-famille	29
25	Haut fait personnel	28
26	L'épouse se met à travailler ou cesse de travailler	26
27	Entrée à l'école ou sortie de l'école	26
28	Changement dans les conditions d'existence	25
29	Révision d'habitudes personnelles	24
30	Difficultés avec le patron	23
31	Changement d'heures ou de conditions de travail	20
32	Changement de résidence	20
33	Changement d'école	20
34	Changement de loisirs	19
35	Changement d'activités religieuses	19
36	Changement d'activités sociales	18
37	Hypothèque ou emprunts inférieurs à 50 000 F	17
38	Changement dans les habitudes de sommeil	16
39	Changement dans le nombre des réunions de famille	15
40	Changement d'habitudes alimentaires	15
41	Vacances	13
42	Noël	12
43	Infractions mineures à la loi	11

Maintenant, jouez. Exemple : c'est Noël ( ), vous partez aux sports d'hiver ( ), là-bas, vous mangez de la raclette tous les jours ( ), vous vous couchez tôt ( ), vous skiez comme un champion ( ) et décidez de vous arrêter de fumer ( ). En revenant, votre fille annonce qu'elle va vivre avec un garçon ( ), votre femme trouve le boulot à mi-temps qu'elle cherche depuis des mois ( ), vous vous brouillez☐ enfin avec votre belle-mère ( ), vous recevez une promotion au bureau ( ), vos revenus augmentent considérablement ( ). Tout va bien ? La vie est belle ? Ne vous y trompez pas. Vous avez accumulé 259 U.C., vous êtes en train de craquer !

A. S.

Le Nouvel Observateur

une hypothèque ☐ a mortgage	
se brouiller avec ☐ to fall out with	

A vous de jouer!

Remplissez les espaces entre les parenthèses en cherchant quelle valeur en U.C. représente chaque événement. Faites l'addition pour calculer le nombre d'U.C. accumulées.

Et vous?

Faites le test vous-même. Calculez votre déprime en vous basant sur les événements de ces deux derniers mois.

Pour les sportifs

Toutes les solutions verticales sont des sports ou des jeux.

Horizontalement

2 il sépare les deux moitiés du court de tennis (5)
4 ce qui donna des forces à Astérix (6)
6 sur le point de partir? (4)
7 trois fois trois (4)
8 dans cet endroit (3)
9 qui a du génie (6)
10 distraction saine (5)
14 injection médicale (6)
16 il transporte les marchandises (6)
17 expression qui signifie: Je m'en fiche (3)
19 un oiseau (5)
20 Bouche . . . = la bouche ouverte (3)
22 les membres d'un avion ou d'un navire (8)
24 on y trouve le vin (4)
26 ce ne sont pas des consonnes (8)
28 on s'assied dessus quand on fait du cheval (5)
29 secourue (5)
30 utiliser un tourne-vis (6)
32 on les trouve devant les yeux (4)
33 ils remplacent les dents (8)
34 petit magasin du coin (8)

Verticalement

1 l'escalade des montagnes (9)
2 jeu de ballon très populaire (4)
3 le sport de Noah (6)
4 jeu de boules du Midi (8)
5 dans ce sport, on obtient des ceintures de couleurs différentes (4)
6 tennis de table (4-4)
9 le sport de Ballesteros (4)
11 la prise de poissons (5)
12 jeu de cartes où il faut collectionner des 'suites' ou des 'groupes' (4)
13 on porte des gants pour pratiquer ce sport (4)
15 jeu de ballon: quinze joueurs forment une équipe (5)
17 beaucoup de Français pratiquent ce sport le dimanche (6)
18 il faut une très grande table pour ce jeu (7)
20 jeu de cartes (6)
21 le dernier mot de ce jeu est 'Mat' (6)
23 un sport basque (6)
25 un sport souvent pratiqué sur la plage en France (6)
26 il faut un bateau pour pratiquer ce sport (5)
27 sport olympique (4)
31 sport d'hiver (3)

RIEN NE VA PLUS!

Ca y est! Le travail sérieux est fini, voici venue l'heure de vous détendre. Vous l'avez bien mérité.

Nous avons réuni un certain nombre de choses pour vous divertir, vous amuser, vous faire utiliser votre intuition, votre sagacité, votre imagination. Ce qu'elles ont en commun? C'est que vous aurez besoin de toutes vos compétences linguistiques pour vous amuser!

Rien ne va plus!

Jeux Divers

Les répétitions

Cette gymnastique verbale consiste a répéter plusieurs fois et de plus en plus vite des phrases dont la prononciation est difficile. Il en est de fameuses:

«Didon dîna, dit-on, du dos dodu d'un dodu dindon.»

«Chasseur sachant chasser, il faut que je sache si je sais chasser sans cesse et sans chien.»

«Un gros gras grain d'orge disait à un autre gros gras grain d'orge⁰: «Quand donc te dégrosgrasgraind' orgeras tu? — «Je me dégrosgrasgraind'orgerai quand les autres gros gras grains d'orge se dégrosgrasgraind'orgeront⁰.»

Les difficultés que présentent ces phrases sont évidentes. Mais certaines qui paraissent innocentes au premier abord ne résistent pas à la répétition. Ainsi:

«J'ai trop tôt cru.»

«Les chaussettes de l'archiduchesse sont-elles sèches, archisèches?»

Variante

Il existe, au contraire des phrases qui ne paraissent impossibles à répéter que dans la mesure où l'on n'en saisit pas le sens. C'est le cas de celle-ci:

«Si six scies scient six cigares,

«Six cent six scies scient six cent six cigares.»

«Ton thé t'a-t-il ôté ta toux?»

> **un grain d'orge** □ a grain of barley
> **dégorger** □ to burst

Le veilleur de nuit

Un industriel, devant prendre un avion dès l'aube pour un voyage d'affaires, se rend d'abord à son usine afin d'y chercher quelques documents importants. En le voyant, le veilleur de nuit lui dit: «Monsieur, ne partez pas! Mes rêves ne me trompent jamais, et je viens de rêver que vous aviez été tué dans un accident d'avion.»

Frappé, le directeur décide alors de prendre le train. Et en effet l'avion sur lequel il devait s'embarquer s'écrase au sol et tous les passagers sont tués.

Dès son retour, il se précipite chez le veilleur de nuit, le remercie chaleureusement, lui donne une gratification importante – et le congédie. Pourquoi?

Miroir

Travaillez par deux, trouvez les cinq différences dans l'image de droite. Soyez prêts à expliquer en français au reste du groupe ce que vous avez trouvé.

Sept différences

Même travail. Trouvez les sept différences dans l'image de droite.

Cubes identiques

Tous les cubes sont identiques. Quel mot peut-on lire de l'autre côté?

Les trois portes

Derrière ces trois portes se trouvent soit deux Zazas et un Yoyo, soit deux Yoyos et un Zaza. Sachant que les pancartes sur les portes des Zazas sont fausses et que celles sur les portes des Yoyos sont vraies, à quelle(s) porte(s) irez-vous frapper pour être sûr de rencontrer un Yoyo?

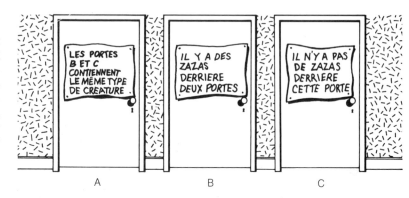

A   B   C

Les deux baleines

Deux baleines nageaient tranquillement en ligne droite, à 6 km/h, en plein océan Antarctique. L'une d'elles eut soudain envie d'aller plus vite. Elle partit ainsi à 10 km/h sans changer de direction. Puis elle fit brusquement demi-tour et revint, toujours à 10 km/h, auprès de son amie qui n'avait, pendant ce temps, modifié ni sa vitesse, ni sa direction. Sachant que nos deux baleines se sont quittées à 9 h et quart et se sont retrouvées à 10 h, à quelle heure la plus rapide a-t-elle fait son demi-tour?

Faire glisser les bandes

Comment faut-il faire glisser ces bandes à gauche ou à droite pour que toutes les lettres qui se touchent forment un mot verticalement.

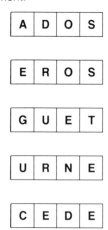

| A | D | O | S |

| E | R | O | S |

| G | U | E | T |

| U | R | N | E |

| C | E | D | E |

Petits changements

En changeant une seule lettre dans chaque mot de chaque groupe, vous verrez que chaque groupe a quelque chose en commun.

Exemple: ongle tarte sueur mène
Solution: oncle tante sœur mère (tous des membres de la famille)

1 taxe but trait toiture
2 homme foire raison poche
3 jure rose tant marteau
4 calé fière vie fait
5 verte masse mot crèche
6 mais tête centre chenille
7 route noix flanc pris
8 char sapin cache siège
9 reines reins roues revers
10 boire seize Sartre chez

Maintenant, après avoir changé une lettre dans chacun des mots suivants, mettez chaque mot dans le groupe auquel il appartient

peinture cas vise pure saine boucle ville grange porte violer

L'Anti-gravité

Trouvez le plus court chemin allant du point A jusqu'au point B.

Jeux en Groupe

Jeu de l'alibi

Un crime a été commis hier soir entre 20 heures et 22 heures (précisez l'endroit). Vous êtes tous suspects. Pour prouver votre innocence, vous devez trouver un alibi.

Formez des groupes de deux. Vous avez passé la soirée ensemble. Mettez-vous d'accord sur ce que vous avez fait. Imaginez autant de détails que possible, pour pouvoir répondre sans hésiter aux questions que le tribunal va vous poser.

La classe se transforme en tribunal.

Un des suspects sort de la salle. Le tribunal interroge son partenaire, en notant soigneusement toutes ses réponses.

Une fois l'interrogatoire terminé, on fait entrer l'autre suspect, et on lui repose les mêmes questions. Si toutes les réponses coïncident, ils ont gagné, ils ont vraiment passé la soirée ensemble. Si l'on découvre des contradictions dans leurs réponses, ils sont suspects.

On interroge à tour de rôle tous les suspects présents.

Les lettres semblables

Tous les participants étant munis de papier et de crayon, l'un d'eux, désigné par le sort, pense à un mot et en annonce le nombre de lettres. Ses adversaires proposent alors, à tour de rôle, un mot quelconque de même longueur. Si une ou plusieurs lettres semblables se trouvent *à la même place* dans les mots proposés et le mot à deviner, le joueur en indique le nombre, mais rien de plus.

Supposons qu'il ait pensé à *encrier* et annoncé sept lettres: chacun des adversaires commence par noter sur sa feuille une ligne de sept points. Puis, quelqu'un propose *ampoule*; le joueur répond: «zéro», puisque l'*e*, commun à *ampoule* et deux fois à *encrier*, n'est pas aux mêmes places. Si l'adversaire suivant propose *bicorne*, il répond: «une», le *c* étant commun en troisième position.

Or dans *bicorne*, où l'on sait maintenant qu'une lettre est bonne, *o* et *e* se trouvent annulés du fait qu'ils existaient déjà aux mêmes places dans *ampoule*.

Voici donc comment se présente, à ce stade, la feuille de chacun des adversaires:

```
. . . . . . .
a m p o u l e = zéro
b i c o r n e = 1
```

On peut alors proposer *biberon*, en se rapprochant assez de *bicorne*, pour faciliter l'élimination de nouvelles lettres. La réponse: «zéro» supprime en effet *b*, *i* et *r*, communs aux deux mots. Il ne reste plus que le choix entre les lettres *c* et *n*. Le mot proposé ensuite doit donc comporter l'une ou l'autre; *richard*, par exemple, confirmera le *c*. Et l'on aura dorénavant:

```
. . c . . . .
```

A partir d'une lettre sûre, la recherche devient plus facile, et le mot est souvent deviné dans son entier alors qu'il ne comporte pas encore la moitié de ses lettres.

La méthode que nous venons d'indiquer n'est nullement exclusive. On peut s'attaquer d'abord à la terminaison du mot cherché (*ion*, *er*, *ir*, *oir*, *ent*, etc.) ou à sa première lettre.

Quelle que soit la méthode qu'il/elle a adoptée, chaque joueur tire bénéfice des mots proposés par les autres. Le gagnant est évidemment celui qui est le premier à deviner. C'est à lui que revient le choix d'un nouveau mot.

Jeux de Cartes

La bataille

Bataille est un jeu tout à fait élémentaire. C'est d'ailleurs l'un des premiers jeux de cartes pratiqués en France, et le pauvre roi Charles VI passait, assure-t-on, des journées entières à *entamer*[] des parties de Bataille avec sa favorite, la «petite reine» Odette de Champdivers.

La Bataille fait la joie des petits et des grands.

Le succès de ce jeu s'est toujours maintenu. De nos jours, il continue à faire la joie des petits et des grands.

Les joueurs et les cartes

Bataille se joue à deux avec un jeu de trente-deux ou de cinquante-deux cartes. Pour rendre la partie plus longue et plus passionnante, on peut même utiliser deux jeux.

L'ordre des cartes est le suivant, par valeur décroissante: As, Roi, Dame, Valet, 10, 9, 8, 7, 6, 5, 4, 3, 2. La couleur n'importe guère.

Le but de la partie

Faire prendre toutes ses cartes par son adversaire.

La partie

Chaque joueur tire une carte du jeu: la plus forte désigne le premier donneur.

Cartes battues et coupées, le donneur distribue toutes les cartes, une à une, jusqu'à épuisement et chacun garde son paquet sans le regarder ni le déranger.

Quand toutes les cartes sont distribuées, le second joueur prend la carte de dessus de son paquet, la retourne et la dépose sur le tapis. Son adversaire en fait autant. Celui qui a la carte la plus forte ramasse la levée[] (deux cartes), place celle-ci sous son paquet et joue. La partie se termine quand l'un des joueurs ne possède plus de cartes.

Il peut arriver, et c'est le côté attrayant de ce jeu, que les deux joueurs retournent deux cartes de même valeur. Alors il y a *bataille*. Ils jouent une deuxième, une troisième, voire de plus nombreuses cartes jusqu'au moment où l'un d'eux dépose une carte plus forte que celle de son adversaire, ce qui lui fait lever les diverses cartes déposées durant la bataille.

entamer □ to open (a game)	
la levée □ the trick	

La traversée du désert

La traversée du désert est un jeu de stratégie à jouer patiemment pour gagner le droit de boire son apéritif.
matériel: une grosse boîte d'allumettes; un jeu de 54 cartes duquel on retire figures[] et jokers et évidemment . . . un verre plein pour chacun!
préparation: la boîte d'allumettes est placée au milieu de la table, les verres devant chaque participant. Chaque joueur reçoit trois cartes qu'il garde secrètes.
but du jeu: réussir la construction d'un chemin ininterrompu reliant la boîte d'allumettes à son propre verre. Dès que la dernière allumette formant le chemin touche le verre, le joueur a gagné . . . le droit de boire.
déroulement: chaque joueur, à son tour:
– tire une carte de la pioche[],
– jette une carte de son choix: les cartes rouges permettent de poser autant d'allumettes que le chiffre représenté (10=0), les noires d'en retirer du jeu.
– pose ou enlève les allumettes de son choix selon la carte jouée.
pose et enlèvement des allumettes: les premières allumettes doivent partir des quatre coins de la boîte. Les suivantes doivent obligatoirement être reliées à une (ou deux) déjà posée(s). Différents chemins peuvent se former simultanément et un joueur, à son tour, peut en modifier plusieurs. Il est possible de commencer un seul nouveau chemin à une jonction de deux allumettes. Les joueurs choisissent bien sûr l'orientation des chemins lors de la pose des allumettes. Les croisements sont interdits en dehors des jonctions. N'importe quelle allumette peut être retirée, les chemins se trouvant ainsi interrompus jusqu'à la pose d'une «remplaçante».
les As: ils ne permettent ni la pose, ni le retrait d'allumettes. Un joueur en possédant un dans son jeu peut l'abattre après le tour de n'importe quel adversaire. Les joueurs placés entre ce dernier et lui-même perdent alors un tour. Il joue ensuite une des deux cartes lui restant en main, effectue l'opération permise et tire deux nouvelles cartes dans la pioche afin de revenir à trois.

une figure □ a face card	
une pioche □ a pack	

La réussite de Napoléon

La plupart des réussites se font un peu automatiquement, celle-ci se prête à des tentatives de résolutions complètes.

Vous étalez un jeu de 52 cartes en quatre rangées□ de treize cartes. Vous enlevez les As et obtenez quatre cases vides. Il s'agit de ranger l'ensemble du jeu en quatre rangées homogènes: trèfles, carreaux, cœurs et piques, les As étant placés à gauche de la première colonne étalée et la couleur rangée dans l'ordre croissant jusqu'aux Rois qui seront placés là où se trouve présentement la douzième colonne. Le jeu se déplace donc d'un cran□ vers la gauche. Le rangement se fait grâce aux cases libres où on peut poser la carte de même couleur et de rang immédiatement supérieur à celle située à gauche de la case vide. On ne peut rien mettre à droite d'un Roi et la partie est perdue quand les cases vides ont toutes à leur gauche un Roi.

Quelques conseils:

● ne choisir l'emplacement d'un As que quand vous posez le 2, ce qui permet de choisir la rangée idéale pour chaque couleur.

● repérer les cartes importantes: un Roi situé sur la douzième ou la treizième colonne ne doit pas, si possible, être ramené vers la gauche, de même qu'une Dame sur la onzième ou la douzième colonne et ainsi de suite. Une carte, même basse, quand elle est bien placée, est prometteuse.

● avant de commencer à déplacer les cartes, essayez d'étudier toutes les variantes, les bifurcations□, quand vous avez découvert la ligne de jeu la plus satisfaisante, allez-y.

une rangée □ a row	
un cran □ a notch	
une bifurcation □ a branching off	

Une suite possible dans cette position:
6 ♥ puis 7 ♥ à droite du 5 ♥, 10 ♦ à droite du 9 ♦, V ♦ à droite du 10 ♦, 8 ♣ à droite du 7 ♣, 6 ♦ à droite du 5 ♦, 5 ♣ à droite du 4 ♣, 5 ♠ à droite du 4 ♠, 3 ♠ à droite du 2 ♠, 7 ♦ à droite du 6 ♦, D ♦ à droite du V ♦, D ♣ à droite du V ♣, V ♣ à droite du 10 ♣, etc.

Recettes

Si nous avions essayé de rassembler toutes les recettes grâce auxquelles la France est célèbre et célébrée dans le monde entier, ce livre aurait pesé une tonne (et vous aussi peut-être!). Nous vous proposons donc le menu suivant:

Entrée
soupe à l'oignon *ou* tomates fourrées *ou* salade niçoise

Viande
coq au vin *ou* escalopes à la crème

Fromage

Dessert
oranges à la mousse de sabayon *ou* carré aux pommes

Vins au choix

Au travail! Mettez-vous à plusieurs pour préparer ces plats. Vous pourrez ensuite les offrir à vos camarades de classe, à vos amis, ou même à vos professeurs!
Aucun de ces plats n'est difficile à préparer. Aucun de ces plats n'est coûteux. N'importe quel vin, rouge, blanc, rosé fera l'affaire.

Bon appétit!

Salade niçoise, tarte aux pommes et coq au vin

Tomates fourrées

Pour 6 personnes:

6 tomates moyennes
½ boîte de thon° au naturel
1 livre de petits pois
sel, poivre

1 bol d'ailloli°:
¼ de litre d'huile d'olive
3 gousses° d'ail
1 jaune d'œuf
1 cuillerée à soupe de persil haché

Préparation: 30 minutes
Cuisson°: nulle

Choisissez des tomates bien rondes à chair ferme.

Découpez un chapeau. Videz l'intérieur à l'aide d'une cuillère. Réservez la chair enlevée, retirez-en les pépins°, salez, poivrez.

Ecossez les petits pois. Jetez-les dans l'eau bouillante salée, attendez deux minutes. Sortez-les de l'eau, rafraîchissez-les à l'eau froide.

Sortez le thon de sa boîte, égouttez-le°, fractionnez-le.

Préparez un ailloli.

Mélangez thon, petits pois, chair égouttée des tomates, assaisonnez d'ailloli. Remplissez les tomates, saupoudrez-les d'une pincée de per-sil haché. Couvrez avec le chapeau réservé.

Servez frais.

L'ailloli: pilez 3 gousses d'ail. Lorsqu'elles sont réduites en purée, ajoutez un jaune d'œuf, sel et poivre. Mélangez et versez peu à peu ¼ de litre d'huile d'olive, comme pour une mayonnaise.

thon □ tuna fish	
l'ailloli □ garlic mayonnaise	
une gousse d'ail □ a clove of garlic	
cuisson □ cooking time	
un pépin □ a seed	
égoutter □ to drain	

Salade Niçoise

**4 tomates, 4 pommes de terre
250 g de haricots verts
1 salade verte, 2 poivrons
1 pied de céleri en branches
1 boîte moyenne de thon à l'huile
250 g d'anchois□ au sel
100 g d'olives noires
huile d'olive, 2 œufs durs
vinaigre de vin, sel, poivre**

Préparation: 45 minutes
Cuisson: 20 à 25 minutes

Lavez les anchois à l'eau courante. Epongez-les, couvrez-les d'huile d'olive.

Faites cuire les pommes de terre à l'eau salée. Egouttez-les, épluchez-les□, coupez-les en rondelles.

Faites cuire les haricots verts à l'eau bouillante salée 20 minutes environ, pour qu'ils soient encore fermes et bien verts. Egouttez-les. Coupez-les en deux ou trois morceaux.

Dans un saladier, disposez par couches successives les pommes de terre, les haricots verts avec la salade, le céleri coupé en fines lanières, les tomates coupées en quartiers, les poivrons coupés en rondelles fines, les anchois et quelques olives. Terminez par les œufs durs coupés en quatre, le thon coupé en morceaux et le reste des olives.

Préparez un bol de vinaigrette à part. Versez-la sur la salade. Mélangez au moment de servir.

anchois □ anchovies	
éplucher □ to peel	

Coq au vin

Pour 6 personnes:

**1 coq (poulet) de 1 kg 500 coupé en morceaux
50 g de beurre
100 g de lard (fumé ou non)
½ litre de vin rouge
2 cuillerées à soupe de cognac
2 cuillerées à soupe de farine
2 oignons
2 gousses d'ail
200 g de champignons
sel, poivre**

Préparation: 25 minutes
Cuisson: 1 heure 5 minutes

Faites dorer les oignons□ dans 50 g de beurre. Ajoutez les morceaux de poulet. Saupoudrez de farine.

Mélangez. Arrosez avec le cognac. Faites flamber. Couvrez de vin rouge. Ajoutez sel et poivre. Portez à ébullition□.

Ajoutez le lard, coupé en morceaux et préalablement cuit dans de l'eau bouillante pendant 10 minutes.

Couvrez, et faites cuire à petit feu pendant 40 minutes.

Ajoutez les champignons, préalablement cuits au beurre. Continuez la cuisson pendant 25 minutes environ.

faire dorer les oignons □ to cook the onions until golden	
porter à ébullition □ to bring to the boil	

Escalopes à la crème

Pour 6 personnes:

**6 escalopes de 130 à 150 g
350 g de champignons de Paris
2 citrons
300 g de crème
2 cuillerées à café
de concentré de tomate
60 g de beurre
sel, poivre, farine**

Préparation: 30 minutes
Cuisson: 40 minutes

Lavez les champignons dans l'eau citronnée pour qu'ils restent bien blancs. S'ils sont gros, coupez-les en deux ou en quatre, ne les émincez pas. Faites-les cuire dans une casserole avec une noix de beurre, le jus d'un demi-citron, à feu modéré, salez, poivrez, couvrez. Lorsqu'ils baignent dans leur eau, enlevez le couvercle, faites bouillir à grand feu jusqu'à ce qu'il ne reste plus que le beurre. Mettez en attente.

Farinez légèrement chaque escalope. Faites-les dorer à la poêle dans le beurre sans vous préoccuper de leur cuisson complète. Retirez-les au chaud lorsqu'elles sont bien blondes. Salez, poivrez légèrement.

Versez la crème dans la poêle, faites-la chauffer, ajoutez le concentré de tomate, salez et poivrez prudemment, faites bouillir 3 minutes. Remettez les escalopes ainsi que les champignons et leur jus. Tenez au chaud sans bouillir pendant 10 minutes, le temps de finir de cuire la viande et de mélanger les arômes.

Servez avec des légumes verts ou des pommes sautées, voire du riz.

émincer □ to slice thinly	

Oranges à la mousse de sabayon

Pour 6 personnes:

4–6 oranges non traitées
100 g de chocolat
8 cuillerées à soupe de sucre roux
8 œufs
30 cl de crème fraîche épaisse
12 cuillerées à soupe de rhum
½ cuillerée à café de noix
muscade râpée

Pour la décoration:
60 g de chocolat

Préparation et cuisson: 1 heure
Réfrigération: 2 heures

Lavez 1 orange, essuyez-la et râpez-en la moitié du zeste. Pelez toutes les oranges, puis coupez-les en rondelles. Tapissez[] l'intérieur d'une coupe en verre avec ces rondelles et mettez le récipient au réfrigérateur.

Confectionnez un sirop: faites fondre le sucre avec 4 cuillerées à soupe d'eau dans une casserole à feu moyen en remuant constamment à la cuillère en bois. Laissez bouillir le sirop pendant 2 minutes, puis retirez-le du feu et laissez-le refroidir, en veillant à ce qu'il ne prenne[] pas.

Préparez un sabayon[]: cassez les œufs en séparant les blancs des jaunes. Versez les jaunes dans une grande jatte[] résistant à la chaleur, ajoutez le rhum et la noix de muscade et battez le tout au fouet électrique ou à main, jusqu'à ce que le mélange blanchisse et épaississe. Préparez un bain-marie; posez-y la jatte et continuez de battre au fouet, jusqu'à ce que la préparation prenne consistance et augmente légèrement de volume. Retirez la casserole du feu et laissez refroidir le sabayon en battant au fouet.

Râpez le chocolat. Battez les blancs d'œufs en neige ferme, puis versez le sirop de sucre dessus et incorporez-le à l'aide d'une cuillère. Fouettez la crème fraîche et versez le sabayon dessus: incorporez ce dernier ainsi que le chocolat à la crème, puis incorporez le tout aux blancs d'œufs. Versez cette mousse dans la coupe et laissez 2 heures au frigo.

Cassez le chocolat prévu pour la décoration en morceaux et faites fondre ceux-ci au bain-marie en mélangeant pour obtenir une crème lisse. Etalez celle-ci sur une feuille d'aluminium. Laissez durcir le chocolat, puis râclez-le[] avec la lame d'un couteau pour former des copeaux[]. Mettez ces copeaux au centre de la mousse et parsemez le reste avec le zeste râpé.

tapisser	[]	to line
prendre	[]	to catch
sabayon	[]	zabaglione
une jatte	[]	a shallow bowl
racler	[]	to scrape
copeaux	[]	shavings

Tarte aux pommes

Pour 6 personnes:

4 pommes rouges
4 cuillerées à soupe de jus de citron
6 cuillerées à soupe de confiture
    d'abricots
6 cuillerées à soupe de noix hachées
2 gros jaunes d'œuf
cannelle[] en poudre
50 g de beurre
40 g de farine

Pour la pâte:
250 g de farine
6 cuillerées à soupe de sucre
    semoule
150 g de beurre mou
2 pincées de sel

Préparation et cuisson: 50 minutes
Refroidissement: 1 heure

Préparez la pâte: mettez le sucre et le beurre dans une jatte et battez-les à la cuillère en bois, jusqu'à ce que le mélange commence à blanchir et à mousser. Tamisez[] la farine et le sel au-dessus de la jatte et incorporez-les au mélange beurre-sucre. Pétrissez légèrement la pâte afin qu'elle devienne lisse. Faites chauffer le four à 200°, thermostat 6.

Farinez un rouleau et une planche à pâtisserie et abaissez la pâte en un rond. Beurrez un moule et garnissez-le avec la pâte. Mettez autour et laissez cuire pendant 20 minutes environ, jusqu'à ce que la pâte soit dorée.

Pendant ce temps, lavez les pommes sans les éplucher, essuyez-les, coupez-les en quatre, ôtez-en la queue, le cœur et les pépins et coupez la pulpe en lamelles[] fines. Arrosez celles-ci d'un peu de jus de citron pour les empêcher de noircir. Battez légèrement le jaune d'œuf. Faites fondre le reste du beurre.

Sortez la pâte du four et badigeonnez-la[] avec le jaune d'œuf. Recouvrez-la ensuite avec 3 rangées de lamelles de pomme. Enduisez le tout avec le beurre fondu et poudrez de cannelle. Remettez 10 minutes au four.

Au bout de ce temps, laissez refroidir le carré complètement puis démoulez-le sur un plat. Faites fondre la confiture d'abricots à feu doux dans une petite casserole et badigeonnez-en les lamelles de pomme. Décorez le tour du carré et l'intervalle entre les rangées de pomme avec les noix hachées.

cannelle	[]	cinnamon
tamiser	[]	to sieve
pétrir	[]	to knead
une lamelle	[]	a thin slice
badigeonner	[]	to brush with

Mots Croisés

Où sont passées les cases noires?

Les cases noires ont été remplacées par des lettres. A vous de reconstituer la grille de mots croisés initiale!

P	E	R	S	O	N	N	E	L	L	E
E	C	O	U	L	E	R	T	A	O	N
N	A	S	S	E	R	O	A	S	I	S
I	L	E	T	I	S	S	U	E	S	I
T	E	T	E	N	E	E	N	C	I	L
E	R	I	G	E	R	R	S	O	R	E
N	U	S	A	G	T	O	N	U	S	R
C	L	O	R	E	R	B	O	L	E	U
I	U	L	E	G	R	E	B	E	C	S
E	T	E	R	N	I	S	E	R	R	E
R	E	R	E	O	S	E	R	A	I	E

Mots mélangés

Chaque 'définition' est, en fait, un anagramme de sa solution; c'est-à-dire, il faut mélanger les lettres, pour trouver la bonne réponse. Prenez garde, car il y a dans certains cas plusieurs anagrammes possibles. (Ne pas tenir compte des accents)

Horizontalement

1 blêmes
4 râpés
7 crue
8 inviter
10 muser
11 noter
13 rien
16 le soir
18 salie
19 bien
20 ange
23 sûre
24 saletés
25 est

Verticalement

1 avons
2 remet
3 lion
4 rames
5 pue
6 relève
7 etc.
9 section
12 tenir
14 laide
15 aider
17 rouge
21 tes
22 rat

Connaissez-vous les Français?

Trouvez d'abord les 15 solutions qui se lisent horizontale-
ment. Si vous avez rempli les cases sans erreur, vous
pourrez lire dans les deux chemins à zigzag A et B le nom
de deux Français bien connus.

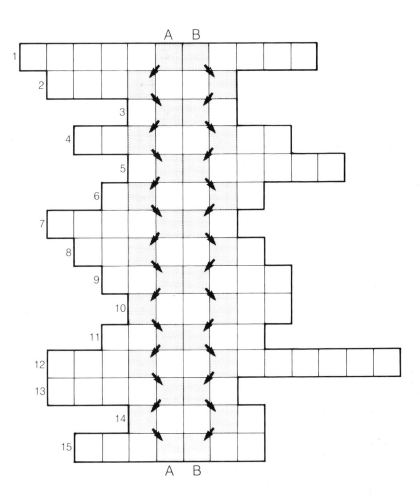

1 l'auteur de «L'Etranger» et de «La Peste» (6,5)
2 cinéaste français, son film le plus connu est «Un
   Homme et une Femme» (8)
3 Molière écrivit une pièce nommée «Dom . . .» (4)
4 poète français, un des principaux poètes des Parnas-
   siens (1842–1898) (8)
5 philosophe du 18e siècle, dont le vrai nom était
   François-Marie Arouet (8)
6 Alfred de . . ., poète romantique (1810–1857) (6)
7 musicien célèbre qui composa «Prélude à l'après-midi
   d'un faune» (7)
8 le groupe de poètes du 16e siècle dont les plus connus
   étaient Ronsard et Du Bellay (7)

9 elle épousa 'Willy' et ils écrivirent des livres
   ensemble (7)
10 Louis . . ., poète de notre siècle (6)
11 Paul . . . est un autre poète surréaliste de notre
   siècle (6)
12 auteur romantique qui donna son nom à un morceau
   de bœuf! (13)
13 il navigua tout seul sur son yacht (7)
14 le prénom de Zola (5)
15 Marcel . . . est un grand interprète de mime (7)

Connaissez-vous la France?

Essayez de trouver la position de chaque ville française dans la grille. Vous allez voir que la position de chacune correspond (d'une manière très approximative) à sa position sur la carte de France.

10 lettres	PONTARLIER	7 lettres	AVIGNON	5 lettres	DINAN
			BEZIERS		NANCY
9 lettres	PERPIGNAN		LE HAVRE		NIMES
	ST ETIENNE		VALENCE		NIORT
					PARIS
8 lettres	BERGERAC	6 lettres	AMIENS		RODEZ
	BESANÇON		DINARD		
	BIARRITZ		EPINAL	4 lettres	ALBI
	BORDEAUX		LE MANS		AUCH
	GRENOBLE		MILLAU		LYON
			NANTES		SENS
			PRIVAS		SETE
			RENNES		
			VANNES		

Mots sandwichs

Si vous trouvez la bonne solution aux deux définitions A et B, vous verrez, caché dans les cases grises, un autre mot de 6 lettres. Pour vous aider à trouver les mots cachés, il y a une liste supplémentaire de dix définitions en dessous. Mais attention: les définitions de cette liste ne sont pas dans le bon ordre.

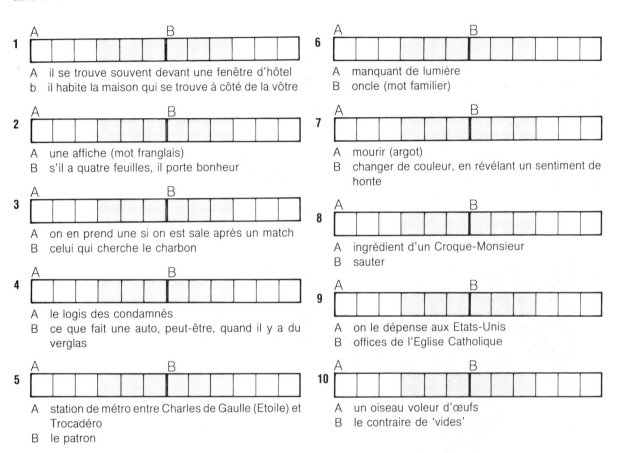

1
A il se trouve souvent devant une fenêtre d'hôtel
b il habite la maison qui se trouve à côté de la vôtre

2
A une affiche (mot franglais)
B s'il a quatre feuilles, il porte bonheur

3
A on en prend une si on est sale après un match
B celui qui cherche le charbon

4
A le logis des condamnés
B ce que fait une auto, peut-être, quand il y a du verglas

5
A station de métro entre Charles de Gaulle (Etoile) et Trocadéro
B le patron

6
A manquant de lumière
B oncle (mot familier)

7
A mourir (argot)
B changer de couleur, en révélant un sentiment de honte

8
A ingrédient d'un Croque-Monsieur
B sauter

9
A on le dépense aux Etats-Unis
B offices de l'Eglise Catholique

10
A un oiseau voleur d'œufs
B le contraire de 'vides'

Définitions des mots cachés

i On peut l'acheter à la confiserie.
ii A Montmartre, dans Paris, on trouvera la Place du . . .
iii Protection supplémentaire quand il faut que la porte soit bien fermée à clé.
iv Demander leur opinion à un certain nombre de personnes.
v Il est 'exceptionnel' sur un très gros camion.
vi Il s'occupe de ses moutons.
vii Deux personnes.
viii On les voit quand quelqu'un pleure.
ix Un habitant de Brest ou de Rennes.
x Une petite route ou un sentier.

La journée de Patrick

Image A

Aujourd'hui Patrick ne va pas au **8** ↓ parce que c'est dimanche. Il fait beau **1** ↓ et Patrick voudrait jouer au **6** ↓ avec son ami Martin. Il prend sa **7** ↓ et des **2** →. Il prend sa **2** ↓ et va dans **3** ↓ pour aller **13** → Martin qui habite tout près dans **16** ↓ grande maison.

Image B

Patrick adore la musique. Dans l'après- **5** ↓ il joue du **10** → et du **9** → dans sa maison. Patrick joue **18** ↓ bien. Ensuite il écoute un **12** ↓.

Image C

Au dîner ce soir, il y a du **19** → et ensuite du **19** ↓. Le chien de Patrick mange **15** → la table. Patrick porte un blue- **4** ↓ et une **8** → blanche sous un **14** → gris.

Image D

A **17** → heures, Patrick va au **21** → avec son amie Hélène. La pièce de théâtre **20** → deux heures et demie. Malheureusement, demain, c'est **11** →.

En chaînes

Chaque réponse s'écrit autour de son chiffre: mais attention! Il faut trouver le point de départ de la réponse, trouver aussi dans quel sens procède le mot. Chaque réponse comporte huit lettres.

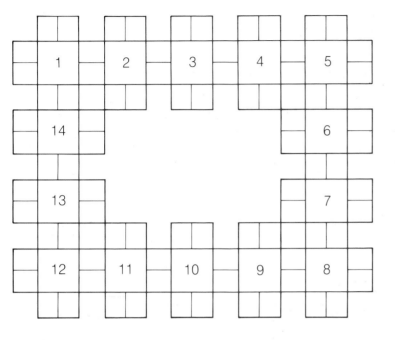

1 entre premier et troisième
2 tu . . . la télé souvent?
3 ils sont servis après la salade et avant le dessert
4 le jour de juillet qui marque la date de la Révolution
5 une question dont la réponse est souvent parce que . . .!
6 la rose, par exemple (2 mots)
7 aimes mieux
8 armoires
9 le repas de midi
10 comment appeler un homme
11 un vêtement porté aussi bien par une femme que par un homme
12 entendent
13 elles aident les myopes
14 le contraire d' 'intéressant'

Des chiffres et des lettres

Chaque chiffre correspond à une lettre de l'alphabet: vous devez compléter la grille en déterminant quel chiffre équivaut à quelle lettre.

3			9					21		26	5	26	7
19	15	20	7	9	10	19	7	17		18			20
15	2	16	4 S		19		9		12	2	20	7	
24	16	7	16 U	7	4		2	25	7	9	5		
	9	7	6 L	5	19	4		6	16	7	16	9	
	9		20	16	20	2	11	7	9		13		
	19		5		7	23	7	16	20	7		22	
8	7	15	20	7		23	16	9	7	20	20	7	
5		16			10	7	13	7		2		22	
14	19	6	2	4		19		16	20	19	6	7	
9		6		7		6		4	2	6		4	
9	16	7	6	6	7		1	7	20	7	9		
1	2	3	4 S	5	6 L	7	8	9	10	11	12	13	
14	15	16 U	17	18	19	20	21	22	23	24	25	26	

Les derniers mots

Si vous trouvez la bonne réponse à chacune des 16 définitions, vous pourrez lire des expressions dans les deux colonnes verticales indiquées: la première expression indique le moment toujours attendu par les élèves, et la deuxième indique leur espoir.

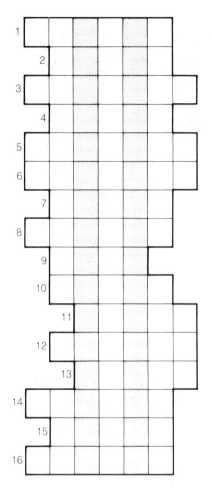

1 on y met ses vêtements, avant de partir en voyage (6)

2 onde (ce n'est pas très précis, ça) (5)

3 utiliser une gomme (7)

4 partie d'une maison qu'on voit sur la scène du théâtre (5)

5 il ne dit pas la vérité (7)

6 il ne porte rien sur la plage (7)

7 Alexandre ... écrivit «Les 3 Mousquetaires» (5)

8 écrivain (6)

9 ce qu'on paie (4)

10 la saison froide (5)

11 une école ... est pour garçons et filles (5)

12 il collabora avec les Allemands en 1940 (6)

13 il y a des dessins humoristiques de cet homme dans ce livre (5)

14 profession (6)

15 cent centimes (5)

16 l'ensemble des journalistes (6)

A Paris

Horizontalement

1 on l'entend parfois dans les couloirs du métro (7))

5 un habitant de la capitale de la France (8)

9 Le nom de la cathédrale qui se trouve sur l'Ile de la Cité (5-4)

10 le troisième arrondissement de Paris (6)

11 le Louvre, par exemple (5)

12 «St. André des . . .» (4)

13 un sculpteur célèbre né à Paris (5)

16 la saison des vacances (3)

18 tu prends . . . valise avec toi (2)

19 une station de métro dans une autre capitale? (4)

21 un diamant, par exemple (5)

22 tu . . . une carte? (2)

23 pour faciliter la montée au Sacré-Cœur il y a . . . funiculaire (2)

24 «Où . . .-. . .?» «Je suis à la Gare Montparnasse» (2-2)

25 voici une horloge qui indique l'. . . (5)

Verticalement

1 un quartier où se trouve la Place du Tertre (10)

2 «Les Arènes de Lutèce»: un des . . . historiques de Paris (5)

3 il faut souvent faire la . . . au guichet (5)

4 Louis XIV a dit «L'. . . c'est moi» (4)

5 St-Germain-des . . . (4)

6 les initiales des transports de Paris (4)

7 un grand magasin situé près du Pont Neuf à Paris: La . . . (11)

8 St Séverin, par exemple, ou St Julien-le-Pauvre (6)

14 Alexandre . . ., écrivain français (1802–1870) (5)

15 beaucoup de Français . . . travaillent pas en août (2)

17 la couleur d'un ticket de métro parisien (5)

18 une excursion: à un monument? (4)

20 Le Bois de Vincennes . . . situé à l'. . . de Paris (3)

SOLUTIONS

A l'école (page 187)

Horizontalement

1 maths 5 gris 9 en route
10 géo 11 chien 13 Ali
14 primes 15 gaz 16 dessin
18 étage 20 est 22 sport
23 Mao 25 chimie 26 horreur
27 truc 28 héros

Verticalement

1 ménage 2 anglais 3 treize
4 sucre 6 Reims 7 idée
8 sans 12 histoire 16 disco
17 Nevers 19 armer 20 émet
21 tohu 24 air

Les solutions qui n'avaient pas de
définition sont:
maths géo dessin sport
chimie Anglais histoire
L'expression donnée par les cases
contenant les chiffres romains est:
les grandes vacances

Le sac à dos (page 199)

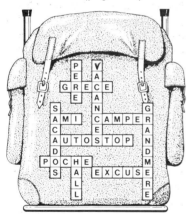

Hiroshima, mon amour (page 210)

Horizontalement

4 cloches 5 panser 8 ravin
10 nier 11 débâcle
13 méchanceté 14 main
15 derrière 17 morte
19 repoussent 21 ignorer
22 ruines 23 peuplier

Métro ... boulot ... dodo (page 222)

Verticalement

1 moindre 2 chambres
3 arracher 4 cave 6 avis
7 surlendemain 9 résistance
12 camions 16 repartit
18 guérir 20 ennemi

Horizontalement

1 chambre 5 stage 8 lever
11 rêves 12 arrêt 13 vin
14 épreuve 18 argot 19 tes
20 ni 21 ami 23 terminale
26 âgée 27 eu 28 Léon
29 métier 31 porte 32 WC
34 literie 38 protège 40 année
42 tente 43 éclair 44 Ile
45 nuits 46 Saint

Verticalement

1 carnet 2 Anvers 3 bus
4 élève 5 se 6 travail
7 garage 9 vendange
10 station 15 peignoir 16 une
17 virée 22 ma 23 te
24 mutilés 25 éliminé
29 médecin 30 rue 33 créent
35 tapis 36 ratés 37 ennui
38 prêt 39 Orly 41 et

Petites annonces (page 236)

1 salle 2 chauffage 3 chambres
4 grand 5 proximité
6 ascenseur 7 tout 8 central
9 pièces 10 de bains
11 vends 12 étage
13 téléphone 14 commerces

L'expression: 'La maison idéale' se
lit dans la colonne verticale.

Saint-George (page 253)

Horizontalement

5 retombée 8 boule 9 fête
10 éblouissant 11 lieu 13 en
pleine nuit 15 herbe 16 rester
19 enfants 22 plaisir
23 tumeurs

Verticalement

1 fréquence 2 peau 3 obèse
4 plateau 6 trembler
7 maladies 9 falaises 12 entre
14 cancers 17 enfin 18 trois
20 feux 21 sur

Crime et châtiment (page 271)

Horizontalement

1 policier 6 voler 9 tôle
10 criminel 11 Néron 12 sang
13 prison 16 évade 18 Landru
21 corrige 23 arrête 26 aveu
27 exilent 28 cage 30 travaux
31 sabre 32 lèse

Verticalement

1 pickpockets 2 lainier 3 cri
4 êtes 5 Roland 6 vengeur
7 Lorca 8 Rance 14 olive
15 nagent 17 dit 19 neutre
20 raviva 22 râler 24 recul
25 élève 29 axe

Les lettres dans les cases qui se
situent sous la grille permettent
d'écrire 'Place de la Bastille.'

Pays et capitales (page 285)

Les pays	Les capitales
France	Paris
Angleterre	Londres
Allemagne	Bonn
Autriche	Vienne
Suisse	Bern
Italie	Rome
Grèce	Athènes
Norvège	Oslo
Suède	Stockholm
Espagne	Madrid
Portugal	Lisbonne
Hollande	Amsterdam

La treizième capitale est 'Varsovie'.
Les lettres mortes de la grille sont
P O L O G N E, chacune figurant
cinq fois.

►

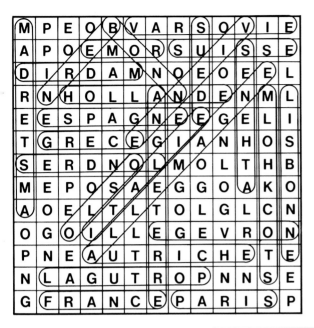

Pour les sportifs (page 293)

Horizontalement

2 filet 4 potion 6 prêt 7 neuf
8 ici 9 génial 10 sport
14 piqûre 16 camion 17 bof
19 grive 20 bée 22 équipage
24 cave 26 voyelles 28 selle
29 aidée 30 visser 32 cils
33 dentiers 34 épicerie.

Verticalement

1 alpinisme 2 foot 3 tennis
4 pétanque 5 judo 6 ping-pong
9 golf 11 pêche 12 rami
13 boxe 15 rugby 17 boules
18 billard 20 bridge 21 échecs
23 pelote 25 volley 26 voile
27 saut 31 ski

Le veilleur de nuit (page 294)

Le veilleur avait rêvé donc dormi –,
ce qui était la dernière chose à faire
dans son métier.

Miroir (page 295)

Sur le deuxième dessin les objets
suivants ne sont pas des images
miroir:
– la tête de la femme
– la ville
– la chaise
– l'étiquette
– le bouchon

Sept différences (page 295)

Sur le deuxième dessin les choses
suivantes sont différentes:
– la colline (à gauche)
– la montagne
– l'herbe (en bas à droite)
– les cailloux (au centre)
– le pantalon du jeune homme
– le carquois (sac pour les flèches)
– les nuages (au centre)

Cubes identiques (page 295)

Le mot qu'on peut lire de l'autre
côté est 'moitié'.

Rien ne va plus!

Les trois portes (page 296)

A la porte B. Si à la porte B il y a
un Zaza, A et C doivent cacher des
Yoyos pour que l'affirmation soit
fausse, mais alors A devrait être
juste et ne l'est pas. Si porte B il y
a un Yoyo, A et C doivent cacher
des Zazas et l'affirmation sur ces
portes doit être fausse, ce qui est
le cas.

Les deux baleines (page 296)

Soit t_1 le temps passé entre la
séparation des deux baleines et le
demi-tour de la plus rapide. Soit t_2
le temps passé entre le demi-tour
et l'instant où les baleines se
retrouvent ($t_1 + t_2 = \frac{3}{4}$, en
adoptant l'heure comme unité de
temps).
Distance entre le lieu de séparation
et celui où les baleines se
retrouvent:
$6(t_1 + t_2) = 10t_1 - 10t_2$.
Nous avons ainsi deux équations à
deux inconnues t_1 et t_2: $4t_1 + 4t_2$
$= 3$, $4t_1 - 16t_2 = 0$, donc $20t_2 = 3$
et $t_2 = \frac{3}{20} = 9$ minutes.
Le demi-tour a donc eu lieu à 9 h
51 mn ou 10 heures moins 9.

Faire glisser les bandes (page 296)

A	D	O	S		
	E	R	O	S	
		G	U	E	T
		U	R	N	E
C	E	D	E		

Petits changements (page 296)

Le mot supplémentaire a été ajouté à la solution de chaque groupe.

1 taxi bus train voiture *car* (transport)
2 pomme poire raisin pêche *orange* (fruits)
3 jupe robe gant manteau *ceinture* (vêtements)
4 café bière vin lait *porto* (boissons)
5 verre tasse pot cruche *vase* (récipients)
6 main tête ventre cheville *bouche* (parties du corps)
7 rouge noir blanc gris *violet* (couleurs)
8 chat lapin vache singe *puce* (créatures)
9 Rennes Reims Rouen Nevers *Lille* (villes françaises)
10 Loire Seine Sarthe Cher *Saône* (fleuves/rivières français)

L'Anti-gravité (page 297)

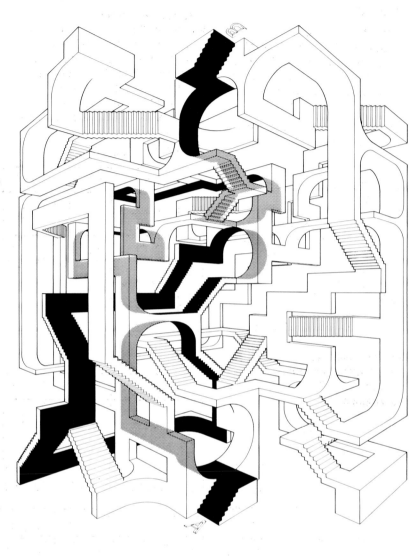

Où sont passées les cases noires? (page 304)

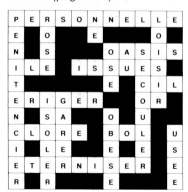

P	E	R	S	O	N	N	E	L	L	E
E		O		E				O		
N		S			O	A	S	I	S	
I	L	E		I	S	S	U	E	S	
T				E		C	I	L		
E	R	I	G	E	R		O	R		
N		S	A		O		U			
C	L	O	R	E		B	O	L		U
I		L	E		E		E			S
E	T	E	R	N	I	S	E	R		E
R		R			E					E

Mots mélangés (page 304)

Horizontalement

1 semble 4 après 7 cure
8 vitrine 10 mûres 11 notre
13 nier 16 isoler 18 asile
19 béni 20 nage 23 user
24 Altesse 25 set

Verticalement

1 savon 2 mètre 3 loin
4 armes 5 peu 6 élever 7 cet
9 notices 12 rient 14 idéal
15 raide 17 orgue 21 est
22 art

Connaissez-vous les Français? (page 305)

1 Albert Camus 2 Lelouch
3 Juan 4 Mallarmé 5 Voltaire
6 Musset 7 Debussy 8 Pléiade
9 Colette 10 Aragon 11 Eluard
12 Chateaubriand 13 Tabarly
14 Emile 15 Marceau

Les deux «grands» français sont Toulouse-Lautrec et Charles de Gaulle.

Connaissez-vous la France? (page 306)

1 Besançon 2 Le Mans 3 Paris
4 Sens 5 Dinan 6 Le Havre
7 Nancy 8 Dinard 9 Rennes
10 Amiens 11 Nantes
12 Epinal 13 Pontarlier 14 Lyon
15 Vannes 16 Niort 17 Auch
18 St. Etienne 19→ Bergerac
19↓ Bordeaux 20 Rodez
21 Privas 22 Valence 23 Millau
24 Perpignan 25→ Béziers
25↓ Biarritz 26 Sète
27 Grenoble 28 Albi 29 Nîmes
30 Avignon

Mots sandwichs (page 307)

1 A balcon   B voisin   convoi (def. v)
2 A poster   B trèfle   tertre (def. ii)
3 A douche   B mineur   chemin (def. x)
4 A prison   B dérape   sonder (def. iv)
5 A Kléber   B gérant   berger (def. vi)
6 A sombre   B tonton   breton (def. ix)
7 A crever   B rougir   verrou (def. iii)
8 A jambon   B bondir   bonbon (def. i)
9 A dollar   B messes   larmes (def. viii)
10 A coucou   B pleins   couple (def. vii)

La journée de Patrick (page 308)

1 temps 2→ balles
2↓ bicyclette 3 la rue 4 Jean
5 midi 6 tennis 7 raquette
8→ chemise 8↓ collège 9 cor
10 piano 11 lundi 12 disque
13 chez 14 pull 15 sous
16 une 17 sept 18 très
19→ potage 19↓ pâté 20 dure
21 théâtre

En chaînes (page 309)

Des chiffres et des lettres (page 309)

1	2	3	4	5	6	7	8	9	10	11	12	13
J	O	C	S	A	L	E	F	R	V	Y	H	X
14	15	16	17	18	19	20	21	22	23	24	25	26
K	N	U	W	D	I	T	Z	B	M	Q	P	G

Les derniers mots (page 310)

1 valise 2 vague 3 effacer
4 pièce 5 menteur 6 nudiste
7 Dumas 8 auteur 9 prix
10 hiver 11 mixte 12 Pétain
13 Sempé 14 métier 15 franc
16 presse

Dans les colonnes verticales indiquées, on lira 'la fin du trimestre' et 'succès aux examens'

A Paris (page 311)

Horizontalement

1 musique 5 Parisien 9 Notre-Dame 10 temple 11 musée
12 Arts 13 Rodin 16 été
18 ta 19 Rome 21 bijou
22 as 23 un 24 es-tu
25 heure

Verticalement

1 Montmartre 2 sites 3 queue
4 état 5 Prés 6 RATP
7 Samaritaine 8 église
14 Dumas 15 ne 17 jaune
18 Tour 20 est

INTRODUCTION

This is a reference section, designed to help you find a solution quickly to any grammatical problem that you may encounter.

The purpose of this section is quite different from 'Modules' and 'Documents', and can be outlined under four headings:

a To summarise the most important concepts of the French language which you will be expected to have mastered, under the traditional grammatical headings.

b To give examples of these concepts 'in action'.

c To assemble clusters of words – verbs, nouns, adjectives, adverbs, pronouns, etc – which have something in common, so that they can be used either as a reference source or as a learning target depending on your own needs.

d To provide ways of making your use of written and spoken French more subtle, more effective.

This section is neither a potted summary of 'Modules' and 'Documents' nor an alternative to using language. It is merely a support to what most of you will know already, a guide on accurate and sophisticated use of French.

Articles

1 Three types

Definite	Indefinite	Partitive
le	un	du
la	une	de la
l'		de l'
les	des	des
		de

You will already have discovered that English provides no reliable guide at all to their use! Look at the following examples and work out how you would express the ideas in English:

○ *Les melons* sont bons cette année.
○ *Le vin* ne se boit pas avec de l'eau.
○ Sur la route, *la vue c'est la vie.*
○ C'est une femme *d'une beauté exceptionnelle.*
○ Il y a *des papiers* partout.
○ Dans une cave où il y a *du bon vin* . . .

So does this mean that where there is an article in French, there is none in English? Not always. Look at the following examples:

○ Passe-moi *le sel*, s'il te plaît.
○ Ce livre décrit *la vie* d'un agriculteur breton.
○ J'ai trouvé *des papiers* importants dans le placard.

And what about these?

○ Ma femme est *dactylo.*
○ Avignon, *ville* touristique . . .
○ Il est sorti *sans chapeau.*
○ Elle n'avait *ni maison ni voiture.*
○ Il faut que tu *mettes fin* à cette liaison.
○ Il était entouré *de policiers.*

2 The definite article

Our most common mistake is to omit the article in French when we ought not to. Remember to use it:

a before nouns used in a general sense
○ J'adore *les asperges.*
○ Nous aimons *les gens intelligents.*
○ Elle n'aime pas *les enfants.*
○ Il aime *les femmes.*
○ Il adore *les animaux.*
○ Elle a une passion pour *les voitures.*
○ *Les chiens* l'intéressent plus que *les gens.*

b before an abstract noun
○ *La faim* et *la maladie* sont les deux fléaux du Tiers-Monde.
○ *La misère humaine* est partout.
○ *Le bonheur* existe.

c before languages, countries, continents
○ *La Tunisie* est plus grande que *la Belgique.*

○ *Le français* est une langue difficile à apprendre.
○ *L'Europe* est un continent.

d before names of substances

○ *Le poisson* est plus économique que *la viande*.
○ *Le fer* et *l'acier* se trouvent surtout en Lorraine.

e before subjects, sports, arts, sciences, illnesses

○ Son ami déteste *la chasse*.
○ Je n'ai rien contre *les maths*.
○ *Le cancer* est la maladie du siècle.
○ Il s'intéresse à *la peinture moderne*.

f before names of drinks, meals

○ *Le petit déjeuner* est le meilleur repas.
○ *Le Pastis* se boit beaucoup dans le Midi.

g before colours

○ «*Le Rouge* et *le Noir*»

h before parts of the body

○ N'oublie pas de te laver *les mains*.
○ Il a *les yeux bleus*.
○ Il faut lever *le doigt* pour avoir le droit de parler.

i before people's names when they are preceded by a noun or an adjective

○ *La reine* Elisabeth
○ *Le Président* Mitterrand
○ *Le Pape* Jean-Paul II
○ *La petite* Sophie

3 The indefinite article

By contrast, our most common error is to use it in French where it is not needed. Here are some instances where it is omitted:

a in enumeration

○ *Hommes, femmes et enfants* attendent l'ouverture de la foire.
○ *Anglais, Allemands, Chinois, Indiens, Américains* . . . toutes les nationalités étaient représentées.

b when a noun is in apposition

○ Camus, *écrivain* d'origine algérienne . . .
○ Jeanne d'Arc, *fille* d'un paysan lorrain . . .

c after 'sans', 'ni'. . .

○ Elle est arrivée *sans bagages*.
○ Il est venu *sans passeport*.
○ Elle n'est *ni communiste, ni socialiste*.

d after 'en, comme, en tant que, en qualité de', after jobs

○ Que voulez-vous *comme dessert*?
○ *En tant que médecin*, vous pouvez comprendre.
○ Je vous parle *en ami*.
○ Il a été invité *en tant que délégué syndical*.

○ Il a été *prisonnier*.
○ Elle est *fille de mineur*.
○ Elle est *professeur*.

e after quel, tel, si

○ *Quel dommage*!
○ *Quelle chance*!
○ *Quelle belle maison*!
○ Vous qui avez *un si beau jardin*!
○ Il y a *un tel vacarme* ici!
○ Je n'avais jamais vu *une telle foule*!

f before 'cent, mille'

○ Il y a *mille habitants* dans ce village.

g in various set expressions

○ Ne lui *fais pas confiance*!
○ Elle le *traita d'imbécile*.
○ Il a *mis fin* à tout ceci.
○ Elle *a droit* à un certain respect.

4 The partitive article

a part of a whole, unspecified quantity

○ Je voudrais *du gâteau, des cerises* et *de l'eau minérale*, s'il vous plaît.
○ Je ne bois que *du jus d'orange*.
○ Encore *du vin*, s'il vous plaît!

b part of a whole, specified quantity

As soon as the quantity is specified, you just need:
○ un kilo *de cerises*
○ une tranche *de pain*
○ une bouteille *d'eau*

c 'de' in a negative sentence

○ Je ne veux plus *de vin*.
○ Je n'ai pas *d'argent*.
○ Ils n'ont pas *d'enfants*.

d 'de' with an adjective before the noun

○ Elle a *de beaux cheveux* roux.
○ Il a *de grands yeux*.

e 'de' with notions of quantity

○ assez de
○ beaucoup de
○ combien de?
○ énormément de
○ une équipe de
○ une foule de
○ un groupe de
○ un milliard de
○ des milliers de
○ un million de
○ moins de (moins de quatorze ans)
○ un paquet de
○ peu de

- ○ plus de (plus de cent francs)
- ○ tant de
- ○ un tas de
- ○ tellement de
- ○ trop de

f 'de' with various expressions
- ○ bordé de (fleurs)
- ○ chargé de (paquets)
- ○ couvert de (neige)
- ○ dévoré de (d'ambition)
- ○ entouré de (montagnes/d'eau)
- ○ envahi de (moustiques)
- ○ inondé de (lumière)
- ○ peuplé de (fous)
- ○ plein de (idées)
- ○ rempli de (d'eau)
- ○ rongé de (remords)
- ○ tapissé de (velours)

Nouns

Learn the gender of a noun at the same time as learning the noun itself. There is no useful alternative. Because so much of the language surrounding a noun is controlled by its gender things are much simpler if the gender is known.

1 Masculine/feminine

There is hardly a single guideline to the gender of a noun which is not riddled with exceptions. At best, the following are generally true:

Masculine nouns

meanings: names of males
languages
most countries not ending in 'e'
days, months, seasons
trees, fruits, flowers not ending in 'e'
substances, colours

endings: -er (except 'la mer')
-al, -ail
-oir
-et
-ent (except 'la dent')
-eau (except 'la peau, l'eau')
-isme

Feminine nouns

meanings: names of females
most countries ending in 'e' (except 'le Mexique')
continents
most fruits and shrubs ending in 'e'
abstract nouns

endings: -oire
-une
-tié, -té (except 'le côté, le pâté)
-ière (except 'le cimetière')
-ise
-ance, -ence (except 'le silence')
-ée (except 'le lycée, le musée')
-tion

2 Nouns always masculine/always feminine

To complicate matters, some nouns are always masculine even when they are referring to a feminine subject; others are always feminine even when they are referring to a masculine subject.

Masculine	Feminine
un amateur	une connaissance
un auteur	une personne
un bébé	une recrue
un écrivain	une sentinelle
un ingénieur	une vedette
un médecin	une victime
un peintre	
un professeur	
un sculpteur	
un témoin	

e.g. Simone de Beauvoir est un écrivain connu dans le monde entier.
e.g. Alain Delon est une vedette internationale.

3 Nouns with meaning varying with gender

Further confusion occurs when the meaning of a noun varies depending on its gender. Here are some common examples:

	Masculine	Feminine
aide	assistant	help
crêpe	crape	pancake
critique	critic	criticism, review of books
garde	keeper, guard	watch
guide	guide	rein
livre	book	pound
manche	handle	sleeve, the Channel
manoeuvre	labourer	manoeuvre
mémoire	thesis	memory
mode	method, grammatical mood	fashion
moule	mould	mussel
oeuvre	complete works	work in general
page	page-boy	page
pendule	pendulum	clock
physique	physique	physics

	Masculine	Feminine
poêle	stove	frying pan
poste	job, post	post-office
somme	nap	sum
tour	turn, trick	tower
vapeur	steamer	steam
vase	vase	mud
voile	veil	sail, sailing

4 Masculine nouns and their feminine equivalents

Many masculine nouns have an equivalent feminine form: often you need do no more than add an 'e', unless there is already one there.
e.g. un marchand → une marchande

There are other categories:

Nouns ending in:

- eur → euse — un vendeur → une vendeuse
  - rice — un inspecteur → une inspectrice
  - resse — un docteur → une doctoresse
- eau → elle — un jumeau → une jumelle
- f → ve — un juif → une juive
- x → se — un époux → une épouse
- er → ère — un boulanger → une boulangère
- on → onne — un Breton → une Bretonne
- ien → ienne — un Canadien → une Canadienne

5 Plural of nouns

Plurals of nouns are a little more straightforward, and are usually formed by adding an 's'.
e.g. un enfant → des enfants

There are exceptions:

- nouns already ending in 's, z, x' do not change.
  - la croix → les croix
  - le nez → les nez
- al → aux
  - un cheval → des chevaux
- but: un bal → des bals
  - un festival → des festivals
- au, eau, eu, oeu → add 'x'
  - un château → des châteaux
  - un vœu → des vœux
- ou → add 's'
  - un trou → des trous
- but: un bijou → des bijoux
  - un caillou → des cailloux
  - un chou → des choux
  - un genou → des genoux
  - un hibou → des hiboux
  - un pou → des poux

- ail → add 's'
  - un rail → des rails
- but: un bail → des baux
  - un corail → des coraux
  - l'émail → les émaux
  - un travail → des travaux
  - un vitrail → des vitraux

- special formations
  - un aïeul → des aïeux
  - le ciel → des cieux
  - madame → mesdames
  - mademoiselle → mesdemoiselles
  - monsieur → messieurs
  - un oeil → des yeux

- names do not change
  - les Dupont

(Note: for plurals of compounds etc., see 8 below.)

6 Nouns with a plural form only

Some nouns only exist in the plural:

- les affres — pangs
- les alentours — neighbourhood
- les annales — annals, history
- les décombres — rubble, ruins
- les entrailles — guts
- les environs — neighbourhood
- les fiançailles — engagement
- les funérailles — funeral
- les gens — people
- les mathématiques — maths
- les menottes — handcuffs
- les moeurs — customs, habits
- les vacances — holidays
- les vêpres — vespers
- les vivres — provisions, rations

7 Collective nouns

Some nouns have a plural sense but operate as singular nouns. Take care not to make the surrounding language plural.

- La famille Leclerc est arrivée.
- La police est venue tout de suite.
- Le gouvernement a changé de politique.
- Une foule immense était rassemblée.

8 Compound nouns

Compound nouns are commonplace in English and in French. In English, we just put two ideas together: a washing machine, a coffee break... In French, the pattern is by no means so simple.

a noun + à + verb

○ une machine à écrire	typewriter
○ une machine à calculer	calculator
○ une machine à coudre	sewing machine
○ une machine à laver	washing machine
○ un fer à repasser	iron

To form the plural of these nouns add 's' (or the appropriate plural ending) to the first part only, e.g. des machines à écrire.

b noun + à + noun

○ un couteau à cran d'arrêt	flick knife
○ un couteau à pain	bread knife
○ un four à gaz	gas oven
○ un frein à disques	disc brake
○ une machine à traitement de textes	word processor
○ un patin à glace	ice skate
○ un patin à roulettes	roller skate
○ une planche à voile	wind surfing board
○ une tasse à thé	tea cup

To form the plural of these nouns add 's' (or the appropriate plural ending) to the first part only, e.g. des couteaux à cran d'arrêt.

c noun + de + noun

○ une auberge de jeunesse	youth hostel
○ une bouteille d'encre	bottle of ink
○ une carte d'abonnement	season ticket
○ un coup de feu	shot
○ le coup de foudre	love at first sight
○ un coup d'oeil	glance
○ un coup de pied	kick
○ un coup de poing	punch
○ un déjeuner d'affaires	business lunch
○ les heures de pointe	rush hour
○ un mois de vacances	a month's holiday
○ un pot de fleurs	flower pot
○ un pot-de-vin	bribe
○ une sortie de secours	emergency exit
○ une tasse de thé	cup of tea
○ une voiture de fonction	company car
○ un voyage d'affaires	business trip

To form the plural of these nouns add 's' (or the appropriate plural ending) to the first part, e.g. des auberges de jeunesse.

d verb + noun

○ un bouche-trou	fill-in
○ un casse-croûte	snack meal
○ un coupe-papier	paper knife
○ un casse-noisettes	nutcracker
○ le couvre-feu	curfew
○ un couvre-lit	bedspread
○ un cure-dents	toothpick
○ un essuie-glace	windscreen wiper
○ un essuie-mains	hand towel
○ un garde-manger	larder
○ une garde-robe	wardrobe
○ un gratte-ciel	skyscraper
○ un lave-vaisselle	dishwasher
○ un ouvre-boîte	can opener
○ un ouvre-bouteille	bottle opener
○ un porte-bonheur	lucky charm
○ un porte-clefs	key ring
○ un porte-drapeau	standard bearer
○ un porte-monnaie	purse
○ un porte-parole	spokesman
○ un porte-plume	penholder
○ un tire-bouchon	corkscrew
○ un tourne-disque	record player

These nouns do not change in the plural.

e noun + adjective

○ des accords salariaux	wage settlements
○ une aide gouvernementale	Government help
○ une année scolaire	school year
○ une crise pétrolière	oil crisis
○ un délégué syndical	union leader
○ un enfant prodige	child prodigy
○ une enquête policière	police enquiry
○ la presse féminine	women's press
○ un Prince charmant	Prince charming
○ la sécurité routière	road safety
○ la sécurité sociale	social security

Where a plural meaning is possible give the noun a plural form and make the adjective agree e.g. des aides gouvernementales.

f noun + noun

○ l'allocation-chômage	unemployment benefit
○ une année-lumière	light year
○ un appareil-photo	camera
○ une assurance-vie	life-assurance
○ un chef-lieu	county town
○ un loup-garou	werewolf
○ une pause-café	coffee break
○ un pont-levis	drawbridge
○ un soutien-gorge	bra
○ une station-service	petrol station
○ une télévision-couleur	colour television
○ un timbre-poste	post-office stamp

To form the plural add 's' (or the appropriate plural ending to the first part), e.g. des allocations chômage.

Adjectives

1 Patterns to form the feminine from a masculine adjective

○ add 'e' to the masculine, except where the masculine already ends in an 'e' without an accent (e.g. jeune → jeune)

gris → grise
petit → petite

but: long → longue
aigu → aiguë
dû → due
mû → mue

○ er, ier → ère, ière
léger → légère
dernier → dernière

○ as, eil, el, en, on → double last consonant and add 'e'
gras → grasse
formel → formelle
bon → bonne
canadien → canadienne

○ et → ète
discret → discrète
secret → secrète

○ f → ve
neuf → neuve
craintif → craintive

but: bref → brève

○ x → se
jaloux → jalouse

○ c → che/que
blanc → blanche
public → publique

but: grec → grecque

eure	supérieur → supérieure
○ eur → euse	trompeur → trompeuse
esse	vengeur → vengeresse
○ teur → trice	conservateur → conservatrice

The above patterns are general guidelines. It is safest to chech each unfamiliar case in a dictionary.

2 Patterns to form the plural

○ With feminine adjectives, add 's'
agressive → agressives

○ With most masculine adjectives, add 's'
bruyant → bruyants

except those already ending in 's' or 'x'
joyeux → joyeux

○ Masculine adjectives ending in 'eau', add 'x'
nouveau → nouveaux

○ Most masculine adjectives ending in 'al' change to 'aux'
égal → égaux

but some add 's'
fatal → fatals
natal → natals
naval → navals

3 Odd adjectives 'beau, nouveau, vieux'

masculine	beau	nouveau	vieux
masculine before vowel or 'h'	bel	nouvel	vieil
feminine	belle	nouvelle	vieille
masculine plural	beaux	nouveaux	vieux
feminine plural	belles	nouvelles	vieilles

4 Invariable adjectives

Some adjectives do not change at all:

a Compound adjectives of colour
○ une robe vert foncé
○ des gants bleu marine
○ une cravate bleu clair
○ des yeux gris-bleu

b Adjectives of colour derived from a noun
○ des ballons orange
○ des yeux marron

Also ○ des femmes chic
○ une demi-heure

5 Position of adjectives

a after a noun
The great majority of them come after the noun they describe.

○ une allée étroite
○ une église délabrée
○ un repas appétissant

b before the noun
Certain adjectives, usually short and very commonplace, normally come before the noun they describe.

beau	jeune	petit
bon	joli	premier
gentil	long	vaste
grand	mauvais	vieux
gros	méchant	vilain
haut	nouveau	

- un long moment
- un vieux collègue
- une mauvaise réputation

It is difficult sometimes to work out the real sense of a phrase, even when noun and adjective seem familiar, because it is not clear which is the noun and which is the adjective:
- une nouvelle trompeuse
- un savant aveugle

The fact that most adjectives come after the noun should help you solve these examples.

6 Adjectives with meaning varying according to their position

The following adjectives have a different meaning according to whether they come before or after the noun:

	before	after
ancien	former	old
bon	good	kind
certain	some	undoubted
cher	dear	expensive
dernier	last (in a series)	last (just gone)
grand	great, famous	tall, big
même	same	very
nul	no, not any	worthless
pauvre	unfortunate	poor
propre	own	clean
seul	sole	alone
simple	mere	plain, simple
vrai	real	true
honnête	virtuous	honest
nouveau	new	novel, fresh

7 Masculine adjectives used as nouns

Masculine adjectives can be used on their own to act as abstract nouns:
- L'important, c'est la rose.
- Il faut garder son sérieux.
- Le plus grave, c'est qu'il est malade.
- L'essentiel, c'est qu'il réussisse.
- Le plus difficile, c'est d'arriver.

8 Using adjectives to compare

a comparative
- Elle est plus grande que sa mère.
- Il est plus beau que son frère.

To compare one idea with another:
- La France est plus belle que je ne le croyais.
- Elle est moins heureuse que vous ne le pensez.
- Je suis plus généreux que tu ne le crois.

b superlative
- Le chômage représente le problème le plus grave de notre époque.
- Il est le plus fort en maths de sa classe.

9 Words to modify adjectives

Where you can, use the following words to lend weight or refinement to your adjectives:

très → très beau
assez → assez dangereux
fort → fort intéressant
bien → bien gentil
extrêmement → extrêmement original
tout à fait → tout à fait inutile
entièrement → entièrement fabriqué
de plus en plus → de plus en plus cher
de moins en moins → de moins en moins important
tellement → tellement riche
si → si bon

10 Negative forms of adjectives

Many adjectives have an obvious opposite:

content → mécontent
croyable → incroyable
légitime → illégitime
possible → impossible
régulier → irrégulier

If there is no obvious opposite, two devices might help you:
- sans → c'est un homme sans charme
  des vacances sans souci
  des problèmes sans fin
  une vie sans amour
- peu → un garçon peu exigeant
  un argument peu satisfaisant
  une histoire peu importante

Pronouns

Pronouns can be used in place of nouns to avoid repetition. Compare the two passages below:

Quand Richard et Christine sont arrivés devant la maison de Richard et Christine, Richard et Christine ont vu qu'il y avait un homme dans le jardin. L'homme était le voisin de Richard et Christine. L'homme avait l'air fatigué. L'homme a demandé à Richard et Christine le droit d'entrer chez Richard et Christine.

The same with the help of pronouns:

Quand Richard et Christine sont arrivés devant chez eux, ils ont vu qu'il y avait un homme dans le jardin.

C'était leur voisin. Il avait l'air fatigué. Il leur a demandé le droit d'entrer chez eux.

1 Personal pronouns

a Direct object
le la les

These replace nouns which follow immediately after the verb.

e.g. Tu vois ton frère dans la foule? → Oui, je *le* vois.

Vous connaissez ses parents? → Oui, je *les* connais.

Tu as pris la pomme? → Oui, je *l'*ai pris*e*.

Do not forget that when the *direct object* is situated before the verb, the past participle *agrees* with it. (Je *l'*ai pris*e*.).

b Indirect object
lui leur

They replace nouns introduced by 'à':

J'ai parlé à Christine. → Je *lui* ai parlé.

J'ai téléphoné à mes parents. → Je *leur* ai téléphoné.

c Direct or indirect object
me te nous vous se

e.g. Il me connaît.

Il m'a parlé.

Je te comprends.

Je t'écris souvent.

On nous voit.

On nous a donné une brochure.

Elle vous comprend.

Elle vous a expliqué de quoi il s'agissait.

Elles se voient souvent.

Elles s'écrivent souvent.

d 'y'

'y' also replaces nouns introduced by 'à' (indirect object), but *not persons*.

Il s'intéresse à son travail. → Il s'*y* intéresse.

Il pense à son avenir. → Il *y* pense.

but: Il pense à sa femme. → Il pense à elle.

It can also replace sentences introduced by 'à'.

e.g. Il faut que tu penses à ce que tu vas faire → Il faut que tu *y* penses.

'y' also replaces expressions indicating *a place* and introduced by 'à', or 'dans', 'en', 'dedans', 'devant', 'derrière'. . .

e.g. Je vais à Paris → j'*y* vais.

Il m'attend devant la gare → il m'*y* attend.

Nous allons chez lui → nous *y* allons.

Est-ce qu'il sera à ton mariage? → Oui, il *y* sera.

e 'en'

'en' replaces a noun or expression introduced by '*de*' (complement of indirect object).

e.g. Est-ce que tu te souviens du jour de tes 21 ans?
→ Oui, je m'*en* souviens très bien.

Tu veux savoir ce que je pense de ton livre?
→ Oui, je veux savoir ce que tu *en* penses.

'en' can also replace a whole phrase:

e.g. Il voulait partir en Grèce, mais ses parents l'*en* ont empêché.

Elle a laissé son sac au restaurant, mais elle ne s'*en* est aperçue tout de suite.

f Combination of pronouns

When more than one pronoun features, the order should be as follows, from left to right:

Direct/ Indirect Object	Direct Object	Indirect Object
me * te * se * nous * vous *	le la les	lui leur y en

* These are also the reflexive pronouns

e.g. Je me demande s'il va venir → Je *me le* demande.

Tu lui as envoyé la chemise? → Oui, je *la lui* ai envoyée.

Tu leur as parlé de ton voyage? → Oui, je *leur en* ai parlé.

Tu te rends compte de ce que tu as fait? → Oui, je m'*en* rends compte.

With the imperative the order is as follows:

Affirmative: same order as English (usually)

e.g. Donnez-les-moi! (note: me → moi and goes after les)

Envoyez-la-lui!

Negative: follow the table

Ne me les donnez pas!

Ne la lui envoyez pas!

g 'le' referring back to a whole statement

Referring back to a whole idea or statement, it is often omitted in English but needed in French.

e.g. Tout cela t'inquiète, je *le* sais.

Il est plus gentil que tu ne *le* crois.

Elle jeta un coup d'oeil dans le rétroviseur, comme on *le* lui avait enseigné.

Mon travail n'est pas encore terminé, mais il *le* sera bientôt.

Il faut que vous partiez? Oui, il *le* faut.

On the other hand, with verbs like 'trouver, croire, juger', 'le' is not needed, even though it may be used in English.

e.g. Il n'a pas jugé nécessaire de nous le dire.

Je trouve incroyable qu'il ait été élu.

Le gouvernement croit nécessaire d'augmenter les impôts.

2 Stressed pronouns

moi	nous
toi	vous
soi	
lui	eux
elle	elles

a for emphasis

○ Moi, je n'aime pas le chocolat.
○ Nous, on va au restaurant.
○ C'est lui qui devrait s'excuser, pas moi.
○ Toi, on est toujours obligé de t'attendre!

b after a preposition

○ Il était assis en face de moi.
○ Elle habite à côté de chez nous.
○ Quand on est dans le métro et qu'il y a quelqu'un devant soi, c'est désagréable.
○ La gare est devant toi!
○ Elle ne jure que par lui.

c after certain verbs followed by 'à'
'songer, penser, prendre garde, faire attention, avoir affaire . . .' if what follows is a "human".
e.g.
○ Je ne pense jamais à elle.
○ Il pense à moi.
○ Vous aurez affaire à eux.

d in a sentence without a verb

○ Qui a débarrassé la table? *Moi.*
○ Qui va à la plage? *Toi* et *moi/Nous* deux.
○ J'aime le chocolat. *Moi* aussi.
○ Tu ne veux pas aller au cinéma. *Eux* non plus.

e after a comparison

○ Il est plus riche que moi.

f after 'ne . . . que'

○ Il ne pense qu'à elle.
○ Je n'aime que vous.
○ Il ne faut compter que sur soi.

g after a reflexive verb followed by a preposition

○ Vous n'avez qu'à vous adresser à eux.

h before 'même'
Use the pronouns with 'même', which will agree.

○ Ils l'ont capturé eux-mêmes.
○ «Connais-toi toi-même.»

3 Possessive pronouns

le mien	le tien	le sien
la mienne	la tienne	la sienne
les miens	les tiens	les siens
les miennes	les tiennes	les siennes

le nôtre	le vôtre	le leur
la nôtre	la vôtre	la leur
les nôtres	les vôtres	les leurs
les nôtres	les vôtres	les leurs

○ Peux-tu me prêter ta règle? J'ai perdu *la mienne.*
○ Il va finir par accepter les idées de son ami et rejeter *les siennes.*
○ Je préfère ta robe à *la mienne.*
'Ce livre est *le mien*' is more often expressed: 'Ce livre est *à moi*'.

4 Demonstrative pronouns

celui ceux
celle celles   never used on their own

They are used to draw attention to one of several, one category of several.

○ Je préfère *celle* que j'ai vue hier.
○ J'ai emprunté *celui* de mon frère.

With 'ci' and 'là': celui-ci/celui-là etc.

○ Qu'est-ce que vous voulez comme variété de roses? Je vais prendre *celles-ci*
○ Lesquelles préférez-vous: *Celles-ci* ou *celles-là*?
○ Quels rideaux préfères-tu? Ceux-ci, ou ceux-là?

Celui-ci/celui-là etc. can also mean the former and the latter e.g.

○ J'ai rendu visite à ma mère et à ma soeur: celle-là était déprimée.
○ Elle écrivit à son ami: celui-ci ne répondit pas.

ceci cela
ça: spoken form of 'cela'
ce c': only ever used with 'être'

○ Ce n'est pas ma faute.
○ C'est lui.
○ Cela ne se dit pas en français/Ça ne se dit pas en français.
○ Expliquez-moi ceci.
○ Il a échoué, cela ne m'étonne pas.

5 Il est/C'est

When to use 'c'est' and 'ce sont' and when to use 'il est', 'elle est', 'ils sont' and 'elles sont'?

When talking about an animate:

Use 'il est' etc. if it is followed by an adjective.
Use 'c'est' etc. if it is followed by an article + noun.

e.g.
- ○ Il est charmant.
  C'est un homme charmant.
- ○ Les Italiens? Ils sont accueillants.
  Ce sont des gens accueillants.

When talking about an inanimate:
Use '*c'est*', unless it is identified or singled out (and before an adjective):
e.g.
- ○ Ce manteau? Il est très chaud.
  C'est un manteau d'hiver.

When mentioning an abstract concept:
Use '*c'est*', but use 'il est' if the adjective is followed by a verbal clause:
e.g.
- ○ Le français? C'est difficile.
  Il est difficile de parler français.
- ○ Arriver à l'heure? C'est important.
  Il est important d'arriver à l'heure.
  Il est important que tu arrives à l'heure.

6 Relative pronouns

a 'qui/que' = subject/object
Qui (subject) and *que* (object) may refer to both persons and things, whether singular or plural, and introduce a clause providing extra information.
- ○ L'homme *qui* fume une cigarette est mon frère.
  L'homme *que* tu vois dans le coin est mon frère.
- ○ C'est une possibilité *qui* me fait peur.
  C'est une possibilité *que* je n'ai jamais envisagée.
- ○ C'est Cécile, qui travaille ici à mi-temps.
  C'est Cécile, que nous avons embauchée le mois dernier.

b replacing 'de + noun'
- ○ *de* → *dont*
  Je t'ai parlé de Jérôme hier.
  Voici Jérôme, *dont* je t'ai parlé hier.

c after a preposition
- ○ *à* → *à qui* for animates
  → *auquel* (auxquels, à laquelle, auxquelles) for inanimates
e.g. Il a pensé à Mireille toute la journée.
  Voici Mireille, *à qui* il a pensé toute la journée.
  Il faut penser à ce risque.
  C'est un risque *auquel* il faut penser.
- ○ *other prepositions: sans, avec, dans, par, sur, sous . . .*
The same pattern – 'qui' for animates, 'lequel' etc. for inanimates – preceded by the preposition.
sans qui, sans lequel
avec qui, avec lequel . . .

e.g. Ce sont les cartes avec lesquelles les enfants ont joué.
  Voici la maison dans laquelle ils ont tourné le film.
  C'est le garçon avec qui elle est sortie.
Note: Les gens *parmi lesquels* je travaillais . . .
  'lesquels' used for animates after 'parmi'

d 'ce' + relative pronoun
  ce qui
  ce que
  ce dont
'Ce' is needed before the 'qui', 'que' or 'dont' if it is not immediately preceded by a subject or object.
- ○ Je suis arrivé à Venise par la mer, *ce qui* m'a beaucoup frappé.
  Je suis arrivé à Venise par la mer, *ce que* je n'oublierai jamais.
  Je suis arrivé à Venise par la mer, *ce dont* je me souviendrai toujours.
- ○ Tu ne sais pas *ce que* tu veux.
  Je ne comprends pas *ce qui* m'arrive.
- ○ Savez-vous *ce que* j'ai trouvé dans le tiroir?

e 'où'
  où is used to express *place* and *time*.
- ○ Le village *où* j'ai grandi.
- ○ L'année *où* je me suis mariée.
- ○ Le jour *où* il est arrivé.

Adverbs

Just as adjectives describe nouns, adverbs qualify verbs. They provide further information about an activity.
how?
how much, to what extent?
where?
when?
whether or not?

Most adverbs come immediately after the verb they are qualifying. They never come between subject and verb, as they sometimes do in English.
- ○ She *never* goes out.
- ○ I *carefully* crept out of the room.

1 Formation of adverbs

a general rule
Many 'how' adverbs are linked with adjectives, and are formed in one of the following ways:
- adding 'ment' to the feminine of the adjective.
  e.g. joyeuse → joyeusement
    heureuse → heureusement

douce → doucement

lente → lentement

- adding 'ment' to the masculine of the adjective if it ends in a vowel.

  e.g. poli → poliment

  Note: gai → gaiement or gaîment

- changing adjectives ending in 'ant' to 'amment' and ending in 'ent' to 'emment'.

  e.g. constant → constamment

  prudent → prudemment

b odd formations

- assidu → assidûment
- énorme → énormément
- précis → précisément
- profond → profondément

c exceptions:

adjectives	adverbs
bon	bien
bref	brièvement
gentil	gentiment
mauvais	mal
meilleur	mieux

'bon' and 'bien' are more or less equivalent to 'good' and 'well'.

'mauvais' and 'mal' to 'bad' and 'badly'.

'meilleur' and 'mieux' have only one English equivalent: 'better'.

e.g.

- ○ Ce gâteau est bon.
- ○ On mange bien dans ce restaurant.
- ○ C'est un bon film.
- ○ J'ai bien aimé ce film.
- ○ Tout ce qu'il fait, il le fait bien.
- ○ Je vais bien./Je vais mal./Je vais mieux.
- ○ Tu donnes le mauvais exemple.
- ○ Il se conduit très mal.
- ○ Le camembert est meilleur que le brie.

2 Position of adverbs

Some common 'how much', 'to what extent' and 'whether or not' adverbs can be used in a different place in the sentence. Compare these sentences and note the position of the adverb:

- ○ Elle aime *énormément* les gâteaux.
- ○ Il a ouvert *soigneusement* la boîte.
- ○ Elle parle *trop*.
- ○ Elle avait *trop* bu.

The following adverbs can appear in the same position as 'trop':

à peine	peut-être
assez	plus
beaucoup	presque
bien	probablement
complètement	sans doute
entièrement	tant
moins	tellement
peu	totalement

3 Negatives

A		B	
ne. . .pas	not	ne. . .personne	nobody
ne. . .point	not at all	ne. . .que	only
ne. . .nullement	not in the least	ne. . .aucun(e)	not any
		ne. . .nulle part	nowhere
ne. . .plus	no longer	ne. . .ni. . .ni	neither . . .nor
ne. . .guère	hardly		
ne. . .jamais	never		
ne. . .rien	nothing		

a position

A few comments about the position of negatives, which is particularly confusing with compound tenses and with infinitive expressions.

Expressions in Box A come before the past participle.

- ○ Elle n'a *jamais* revu son père.
- ○ Je n'avais *rien* compris.

Expressions in Box B come after the past participle.

- ○ Elle n'a vu *personne*.
- ○ Il ne l'avait vu *nulle part*.

'ne . . . que' is particularly interesting because 'que' must come immediately before the idea to which the verb is limited.

- ○ Il ne va en ville *que* le samedi (He only goes on Saturday, not any other day.)
- ○ Il ne va *qu'*en ville le samedi. (He only goes to town, not to the beach . . .)

With infinitive expressions, Boxes A and B work differently:

A: Il essaie de ne *pas* m'offenser.

  On ne va *rien* entendre.

B: Tu risques de ne voir *personne*.

  Elle pense ne téléphoner à *aucun* de ses amis.

b order

When there is more than one negative idea, put them in the order in which they appear in Boxes A and B.

- ○ Je ne t'enverrai plus jamais de carte postale.
- ○ Il n'y a plus personne ici.
- ○ Je n'ai jamais tué personne.
- ○ Si on doutait tout le temps, on finirait par ne plus jamais rien entreprendre.

c when they are the subject

Some negative adverbs can be the subject of a sentence. Note the word order:
- Personne ne m'a vu arriver.
- Rien ne va plus.

d standing alone in response to questions

No verb, no 'ne'
- Qu'est-ce que tu as entendu? Rien.
- A quoi tu penses? A rien.
- Plus rien, merci.
- Plus de vin, merci.

4 Alternatives for adverbs

The adding of 'ment' to form an adverb can end up making the word too long, clumsy or just uncomfortable for the sentence you are building. Various alternatives exist for occasions when in English we would use one word ending in 'ly'.

- *avec:*
  C'est avec regret que . . .
  Agissez avec prudence.
  On attendait avec anxiété la libération des otages.
  Ils regardaient les blessés avec terreur.
  Ils ont accueilli la nouvelle avec enthousiasme.

- *par:*
  par chance
  par inadvertance
  par hasard

- *other expressions:*
  d'une manière générale
  d'une façon sympathique
  d'une voix douce
  d'un air méprisant
  sur un ton hautain
  d'un pas assuré

Verbs

1 Formation of tenses for regular verbs

Simple Tenses

Tense	Stem	Endings		Example
1 PRESENT	-er verbs : drop -er	e es e	ons ez ent	Je mange
	-ir verbs : drop -ir	is is it	issons issez issent	Je finis
	-re verbs : drop -re	s s d/t	ons ez ent	Je rends
2 IMPERFECT	All verbs: take the *nous* form of the present and drop -ons	ais ais ait	ions iez aient	Je partais
3 PAST HISTORIC	-er verbs : drop -er	ai as a	âmes âtes èrent	Je parlai
	-ir verbs : drop -ir -re verbs : drop -re	is is it	îmes îtes irent	Je finis Je rendis
4 FUTURE	take the infinitive, dropping -e for -re verbs	ai as a	ons ez ont	Je mangerai Je prendrai
5 CONDITIONAL	take the infinitive, dropping -e for -re verbs	ais ais ait	ions iez aient	Je mangerais Je prendrais

Simple Tenses

Tense	Stem	Endings		Example
6 PRESENT SUBJUNCTIVE	take the 'ils' form of the present tense and drop -ent	e es e	ion iez ent	Je finisse
7 IMPERFECT SUBJUNCTIVE	-er verbs : drop -er -ir verbs : drop -ir -re verbs : drop -re	asse asses ât isse isses ît	assions assiez assent issions issiez issent	Je parlasse Je finisse Je rendisse
8 PRESENT PARTICIPLE	take the *nous* form of the present tense and drop -ons	ant		parlant
9 PAST PARTICIPLE	-er verbs : drop -er -ir verbs : drop -ir -re verbs : drop -re	é i u		mangé fini rendu

Many common verbs and some very uncommon verbs have tense stems which do not fit the rules outlined above. You will see that the greatest number of irregular stems come with the past historic (3), the future (4), the conditional (5) and the past participle (9). All further information is provided on pages 333–339.

Compound Tenses

They are all made up of 'avoir' or 'être' in the appropriate tense, followed by the appropriate past participle (see page 330 to know if 'avoir' or 'être' is required).

2 'AVOIR' or 'ÊTRE'

Compound Tense	The appropriate tense of 'avoir' or 'être'	Example
10 PERFECT	present	J'ai mangé Je suis parti
11 PLUPERFECT	imperfect	J'avais entendu J'étais sorti
12 PAST ANTERIOR	past historic	J'eus fini Je fus arrivé
13 FUTURE PERFECT	future	J'aurai terminé Je serai parti
14 CONDITIONAL PERFECT	conditional	J'aurais dû Je serais devenu
15 PERFECT SUBJUNCTIVE	present subjunctive	J'aie pris Je sois rentré
16 PLUPERFECT SUBJUNCTIVE	imperfect subjunctive	J'eusse évité Je fusse descendu

3 Reflexive verbs

If the verb is regular, the rules about stem and ending apply. All reflexive verbs work with 'être' in compound tenses, and feature a personal pronoun in all tenses.

e.g. SE COUCHER

1 PRESENT je me couche tu te couches il se couche elle se couche nous nous couchons vous vous couchez ils se couchent elles se couchent	**10** PERFECT je me suis couché(e) tu t'es couché(e) il s'est couché elle s'est couchée nous nous sommes couché(e)s vous vous êtes couché(e)(s) ils se sont couchés elles se sont couchées
2 IMPERFECT je me couchais	**11** PLUPERFECT je m'étais couché(e)
3 PAST HISTORIC je me couchai	**12** PAST ANTERIOR je me fus couché(e)
4 FUTURE je me coucherai	**13** FUTURE PERFECT je me serai couché(e)
5 CONDITIONAL je me coucherais	**14** CONDITIONAL PERFECT je me serais couché(e)
6 PRESENT SUBJUNCTIVE je me couche	**15** PLUPERFECT SUBJUNCTIVE je me fusse couché(e)
7 IMPERFECT SUBJUNCTIVE je me couchasse	
8 PRESENT PARTICIPLE se couchant	
9 PAST PARTICIPLE couché	

4 -ER verbs where stem alters

The stem alters from person to person, or is slightly unusual. The tenses not mentioned are formed regularly.

MENER (menant, mené)			
PRESENT je mène tu mènes il mène nous menons vous menez ils mènent	PRESENT SUBJUNCTIVE je mène tu mènes il mène nous menions vous meniez ils mènent	FUTURE je mènerai... CONDITIONAL je mènerais...	Other verbs which work in the same way: acheter semer enlever épeler déceler geler and compounds

JETER (jetant, jeté)			
PRESENT je jette tu jettes il jette nous jetons vous jetez ils jettent	PRESENT SUBJUNCTIVE je jette tu jettes il jette nous jetions vous jetiez ils jettent	FUTURE je jetterai. . . CONDITIONAL je jetterais. . .	Other verbs: appeler and compounds

ESPERER (espérant, espéré)		
PRESENT j'espère tu espères il espère nous espérons vous espérez ils espèrent	PRESENT SUBJUNCTIVE j'espère tu espères il espère nous espérions vous espériez ils espèrent	Other verbs: considérer différer s'inquiéter libérer pénétrer préférer protéger régler répéter révéler sécher altérer céder

EMPLOYER (employant, employé)			
PRESENT j'emploie tu emploies il emploie nous employons vous employez ils emploient	PRESENT SUBJUNCTIVE j'emploie tu emploies il emploie nous employions vous employiez ils emploient	FUTURE j'emploierai. . . CONDITIONAL j'emploierais. . .	Other verbs: appuyer balayer bégayer côtoyer ennuyer envoyer (future: j'enverrai) essuyer nettoyer payer (future: je payerai or je paierai)

MANGER: needs to keep the 'e' if the next vowel is 'a' or 'o'	
PRESENT nous mangeons IMPERFECT je mangeais PAST HISTORIC je mangeai PRESENT PARTICIPLE mangeant	Other verbs: bouger changer charger déranger diriger ériger figer loger nager obliger partager protéger ranger rédiger songer

COMMENCER: needs 'ç' if the next vowel is 'a' or 'o'	
PRESENT nous commençons IMPERFECT je commençais PAST HISTORIC je commençai PRESENT PARTICIPLE commençant	Other verbs: annoncer acquiescer avancer lancer menacer placer prononcer remplacer

5 Irregular verbs

INFINITIVE PRESENT PARTICIPLE PAST PARTICIPLE	IMPERATIVE	PRESENT	IMPERFECT	PAST HISTORIC	FUTURE (For conditional add 's' to 1st person sing. etc.)	PRESENT SUBJUNCTIVE	IMPERFECT SUBJUNCTIVE	SIMILAR VERBS
acquérir acquérant acquis		acquiers acquiers acquiert acquérons acquérez acquièrent	acquérais	acquis acquit acquîmes	acquerrai	acquière acquières acquière acquérions acquériez acquièrent	acquisse acquît acquissions	conquérir s'enquérir requérir
aller allant allé	va*	vais vas va allons allez vont	allais	allai alla allâmes	irai	aille ailles aille allions alliez aillent	allasse allât allassions	
s'asseoir asseyant assis		assieds assieds assied asseyons asseyez asseyent	asseyais	assis assit assîmes	assiérai	asseye	assisse assît assissions	
avoir ayant eu	aie* ayons ayez	ai as a avons avez ont	avais	eus eut eûmes	aura	aie aies ait ayons ayez aient	eusse eût eussions	
battre battant battu		bats bats bat battons battez battent	battais	battis battit battîmes	battrai	batte	battisse battît battissions	abattre combattre
boire buvant bu		bois bois boit buvons buvez boivent	buvais	bus but bûmes	boirai	boive boives boive buvions buviez boivent	busse bût bussions	
conclure concluant conclu		conclus conclus conclut concluons concluez concluent	concluais	conclus conclut conclûmes	conclurai	conclue	conclusse conclût conclussions	inclure exclure
conduire conduisant conduit		conduis conduis conduit conduisons conduisez conduisent	conduisais	conduisis conduisit conduîmes	conduirai	conduise	conduisisse conduisît conduississions	all -uire verbs

INFINITIVE PRESENT PARTICIPLE PAST PARTICIPLE	IMPERATIVE	PRESENT	IMPERFECT	PAST HISTORIC	FUTURE (For conditional add 's' to 1st person sing. etc.)	PRESENT SUBJUNCTIVE	IMPERFECT SUBJUNCTIVE	SIMILAR VERBS
connaître connaissant connu		connais connais connaît connaissons connaissez connaissent	connaissais	connus connut connûmes	connaîtrai	connaisse	connusse connût connussions	paraître and compounds of both
coudre cousant cousu		couds couds coud cousons cousez cousent	cousais	cousis cousit cousîmes	coudrai	couse	cousisse cousît cousissions	Compounds
courir courant couru		cours cours court courons courez courent	courais	courus courut courûmes	courrai	coure	courusse courût courussions	Compounds
craindre craignant craint		crains crains craint craignons craignez craignent	craignais	craignis craignit craignîmes	craindrai	craigne	craignisse craignît craignissions	Verbs ending in -aindre -eindre -oindre
croire croyant cru		crois crois croit croyons croyez croient	croyais	crus crut crûmes	croirai	croie croies croie croyions croyiez croient	crusse crût crussions	Compounds
croître croissant crû (fem. crue)		croîs croîs croît croissons croissez croissent	croissais	crûs crût crûmes	croîtrai	croisse	crûsse crût crûssions	Compounds
cueillir cueillant cueilli		cueille cueilles cueille cueillons cueillez cueillent	cueillais	cueillis cueillit cueillîmes	cueillerai	cueille	cueillisse cueillît cueillissions	Compounds
devoir devant dû (fem due)		dois dois doit devons devez doivent	devais	dus dut dûmes	devrai	doive doives doive devions deviez doivent	dusse dût dussions	Compounds

INFINITIVE PRESENT PARTICIPLE PAST PARTICIPLE	IMPERATIVE	PRESENT	IMPERFECT	PAST HISTORIC	FUTURE (For conditional add 's' to 1st person sing. etc.)	PRESENT SUBJUNCTIVE	IMPERFECT SUBJUNCTIVE	SIMILAR VERBS
dire disant dit		dis dis dit disons dites disent	disais	dis dit dîmes	dirai	dise	disse dît dissions	
dormir dormant dormi		dors dors dort dormons dormez dorment	dormais	dormis dormit dormîmes	dormirai	dorme	dormisse dormît dormissions	partir se repentir sentir servir sortir bouillir and compounds
écrire écrivant écrit		écris écris écrit écrivons écrivez écrivent	écrivais	écrivis écrivit écrivîmes	écrirai	écrive	écrivisse écrivît écrivissions	Verbs ending in -(s)crire
être étant été	sois soyons soyez	suis es est sommes êtes sont	étais	fus fut fûmes	serai	sois sois soit soyons soyez soient	fusse fût fussions	
faire faisant fait		fais fais fait faisons faites font	faisais	fis fit fîmes	ferai	fasse	fisse fît fissions	Compounds
falloir		il faut	il fallait	il fallut	il faudra	il faille	il fallut	
fuire fuyant fui		fuis fuis fuit fuyons fuyez fuient	fuyais	fuis fuit fuîmes	fuirai	fuie fuies fuie fuyions fuyiez fuient	fuisse fut fuissions	Compounds s'enfuir
haïr haïssant haï		hais hais hait haïssons haïssez haïssent	haïssais	haïs haïs haït haïmes haïtes haïrent	haïrai	haïsse	haïsse haïsses haït haïssions haïssiez haïssent	
joindre joignant joint		joins joins joint joignons joignez joignent	joignais	joignis joignit joignîmes	joindrai	joigne	joignisse joignît joignissions	Compounds

INFINITIVE PRESENT PARTICIPLE PAST PARTICIPLE	IMPERATIVE	PRESENT	IMPERFECT	PAST HISTORIC	FUTURE (For conditional add 's' to 1st person sing. etc.)	PRESENT SUBJUNCTIVE	IMPERFECT SUBJUNCTIVE	SIMILAR VERBS
lire lisant lu		lis lis lit lisons lisez lisent	lisais	lus lut lûmes	lirai	lise	lusse lût lussions	élire réélire relire
mettre mettant mis		mets mets met mettons mettez mettent	mettais	mis mit mîmes	mettrai	mette	misse mît missions	Compounds
mourir mourant mort		meurs meurs meurt mourons mourez meurent	mourais	mourus mourut mourûmes	mourrai	meure meures meure mourions mouriez meurent	mourusse mourût mourussions	
mouvoir mouvant mû (fem. mue)		meus meus meut mouvons mouvez meuvent	mouvais	mus mut mûmes	mouvrai	meuve meuves meuve mouvions mouviez meuvent	musse mût mussions	émouvoir
naître naissant né		nais nais naît naissons naissez naissent	naissais	naquis naquit naquîmes	naîtrai	naisse	naquisse naquît naquissions	Compounds
ouvrir ouvrant ouvert		ouvre ouvres ouvre ouvrons ouvrez ouvrent	ouvrais	ouvris ouvrit ouvrîmes	ouvrirai	ouvre	ouvrisse ouvrît ouvrissions	offrir, souffrir and compounds
plaire plaisant plu		plais plais plaît plaisons plaisez plaisent	plaisais	plus plut plûmes	plairai	plaise	plusse plût plussions	complaire déplaire taire
pleuvoir pleuvant plu		il pleut	il pleuvait	il plut	il pleuvra	il pleuve	il plût	

INFINITIVE PRESENT PARTICIPLE PAST PARTICIPLE	IMPERATIVE	PRESENT	IMPERFECT	PAST HISTORIC	FUTURE (For conditional add 's' to 1st person sing. etc.)	PRESENT SUBJUNCTIVE	IMPERFECT SUBJUNCTIVE	SIMILAR VERBS
pouvoir pouvant pu		peux (puis if inverted) peux peut pouvons pouvez peuvent	pouvais	pus put pûmes	pourrai	puisse	pusse pût pussions	
prendre prenant pris		prends prends prend prenons prenez prennent	prenais	pris prit prîmes	prendrai	prenne prennes prenne prenions preniez prennent	prisse prît prissions	Compounds
recevoir recevant reçu		reçois reçois reçoit recevons recevez reçoivent	recevais	reçus	recevrai	reçoive reçoives reçoive recevions receviez reçoivent	reçusse	apercevoir concevoir décevoir percevoir
résoudre résolvant résolu		résous résous résout résolvons résolvez résolvent	résolvais	résolus résolut résolûmes	résoudrai	résolve	résolusse résolût résolussions	
rire riant ri		ris ris rit rions riez rient	riais	ris rit rîmes	rirai	rie	risse rît rissions	sourire
rompre rompant rompu		romps romps rompt rompons rompez rompent	rompais	rompis rompit rompîmes	romprai	rompe	rompisse rompît rompissions	
savoir sachant su	sache sachons sachez	sais sais sait savons savez savent	savais	sus sut sûmes	saurai	sache	susse sût sussions	
sortir sortant sorti		sors sors sort sortons sortez sortent	sortais	sortis sortit sortîmes	sortirai	sorte	sortisse sortît sortissions	(see dormir)

INFINITIVE PRESENT PARTICIPLE PAST PARTICIPLE	IMPERATIVE	PRESENT	IMPERFECT	PAST HISTORIC	FUTURE (For conditional add 's' to 1st person sing. etc.)	PRESENT SUBJUNCTIVE	IMPERFECT SUBJUNCTIVE	SIMILAR VERBS
suffire suffisant suffi		suffis suffis suffit suffisons suffisez suffisent	suffisais	suffis suffit suffîmes	suffirai	suffise	suffisse suffît suffissions	
suivre suivant suivi		suis suis suit suivons suivez suivent	suivais	suivis suivit suivîmes	suivrai	suive	suivisse suivît suivissions	Compounds
tenir tenant tenu		tiens tiens tient tenons tenez tiennent	tenais	tins tint tînmes	tiendrai	tienne tiennes tienne tenions teniez tiennent	tinsse tînt tinssions	venir and compounds
vaincre vainquant vaincu		vaincs vaincs vainc vainquons vainquez vainquent	vainquais	vainquis vainquit vainquîmes	vaincrai	vainque	vainquisse vainquît vanquissions	Compounds
valoir valant valu		vaux vaux vaut valons valez valent	valais	valus valut valûmes	vaudrai	vaille	valusse valût valussions	Compounds
venir venant venu		viens viens vient venons venez viennent	venais	vins vint vînmes	viendrai	vienne	vinsse vînt vinssions	(see tenir)
vêtir vêtant vêtu		vêts vêts vêt vêtons vêtez vêtent	vêtais	vêtis vêtit vêtîmes	vêtirai	vête	vêtisse vêtît vêtissions	Compounds
vivre vivant vécu		vis vis vit vivons vivez vivent	vivais	vécus vécut vécûmes	vivrai	vive	vécusse vécût vécussions	Compounds

INFINITIVE PRESENT PARTICIPLE PAST PARTICIPLE	IMPERATIVE	PRESENT	IMPERFECT	PAST HISTORIC	FUTURE (For conditional add 's' to 1st person sing. etc.)	PRESENT SUBJUNCTIVE	IMPERFECT SUBJUNCTIVE	SIMILAR VERBS
voir voyant vu		vois vois voit voyons voyez voient	voyais	vis vit vîmes	verrai	voie voies voie voyions voyiez voient	visse vît vissions	Compounds
vouloir voulant voulu	veuille veuillons veuillez	veux veux veut voulons voulez veulent	voulais	voulus voulut voulûmes	voudrai	veuille veuilles veuille voulions vouliez veuillent	voulusse voulût voulussions	

Use of Tenses

1 Present

There are three different forms of the present tense in English:
○ I sleep three hours a night.
○ I am sleeping on the floor.
○ I do sleep, when I can.

French only has one:
○ Je dors trois heures par nuit.
○ En ce moment, je dors par terre.
○ Oui je dors, quand je peux.

Note: another way of stating what is happening at a particular time:
○ Elle est au salon, en train de faire ses devoirs.
○ Ils sont en train de peindre le mur.

There are several special cases when the present tense is used to express the past:
● It is used extensively in newspaper articles narrating a sequence of events which happened in the past, to make the action more vivid, more swift, more dramatic.
    Compare: Les bandits *sont entrés* dans la banque.
    Les bandits *entrent* dans la banque
    Amongst other things, it is shorter, snappier.
    For a good example, see *Hold-up à Rennes* (page 118, Module 7).
● Used with certain expressions, it always expresses a perfect tense idea.
○ Je vous attends depuis une heure.
○ Il y a⎫ des années que ce problème existe.
  Voilà⎭
○ Je viens de recevoir ta lettre.
○ C'est la première fois qu'il pose sa candidature.

The present tense can also be used to convey an event which is about to happen:
○ J'arrive dans cinq minutes.
○ Il va partir.
○ Alors, je te vois demain à quatre heures?

2 Imperfect

● The imperfect of 'aller' + the infinitive expresses what was about to happen at a particular time.
○ Elle allait sortir quand son frère est arrivé
● The imperfect of 'être' + 'sur le point de' + infinitive expresses what was just about to happen at a particular time.
○ Il était sur le point de quitter la maison quand la police est arrivée.

The tense is used when you want to describe:
a) a continuous action or state of affairs in the past.
b) a background to another event in the past.
c) a habit, repeated action or routine.
e.g.
a) Il y avait toujours beaucoup de monde à cette époque-là.
b) Il pleuvait quand nous avons quitté la maison.
c) Quand j'étais petite, je passais tous mes étés au bord de la mer.

There are special uses to which the imperfect is put:
● With certain expressions, it always conveys an idea which would be expressed by the pluperfect in English:
○ J'étais à la plage depuis deux heures . . .
  I had been . . .
○ Il y avait trois jours qu'il était en France.
  He had been . . .
○ Elle venait d'acheter une voiture neuve.
  She had just bought . . .

- It can be used with 'en train de' to express what was happening at a particular time:
  - Elle était en train de rédiger l'article quand la guerre a éclaté.
    She was writing . . .
- The imperfect is needed after 'si' with the conditional tense:
  - Si je lui écrivais, elle ne répondrait pas.
    If I wrote . . .
- It can be used to propose or suggest something:
  - Si on sortait ce soir?
    What about going out tonight?
  - Si j'achetais un gigot?
    Suppose I bought . . .
  - Si tu nous chantais une chanson?
    Why don't you sing . . .?
- It can be used to make more vivid a single action in the past:
  - Vendredi dernier, une explosion tuait deux passagers à la gare Saint-Charles.

3 Future and future perfect

The tenses are used to convey something that will happen (or will have happened) in the future, whether the future is stated or just implied. Note also the different future tenses in English.

- Les élections auront lieu en mai.
  The elections will take place . . .
- Passe-moi un coup de téléphone quand tu seras prêt.
  Give me a ring when you are ready.
- Quand j'aurai mon bac, je chercherai du travail.
  When I have my bac, I will look for a job.
- Demain à cette heure-ci, je serai en train de dîner à Paris.
  Tomorrow at this time, I shall be dining in Paris.

aller + infinitive

Remember this alternative to the future tense, which can be used in every case except after 'quand':
- Je vais m'en aller.
- Ils vont partir dans cinq minutes.
- Il va pleuvoir.

être sur le point de

This is a very near future.
- Il est sur le point de sortir.

Future perfect

- Je t'écrirai quand j'aurai reçu ta lettre.
- Il aura déjà quitté Paris.

4 Conditional and past conditional

This is the equivalent of 'would' and 'would have' in English.

- Si j'avais le choix, je ne travaillerais plus pour un patron.
- Si tu venais me voir, cela me ferait plaisir.
  (Note the imperfect in each case.)
- Cela ne se serait pas produit si le gouvernement avait tenu compte de leurs revendications.
- The conditional is also used when reporting speech, where what was said was in the future.
- 'Mon père nous emmènera', dit Pierre.
  Pierre a dit que son père les emmènerait.
- 'J'arriverai vers midi', a répondu Marie.
  Marie a répondu qu'elle arriverait vers midi.
- The conditional is the polite way to make a request:
- Pourriez-vous m'aider?
- Je voudrais savoir l'heure de départ du train.

Past conditional (= would have)

- Si j'avais fermé la fenêtre, les cambrioleurs n'auraient pas pu entrer par la cuisine.
- Il aurait voulu partir plus tôt.
  He would have liked to leave earlier.
- Ils n'auraient pas pu partir.
  They would not have been able to leave.
- Il aurait dû se taire.
  He should have/ought to have shut up.
- The tense is also used to imply that a report is not necessarily true:
- Trois automobilistes auraient trouvé la mort sur l'autoroute du sud.
  Three drivers are thought to have been killed on the motorway.

5 Past historic

This tense is used widely in all forms of literature – journalism, novels and other printed matter – to describe completed actions in the past. In this sense, its use is the same as that of the perfect tense, with one important exception: it is not used in speech.

6 Past anterior

A literary tense, it is used in the same fields as the past historic and not, therefore, in speech. It is used where you would have expected the pluperfect, often in adverbial sentences which tell you 'when'. There is an increasing tendency to overlook the past anterior in favour of the pluperfect.

The following link words are usually followed by the tense, when the main verb is in the past historic, but not when the main verb is in the perfect:

- quand
  lorsque   après que
  à peine   dès que
  aussitôt que

e.g.
- Après que Monsieur Laporte fut reparti, elle poussa un soupir de soulagement.
- Dès qu'il eut fini, il partit rejoindre les autres.
- A peine eut-il terminé son travail qu'il se mit à chanter.

7 Perfect

The tense is widely used in spoken and written French to describe an action completed in the past.
The right English version will vary according to the context:
- Je vous ai écrit la semaine dernière.
  I *wrote* to you last week.
- Je vous ai écrit deux fois.
  I *have written* to you twice.
- Aujourd'hui, j'ai écrit des lettres.
  Today I *have been writing* letters.

Use the perfect when:
- You mention a single action or event, achieved at a determined time:
  Il est mort il y a dix ans/en 1978
  Ce matin, j'ai pris mon petit déjeuner au lit.
- an action repeated a definite number of times:
  Elle est allée au Japon trois fois.
- an action repeated over a determined period:
  Il a gagné le Grand Prix quatre fois en dix ans.
- a precisely defined period:
  Elle a été secrétaire pendant cinq ans, de 1980 à 1985.

Avoir or *Etre*?
The vast majority of verbs work with 'avoir'.
Those which work with 'être' include:
- all reflexive verbs
- the following list of verbs and their compounds
  aller
  venir
  arriver
  partir
  entrer*
  sortir*
  monter*
  descendre*
  naître
  mourir
  devenir
  rester
  tomber
  retourner
  passer*
  décéder

The verbs marked * can be used with a *direct* object.
When they are, they work with 'avoir', and their

meaning can be different.
- Elle a descendu les escaliers sur la pointe des pieds.
- Ils ont passé la porte en silence.
- Elle a passé un examen la semaine dernière.
- Il a sorti le livre d'un tiroir.
- Il a sorti un nouveau film.
- Ils ont monté une pièce de théâtre.

a Imperfect or perfect?

With the perfect tense, an event is implied, not a continuing or repeating state, for which the imperfect is needed.
The following examples may help:
- J'étais dans mon bain quand le téléphone a sonné.
- Quand nous sommes descendus de l'avion, nous avons compris qu'il faisait très froid dans ce pays.
- Il pleuvait quand nous sommes sortis.
- Il devait la quitter samedi soir (= it was understood and arranged that he was to leave her then . . . emphasis on a continuing state.)
- Il a dû la quitter samedi soir (= something occurred which caused him to leave her then . . . emphasis on the event of having to leave her.)

8 Pluperfect

This tense is used to describe what had happened before a stated or implied period of time past.
- Il n'a pas pu entrer chez lui parce qu'il avait oublié sa clef.
- Il avait passé trois ans en Algérie avant d'entrer aux PTT.
- Marie-Claude a expliqué à son père qu'elle était allée chez un copain.
  (The more recent event in this case: she explained to her father.)

9 Subjunctive

Do not be afraid of the subjunctive, it is not as difficult as it might appear to be!
  It is true that English is of very little help as regards the subjunctive, because the tense is hardly ever used in English. (Compare: 'She was here yesterday' as a fact with 'I wish you were here'.)
  One feature which unites all uses of the subjunctive is that it reveals the intention, wish or emotion of the person speaking. What is said with the subjunctive is never pure fact, as told by the indicative. It is fact as the speaker sees it, feels it or would want it. The examples given will make this clear.
  In the majority of cases, the subjunctive is used automatically after certain expressions or structures where the indicative cannot be used. Only occasionally is there a choice between the two moods. Again, examples will help make this clear.

a wanting, wishing, asking, commanding

vouloir
désirer
souhaiter   Je veux qu'il *vienne*.
demander   J'exige que tu *finisses* ton travail.
exiger   Je propose que nous *partions* demain.
proposer
suggérer

Imperative → Qu'il *sorte*! Qu'il *vienne*!

b allowing and forbidding

accepter
autoriser   J'accepte que tu *partes* avec lui.
consentir à   Je consens à ce que tu *ailles* en Grèce.
permettre   J'interdis que les enfants *jouent* au salon.
défendre   Il refuse que le chat *dorme* sur son lit.
interdire
refuser

c doubting and thinking negatively

douter   Je doute que ce *soit* la bonne route.
nier   Je ne crois pas qu'il *dise* la vérité.
ne pas admettre Je ne pense pas qu'il y *ait* de
ne pas croire   problème.
ne pas penser   Il ne me semble pas que ce *soit*
ne pas sembler   vrai.

N.B. When a question is asked expecting a negative reply, hence suggesting doubt in the speaker's mind, use the subjunctive:
○ Croyez-vous que cela vaille la peine?
  Non, je ne pense pas.
When there is no doubt, and the question is open-ended, use the indicative:
○ Croyez-vous qu'il arrivera ce soir?

d eventuality

Il est possible que . . .
Il se peut que . . .

N.B. For more probable theories, use the indicative:
○ Il est probable qu'il viendra.

e fear and emotion

être content que   Je suis contente que tu *sois* là.
être désolé que   Je regrette que tu n'*aies* pas pu
*regretter que ne**   venir.
déplorer que   Je crains qu'il n'*aille* trop vite.
*craindre que ne**   J'ai peur qu'il ne *fasse* pas
*avoir peur que ne**   chaud.

* The 'ne' is required before the verb in literary French.

f judging

Il est important que tu partes tout de suite.
Il est naturel que . . .
Il est inconcevable que . . .
Il vaut mieux que . . .

Il convient que . . .
Il est acceptable/inacceptable que . . .
Il est préférable que . . .

g duty and obligation

Il faut que . . .
Il est nécessaire que . . .   Il faut que vous *soyez* là.
Il est indispensable que . . .

h in a relative clause with a superlative

Expressing an *opinion* about a superlative (e.g. le meilleur, le pire, le plus beau, le seul, le plus intelligent. . .).

○ C'est le meilleur film que *j'aie* jamais vu.
○ C'est le seul qui en *soit* capable.
○ C'est le garçon le plus intelligent que je *connaisse*.

i in a negative relative clause

○ Il n'y a rien qui *soit* plus fatigant que cet exercice.
○ Je n'ai vu personne qui *puisse* t'accompagner.
○ Il n'y a pas de café ici où l'on *boive* de la bonne bière.

j after expressions of indeterminate quality

They suggest vagueness about the subject:

              Quel que *soit* son problème, je ne veux
                 rien savoir.
quel . . . que   Faites-le entrer, qui qu'il *soit*.
qui . . . que   Quoi qu'il *arrive*, nous partirons.
quoi . . . que   Aussi intelligent qu'il *soit*, il ne faut pas
aussi . . . que   l'embaucher.
              Aussi convaincu que vous *soyez*,
                 réfléchissez.

k after various expressions

              Je vais le chercher pour
                 que tu le *voies*.
pour que   Bien qu'il *pleuve*, il
afin que   continue à courir.
bien que   Il l'a fait sans que je le
quoique   lui *dise*.
sans que   Allons au cinéma, à
à moins que ne   moins que vous
avant que   n'*ayez* d'autres
non que . . .   suggestions.
ce n'est pas que . . . Ce n'est pas que je
de peur que, de crainte que   *veuille* vous l'imposer,
pourvu que   mais je pense que
à condition que   c'est nécessaire.
jusqu'à ce que   Je viendrai à condition
                 qu'elle *soit* là.
              J'attendrai jusqu'à ce
                 qu'il *ait* fini.

l after other expressions

after the following expressions, *only* when *possibility* or *intention* is suggested. Use the indicative when there is a factual outcome or result.

	Je lui expliquerai, de façon qu'il *comprenne*.
de façon que	
de manière que	Je viendrai, de sorte qu'il *soit* en sécurité.
de sorte que	
de telle sorte que	*but*: J'ai agi de telle façon qu'il *a* compris.

10 Avoiding the subjunctive

This is not too difficult, you have probably been doing it very successfully already.

a use a noun instead of a verb

○ Je vais lui téléphoner avant qu'il parte.
    → avant son départ.
○ avant qu'il arrive → avant son arrivée.
○ avant qu'il revienne → avant son retour.
○ avant que le film commence → avant le début du film.
○ avant que le film finisse → avant la fin du film.
○ avant que vous téléphoniez → avant votre coup de téléphone.

b use an infinitive instead

pour que → pour	pour que j'aie → pour avoir
afin que → afin de	afin qu'il sache → afin de savoir
avant que → avant de	avant qu'ils partent → avant de partir
il faut que → il faut	il faut que nous partions → il nous faut partir

11 Using other tenses of the subjunctive

There are no rigidly observed rules about which subjunctive tense to use. The subjunctive perfect is used as much as the present, and is not more difficult:
e.g. J'attends que tu <u>aies fini</u>.
      J'ai peur qu'il <u>soit parti</u>.
      Je veux que vous <u>ayez mis</u> la table quand j'arriverai.

But there is a growing tendency not to use the imperfect subjunctive (which is a literary tense), even when the main verb is in the past historic, the imperfect, the conditional or the pluperfect. However, the following examples are worth noting:

○ La porte se ferma avant que les otages <u>pussent</u> se sauver.
○ Il attendit, pour continuer, que ma mère <u>eût enfilé</u> de nouveau le fil, qu'elle venait de casser.
○ Il n'était pas possible que cela en <u>valût</u> la peine.
○ Il craignait pour sa soeur qu'elle ne <u>fût</u> malade.

12 Passive

The more advanced your use of French, the more likely you are to want to use the passive. The passive is used where the emphasis is on *receiving* the impact of a verb rather than *giving*.
Passive: I have been arrested by two policemen.
Active : Two policemen arrested me.

a with 'être'

Most commonly, to form the passive, choose the appropriate tense of 'être', then the past participle you want, which will perform just like an adjective.

○ Je suis gênée par son manque de tact.
○ Le problème n'a pas été réglé par cette réunion.
○ Ils ont été assassinés à coups de hache.
○ La France sera battue!
○ Il m'a dit qu'il serait réélu.
○ La vieille dame avait été renversée par un camion.
○ Les chiens doivent être tenus en laisse.
○ Ils auraient été accompagnés si leur professeur n'était pas tombé malade au dernier moment.
    (Note that 'n'était pas tombé malade' is a pluperfect and not a passive. There cannot be a passive form of an intransitive verb like 'tomber'. This is true of all the verbs which work with 'être', including reflexive verbs.)

b with 'on'

An indirect object (one following a verb + preposition) cannot be made into the subject of a passive construction. To express the passive use 'on'.
téléphoner à
dire à
envoyer à
demander à
donner à
défendre à
offrir à
e.g.
○ On m'a dit que . . .
    (I have been told that . . .)
○ On lui a téléphoné à minuit.
    (He was phoned up at midnight)
○ On lui a demandé d'écrire.
    (He was asked to write)
○ On offre toujours des fleurs à Marie pour son anniversaire.
    (Marie is always given flowers for her birthday)

In fact, many passives can be conveyed with 'on':
○ On les assassina à coups de hache.
○ On battra la France.

or by changing the subject around to create an active form:
○ Leur professeur les aurait accompagnés s'il n'était pas tombé malade.
○ Un camion avait renversé la vieille dame.

c with reflexive verb

Use a reflexive verb to achieve a passive effect.

343

○ Cela se voit rarement en France.
○ Cela s'explique difficilement.
○ Les croissants se mangent au petit déjeuner.
○ C'est au petit déjeuner que les croissants se mangent.
○ J'ai toujours cru que cela ne se faisait pas de manger le dessert avant le fromage.

d with verb used impersonally

○ Il est conseillé de rester sur le trottoir.
○ Il est interdit de fumer.
○ Il est recommandé de ne pas s'éloigner.
○ Il est recommandé de tenir les chiens en laisse.

e with 'se faire' + infinitive

○ Je vais me faire couper les cheveux.
○ Ils se sont fait construire une maison.
○ Il a failli se faire écraser.
○ J'ai fait repeindre mon appartement.

13 Present participle

a while doing something, by doing something

○ C'est en écoutant de la musique que je travaille le mieux.
○ C'est en forgeant qu'on devient forgeron.
○ Elle arrive à tricoter tout en regardant la télévision.

b with 'ayant' or 'étant' with a past participle

○ Etant donné le nombre de gens en vacances, nous n'allons pas ouvrir.
○ Ayant déjà pris deux semaines de vacances, il ne pouvait pas partir avec moi.

c compound ideas

To create compound ideas handled otherwise in English.
○ Il entra en courant.
  He ran in.
○ Il sortit en trébuchant.
  He tottered out.
○ Il a traversé la rue en courant.
  He ran across the road.

N.B. There are other ways of making compound ideas:
○ Il a traversé la Manche en avion/à la nage.
  He flew/swam across the Channel.
○ Il l'a tuée à coups de revolver.
  He shot her dead.
○ Ils ont ouvert la porte à coups de pied.
  They kicked open the door.

d differences with English

Do not be misled into thinking that every English word ending in 'ing' must bring a present participle.
Remember the English present tense and the way it is handled in French:
○ I am thinking about something.

Je pense à quelque chose. 'or' Je suis en train de penser à quelque chose.

The following list may help avoid further confusions. Each word describes the physical position someone is in, not an action which is being performed. English uses the present participle; French the past participle, all of which agree like adjectives.

accoudé	leaning on elbow
adossé	leaning, back against something
agenouillé	kneeling
allongé	lying at full length
appuyé	leaning
assis	sitting
couché	lying down
debout	standing
étendu	stretched out
penché	leaning forward

N.B. A state, not an action

○ Il était appuyé sur le comptoir.
  He was leaning on the counter. (state)
○ Il s'est appuyé sur le comptoir.
  He leant on the counter. (action)
○ Elle était assise.
  She was sitting down. (state)
○ Elle s'est assise.
  She sat down. (action)

14 Past participle

Regardless of the compound tense you are using, the following rules of agreement apply to the past participle.

a with 'avoir' verbs

When the *direct object* comes before the verb (under the form of a pronoun or a noun), the last participle agrees:
○ Tes bottes? Je les ai perdues.
○ Cette pièce, je l'avais déjà vue.
○ Voici la personne que j'ai rencrontrée dès mon arrivée.
○ C'est elle que tu aurais vue si tu étais venu.
○ Laquelle de ces robes as-tu achetée?
○ Lesquelles de ces robes as-tu achetées?

N.B. With a collective noun, the past participle can agree either with the collection or with the noun:
○ La foule de spectateurs que j'ai vu(e)(s)
○ Le nombre de gens qu'ils avaient rencontré(s)

Note that there is no agreement with any other form of object coming before the verb:
○ Je leur ai téléphoné.
○ J'en ai vu plusieurs.
○ Je leur ai donné des bonbons.

b with 'être' verbs

The past participle always agrees with the subject:

○ Elle était couchée.
○ Elle s'est couchée.
○ Ils sont sortis.
○ Elles seraient allées au cinéma si elles avaient été prêtes.

N.B. reflexive verbs
When the reflexive pronoun is direct, it calls for agreement:
○ Deux camionettes se sont arrêtées devant la banque.
○ Elle s'était lancée dans une aventure bizarre.

When the reflexive pronoun is indirect, there should be no agreement:
○ Ma grand-mère s'est cassé la jambe.
○ Elle s'est teint les cheveux.
○ Ils se sont écrit.

c cases when no agreement is needed
● With impersonal verbs:
○ Les millions qu'il aura fallu dépenser.
○ Les millions que ça a coûté.
○ La cicatrice que cela lui aura valu.
● When using 'faire' meaning 'to have something done':
○ La chambre que j'ai fait repeindre.
○ La maison que nous avons fait construire.
○ Elle s'est fait mal.
● When the verb is followed by an infinitive and the object is related to the infinitive:
○ C'est une langue que j'ai commencé à apprendre il y a cinq ans.
○ La robe qu'elle a préféré acheter.
○ Les yaourts que j'ai dû manger.

d past participle used as a noun or an adjective
○ les privilégiés
○ les plus démunis
○ les handicapés
○ une économie brisée par la guerre
○ une campagne reculée
○ une région défavorisée
○ une région touchée par la crise
○ une porte ouverte

Oddments

1 Stress

In English speech, if we want to emphasise a word or part of a sentence, we often do it by voice stress:
○ I did that (nobody else).
○ It's maths I don't like (not physics).
○ I ordered chicken (not steak).
It is not possible to transfer voice stress to the written

page without bold type or underlining, something which is frowned upon in written English. Yet it is easy to understand the temptation to underline because the language does not allow as many clear options for emphasis as French does.

a 'C'est moi qui . . .'
○ C'est moi qui ai fait ce gâteau.
○ Ce sont les maths que je n'aime pas.
○ C'est du poulet que j'ai commandé.
In these examples, 'c'est/ce sont' marks the idea to be stressed. The idea is also moved to an emphatic part of the sentence, the beginning.
○ C'est à toi que j'ai envoyé cette carte.
○ Ce n'est pas aux Etats-Unis que je choisirais de vivre.

b 'Moi, je . . .'
Add a personal pronoun to put the emphasis on the person you are talking about.
○ Moi, je déteste ce genre de choses.
○ Toi, tu n'es jamais content!
○ Vous êtes toujours là quand il ne faut pas, vous!
○ Nous, on n'a peur de rien.

c idea stressed at the beginning
The idea to be stressed is at the beginning, and referred to again by a pronoun.
○ Cet homme-là, je ne l'ai jamais vu.
○ Vos médicaments, j'en ai essayé plus d'un.
○ Ces enfants, ils ne sont jamais à l'heure!

d idea stressed at the end
The idea at the end can be referred to by a pronoun.
○ Tu les as trouvés, mes livres?
○ Tu l'as vu aujourd'hui, ton frère?

e 'ce que . . . c'est'
○ Ce que je déteste le plus, c'est l'intolérance.
○ Ce qui me plaît chez toi, c'est ta gentillesse.
○ Ce que je ne comprends pas, c'est ce que tu fais dans ce pays.

2 Time to think: useful expressions

The taped material accompanying the course shows just how much time is taken up in speech with words that are only there to allow the speaker time to think.
Here are some of the phrases. Every native speaker uses most of them, although some are more elegant than others. Do not forget that they should not be written in formal French.
○ Ecoutez/écoute . . .
○ alors . . .
○ euh . . . (to be avoided)
○ eh bien, eh ben . . ., ben . . ., bon . . .
○ dites/dis-moi . . .
○ vous comprenez/tu comprends . . .

○ Je sais pas, je sais pas moi . . .
○ disons, disons voir . . .
○ si vous voulez/si tu veux . . .
○ je veux dire, je crois, je pense . . .
○ pour ainsi dire . . .
○ en effet, effectivement, en fait . . .
○ n'est-ce pas . . .

3 Presenting your argument and making your point

a taking the balanced view

The topics on which you will be asked to write are rarely ones where the issue is one-sided. They will require you to present an argument, justify it and express your own view.

○ La famille perd-elle de son influence dans les années 80?
○ Etant donné le niveau de chômage actuel, toute éducation qui ne mène pas directement à un emploi est inutile.
○ Depuis la Deuxième Guerre mondiale, les armes nucléaires n'ont en rien contribué à la stabilité internationale.

Strong as your feelings may be on these topics, on one side of the argument or the other, it would be foolish to ignore the opposite view. The following phrases will help you present a contrasting view:

b introducing the opposite view

○ d'une part . . . d'autre part . . .
○ par contre . . .
○ en revanche . . .
○ contrairement à . . . (aux idées reçues . . .)
○ alors que . . .
○ bien que . . .
○ étant donné . . .
○ cependant/toutefois/néanmoins/pourtant . . .

c pointing to an outcome, a result

○ Il en résulte que . . .
○ Il s'agit donc de . . .
○ Il est donc question de/il n'est donc pas question de . . .
○ Il paraît donc évident que . . .
○ Il semble donc probable que . . .
○ si bien que . . .
○ de sorte que/de manière que/de façon que . . .

N.B. all these expressions are followed by the indicative.

d labelling separate themes to your argument

○ en ce qui concerne . . .
○ quant à . . .
○ pour ce qui est de . . .
○ dans le domaine de . . .

○ sur le plan (financier, moral, psychologique . . .)
○ au niveau (international, national . . .)
○ il faut donc aborder le problème . . .

e restating a point, rephrasing it for emphasis

○ il faut donc rappeler que . . .
○ comme nous l'avons déjà établi . . .
○ ce qui veut dire que . . .
○ ce qui revient à dire que . . .
○ en d'autres termes . . .
○ autrement dit . . .
○ bref . . .

f not rushing in, allowing the possibility that your opinion might be wrong

○ il paraît que . . ./il semble que . . ./il semblerait que . . .
○ il se peut que/il se pourrait que . . .(+ subjunctive)
○ supposons que . . .
○ si je ne me trompe . . .
○ d'après ce que disent (les spécialistes . . .)
○ ce qui donne à croire que . . .
○ selon toute apparence/évidence . . .
○ il est certain que . . .
○ il faut tenir compte du fait que . . .
○ il faut envisager . . .

g underlining

○ l'essentiel est de . . .
○ l'important, c'est . . .
○ il faut souligner/rappeler/constater . . .
○ il ne faut pas oublier que . . .
○ le plus grave, c'est que . . .
○ ce qui me frappe le plus, c'est . . .

h summarising

○ pour conclure
○ nous en arrivons à la conclusion que . . .
○ en conclusion . . .
○ en fin de compte
○ étant donné
○ tout bien considéré
○ dans l'ensemble
○ au total
○ finalement
○ après tout

GLOSSARY

A

à coup sûr definitely
à force de by dint of
à grand renfort de with a great many
à grande échelle large-scale
à l'écart out of the way, isolated
à l'inverse on the contrary
à l'occidentale in the Western way
à la fois at the same time
à la hauteur de up to
à la longue in the long run
à la portée de within the reach of
à même le sol on the bare floor
à peine hardly
à priori to begin with
à quoi ça sert? what's it for?
à temps complet full time
à toute allure at full speed
à un moment donné there comes a time when
s'abaisser to drop, to go down
abattre to pull down, to shoot down
s'abattre to fall down, to collapse
abîmer to spoil
aborder to approach
aboutir to succeed
abri, un shelter
abrité(e) sheltered
abrutir to exhaust (mentally)
abrutissement, un mental exhaustion, moronic state
accalmie, une quiet moment; lull
accolé(e) à juxtaposed to
s'accommoder de to put up with
accoucher to give birth
accoudé(e) leaning on one's elbows
accoudoir, un armrest
accroître to increase
accru(e) increased
accueil, un welcome, reception
accueillir to meet, to greet
s'achever to end
acompte, un deposit, down payment
acquis, un experience, asset
d'actualité topical
adhérent(e), un(e) member
adversaire, un opponent, rival

affecter de to pretend to
d'affilée at a stretch, one after the other
s'affirmer to assert oneself
affolé(e) panic stricken
affluer to rush, to flood
affronter to confront
agent de maîtrise, un supervisor
agglomération, une urban area
s'agglutiner to stick together, to congregate
agiter to wave, to brandish
aiguille, une hand (clock), needle
aléatoire uncertain, risky
allègrement happily
s'allonger to lie down; to stretch
allure, une look
aménagé(e) fitted out, converted
amende, une fine
amortir to cushion, to muffle
analyse logique, une sentence analysis
angoissant distressing
antillais(e) West Indian
aorte, une aorta
apaiser to calm down
s'apercevoir de to notice
aplati(e) flat
appartenance, une belonging
ardeur, une passion
d'appoint extra, secondary
armurerie, une arms factory; gunsmith's
arpenter to pace
arracher to snatch; to pull out
s'arracher à l'ennui to force oneself out of boredom
arrondissement, un district
artère, une main road; artery
assécher to dry up
assiduité, l' regularity
s'assimiler à to be assimilated into
assommant (fam.) extremely boring
astuce, une trick
s'attabler to sit round a table
atteindre to reach
attentat, un assassination attempt, attack
au fur et à mesure que as
au gré de to someone's liking

au lieu de instead of
au moyen de with
au terme de at the end of
aube, l' dawn
aumônier chaplain
aussitôt straight away
d'autant plus que all the more so because
autrui others
avance, une advance
avec parcimonie sparingly
avertissement, un warning
aveu, un confession
avion de chasse, un fighter
avocat, un lawyer
avoir accès à to have access to
avoir l'air to seem
avoir beau whatever
avoir de la chance to be lucky
avoir du mal à to have difficulty
avoir intérêt à to benefit from
avoir qch. dans la peau to have something in one's blood

B

bâche, une canvas cover
bagarre, une (fam.) fight
se bagarrer to fight
bagnole, une (fam.) car
baisse, une reduction
bajoue, une flabby cheek
se balader to go for a walk, to go on an outing
bande, une tape; group, gang
banderole, une banner
banlieue, une suburbs
banlieusard(e) un(e) person who lives in the suburbs
batailleur/se aggressive
batterie, une battery
baveux/se dribbling
beau-père, un stepfather; father-in-law
Beaux-Arts, les fine arts; art school
bégayer to stammer
belle-mère, une step-mother; mother-in-law
bénévolement voluntarily
béni(e) blessed, special
bercer to rock
berger, un shepherd

bêtement stupidly
bêtise, une stupid thing
béton, le concrete
bibelot, un trinket, knick-knack
bienfaisant beneficial; kind
biens, les (m.) goods, belongings
blague, une joke
blé, le wheat
bleu de chauffe, un boiler suit
blotti(e) snuggled up
se blottir to snuggle up
borné(e) narrow-minded
bosser (argot) travailler
bouc émissaire, un scapegoat
boueux/euse muddy
bouffée, une puff
boulot, un (argot) job
boum, une party
bouquin, un (argot) book
bourreau, un torturer, executioner
bourru(e) gruff
bourse, une/la grant; Stock Exchange; financial resources
boussole, une compass
braquer to aim a weapon at
bras dessus, bras dessous arm in arm
bricolage, le do-it-yourself
bricoler to do odd jobs
brigadier, un sergeant
brimade, une harassment
briquet, un lighter
bris, un breaking
broncher to budge, to move
brouillard, le fog
brouter to graze
butin, un loot

C

C.E.E., la (Communauté Economique Européenne) E.E.C.
c'est bien le diable si it would be most unusual if
c'est un tort it is wrong to
c'était bien la peine there was no point
C.G.T., la (Confédération Générale du Travail) workers' union
ça ne me gêne pas that doesn't bother me
ça ne sert à rien there's no point
cabinets, les toilets
cachette, une hiding-place

cacophonie, une mass of discordant sounds
cadre, un executive, manager; picture frame
caillou, un pebble
calé(e) propped up
camouflage, un concealing, hiding
canette small bottle
caprice, un whim
carrelé(e) tiled
cartable, un satchel
carte de tram, une tram travel pass
carton, un cardboard box
cartouche, une cartridge
casse-tête, un brainteaser, puzzle
cauchemard, un nightmare
céder to give away
cellule, une prison cell
cercueil, un coffin
cerveau, un brain
chagrin, le sorrow
chagriné(e) upset
chair, la flesh
se chamailler to quarrel
chambre de bonne, une bedsitter
chambrée, une barrack room
chanceler to totter, to wobble
chantier, un building site
charbon, le coal
chargé(e) de responsible for, loaded with
charrier to cart, to carry along
chasse, une/la chase, hunting
chef d'orchestre, un conductor
chêne, un oak
chérir to cherish, to love dearly
chèvre, une goat
chouchou, un pet, favourite
chouette! (fam.) great!
choyer to pamper
chuchoter to whisper
cigale, une cricket
cil, un eyelash
cime, une top
cirage, le shoe polish
circulation, la traffic
cloche, une bell
cloîtré(e) shut away
clos(e) closed
cobaye, un guinea-pig
coffre-fort, un safe
collectivité, une community
se coller to attach oneself
collier, un collar, necklace

comble, le the height of; the depths of; the last straw
combustible capable of burning
comestible edible
commande, une order
commissaire, un superintendent
commissariat de police, un police station
communal(e) of the council
commune, une borough council
se complaire to take delight
complicité, une collusion
comportement, un behaviour
compromettre, se to compromise oneself
compte tenu de taking into account
con(ne) (argot) bloody stupid
concevoir to conceive; to design, to plan
conciliabule, un secret meeting; confabulation
concours, un competition
condamné(e) à perpétuité, un(e) person under life sentence
confrère, un colleague
congé payé, un paid leave
conjoint(e), un(e) spouse
connerie, une (argot) blunder
consacrer to dedicate, to devote
consigne, une order; left-luggage
consternation, la dismay
contremaître, un foreman
contre-ordre, un order to the contrary
contrôleur, un conductor, inspector
convenablement properly
convoquer to ask to attend, to summon
Côte d'Ivoire, la Ivory Coast
côtoyer to rub shoulders with
coup de poing, un punch
couperose, la blotches
couramment frequently, fluently
courbe, une curve
course aux armements, la arms race
couture, une seam
cracher to spit
crainte, la fear
crampon, un clamp, stud
crâne, un skull
creuser to dig
creux, un hollow
crever (argot) to die

crever de froid (argot) to die of cold
se crisper sur to clutch
crochet, un hook
croiser to pass
croisière, une cruise
crosse, une butt

D

d'un drôle d'air with a funny look
dans l'ancien temps in the old days
dans le bâtiment in the building trade
dans mon genre of my type
dans un rayon de within a radius of
de façon telle que so much so that
de peur que for fear that
déambuler to wander
débarquement, un landing
débarrassé(e) de rid of
débordé(e) snowed under
se débrouiller to manage
débuter to start
débusquer to drive out
décapiter to behead
décès, un death
déceler to detect
décennie, une decade
décharge, une rubbish tip
déchéance, la decline, fall
déclencher to release, to set off
décontract (fam.)/
décontracté(e) laid back, relaxed
découcher to spend the night away from home
découler to follow
découpé jagged; indented
dédommagement, un compensation
défi, un challenge
défier to challenge
défilé, un procession, demonstration
définitif final
dégât, un damage
dégueulasse (fam.) disgusting
délaissé neglected
délavé faded, washed-out
délit, un crime, offence
délivrer to free; to deliver
démarche, une walk, gait
démence, la insanity

dément(e) insane
au demeurant for all that
se démonter to lose one's nerve
denier, un money collected for the church
dénouement, un outcome
dépanneuse, une breakdown lorry
déplaire displease
déplier to unfold
déposer une plainte to lodge a complaint
dépourvu(e) de lacking
déracinement uprooting
déraciner uprooted
dérivatif, un distraction
se dérouler to occur; to unwind
dès que as soon as
désagréable unpleasant
désemparé(e) bewildered
désoeuvré(e) idle, at a loose end
désormais from now on
desservir to serve, to clear away
détenir to hold, to detain
détente, une/la trigger; relaxation
détenteur de holder of
détenu(e), un(e) prisoner
2 CV (deux chevaux), une small Citroën car
se déverser to pour out
dévisager to stare at
diapositive, une slide, transparency
dieu, un god
digérer to stomach, digest
digne de worthy of
disparition, une disappearance
disponibilité, la availability
dissimuler to hide
se dissiper to disperse, to drift away
dissocier to dissociate
dissuasif deterrent
distraction, une entertainment
distrayant(e) entertaining
dortoir, un dormitory
doté(e) de supplied with
douane, une customs
doué gifted
douillet(te) cosy
douloureux/se painful
draconien(ne) drastic
draguer to chat up
droit, le law
drôle de funny sort of
du jour au lendemain without any notice

dur(e), un(e) tough one

E

écartelé(e) torn apart
écarter to remove; to move apart
échafaud, un scaffold
échelon, un rung
échouer to fail
éclat de verre, un piece of glass
économie, une saving
écraser to crush
effacer to erase, to wipe off
efficace efficient, effective
effondré(e) collapsed, prostrate
s'effondrer to collapse, break down
s'efforcer de to endeavour
égoïste selfish
élargir to widen
s'élever to rise, to go up
embarras, un embarrassment
embêtant annoying
embraser to set ablaze
émission, une programme, broadcast
émousser to blunt, to dull
s'emparer de to grab
empêcher de to prevent from
emporté(e) quick-tempered, angry
l'emporter sur to get the upper hand of
s'empresser to hasten
en aparté aside
en avoir marre to be fed up
en fac at university
s'en faire to worry
en fin de compte in the final analysis
en fonction de according to
en glissade sliding
en marge unintegrated
en profiter à fond to make the most of it
en provenance de coming from
en revanche on the other hand
s'en sortir to cope, to pull through
en souffrance held up, outstanding
en un éclair in a flash
encadré(e) framed
encadrement, un picture-framing
encaisser to cash
enclin(e) à prone to
encombré(e) busy, obstructed
encourir to bring upon oneself

s'énerver to get worked up; to get excited
enfer, l' hell
enfiler to thread, to slip in
s'enfuir to escape
engagé, un volunteer; enlisted man
engagement, un involvement, commitment
englober to include
s'engueuler to have a row
enjoindre à ... de ... to charge s.o. to do
enquête, une enquiry
enraciné(e) rooted
enrhumé(e) with a cold
entassement, un piling up, cramming in
s'entasser to pile up
entente, une harmony, understanding
enterrer to bury
enterrement, un burial
entourage, l' family circle
entouré(e) surrounded
entracte, un interval
entraînement, un training
entreprenant(e) enterprising
entreprendre to undertake
entreprise, une firm
entresol, un between the ground floor and the first floor
entretenu(e) looked after, maintained
entretien maintenance
entrevoir to catch a glimpse of
envahir to invade
environs, les surroundings
épargner to save
épée, une sword
épier to spy on, to watch
éprouvant testing
éprouver to feel
équipe, une team
équitation, l' horseriding
équivaloir to equal
équivoque ambiguous, dubious
ère, une era
éreintant exhausting
escalader to climb
esclave, un(e) slave
escroquerie, une swindle
espoir, un hope
établi, un workbench
s'établir to settle, to develop
étagère, une shelf

étang, un pond
étape, une stage
s'étendre to spread
étendue, une extent
étincelle, une spark
étoffe, une cloth
étourdir to stun, to make dizzy
s'évader to invade
évoluer to evolve, to come a long way
exaucer un voeu to grant a wish
exécution, une execution
exercer to exercise; to practise
exigence, une requirement
exode, un exodus

F

F.L.N., le (Front de Libération Nationale) party during the Algerian War
facture, une bill; invoice
fagot, un bundle of firewood
faillite, une bankruptcy
faire en sorte que to make sure
se faire la bise to kiss on both cheeks
faire une fleur to do someone a favour
se faire foutre à la porte (argot) to be thrown out
faire la grasse matinée to have a lie in
faire un mauvais coup to commit a crime
faire preuve de responsabilité to be responsible
falaise, une cliff
faute de through lack of
féliciter to congratulate
fendre to split, to slit
fer à repasser, un iron
ferme firm
fesse, une buttock
feu d'artifice, un firework
fier/fière proud
fil, un line, thread
filière, une path, channel
fiole, une small bottle, phial
flamand(e) Flemish
flâner to stroll
flic, un (fam.) policeman, cop
flinguer (fam.) to shoot
foin, le hay
foncer sur to charge at
fonctionnaire, un civil servant

force de frappe, une strike force
force de dissuasion, une deterrent power
forcément necessarily
formateur formative
formation, une training
formidable wonderful
foudroyant(e) stunning, violent
fouiller to search
fournir to supply
fourniture, la supply(ing)
fourrer to stick, to stuff
foutre la paix (argot) to lay off
foyer, un family
foyer d'accueil, un hostel
frais, les expenses
freiner to slow down; to check
frémir to tremble
fric, le (argot) money
frisson, un thrill
frôler to skim, to come within a hair's breadth
se frôler to brush against each other
fugue, une running away
fuir to run away, to escape
fuite, une escape; leak
fuser to fly out
fusillade, une shooting
fusiller to shoot
fuyant evasive; elusive

G

G.B., un name of a chain of supermarkets in Belgium
gamin, un (fam.) kid
garçon de café, un waiter
gars, un guy, mate
gaucherie, la clumsiness
gaver to force-feed
gênant(e) embarrassing, troublesome
gêné(e) embarrassed, troubled
géré(e) managed
gicler to spurt, to squirt
gifler to slap in the face
gitan(e) gipsy
givre, le frost
glaive, un two-edged sword
glaner to glean, to collect
glisser to slide, to slip
globalement globally, on the whole
gonfler to swell, to inflate
gourmand(e) greedy

goût, un taste
gradin, un step (of the terracing)
grande puissance, une great power
grange, une barn
gratin, le the elite
se gratter to scratch
gravier, le gravel
gravir to climb
gravure, une engraving; print
greffe, une graft, transplant
grelotter to shiver
grève, une strike
griffer to scratch
grive, une thrush
grossesse, une pregnancy
grossir to get bigger
grue, une crane
guère hardly
guérir to cure, to get better
guide, un guide, guide book

H

H.L.M., une (Habitation à Loyer Modéré) council flat
habit, un suit
habitat, l' housing
hangar, un barn, shed
hanter to haunt
hasard, le chance
hausser les épaules to shrug one's shoulder
haut fonctionnaire, un top civil servant
havre, un haven
hebdomadaire weekly
hébétement, l' stupor
hémorragie, une bleeding, haemorrhage
héritier (ère), un(e) heir
hermétique airtight, watertight, impenetrable
l'Hexagone the Hexagon (a name sometimes given to France because of its shape)
hétéroclite varied, assorted
heure creuse, une quiet time
heurt, un collision, clash
honte, une shame
hormis except
hors outside, except
houille, la coal
humanité, l' (f.) humanity
hurlement, un howling

I

idem ditto
implanter une station nucléaire to set up a nuclear station
impôt, un tax
imprimerie, une printing press
imprévisible unpredictable
impunément without punishment
inapte à unable to
inattentif/ve inattentive, heedless
s'indigner to get indignant
ingrat(e) ungrateful, unrewarding
inlassable tireless
inonder to flood
inscrire to note down; to register, enrol
insensé(e) insane
insensiblement gradually
insoutenable unbearable
instauration, l' institution of something
instituteur/rice primary school teacher
intérim, un temping job
interpeller to shout at
intervenir to intervene
intriguer to intrigue
inventer to shout abuse
irrémédiablement irremediably
irrespectueux/se disrespectful
irrespirable unbreathable
irritabilité, l' irritability
isolement, l' (m.) isolation
ivre drunk
ivresse, l' exhilaration; drunkenness
ivrogne, un(e) drunkard
ivrognerie, l' (f.) drunkardness

J

je m'en foutais (argot) I didn't care
jadis in the past
se jeter à l'eau to take the plunge
jouir de to enjoy
jouissance, une enjoyment
jour férié, un national holiday
journal télévisé, un TV news
Juif/ve Jew
jules, un (fam.) boyfriend
jumeau/elle twin
jurer to swear

K

képi, un sort of cap

L

lâche cowardly
lâcher to release
se laisser griser par to be carried away
lambeau, un tatter
lame, une blade
lame de rasoir, une razor blade
laquais, un footman, lackey
las(se) tired
layette, la baby clothes
se lézarder to crack
libérer to set free
licenciement, un redundancy, dismissal
litanie, une litany
locataire, un(e) tenant
loi, une law
loi islamique, la Islamic law
lugubre gloomy

M

mâchoire, une jaw
Maghrébin North African
magie, la magic
maille filée, une ladder
maintes fois many times
mal vu(e) not liked
malentendu, un misunderstanding
malin cunning
manifester to demonstrate
mannequin, un fashion model
manque de pot! bad luck!
maquette, une model
maquillage, le make-up
marbré(e) marbled, mottled
marche, une step
marginale(e) second-class citizen
marotte, une fad, craze, hobby
marrant(e) (fam.) funny, amusing
martiniquais(e) from Martinique, in the West Indies
matelas, un mattress
matraque, une truncheon
mec, un (fam.) guy, bloke
méfier, se to be cautious
menacé threatened
ménager to spare, to handle carefully
mendier to beg
mener to lead

mensonge, un lie
menuisier, un carpenter, joiner
mépriser to despise, to scorn
mettre à la porte to dismiss
mettre à mal to harm
meurtrier, un murderer
mignon(ne) cute, sweet
misère, la poverty
mitraillette, une submachine gun
moindre, le the least
môme, un (fam.) kid
monnaie, la change
Mormon, un Mormon
mots croisés, les (m.) crossword
mouche, une fly
moue, une pout
moulin, un mill
moyen, un way
mugir to howl

N

n'importe quel coin anywhere
naïf/ve naïve
nanti(e) rich
néant, le nothingness
néfaste harmful
nier to deny
nombre élevé, un high number
nouer to form, to knot
nouvellement newly
nul(le) useless
nuque, la nape of the neck

O

O.A.S. (Organisation de l'Armée Secrète) organization which made numerous assassination attempts during the Algerian War
ombre, une shadow, shade
or, l' gold
orner to decorate
orphelin(e) orphan
orphelinat, un orphanage
orthographe, l' spelling
ortolan, un a bunting
oser to dare
osseux/se bony
ouragan, un hurricane
ours, un bear
outil, un tool
ouvre-boîte, un tin-opener

P

paillasse, une straw mattress
paille, la straw
palmarès, un prize list
pansement, un plaster
parcouru(e) covered travelled
parfois sometimes
paroi, une wall, rock face
paroissien, un parishioner
parole, une word
particulier own
parvenir à to succeed in, to reach
pas grand-chose not much
pas l'ombre de not the smallest
passer des cassettes to play cassettes
passer un sale quart d'heure to be given a hard time
pataugeoire, une toddler's pool
patauger to wade through
pâte, une dough
se paupériser to become poor
paupière, une eyelid
payer une quittance to pay a bill
pédagogie pedagogy
pédiatre, un paediatrician
pelle, une shovel
pelouse, une lawn
pendaison, une hanging
percer to pierce, to filter through
percuter to crash into
perdre la foi to lose faith
périssable perishable
perspective, une prospect; perspective
pétarade, une backfire
peuplier, un poplar
piège à feu, un fire trap
piéger to trap
pillard(e) looting
pincer to pinch
pinède, une pine forest, wood
piolet, un ice axe
piqûre, une injection, jab
piqûre mortelle, une fatal injection
pire worse, worst
piste d'atterrissage, une landing runway
pistolet, un pistol
plaidable defendable
se plaindre to complain
planche, une board
planification, la planning
plaquette, une tray; block

platane, un plane-tree
plate-bande, une flower bed
plate-forme électorale, une election platform
se plier à to submit to, to give in to
plomb, un lead, shot
poêle, un stove
poignard, un dagger
poignée, une handle
poignet, un wrist
port d'armes à feu, le carrying firearms
porte-fenêtre, une French window
porte-voix, un megaphone
poumon, un lung
pourboire, un tip
pourriture (argot), **la** swine; rot
poussière, la dust
préfecture, une headquarters of local administration
préjugé, un prejudice
prélever to take, to deduct
prendre un pot to have a drink
présentant bien looking respectable and elegant
prêt, un loan
prévu(e) anticipated, forecast
prime, une bonus
privation, une deprivation, hardship
privé de deprived of
priver quelqu'un de to deprive someone of
procès, un trial
prodigué(e) enforced
proéminent(e) protruding
proie, une prey
pronostic, un forecast
se propager to spread
proscrire to ban
province, la the provinces
provisoirement for the time being
puer to stink
puits, un well
putain, une (argot) prostitute

Q

quant à as regards
quartier, un area, neighbourhood
quasi nearly
quiconque whoever
quote-part, une share

R

raccourci, un shortcut
radio, une radio; X-ray
rafale, une gust, blast
ragoût, un stew
raide stiff, starchy
se raidir to stiffen
ralentir to slow down
râler (fam.) to complain
rameau, un small branch
rançonner to fleece; to demand a ransom
randonnée, une walk, hike, ride
rapport, un relationship
rapporter to bring back; to be lucrative
raser to shave; to raze
rater (fam.) to miss, to fail
ratonade, une racist fight
ravin, un ditch
rayon, un department
récolte, une harvest, crop; taking
recoudre to stitch up
rectiligne straight
recruter to recruit
recueillir to collect, to gather
récupérer to recover, to get back
récurer to scrub
rédacteur en chef, un chief editor
rédiger to compose, to write
redoutable formidable
se redresser to sit up, to stand up
réduit, un tiny room
régime, un diet
rejoindre to join
relâché(e) released
se relayer to take turns
religieuse, une nun
remords, un remorse
se réfugier to take refuge
remuer to move, to stir
se rendre to go to, to surrender
rentable profitable
répartir to spread out
repérer to spot
réprimer to repress, to suppress
se reproduire to happen again
réseau, un network
résignation, la resignation
résolument absolutely
restituer to return, to restore
restreint(e) limited
rétablir to restore, to reinstate
retardé(e) delayed; behind, backward

retentissement, un repercussion, effect
retenue, la reserve
retombée, une fallout
retraite, une retirement; pension
retraité(e) retired
retrancher to subtract
réussir en revanche on the other hand
réussité, une success
revendication, une claim, demand
revendiquer to claim, to demand
ride, une line, wrinkle
rigoler (fam.) to laugh
riposte, une counter-attack
rivaliser to compete
rompre to break, to break off
ronflement, un snore; roar; purr
ronfler to snore
ronger to gnaw, to eat away
ronronner to purr
rougir to blush
route défoncée, une road full of potholes
rupture, une break
rusé(e) cunning
rythme, un rhythm

S

sabot, un clog
sacoche, une moneybag, bag
sacro-saint(e) sacred
sagesse, la wisdom
saigner to bleed
saillant(e) protruding
sain(e) healthy
salir to get dirty, to soil
salopette, une dungarees
salut, le salvation; salute
salutaire salutary, healthy
sanglot, un sob
sans équivoque unambiguous
sans faille flawless
sauvage wild, unsociable, recluse
à savoir for example
sciences po (sciences politiques) political science
scintiller to glitter, to sparkle
scolarité, la schooling
secours, un help, assistance
semence, une seed
sens, un direction, meaning
serein(e) serene, calm
se serrer to huddle, to squeeze
serviable willing to help

service, un department
seuil, un threshold
siège, un seat
signalement, un description, particulars
signaler to signal
soi-disant so-called
soigner to look after
soit that is to say
soit . . . soit . . . either . . . or . . .
solde, un balance outstanding
sombrer to sink, to go down
sommier, un divan base
somnoler to doze
sort, un fate
sottement in a silly way
souche, une stock, stump
souffle, un breath
soulagement, un relief
soulager to relieve
se soûler to get drunk
soulever to lift, to raise
sourcil, un eyebrow
sourd deaf
sous-préfecture, une branch office of 'préfecture' (see 'préfecture')
soutien, un support
spécieux/se specious
stagiaire, un(e) trainee
station balnéaire, une holiday resort
sténo-dactylo, une shorthand typist
subir to suffer, to put up with
subvenir à to provide for, cover
sueur, la sweat
suicidaire suicidal
supportable bearable
supporter to bear, to tolerate
suppression, la abolition
supprimer to take away
sur le coup at the time, instantly
surencombrement, le overcrowding
surlendemain, le two days later
surpeuplé overcrowded
surveillant, un supervisor
surveiller to watch, to supervise
survie, la survival
susciter to give rise to, to provoke
sympathique nice and friendly
syndicat, un trade union
syndiqué(e) who belongs to a union

T

tache, une dot, spot; stain

tâche, une task

taille, la waist; size

tambour un drum

tamiser to sift, to filter

tant pis never mind, too bad

tant qu'à faire might as well

se taper dessus (fam.) to fight

tardivement late

tas, un heap; a lot

taudis, un slum

taux, un rate

taux, de mortalité, le death rate

télexer to send a telex

témoignage, un testimony, evidence

témoin, un witness

temps me dure, le I find that time passes slowly

tendre to hold out; to stretch

tendu(e) tense; held out

tenir à quelqu'un to be fond of somebody

tentative, une attempt

tente-roulotte, une caravan and tent

terre, la land, earth

têtu(e) stubborn

thermos, un flask

thym, le thyme

tiers, un third party

tinette, une latrine

tir, un shooting

titulaire, un(e) holder of; someone entitled to

Tiers-Monde, le Third World

toile, une cloth, canvas, tent

toiture, une roof

tomber sur to come across

tordre le cou to wring someone's neck

tourbillon, un whirl

tournoi, un tournament; contest

tousser to cough

tout à fait completely

trac, le stage fright; nerves

tracasser to worry

tract, un pamphlet

traîner to drag; to lag behind

trahir to betray

trait, un trait, feature; line

trame, une framework, web

tranché(e) cut, slit

trancher to cut; to settle

transpirer to sweat

trapu(e) stocky

traumatisant(e) devastating

traumatiser to traumatize

travailleur, un worker

trempé(e) soaked

tristesse, la sadness

3 × 8 (trois fois huit heures), les shift work

trop de soucis too many worries

truand, un villain

truc, un (fam.) thing

U

usager, un user

V

vacarme, un din, racket

vaciller to sway, to flicker

vagabond, un vagrant

vague, une wave

val, un valley

vaniteux/se vain, conceited

vantard(e) boastful, bragging

vanter to praise

vapeur, la steam

vapeur, un steamboat

variante, une alternative

veille, la day before

veiller to stay up, to be on watch

se venger to take revenge

verser des larmes to shed tears

vieillir to get older

vierge virgin

vigne, une vine, vineyard

vilain wicked, nasty

viol, un rape

viril macho

viser to aim

vivres, les (m.) supplies, provisions

voeu, un wish

voie ferrée, une railway

voile, un veil

voilé(e) veiled

voire and even

volage flighty, fickle

voûté stooped

vraisemblable likely, convincing

W

Wallon, un French-speaking Belgian

Wallonie, la French-speaking part of Belgium

Z

Z.U.P., une (Zone à Urbaniser en Priorité) Council Estate

LISTE DES ABRÉVIATIONS

Bac Tech	Baccalauréat de technicien
B.E.P.	Brevet d'études professionnelles
B.T.	Brevet de technicien
B.T.S.	Brevet de technicien supérieur
C.A.P.	Certificat d'aptitudes pratiques
C.E.E.	Communauté économique européenne
C.E.S.	Collège d'enseignement secondaire
C.F.A.	Centre de formation d'apprentis
C.F.A.	Francs de la communauté Française
C.G.T.	Confédération générale du travail
C.P.A.	Classe préparatoire à l'apprentissage
C.P.P.N.	Classe préprofessionnelle de niveau
C.R.S.	Compagnie républicaine de sécurité
D.E.A.	Diplôme d'études approfondies
D.E.S.S.	Diplôme d'études supérieures spécialisées
D.E.U.G.	Diplôme d'études universitaires générales
D.U.T.	Diplôme universitaire de technologie
E.D.F.	Electrité de France
F.L.N.	Front de libération nationale
H.L.M. (H.l.m.)	Habitation à loyer modéré
I.U.T.	Institut universitaire de technologie
L.E.P.	Lycée d'enseignement professionnel
O.A.S.	Organisation de l'armée secrète
O.S.	Ouvrier spécialisé
O.T.A.N.	Organisation du traité Atlantique Nord
P.C.F.	Parti communiste français
P.C.E.M.	Premier cycle des études médicales
P. et T.	Postes et télécommunications
R.D.A.	République démocratique d'Allemagne
R.F.A.	République fédérale d'Allemagne
S.A.M.U.	Service d'action médicale d'urgence
S.C.	Secours catholique
S.E.S.	Section d'éducation spécialisée
S.M.I.C.	Salaire minimum interprofessionnel de croissance
SONACOTRA	Société nationale de construction pour les travailleurs
U.E.R.	Unité d'enseignement et de recherche
U.R.S.S.	Union des républiques socialistes soviétiques
Z.U.P.	Zone à urbaniser en priorité.

INDEX

Cet index donne la liste des principaux sujets traités dans le livre.

Dans les cas où des pages individuelles sont données pour un sujet, elles représentent la *première* page d'un texte dans lequel ce sujet est traité.

Les pages marquées en italiques représentent des pages où il y a une interview appropriée.

In addition to those sources credited in the text the publishers wish to thank the following for use of their material:

Christiane Charillon: Sempé cartoons
Dargaud Editeur: Lauzier cartoon
Editions la Découverte: Les travailleurs immigrés en France, Voyage forcé
Librairie Arthème Fayard: Oradour-sur-Glane
Librairie Ernest Flammarion: Plus jamais
Editions Gallimard: Hiroshima mon amour, Les terrasses de l'île d'Elbe, L'étranger, Le vent Paraclet, Oradour, La grasse matinée, Le retour au pays, Le temps perdu
Editions Bernard Grasset: Les petits enfants du siècle, La jeunesse malade du savoir
Editions Julliard: L'expérience
Editions Robert Laffont: Le menuisier, Le bonheur à Souillac, Chiens perdus sans collier, Plaidoyer pour la ville
Editions Albin Michel: Le silence de la mer, Reiser cartoons
Editions de Minuit: La patrie se fait tous les jours
Opera Mundi: Sursis pour l'orchestre
Editions du Seuil: La planète des bidonvilles
Editions Universitaires: Le temps de l'adolescence

Every effort has been made to trace owners of copyright. The publishers will be pleased to rectify any omissions if notice is given.

The publishers and authors would like to thank Dave Crossland for his invaluable help in producing this book.

Illustrations

Richard Adams (Inkshed)
Julie Brown
Ian Foulis
Chris Hahner
Colin Lewis
Fiona MacVicar (Inkshed)
David Mitcheson
Raymond Turvey

Cover
Andy Bylo

Photographs

A.F.P. p.269
Bridgeman Art Library p.188
Club Mediterranée p. 170
Keith Gibson p.26, p.115, p.192, p.221
Gisèle Guarisco p.277
Robert Harding p.46
Alan Hutchison p.134
Keystone p.264
Kipa p.202
Daniel Pageon p.17
Rex Features p.77, p.78, p.79, p.81, p.86, p.89, p.103, p.105, p.140, p.149, p.152, p.158, p.167, p.228, p.234, p.241, p.242, p.244, p.251, p.259, p.275, p.281, p.291
Chris Ridgers p.6, p.24, p.64, p.301
Sipa Press p.68, p.159, p.250, p.267
Sporting Pictures p.154, p.157, p.159
Roger Viollet p.40, p.62, p.104, p.127, p.183, p.195, p.213, p.226, p.246, p.248, p.272